LA
PSYCHOLOGIE THOMISTE

ET LES

THÉORIES MODERNES

PAR

C. ALIBERT, p. S. S.

DIRECTEUR DE LA SOLITUDE

PARIS

LIBRAIRIE DELHOMME ET BRIGUET

Gabriel BEAUCHESNE & Cie

ÉDITEURS

117, rue de Rennes, 117

Dépôt à Lyon, 3, avenue de l'Archevêché.

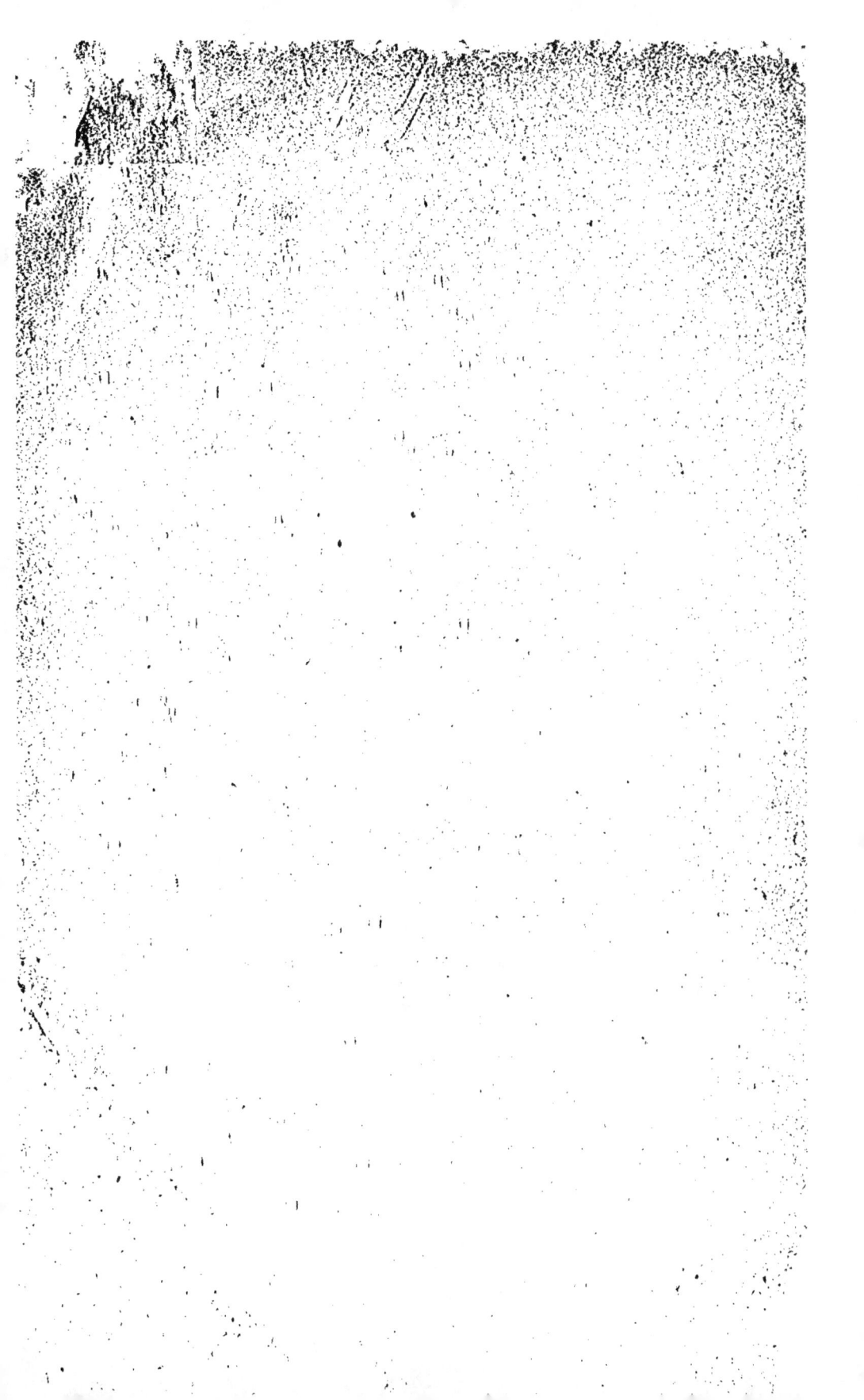

LA

PSYCHOLOGIE THOMISTE

ET LES

THÉORIES MODERNES

SOCIÉTÉ ANONYME D'IMPRIMERIE DE VILLEFRANCHE-DE-ROUERGUE
Jules BARDOUX, Directeur.

LA
PSYCHOLOGIE THOMISTE

ET LES

THÉORIES MODERNES

PAR

C. ALIBERT, p. S. S.

DIRECTEUR DE LA SOLITUDE

PARIS

LIBRAIRIE DELHOMME ET BRIGUET

Gabriel BEAUCHESNE & Cⁱᵉ

ÉDITEURS

117, rue de Rennes, 117

Dépôt à Lyon, 3, avenue de l'Archevêché.

Imprimatur.

Parisiis, die XVII^a Julii 1903.

G. LELEBVRE, *V. G.*

Depuis la renaissance de la philosophie thomiste dans les écoles catholiques, bien des efforts ont été tentés pour mettre cet enseignement si substantiel en harmonie avec les préoccupations de la pensée contemporaine. C'est le désir de contribuer à l'œuvre commune qui a déterminé ce travail.

Voici les idées qui ont présidé à sa composition : sans toucher aux controverses qui ont perdu pour nous tout intérêt, présenter les questions restées classiques sous la forme la mieux adaptée aux préoccupations de l'âge présent; démêler dans les écrits de saint Thomas les textes qui s'y rapportent le plus étroitement; chercher l'analogie des idées sous la différence des énoncés; préciser les divergences; viser dans la démonstration les difficultés et les préjugés de nos adversaires et de nos émules; suppléer au silence ou au laconisme du saint docteur, par l'interprétation de ses principes, et par des emprunts faits aux philosophes modernes; de plus, le cas échéant, ouvrir des aperçus, tracer une direction aux jeunes clercs, auxquels cet ouvrage est spécialement destiné...

Les points les plus importants de la doctrine thomiste, concernant la notion et la division des puissances psychologiques, l'espèce sensible et l'espèce intelligible, le passage du sujet à l'objet dans la perception externe, l'origine expérimentale des concepts et des principes, la nature de l'habitude..., ont été développés avec un soin particulier.

Mais il était nécessaire de recueillir aussi les meilleurs résultats de travaux plus récents de psychologie expérimentale, touchant l'origine du langage, ses rapports avec la pensée, les formes supérieures de l'imagination, l'idéal, le rôle du sens intime dans le problème de l'origine des idées et la défense de la métaphysique, la nature de l'attention, le sentiment, la démonstration du libre arbitre... Pas de meilleur complément pour la psychologie thomiste, que l'idée biraniennne relative à la perception du principe pensant par la conscience.

Sans se proposer une étude spéciale du positivisme et du kantisme, l'auteur s'attache à combattre le principe de ces systèmes, celui du premier en particulier, dans les pages consacrées à la conscience intellective et à l'origine des idées de cause et de substance.

LA
PSYCHOLOGIE THOMISTE

ET LES

THÉORIES MODERNES

NOTION GÉNÉRALE DE LA PSYCHOLOGIE

Avant d'aborder la série des questions qui forment le domaine de la psychologie, soit expérimentale, soit rationnelle, il convient d'examiner l'idée conçue sur ce sujet par saint Thomas, et de la rapprocher de celles que nous trouvons chez les auteurs modernes.

I. — La pensée du saint docteur accuse deux inspirations de caractère différent, appelées du reste à se compléter, l'une péripatéticienne, l'autre chrétienne.

Aristote regardait la connaissance de l'âme humaine comme une branche de la physique, qui représentait à ses yeux la science de la nature entière (φύσις), et comprenait notamment l'étude de la plante et celle de l'animal. En faveur de ce groupement, on peut alléguer des affinités et des connexions d'un réel intérêt. Car plusieurs des puissances attribuées par le Stagirite à notre âme appartiennent au végétal, celle de nutrition par exemple, et à la brute, les sens externes et internes, les passions et l'énergie motrice. Aussi, sans sortir de ces deux règnes inférieurs, sans avoir même nommé l'âme humaine, nous avons fait les deux tiers de la psychologie. Reste, il est

1

vrai, le chapitre le plus important, qui complète et couronne les précédents, celui des facultés intellectuelles; mais il a sa place marquée dans le domaine de la physique, entendue au sens étymologique. Encore est-il bon d'ajouter que la pensée, associée d'ordinaire à l'exercice de l'imagination, dépend des conditions cérébrales; et qu'à ce titre, la science des manifestations de la vie sensitive réclame encore une part dans cette étude. Bref la psychologie se trouve engagée dans la physique, dont elle figure un département.

Sous l'influence des idées chrétiennes, le lien d'origine, sans être complètement rompu, devait se relâcher un peu. La science de l'âme humaine, en effet, prit, sous la plume de nos docteurs, un relief nouveau; elle se grossit de problèmes étrangers aux conceptions d'Aristote, et en général à la philosophie païenne, concernant les rapports de l'homme avec Dieu, la création et ses suites, la conservation et le concours, la béatitude objective, l'immortalité de l'âme, les conditions de sa vie après la mort, etc.

Ces questions, et plusieurs autres de ce genre, visent d'une façon exclusive l'esprit humain, et détachent plus nettement son étude de celle des êtres inférieurs. A plus forte raison en est-il ainsi des sujets mixtes, intéressant à la fois la philosophie et la théologie, par exemple, les relations de la science et de la foi, l'exercice du libre arbitre sous l'action de la grâce, les vertus morales et les vertus infuses... Les apports de la pensée chrétienne, en donnant un prix inestimable à la science psychologique, la dégageaient un peu des cadres de l'ancienne physique, tout en laissant subsister une alliance dont nous verrons tout à l'heure l'avantage[1]. M. Paul Janet, dans

---

1. La loi du progrès entraîne la division du travail, et par conséquent la séparation des sciences qui primitivement se trouvaient confondues. Personne ne songe à regretter que la zoologie, la botanique,... ne fassent plus partie du

son *Histoire de la philosophie*, a signalé cette influence.
« Le christianisme, dit-il, devait ramener l'esprit en lui-
même. Saint Augustin pressent la direction nouvelle que
devra prendre la philosophie, et l'indique magistrale-
ment. Quel est l'objet de la philosophie? C'est la connaissance de Dieu et de soi-même. *Deum et animam
scire cupio. — Nihilne plus? — Nihil omnino.* (*Solil.*, I, 7.)
Ce dédain de la physique (provenant de l'importance
prise dans l'opinion par les questions de l'ordre théologique et moral) fait passer au premier rang la science de
l'âme[1]. » Ajoutons que rien, du reste, n'est aussi intimement présent à notre esprit que lui-même. « Nihil enim
tam novit mens quam id quod sibi præsto est, nec menti
magis quidquam præsto est, quam ipsa sibi[2]. »

Or, **saint Thomas** recueillit l'héritage d'Aristote, et
celui des Pères de l'Église. Ce fut pour sa psychologie un
double bienfait.

Au premier elle doit, avec l'analyse rationnelle la plus
pénétrante, *la base expérimentale la plus large et la plus
sûre;* au second, *son élévation doctrinale.* Car, unissant
l'âme à la matière par les plus fortes attaches, lui assignant les énergies végétatives diffuses dans l'organisme,
elle la prend dans les plus humbles manifestations de la
vie corporelle, pour l'élever à la région la plus haute, qui
confine à celle des purs esprits, et la préparer aux com-
munications de la vie divine. On ne saurait concevoir un
spiritualisme plus sage, plus tempéré, et en même temps
plus hardi.

Le caractère positif des données initiales exige impérieusement l'emploi de la méthode d'observation; et

même groupe que la psychologie. — L'avantage que nous visons en ce moment est que, dans la psychologie thomiste, l'étude des sens et de l'intellect
est rapprochée de celle des fonctions physiologiques, et que les questions
rationnelles concernant la nature de l'âme sont étroitement rattachées aux données expérimentales.

1. Janet et Séailles, *Histoire de la philosophie*, p. 20.
2. Saint Augustin, *De Trinitate*, XIV, 7.

l'école néo-thomiste, en le prônant, se montre fidèle à l'esprit et aux principes du maître. Observons, toutefois, que, par suite d'une réserve tenant à l'époque et au milieu, le saint docteur n'a usé que sobrement du procédé. D'ordinaire il se borne à utiliser un petit nombre de faits qui, interprétés avec sagacité, fécondés par le raisonnement, fournissent le fondement de sa doctrine. La puissance d'analyse et la sûreté de jugement étaient telles dans l'observateur, que généralement ces faits lui suffisent pour dégager et fixer en traits rapides d'excellentes théories psychologiques que nous retrouvons aujourd'hui chez les modernes, comme le lecteur pourra le constater facilement au cours de cet ouvrage. Vienne une époque caractérisée par la prédominance des méthodes positives, où le philosophe éprouve le besoin de multiplier les données expérimentales pour élargir la base de ses inductions, le plan conçu par saint Thomas sera assez vaste pour recevoir ces développements.

Or, cet âge est le nôtre. Il a commencé avec Descartes, et dure encore.

II. — **Descartes** contribua puissamment à mettre en honneur l'*introspection*.

Et à bon droit, car l'observation interne est la méthode fondamentale de la psychologie, celle dont l'usage est, tout à la fois, le plus naturel et le plus nécessaire.

C'est que les faits mentaux s'offrent d'eux-mêmes au sens intime. Et, tandis que j'ai besoin d'ouvrir mes paupières pour voir les objets extérieurs, d'en approcher la main pour les toucher, les yeux de la conscience sont toujours ouverts sur mes propres pensées. La perception externe requiert un milieu représentatif qui manifeste les propriétés des corps : pour l'introspection, tout milieu est superflu, l'objet et le sujet ne faisant qu'un, le moi connu s'identifiant avec le moi qui connaît. Mes idées, mes sentiments, mes déterminations, sollicitent d'eux-mêmes le regard du sens intime : ce qui est présent n'a pas à se faire représenter.

Ce mode de connaissance est donc le plus simple et le plus légitime. Bien plus, aucun autre ne saurait le suppléer. Aussi son application est de toute rigueur pour l'étude des phénomènes psychiques. Elle comprend plusieurs opérations : l'analyse, qui décompose les faits complexes en faits simples, et la classification, qui les distribue en catégories bien tranchées, pour assigner à chaque série irréductible une faculté spéciale.

Mais la méthode de Descartes va plus loin : si elle part des faits, c'est pour mener au principe, et démontrer l'immatérialité du sujet pensant. Encore le chemin est si court que l'on arrive au terme dès les premiers pas; l'inférence si rapide, qu'elle semble tenir de l'intuition. Voici les paroles du célèbre réformateur : comme, « d'un côté, j'ai une idée claire et distincte de moi-même, en tant que je suis seulement une chose qui pense et non étendue, et que, d'un autre, j'ai une idée distincte du corps, en tant qu'il est seulement une chose étendue et qui ne pense point, il est certain que moi, c'est-à-dire mon âme, par laquelle je suis ce que je suis, est entièrement et véritablement distincte de mon corps, et qu'elle peut exister sans lui[1]. »

Cette étroite liaison de la psychologie rationnelle à la psychologie expérimentale n'a pas été maintenue, avec la même fermeté, par tous les disciples de Descartes.

III. — « Dans **Malebranche**, remarquent MM. Paul Janet et Séailles, la psychologie est plus détachée de la métaphysique que la physique[2] ».

Sans doute, ce philosophe admet aussi la nécessité de l'observation intérieure : « Nous ne connaissons l'âme, dit-il, que par la conscience[3]. »

1. *Sixième Méditation*, n° 8.
2. *Histoire de la philosophie; Problèmes et Écoles*, p. 32.
3. *Recherche de la vérité*, l. III, 2e partie, ch. VII, § 4.

Mais la conscience ne nous éclaire pas sur sa nature intime. « Ce sentiment intérieur que j'ai de moi-même m'apprend que je suis, que je pense, que je veux, que je sens, que je souffre, etc.; mais il ne me fait pas connaître *ce que je suis, la nature* de ma pensée, de ma volonté, de mes sentiments, de mes passions, de ma douleur..., parce que, encore un coup, n'ayant point d'*idée* de mon âme, n'en voyant pas l'*archétype dans le Verbe divin,* je ne puis découvrir, en la contemplant, ni ce qu'elle est, ni les modalités dont elle est capable[1]. »

Si les faits internes ne peuvent nous révéler la constitution intime du sujet pensant, quel sera le fruit de leur observation? Il sera de nous donner des lois expérimentales, c'est-à-dire des généralisations tirées de cas particuliers. « Il est fort inutile de méditer sur ce qui se passe en nous, si c'est dans le dessein d'en découvrir la *nature*. Car nous n'avons point d'*idée claire ni de notre être* ni d'aucune de ses modifications... Mais nous ne pouvons faire trop de réflexions sur nos sentiments et nos mouvements intérieurs, afin d'en découvrir les liaisons et les rapports, les causes naturelles ou occasionnelles qui les excitent. La connaissance de l'homme est, de toutes les sciences, la plus nécessaire à notre sujet. Mais ce n'est qu'une *science expérimentale,* qui résulte de la réflexion qu'on fait sur ce qui se passe en soi-même[2]. »

C'est ainsi que le lien qui rattachait l'étude du principe à celle des opérations, la métaphysique de l'esprit à sa phénoménologie, se relâche. Il va même, dans les âges suivants, continuer de s'affaiblir graduellement, au détriment de la psychologie rationnelle, qui, reléguée à l'arrière-plan, sera, de jour en jour, moins cultivée, tandis que la psychologie expérimentale, gagnant sans cesse en faveur, prendra des développements inattendus, au

---

1. *Troisième Entretien sur la métaphysique.*
2. *Morale,* 1re partie, ch. v, §§ 16 et 17.

point de couvrir la meilleure partie du domaine philosophique.

Après Malebranche, plusieurs auteurs, par des voies
différentes, ont concouru à produire ce résultat : Locke,
Thomas Reid, Hume, Kant...

IV. — **Locke** déclare son dessein dans l'*Avant-Propos*[1]
de l'Essai sur l'entendement humain : « Je ne m'*engagerai
point à considérer en physicien la nature de l'âme,* à voir
ce qui en constitue l'*essence...* Il suffira, pour le dessein
que j'ai présentement en vue, d'examiner les différentes
facultés de connaître qui se rencontrent dans l'homme. »

L'empirisme, dont l'écrivain faisait profession, l'enga-
geait à prendre cette attitude et lui en créait même la
nécessité. Car, réduisant la substance à un amas de propriétés, la relation de causalité à une succession, et par
suite la cause à un simple antécédent dépourvu d'efficacité, comment aurait-il pu mener le lecteur au delà des
phénomènes? Cet « au delà » n'existe guère pour le sen-
siste ; il n'existe pas de principe antérieur aux faits, leur
servant de générateur et de support. De ce chef, c'est
faute d'objet que s'évanouit la science rationnelle de l'âme.

Il est juste toutefois de reconnaître que ces conséquences ne se dégagent pas toujours aussi clairement des ouvrages de Locke. Elles s'accuseront davantage plus tard
dans les écrits de David Hume, et des positivistes qui
poussent l'empirisme à sa dernière limite.

V. — **Thomas Reid**, chef de l'école écossaise, bien
qu'adversaire de Hume, qu'il essaya timidement de réfuter, réduisit l'étude de l'âme à sa partie purement expérimentale. « La connaissance humaine, dit-il, peut se
ramener à deux chefs généraux, selon qu'elle a pour objet
la matière ou l'esprit, les choses corporelles ou les choses
intellectuelles[2]. » Par esprit, nous entendons ce qui dans

---

1. § 2.
2. Préface de l'*Essai sur les facultés intellectuelles*, trad. Jouffroy, t. III, p. 7.

l'homme pense, se souvient, raisonne, veut. *L'essence des esprits et celle des corps nous sont inconnues.* Nous connaissons certaines propriétés des uns et certaines opérations des autres, et c'est par là seulement que nous pouvons les définir, ou plutôt les *décrire*[1]. » « A quelles sources puiserons-nous une connaissance exacte de l'esprit et de ses facultés? Je réponds que la principale et plus naturelle de ces sources est *la réflexion ou l'observation attentive des opérations de notre propre esprit.* »

L'âme ne nous est donc pas entièrement connue. Elle offre une région obscure, contenant des attributs et des énergies que le sens intime ne peut atteindre, et une région éclairée, qui correspond au moi. Le moi, c'est l'âme dans la mesure où elle se révèle à elle-même, l'âme moins sa partie inconsciente. Éclaircissons la signification de ce mot. Une chose est dite *mienne* lorsque je puis en disposer. Si le mien est sous la dépendance du moi, il s'ensuit que le moi est maître de lui-même, se possède, qu'il peut s'imprimer une direction de son choix. Comme, d'autre part, on ne dirige que ce que l'on connaît bien, il en résulte aussi que le moi doit avoir une connaissance immédiate de lui-même.

Sous le nom de *facultés,* on désigne les puissances actives du moi. Car faculté signifie pouvoir librement exercé. Or, on ne peut librement exercer une force qu'autant qu'on la connaît, qu'elle est présente à l'esprit, soumise en quelque manière à l'action du libre arbitre : ma vue, par exemple. Je puis, à mon gré, user ou ne pas user de la vue, fermer les yeux ou les ouvrir, les diriger vers telle ou telle partie de l'horizon, les porter rapidement sur un grand nombre d'objets, ou bien, au contraire, les arrêter longtemps sur une miniature. Aussi la vue est *une faculté du moi.* Au contraire, le pouvoir d'élaborer les aliments

---

1. *Essai sur les facultés intellectuelles,* Essai I, ch. 1er, trad. Jouffroy, p. 19, 20.

introduits dans l'estomac, pour les transformer en chyme, en chyle et en sang, et les assimiler à l'organisme, n'est pas une faculté, mais seulement une puissance, parce qu'il échappe à la direction du libre arbitre, à la perception du sens intime, et que son existence m'est révélée seulement par des inductions tirées des données physiologiques.

A la différence de la psychologie thomiste, qui avait pour objet l'âme prise avec l'ensemble de ses puissances, conscientes ou inconscientes, la psychologie moderne n'en accepte qu'une partie : savoir, *le moi*[1], *ses facultés et leurs phénomènes*.

Encore Thomas Reid, trop réservé dans l'emploi de sa méthode, restreint la portée de la conscience aux simples phénomènes. Quant au moi lui-même, envisagé comme sujet et principe de ces manifestations, il le déclare inaccessible au sens intime. Seul, le raisonnement peut l'atteindre, en se basant sur des vérités premières d'une application incessante : tout mode suppose une substance; tout fait suppose une cause.

La séparation des phénomènes et de leur sujet s'accentue dans le système de Kant.

VI. — **Kant** accepte la légitimité des faits internes comme objet de perception immédiate. Le psychologue peut s'en emparer, les associer deux à deux, faire de chaque couple une loi spéciale.

Quant au principe, il échappe à l'observation; et la raison lui applique des notions dont rien ne garantit la valeur objective. Nous le concevons comme substance et cause, tout en ignorant s'il y a réellement en dehors de notre pensée des substances et des causes.

---

1. Sans doute les psychologues contemporains sont amenés à étudier l'inconscient, pour éclairer l'origine et les conditions des faits internes. Mais leur division des facultés de l'âme ne lui fait aucune part directe, à la différence de la division thomiste, comprenant les énergies de l'âme, et non pas seulement celles du moi.

Il en résulterait que chercher à déterminer la nature de l'âme, serait s'engager dans une voie sans issue, entreprendre une étude vouée d'avance à la stérilité.

VII. — Les **positivistes** déclarent aussi la métaphysique impuissante, ou, ce qui revient au même, lui assignent pour objet l'inconnaissable.

Et même tel d'entre eux, Taine notamment, paraît aller plus loin encore, et n'admettre d'autre réalité que celle des faits. A ce compte, les substances et les causes ne seraient pas seulement de l'*inconnaissable,* mais de l'*irréel,* et de l'*inexistant;* et la psychologie rationnelle perdrait, avec son objet, toute sa raison d'être.

En face de ces négations, quelle sera l'attitude des philosophes spiritualistes?

VIII. — La meilleure, à notre sens, est celle qui nous est suggérée par la doctrine de **Maine de Biran**, dont nous devons dès maintenant donner une idée au lecteur.

La science expérimentale est tous les jours célébrée à cause de son caractère positif, parce que ses données sont observables. C'est le secret de la faveur accordée à la phénoménologie de l'esprit. Mais en considérant les choses de près, nous constatons que les caractères ontologiques du sujet pensant, notamment l'unité, l'identité, l'activité, sont perçus par la conscience.

Prenons un fait bien élémentaire, celui de l'effort. J'ai le sentiment immédiat de l'effort musculaire, et, par intuition, je saisis la différence qui le sépare d'une affection purement passive, par exemple de la douleur causée par un mal de dent. La différence, c'est que l'effort vient d'une force qui est moi, tandis que l'affection est plutôt subie par moi. Je ne puis percevoir l'effort avec son caractère distinctif, sans percevoir du même coup une force en exercice, par conséquent une cause. Il en résulte que la conscience, faculté éminemment perceptive, appréhende l'existence d'une cause efficiente; que cette notion, rationnelle au premier chef, prend rang parmi les données observables, et que la métaphysique revêt, à quelques égards, le caractère d'une science positive et expérimentale.

Généralisons le procédé. L'analyse de la conscience psychologique dégage l'unité du moi; celle du souvenir, l'identité; le sentiment de notre liberté suppose celui de l'activité.

Dans l'étude de chaque faculté, l'âme se révèle par un attribut métaphysique inhérent à sa constitution. Supprimer l'examen de ces attributs, serait mutiler ou défigurer la notion des facultés elles-mêmes, basée sur l'expérience.

D'autre part, ces caractères ontologiques du moi, unité, identité, activité, représentent dans l'édifice psychologique autant de pierres d'attente pour la partie rationnelle, autant de prémisses sur lesquelles repose la démonstration de l'immatérialité de l'âme. Nous le verrons à l'issue de cette première question.

Ce sont des raisons puissantes qui engagent à ne pas séparer les deux sections du traité, car elles sont unies par la plus étroite solidarité. Mieux que toute autre, la méthode inaugurée par Maine de Biran sauvegarde cette solidarité. Aussi nous semble-t-elle répondre aux exigences du spiritualisme contemporain.

IX. — Il nous reste à dire quelques mots sur la manière dont la psychologie est enseignée de nos jours.

1° Le résultat général des théories que nous venons de mentionner, celle de Biran exceptée, a été de mettre en honneur, pour toutes les écoles, l'étude descriptive des faits internes, et bien souvent de déprécier, même pour les spiritualistes, celle du principe. Ouvrez les traités de philosophie réputés les plus corrects, vous serez frappé du contraste.

Dans la première moité, vous trouverez exposée, avec

la plus grande étendue, avec des détails souvent minutieux, l'analyse des phénomènes mentaux. Puis, aux dernières pages, vous verrez condensés en quelques chapitres, sous le nom de métaphysique, les problèmes les plus graves qu'il soit donné à l'esprit humain de poser.

De plus, dans les divers organes de publicité scientifique, cette même étude est représentée comme une suite de questions insolubles, de spéculations stériles, où la discussion renaît sans cesse pour ne jamais s'épuiser, où les opinions les plus contradictoires se produisent avec une égale apparence de vérité.

Ce discrédit ne peut qu'ajouter encore à la prépondérance de la science expérimentale, qui élargit son domaine dans la mesure où la métaphysique rétrécit le sien.

2° Du reste, ces développements et ces progrès sont encore favorisés par une conception plus large de la méthode. Le vrai disciple de Descartes, ceux de Locke et même de Thomas Reid, s'en tenaient à peu près uniquement à l'introspection : observer les faits qui se produisent dans le moi, distinguer leurs caractères, les lier par des rapports invariables, telle devait être, à leurs yeux, la tâche du psychologue. Qu'obtenait-il ainsi? La peinture fidèle de son état intérieur, de l'intérieur du philosophe, non celui de la plupart des hommes. Car il faut bien convenir que le résultat d'une observation exclusivement personnelle ne peut être généralisé, sans danger d'erreur. Le philosophe doit beaucoup à la religion dans laquelle il a été élevé, à la nation civilisée dont il fait partie, à l'éducation intellectuelle, aux inspirations reçues de ses devanciers, à ses propres méditations. Et ces influences ont eu pour effet de développer certaines inclinations de sa nature à un degré particulier, peut-être d'en affaiblir quelques autres. L'exercice quotidien de la réflexion, les joies pures et austères de la pensée, ont dû élever ses vues, modérer l'ardeur de ses passions, amortir certains penchants inférieurs.

Sa physionomie morale n'est donc pas exactement celle de l'homme sans culture, surtout de l'homme étranger à la civilisation, qui adore des fétiches et vit dans les plus grossières superstitions. Et s'il voulait leur appliquer tout ce qu'il constate en lui-même, l'induction pécherait par excès.

Rien ne peut suppléer une information directe, faite en dehors de nous, chez nos semblables.

L'observation externe est encore nécessaire pour prendre connaissance des états anormaux, tels que le rêve, le somnambulisme, l'hallucination, la folie, et pour décrire la vie psychique de l'animal, délimiter la partie des facultés humaines qu'il convient de lui attribuer, et celles que nous devons tenir pour incommunicables. Cette étude est appelée psychologie comparée. « Nous désignons sous le nom de psychologie comparée ou de psychologie sociologique, comme l'appelle Hœffding, la psychologie des animaux, des peuples sauvages ou demi-civilisés, de l'enfant, du langage, de la littérature, etc.[2]. »

Nous devons signaler aussi des procédés d'application récente qui, dans la pensée de leurs auteurs, devraient reproduire le caractère positif des méthodes scientifiques. Ce sont les suivants : psychophysique, psychométrie, psychophysiologie, psychopathologie.

« Le nom de *psychophysique* désigne souvent l'étude

---

1. A cette étude se rattache la science des caractères, de création aussi récente. Le rapport qui l'unit à la psychologie expériment-le est nettement indiqué par M. A. Fouillée, dans la préface (p. 9) de son ouvrage intitulé : *Tempérament et Caractère*. « La psychologie générale n'étudie que les lois abstraites; la psychologie des caractères étudie les *types* produits par la combinaison particulière des lois générales et servant à classer les individus. Elle est à moitié chemin entre ces termes extrêmes : l'universel et l'individuel. » Comme essais du genre, nous citerons les ouvrages de M. Henri Joly : *la Psychologie des grands hommes, la Psychologie des saints;* ceux de M. Paulhan ; *les Caractères;* de M. Pérez : *le Caractère de l'enfant à l'homme.*

2. E. Peillaube, *Revue de philosophie,* 1er déc. 1902, p. 108.

expérimentale de la vie consciente et équivaut à celui de psychologie expérimentale. Fechner, qui l'a, sinon inventé, du moins fait accepter en publiant à Leipzig, en 1860, un livre intitulé *Éléments de psychophysique*, l'entendait dans un sens plus restreint, que nous lui conservons ici. Il comprenait, sous ce titre, la recherche du rapport qui unit la sensation et l'excitation physique.

Les psychophysiciens[1], à l'origine, se proposaient de mesurer les états de conscience comme on mesure les phénomènes du monde physique, et de les faire entrer dans les lois générales du mouvement. Ils traitaient la vie consciente comme si, au lieu de se développer dans le temps, elle se développait dans l'espace. Ils abordèrent cette étude par les sensations, phénomènes élémentaires et relativement simples, dont la cause, l'excitation, a une grandeur extensible et mesurable. Ils pensaient qu'en établissant une relation mathématique entre l'excitation et la sensation, on parviendrait à mesurer la sensation elle-même.

La *psychométrie* est plus cultivée de nos jours que la psychophysique; la plupart des recherches instituées dans les laboratoires de psychologie expérimentale ont pour but de mesurer la durée des processus psychologiques, les temps de réaction.

On essaye de déterminer le temps qui s'écoule entre le moment où une impression est produite sur un sujet et le moment où le sujet réagit. Dans certaines expériences, le sujet doit réagir d'une manière déterminée, d'après la nature de l'excitation qu'il ne connaît pas et qu'il lui fau-

---

1. Voici un spécimen des expériences de la psychophysique. Des observations faites en Allemagne ont eu pour résultat de déterminer le minimum de l'excitation nécessaire pour produire une sensation appréciable à la conscience. On prétend que pour le toucher le *minimum sensible* varie de 0ᵐ,002 à 0ᵐ,05. « Les régions les plus sensibles sont le front, les tempes, les paupières, le dos de la main. Le plat de la main, les ongles, les jambes et le talon » sont les moins sensibles. (RIBOT, *Psychol. allem.*, p. 172.)

dra apprécier : entre l'excitation et la réaction, il s'écoule
un intervalle de temps occupé à des comparaisons, à des
hésitations. D'autres fois, on laisse le sujet libre de choisir le mode de réaction; dans ce cas, la réaction est toujours plus prompte.

Le temps de réaction varie avec les conditions dans
lesquelles l'expérience a lieu, selon que le sujet fait ou
ne fait pas attention, qu'il est et n'est pas averti du mode
d'excitation, ou du mode de réaction, ou du but que l'on
poursuit. Avant de généraliser les résultats, il faut rechercher dans quelles conditions et sous quels rapports déterminés les expériences ont eu lieu. Les résultats n'ont de
valeur qu'à ce prix.

Un ordre de recherches très en honneur dans les laboratoires, c'est la *détermination des différences individuel-*
les sous le rapport de la sensibilité, de la mémoire, de
l'habitude, de l'imagination. On étudie comment et pourquoi une perception actuelle évoque tel groupe de représentations plutôt que tel autre. Un même objet, un arbre,
par exemple, suggère des images bien différentes suivant
qu'on est peintre, agriculteur ou bûcheron...

La *psychophysiologie* tend plus spécialement à rapprocher les deux parties de la nature de l'homme isolées par
l'abstraction : la nature organique et la nature psychologique. Elle postule un certain parallélisme.

Son idéal primitif, très voisin de l'ancienne psychophysique, fut d'étudier les mouvements élémentaires de la
matière nerveuse, et particulièrement du cerveau, d'en
déterminer les lois et d'arriver ainsi à constituer une sorte
de mécanique cérébrale dont la prétendue vie de l'esprit
ne serait qu'une traduction, un reflet, un épiphénomène.
Elle a vu cet idéal s'éloigner de plus en plus : non seulement on ne sait rien des mouvements de l'état cérébral
élémentaire, mais on ne voit même pas la possibilité d'en
rien savoir. Aussi beaucoup de ses partisans ont-ils répu-

dié toute métaphysique matérialiste, pour admettre simplement que chaque phénomène psychologique a son
support matériel dans un phénomène physiologique déterminé. C'est encore un postulat; il ne blesse en rien les
convictions spiritualistes, mais il n'est pas démontré. Ce
qui paraît établi, c'est que toute forme de la vie consciente, même la plus idéale, retentit *de quelque façon*
dans la vie organique.

La *psychopathologie* ou *psychologie morbide* a rendu et
continue à rendre les plus grands services à la psychologie normale. Elle comprend deux catégories de faits particulièrement instructifs, concernant l'aliénation mentale
et les maladies de l'esprit.

Les faits d'aliénation mentale ne sont que le grossissement et l'exagération de certains phénomènes de la vie
courante. Entre la simple illusion des sens qui se produit
à chaque instant et que l'on corrige aussitôt, et l'hallucination du fou, on peut intercaler une série d'hallucinations intermédiaires, dont les unes sont immédiatement
rectifiées, dont les autres ne le sont que difficilement, ou
même ne le sont jamais. Le délire systématisé est analogue à ces cristallisations qui font converger vers un même
point nos états de conscience du moment : le point de
convergence peut être une idée simplement intense, il
peut être aussi une idée délirante, l'idée des grandeurs,
par exemple. L'étude de ces faits constitue une *méthode
de grossissement*[1]. »

L'ensemble de ces procédés est désigné sous le nom de
méthode objective, par opposition à la méthode basée sur
l'observation interne, qui est dite subjective.

Des considérations développées au cours des pages précédentes, dégageons les trois points qui nous paraissent
les résumer assez fidèlement.

---

1. E. Peillaube, *Revue de philosophie*, 1ᵉʳ déc. 1902, p. 104 et suiv.

X. Conclusion. — 1° Les meilleurs représentants de l'école thomiste se montrent aujourd'hui très favorables à l'emploi de la méthode objective, surtout en ce qui concerne les rapports du physique et du moral, les conditions physiologiques de la sensation et de l'image. Rien de plus légitime : ils s'inspirent en cela des traditions de la philosophie péripatéticienne.

2° Mais il nous semble que plusieurs d'entre eux ne font pas une part assez large à l'introspection. Non pas qu'elle soit totalement négligée : la force des choses s'y oppose, car sans l'observation intérieure nous n'aurions pas l'idée d'un seul phénomène psychique.

Pour concevoir le plaisir, la douleur, la sympathie, les sentiments moraux ou esthétiques, la liberté..., il faut les avoir connus au dedans. Si le sens intime nous manquait, il nous serait aussi difficile d'en acquérir la notion, qu'il est malaisé à un aveugle-né de se former celle de couleur. De même que nulle combinaison de saveurs, d'odeurs et de sons ne produit la représentation de couleur, aucune pareillement ne produira l'idée d'amour maternel ou de piété filiale. Ces concepts sont d'un ordre à part, étrangers de tout point aux conditions de la matière tangible et palpable, étrangers par conséquent à nos facultés sensibles, organisées pour la perception des objets corporels.

Disons plus : les éléments recueillis en nous-mêmes éclairent les manifestations de la vie psychique en nos semblables ou dans la brute. Vous entendez le cri de douleur poussé par un animal, les sanglots d'un enfant. Ils révèlent un fait sensible, la douleur. Sans doute, si, préalablement, vous avez constaté en vous l'union du physique et du moral, l'association formée par la nature entre nos sentiments et leur expression vocale, la présence de l'un des termes associés vous suggérera celle du second. Mais si vous supprimez la conscience, avec elle disparaîtra l'un des termes du rapport, le fait psychique; il ne restera qu'un son, cri ou sanglot. Vous les entendrez, et ne saurez pas les interpréter. Vous serez dans la situation d'un voyageur qui, n'ayant jamais vu de feu, apercevrait de la fumée. Devinerait-il que la fumée est le signe du feu? Nullement. Elle serait pour lui un phénomène isolé, dont il ignorerait la cause. Ainsi, sans les indications de votre propre conscience, la conscience d'autrui resterait lettre close. « Il n'y a que l'esprit qui connaisse l'esprit : on ne voit pas la pensée du dehors, on y assiste du dedans[1]. »

Si nous insistons sur cette vérité élémentaire, c'est principalement en faveur des étudiants des grands séminaires, à qui ces lignes s'adressent spécialement. Il y aurait pour eux des avantages signalés à s'initier, dans une large mesure, à la pratique du procédé. Nous ne pouvons qu'énumérer ces avantages :

A. Les faits internes bien décrits et bien interprétés sont la clef de la psychologie même rationnelle, et jettent beaucoup de lumière sur les autres parties de la philosophie. Nous n'avons qu'à dégrader notre vie mentale pour nous faire une idée de l'animal; comme, d'un autre côté, il suffit de la purifier de ses défectuosités, et de la porter à sa forme la plus haute, pour concevoir les attributs divins.

B. Ces faits éclairent aussi bien des questions théologiques : par exemple, la théorie de l'acte humain, la certitude morale, le rôle de la volonté dans la croyance, les vertus théologiques, la plupart des vertus morales, la connaissance de l'âme de Notre-Seigneur et de ses mystères.

C. Le prêtre est, par état, le directeur des âmes. Or, pour diriger les âmes, il faut les connaître. Que de belles

---

1. Janet et Séailles, *Histoire de la philosophie*, p. 40.

pages de psychologie chrétienne nous offrent les écrivains ascétiques ! Elles gagneraient, aux yeux d'un grand nombre de lecteurs, à être reliées d'une manière scientifique aux lois mentales, dont elles sont, *sous certains rapports*, l'application. La *Psychologie des saints* de M. Joly a été une première tentative.

D. L'orateur sacré, lui aussi, doit analyser les mobiles du cœur humain et en faire de vives peintures.

E. Si l'argumentation forme le métaphysicien, c'est l'analyse des faits de conscience, qui prépare, en partie, le critique. Car les arguments intrinsèques d'authenticité et d'intégrité, pour les documents historiques, se basent, le plus souvent, sur des particularités reflétant le caractère de l'auteur, ses habitudes d'esprit, ses préjugés, ses images les plus familières, le mouvement de sa pensée, son vocabulaire... Or, le meilleur moyen de se rendre apte à discerner les légers indices, les menus traits, les multiples détails, presque imperceptibles, qui en se combinant constituent des arguments sérieux, c'est l'analyse des phénomènes de conscience. Il est vrai de dire que telle étude d'authenticité en faveur d'un ouvrage ancien n'est qu'une page de psychologie appliquée.

F. Enfin, la plupart des œuvres de notre temps portent le cachet de la psychologie. M. Taine a puissamment contribué de nos jours à donner ce caractère à l'histoire. Sous des influences analogues, le roman, le drame, le pamphlet, sont devenus des peintures d'états d'âme. M. Paul Bourget essaye, par la voie du roman, une apologie des grandes vérités de la philosophie sociale... Pour ne pas rester étranger au courant intellectuel de ses contemporains, le prêtre doit s'exercer à manier le même instrument.

En revanche, après avoir accordé légitime satisfaction à la tendance expérimentale, il convient de s'élever au-dessus des phénomènes, jusqu'à l'analyse du principe. L'examen des faits est une introduction destinée à préparer celui de leur cause. En d'autres termes, la psychologie rationnelle doit rester étroitement unie à la psychologie expérimentale.

3° La scission qui crée un intervalle presque infranchissable entre le paraître et l'être, la phénoménologie de l'esprit et sa métaphysique, est adoptée par la plupart des ouvrages de philosophie contemporains, et consacrée par le programme du baccalauréat ès lettres, qui place au premier rang l'étude des facultés de l'âme avec ses développements et ses applications en logique et en morale, pour reléguer l'étude de l'âme elle-même à l'arrière-plan, dans le recueil des questions métaphysiques réputées presque toujours insolubles.

Cet isolement est absolument contraire aux lois de la logique[1].

Ces lois, en effet, demandent que l'on sépare le moins possible la conclusion des prémisses. Or, la psychologie rationnelle comprend un petit nombre de thèses qui se relient aussi directement aux analyses des faits internes, que la conclusion se rattache aux prémisses. La thèse de l'immatérialité, par exemple, se confond presque avec l'affirmation des caractères métaphysiques propres à chacune de nos facultés. Nous l'avons déjà dit, la conscience ne se conçoit pas sans l'unité du sujet pensant, la mémoire sans son identité; la liberté suppose l'activité, dont elle exprime seulement une forme plus élevée. Or, ces caractères ontologiques une fois bien établis en psychologie expérimentale, il n'y a plus qu'à en inférer la distinction de l'âme et du corps.

1. Inutile de faire remarquer qu'il est aussi fort préjudiciable à l'enseignement métaphysique, dont les solutions, détachées de leur base expérimentale, revêtent l'apparence de frêles hypothèses. Si l'on ajoute que, dans la plupart des traités de date récente, cet enseignement se réduit à quelques leçons, qu'il est présenté sous une forme sèche et rapide, alors que les intérêts moraux les plus graves sont en jeu, l'on concevra que nous ne puissions nous empêcher de le regretter amèrement.

L'âme est libre. La matière est inerte. Donc l'âme n'est pas matière.

Le principe pensant reste identique à lui-même dans le temps, tandis que l'organisme se renouvelle périodiquement. Donc ils ne sauraient s'identifier.

Pour les problèmes relatifs à l'union de l'âme et du corps, les prémisses sont empruntées aux conditions physiologiques des phénomènes internes

Sans doute, en maint endroit, la discussion offrira des difficultés. Mais n'est-on pas en meilleure situation pour les résoudre, lorsqu'on se trouve encore près du terrain sur lequel l'antécédent a été posé, avec les détails d'analyse propres à en éclaircir le sens et la portée, et que ces détails sont encore présents à l'esprit du lecteur? Que gagnera-t-on à placer des traités entiers d'un ordre différent, logique et morale, entre ce que nous avons appelé les prémisses et la conclusion? S'il veut remplir consciencieusement sa tâche, le professeur se verra obligé de rappeler des analyses déjà faites au début du cours, et pour n'avoir pas voulu, en psychologie, achever l'étude d'une question métaphysique, il se verra réduit à répéter, en métaphysique, une question de psychologie expérimentale.

Et quelle est la raison alléguée pour légitimer la séparation? Sans doute, le désir de ne pas mêler la science de l'être à celle du paraître, la métaphysique à la phénoménologie de l'esprit. Mais on n'obtiendra jamais une phénoménologie pure de tout alliage ontologique. De l'aveu unanime, la question du libre arbitre fait partie de la psychologie expérimentale, et le séparatiste le plus résolu ne saurait l'en bannir. Or, la thèse de la liberté affecte un caractère éminemment métaphysique, attendu qu'un être libre est une cause efficiente, une énergie productrice, au sens rigoureux des termes. Il est donc impossible d'expurger tous les éléments ontologiques de l'étude relative aux faits internes; pour y arriver, nos adversaires devraient rayer de leur programme nombre de questions[1] essentielles dont la suppression mutilerait la psychologie. Dès lors, puisqu'il faut se résoudre, bon gré, mal gré, à introduire la métaphysique dans l'examen des faits de conscience, pourquoi s'arrêter à mi-chemin et ne pas mener jusqu'à son terme l'étude du sujet pensant, en joignant la partie rationnelle à la partie expérimentale? Pourquoi couper en deux un traité qui porte l'empreinte de l'unité et qui gagnerait une clarté et une force nouvelles à être exposé d'une façon continue?

Afin de joindre l'application à la théorie, nous consacrerons la première partie de cet ouvrage à la dynamologie, et la seconde à la psychologie rationnelle.

---

1. Telles sont la notion de faculté, principe d'une série de faits irréductibles, la notion de l'effort musculaire, de l'effort intellectuel (l'attention), la conscience qui perçoit le moi, substance et cause; l'explication du plaisir et le lien qui l'unit à l'exercice de l'activité, les attributs métaphysiques du moi, l'unité et l'identité.

PREMIÈRE PARTIE

PSYCHOLOGIE EXPÉRIMENTALE

SECTION PREMIÈRE

Notions générales sur les puissances psychologiques.

ARTICLE PREMIER. — **La puissance, la faculté.**

L'empirisme n'admet que des faits ou des rapports de faits. « Les mots *faculté,* capacité, pouvoir, qui ont joué un si grand rôle en psychologie, ne sont que des *noms* commodes, au moyen desquels nous mettons ensemble dans un compartiment distinct tous les faits d'une espèce distincte ; ces noms désignent un caractère commun aux faits qu'on a logés sous la même étiquette ; ils ne désignent pas une *essence mystérieuse et profonde* qui dure et se cache sous le flux des faits passagers[1]. »

Mais, à l'encontre de l'empirisme, les spiritualistes reconnaissent unanimement que la faculté psychologique est un principe. Nous retrouverons presque à chaque page de ce livre l'écho et la justification de cette idée : aussi n'est-il pas expédient d'y insister maintenant.

Toutefois, leurs manières de voir ne sont pas de tout point identiques.

I. — Depuis les analyses de l'école écossaise, faculté signifie le *principe d'une classe irréductible de faits de conscience.*

1. Taine, *De l'Intelligence*, préface, p. 1.

Or, on appelle fait irréductible, celui que l'on ne peut décomposer en des faits plus simples. Ainsi les phénomènes cognitifs sont irréductibles, parce que j'essayerais en vain de les ramener à d'autres phénomènes plus élémentaires. J'aurais beau associer le sentiment du plaisir à un autre sentiment, la combinaison ne donnera pas lieu à un fait cognitif. Aussi les psychologues admettent que connaître et éprouver des émotions, figurent deux types bien tranchés de faits de conscience. En revanche, le langage est un fait complexe, car il suppose une connaissance, un mouvement de l'organe vocal, l'action de la volonté sur cet organe...; et il résulte de la combinaison de ces éléments.

Les phénomènes attribués à une faculté psychologique relèvent du sens intime. Nous l'avons déjà remarqué dans les pages qui précèdent, en signalant la différence de signification qui existe entre faculté et puissance. Par puissances, on comprend toutes les énergies de l'âme, sans aucune exception, que leur fonctionnement se dérobe à la conscience, comme celui des forces végétatives, ou bien qu'il s'accomplisse sous son regard, comme les opérations de l'entendement. Par facultés, au contraire, on entend une espèce particulière de puissances, celles qui sont susceptibles d'être dirigées, par conséquent qui sont connues, observées, analysées à la lumière du sens intime, et directement soumises à l'empire de la volonté libre. Les modernes étudient des facultés, tandis que les philosophes du moyen âge étendaient leurs recherches à toutes les puissances de l'âme.

Mais cette différence n'est pas la seule à signaler. Il y en a une autre, d'une certaine portée doctrinale et qui demande des développements.

II. — La puissance psychologique est un principe secondaire d'opération. Or, l'opération a ses préludes et ses suites; et, dans la théorie thomiste, la série entière des préludes et des suites immédiates est attribuée à la même puissance. Prenons pour exemple l'intellect. Nous avons d'abord *un principe autonome d'activité*, doué *d'inclinations* spéciales; ensuite la *détermination* de ce principe par les données des sens internes ou de l'imagination; l'*acte* de la connaissance; la *délectation*, sentiment de l'inclination satisfaite, effet momentané de l'acte; l'*habitude*, son effet durable.

Le saint docteur rapporte à l'entendement les cinq manières d'être : l'inclination à connaître, la détermination reçue par l'intellect, l'acte de connaissance, le plaisir qui l'accompagne, lorsqu'il se produit en des conditions normales, l'habitude intellectuelle, résultat permanent.

Parcourons les membres de cette énumération.

1° L'*autonomie* est le propre des êtres vivants : vivre, c'est se mouvoir soi-même, être le principe de son mouvement, *ratio vitæ movere seipsum*. « Vivere dicuntur aliqua, secundum quod operantur ex seipsis, et non quasi ab aliis mota, » a dit saint Thomas[1]; à la différence de la matière qui est inerte, l'âme et ses facultés ont de l'initiative, une activité spontanée qui se met en jeu à la première incitation de l'objet.

En effet, pour que l'acte se produise, il faut, au préalable, que l'objet vienne à nous, qu'il fasse, pour ainsi dire, le premier pas, *détermine* la puissance à le rechercher, en lui assignant une direction et un but.

2° Au défaut de cette *détermination*, elle resterait dans un repos qui ne serait pas le néant de l'être, mais le néant de l'action. La nature y a pourvu en multipliant, autour de nous, les stimulants.

Nous entendons par stimulants, par exemple : l'espèce sensible, condition de la perception extérieure; la sensation ou l'image, condition de l'espèce réalisée par l'intel-

---

1. I, q. xviii, art. 3.

lect agent ; l'espèce intelligible, milieu nécessaire à la pensée ; la connaissance du bien, mobile de l'appétit...

Pour nous borner à expliquer un seul de ces cas et le plus simple, la vision des objets matériels ne peut s'effectuer sans la formation préalable de l'image visuelle. Pendant la nuit, cette formation étant impossible, ma vue reste sans exercice, bien que l'organe et la faculté soient dans un état sain. Cela prouve la nécessité d'une détermination pour mettre en acte cette faculté, la tirer de son indifférence et lui donner une application précise. A certains égards, c'est l'objet qui prend l'initiative de l'union, en agissant sur l'organe visuel ; c'est lui qui nous prévient et nous sollicite. Nous répondons à ses avances en nous portant vers lui, pour le connaître, et en prendre, pour ainsi dire, *possession*.

La difficulté serait de concilier les deux conditions déjà énoncées : un principe qui a besoin d'un stimulant pour passer de la puissance à l'acte semble manquer d'autonomie et de spontanéité. — Nullement ; et pour résoudre l'objection proposée, il suffit de remarquer que la réaction dépasse de beaucoup l'incitation, qu'elle est d'un ordre bien supérieur. Par exemple, l'objet coloré produit sur l'œil une impression physique, qui donne lieu à l'image visuelle et à la perception. La perception étant d'un genre plus élevé que la simple impression organique, d'où vient la différence ? Précisément de l'initiative propre à nos facultés. L'âme y a mis du sien, parce qu'elle recèle un foyer d'activité propre, avec inclination au mouvement. Dans la matière qui est inerte, le mouvement produit est toujours égal en quantité au mouvement reçu, la dépense égale la recette, la réaction est l'expression pure et simple de l'action. Si la loi des réactions[1] psychologiques est

---

1. Toutes ces réactions, sans exception, sont supérieures à l'incitation : l'image vaut moins que l'espèce intelligible, fruit de l'intellect agent ; l'idée du bien, moins que l'amour de ce bien...

toute contraire, c'est que l'âme n'est pas inerte comme la matière, et que la détermination dont nous avons parlé a seulement pour effet d'éveiller nos facultés, pour y provoquer l'emploi de ressources latentes.

3° C'est l'*opération* qui figure, à proprement parler, cet essor. Déjà, à raison de sa constitution, la puissance contenait l'exercice en germe, ou, plus rigoureusement, à l'état potentiel, qui est plus pauvre et moins parfait que l'état actuel. Aussi, en le réalisant, en le tirant d'elle-même, se donne-t-elle un nouveau degré d'être analogue à sa nature, un accroissement. L'acte est pour la puissance ce qu'est l'expansion pour la force, le vol pour l'aile de l'oiseau, un perfectionnement virtuel, qui la complète et l'achève.

4° Accomplie dans les conditions normales, l'opération est accompagnée de *plaisir*, parce que, en ce cas, le sujet passe d'une perfection moindre à une perfection plus grande, et que le plaisir n'est que le sentiment de cet état meilleur, le sentiment d'une activité se développant selon ses propres lois, l'écho porté à la conscience d'un progrès immanent. « Operationes sunt delectabiles in quantum sunt proportionatæ et connaturales operanti[1]. »

D'après Aristote, la délectation n'est pas l'acte, mais un surcroît qui s'ajoute à l'acte comme à la jeunesse sa fleur. Dans un langage plus austère, saint Thomas ajoute : « Cum dicitur quod delectatio est operatio, non est prædicatio per essentiam, sed per causam[2]. » Au lieu de l'identité, nous avons un rapport de dépendance : le plaisir n'est pas l'acte, mais une modalité qui en découle et s'y attache, une sorte d'*épiphénomène*. L'expérience témoigne de cette relation, car elle nous montre que souvent nous aimons l'action pour elle-même. L'enfant et les jeunes animaux trouvent du plaisir aux mouvements vifs et rapi-

1. 1ᵃ 2ᵐ, q. xxxii, art. 1ᵉʳ.
2. 1ᵃ 2ᵐ, q. xxxi, art. 1ᵉʳ.

des. Au matin de la journée, l'amateur de chasse lâcherait le lièvre à la recherche duquel il va courir de longues heures. Si la vérité était déposée dans ma main, disait un dilettante, je la laisserais s'envoler afin de la poursuivre encore : il désirait donc penser pour penser, agir pour agir. Les travaux intellectuels qui passionnent davantage le petit nombre de ceux qui les cultivent sont ceux qui requièrent la réflexion la plus intense.

Au rebours, la douleur est le sentiment d'une activité contrariée dans son développement, ou bien s'exerçant en des conditions anormales.

Au fait qui passe, joignons la disposition qui reste pour en faciliter le retour, l'habitude.

5° Tout le monde convient que l'*habitude* est formée par la répétition des actes. « Ex multiplicatis actibus generatur qualitas quæ vocatur habitus, » dit saint Thomas[1]. Causée par les opérations qui précèdent, elle favorise, rend plus aisées, plus promptes, plus efficaces, celles qui suivent. Il est donc naturel de la rapporter à la puissance qui a produit les actes dont elle est le résidu.

Aussi bien que saint Thomas, les psychologues contemporains admettent cette même loi d'origine, vérifiée chaque jour du reste par l'expérience la plus élémentaire. Mais au lieu d'attribuer l'habitude à la faculté qui l'a engendrée, ils la détachent pour l'assigner à une autre faculté, de création arbitraire et factice, l'activité, qui comprend déjà l'instinct et la volonté libre. Ils recueillent les habitudes les plus disparates, qu'elles aient rapport à la vie organique, sensitive, intellectuelle, à la vie morale même (vertu ou vice), pour les rapprocher de l'instinct, par la raison qu'elles en imitent l'inconscience et l'automatisme. Le saint docteur, qui déjà n'a pas voulu séparer la délectation de l'acte qui la produit, ne saurait en séparer l'habitude.

[1]. 1ª 2æ, q. LI, art. 2.

Pour une raison analogue, les mêmes auteurs ôtent de la série ordonnée que nous avons décrite, l'inclination et le plaisir, pour en faire le lot d'une faculté tout artificielle, qui est la sensibilité. C'est que la conscience distingue le plaisir de la pensée par des caractères bien tranchés, la pensée étant objective ou représentative, sans avoir rien d'affectif, tandis que la délectation, phénomène affectif, ne représente à l'esprit qu'elle-même.

Terminons cet exposé par un rapprochement.

III. Observation. — Il est aisé de retrouver dans les écrits des philosophes modernes, même des contemporains, la plupart des idées qui servent de lien à la synthèse thomiste, mais seulement à l'état fragmentaire, et sans application à la notion de faculté psychologique.

De nos jours, M. Francisque Bouillier, dans son ouvrage *le Plaisir et la Douleur*, a renouvelé la théorie aristotélicienne qui rattache les émotions à l'activité de l'âme. « L'*activité* avec un certain degré de *conscience*, l'activité déterminée en vue d'une certaine fin, suivant laquelle elle tend naturellement[1] à s'exercer, voilà les deux conditions essentielles du plaisir et de la douleur... Supposons que notre nature soit différente de ce qu'elle est; supposons qu'au lieu d'être active elle soit inerte, c'est-à-dire dépourvue de toute tendance, de tout ressort, de tout pouvoir d'agir ou de réagir, semblable à la cire molle qui reçoit indifféremment toutes les empreintes. C'est en vain que, par la pensée, vous soumettrez cette essence inerte à toutes les épreuves, à toutes les modifications, les plus opposées et les plus profondes qu'il vous plaira d'imaginer; rien ne lui étant conforme ou contraire, convenable ou opposé, puisqu'elle n'a aucune inclination propre en un

---

1. C'est bien là l'idée du saint docteur : « Operationes sunt delectabiles in quantum sunt proportionatæ et connaturales operanti. » (1ª 2æ, q. xxxii, art. 1er.)

sens plutôt qu'en un autre, le *plaisir* et la *douleur* n'auront aucune prise sur elle[1] ».

Il est presque superflu de montrer que l'idée de saint Thomas sur l'origine des habitudes, simple expression du plus modeste bon sens, est, tous les jours, reproduite par nos philosophes.

« Tout exercice répété d'une faculté ou tout usage d'un organe dans les êtres vivants, dit M. Janet, produit dans cette faculté ou dans cet organe une certaine disposition (ἕξις), que l'on appelle habitude[2]. » « La continuation ou la prolongation d'un mouvement, d'une action, d'une impression, d'un mouvement quelconque, est aussi propice que la répétition à engendrer l'habitude[3]. » A vrai dire, elle naît du premier usage de la faculté et de l'organe; les usages suivants ont seulement pour effet de la fortifier. « Seul, le premier mouvement, que rien n'a précédé, ne doit rien à l'habitude; c'est à lui, au contraire, que l'habitude doit sa naissance, c'est lui qui possède primitivement la vertu de préparer, de faciliter les suivants. En effet, s'il n'a pas cette vertu, s'il n'est pas, au moins en partie, la raison du second mouvement, celui-ci, étant tout à fait indépendant du premier, sera lui-même comme s'il était premier et le deviendra en réalité[4]. » Il en sera de même des suivants, et la série entière se déroulera sans former même le germe d'une habitude.

Mais, tout en admettant la même provenance que saint Thomas pour le plaisir et l'habitude, résultat naturel de l'activité, au lieu de les rapporter aux facultés génératrices, les psychologues de nos jours créent tout exprès des facultés nouvelles, purement nominales, qui joueront simplement le rôle d'étiquettes : par exemple, des moda-

1. *Du Plaisir et de la Douleur.*
2. *Traité de philosophie*, p. 288.
3. Albert Lemoine, *l'Habitude*, p. 2.
4. A. Lemoine, *Ibid.*

lités successives qui constituent le processus de l'intellect, ils détachent d'une part l'inclination à penser et le plaisir de la pensée, pour en doter la sensibilité. Anomalie tout au moins apparente : la sensibilité, qui ne peut penser, est cependant inclinée à le faire ; elle éprouve du plaisir pour l'exercice de la pensée, qui lui est de tout point étrangère. En revanche, l'intelligence, faculté autonome et spontanée, est dépouillée des inclinations sans lesquelles cette même spontanéité est inconcevable, et de la jouissance appropriée associée à sa propre opération, bien que cette jouissance en soit un simple mode.

De même, c'est une faculté toute factice qui s'arroge le monopole des habitudes, après en avoir dépouillé les puissances qui leur ont donné naissance, et qui seules sont à même de les perfectionner et de les compléter.

Bref, des deux côtés nous trouvons les mêmes éléments et des liens de même nature pour unir ces éléments. Seulement les psychologues contemporains ne font aucun usage de ces liens dans la conception des facultés de l'âme, sans doute pour dégager les données initiales de tout alliage systématique et ne pas appliquer par anticipation, dès les premières pages du traité, des théories que seules des analyses ultérieures peuvent justifier.

Ces considérations appellent une conclusion. Toutefois, il sera plus expédient de l'ajourner à l'article suivant. La question que nous allons aborder ayant les plus étroites affinités avec la précédente, nous serons mieux à même, à l'issue de cet article, de nous prononcer sur la valeur restrictive des deux notions.

Article II. — Division des puissances psychologiques.

I. — Avec l'école péripatéticienne, saint Thomas compte cinq puissances psychologiques : les puissances végétatives, sensitives, l'intellect, l'appétit, et la force motrice.

Signalons immédiatement une irrégularité logique, qu'il est aisé de faire disparaître. Un seul terme, celui d'appétit, désigne deux facultés de nature bien différente : l'appétit sensitif, principe des passions, commun à la brute et à l'homme, et l'appétit intellectif, la volonté. La distance qui les sépare est exactement la même que celle des sens à l'entendement, parce que la passion est associée à des conditions organiques, aussi bien que la sensation, et que la volonté libre avec la raison qui la guide se meuvent dans une sphère suprasensible. Aussi y aurait-il défaut de suite à grouper la volonté et l'appétit sensitif sous une même étiquette, après avoir distingué l'intellect des sens. Exigé par la logique, le dédoublement de l'appétit est, du reste, en harmonie avec le principe de la philosophie thomiste.

II. — Voici la deuxième conception.

« Les *psychologues* sont aujourd'hui à peu près d'accord, dit M. Rabier, pour reconnaître qu'il y a, ni plus, ni moins, trois classes de faits et de fonctions psychologiques : des faits représentatifs ou faits intellectuels, des faits affectifs[1] ou sensitifs, des faits volitifs ou de volonté[2]. »

Pour rendre plus intelligible l'énoncé de cette classification, nous devons quelques explications au lecteur.

1° Saint Thomas, dans sa division, fait une part aux forces végétatives, que les philosophes contemporains ne mentionnent pas. Nous l'avons déjà remarqué, Descartes a limité la psychologie au domaine du sens intime. Ce domaine ne comprend pas l'âme tout entière, mais seulement une partie des énergies et des phénomènes qui en émanent. A côté de la région éclairée se trouve la région obscure, et toutes les forces qui dérobent leur jeu au

1. La sensibilité est d'introduction relativement récente; Descartes, Malebranche et Leibnitz ne l'ont pas admise à titre spécial. Mais, depuis les Écossais et Cousin, elle s'est détachée des deux autres groupes, pour se former un domaine à part, qu'elle a conservé dans des traités de psychologie contemporains.

2. *Psychologie*, p. 80.

sens intime sont non avenues aujourd'hui pour la classification des facultés humaines. Or, parmi ces énergies,
figurent les puissances végétatives. J'ai beau me recueillir, je ne perçois pas un seul des phénomènes physiologiques qui s'accomplissent dans les profondeurs de l'organisme : digestion, circulation du sang, etc. Ces faits
relèvent de l'observation externe et sont appréhendés au
dehors par les sens; c'est ainsi que l'oreille, à l'aide du
stéthoscope, perçoit les battements du cœur et les phénomènes d'inspiration et d'expiration accomplis dans les
poumons, etc. Étrangères à la conscience, les puissances
qui les produisent sont bannies de la psychologie.

Saint Thomas est moins exclusif; et, sans infirmer l'autorité du sens intime, il admet des informations complé-
mentaires. Aussi se refuse-t-il à un retranchement qui
semble porter atteinte à l'intégrité de l'âme et ne pas sau-
vegarder l'unité conçue par la nature. Les bases des deux
classifications sont donc d'inégale largeur, et l'inégalité se
traduit par la différence de signification déjà assignée aux
termes de *faculté* et de *puissance*. Nous le savons déjà,
toutes les facultés de l'âme humaine sont des puissances;
celles dont elle prend conscience se nomment facultés.

2° Une deuxième divergence, d'un genre assez délicat,
est celle qui sépare la sensibilité, interprétée au sens des
psychologues contemporains, des facultés sensitives, appelées par les scolastiques sens internes et externes.

Au regard des premiers, la sensibilité représente exclusivement la capacité d'éprouver des émotions, et embrasse
toutes les affections, réparties par saint Thomas entre les
diverses puissances de l'âme. Son lot comprend d'abord
une faculté thomiste tout entière, l'appétit sensitif, principe des passions communes à l'animal et à l'homme, et
quelques parcelles des autres, savoir : les inclinations de
chaque faculté et le plaisir qui résulte de ces inclinations
satisfaites; par exemple, l'inclination à exercer ses sens,

à voir, à entendre, à penser, à vouloir, et les délectations annexées par la nature à ces opérations.

Cette différence se rattache à celle des principes de classification suivis de part et d'autre. Un mot sur ces principes.

La loi générale de la méthode est d'éclairer les idées confuses par les idées distinctes, d'aller du connu à l'inconnu. Or, les puissances de l'âme sont moins connues que leurs opérations, et les opérations elles-mêmes moins connues que les objets. Nos facultés mêlent leur jeu dans la complexité de la vie mentale; elles se pénètrent et se confondent au point que le regard le plus attentif ne saurait les séparer. Puisque la logique nous autorise à induire du terme à l'opération, et des opérations aux puissances, il ne peut y avoir que des avantages à procéder par substitution, c'est-à-dire à nous appuyer sur le connu pour différencier l'inconnu. « Oportet, dit saint Thomas, quod ratio potentiæ diversificetur ut diversificetur ratio actus. Ratio autem actus diversificatur secundum rationem objecti[1]. » Cette méthode, du reste, fait corps avec les principes de l'idéologie thomiste, qui nous montre le regard de l'esprit se dirigeant au dehors, avant de se réfléchir au dedans, et qui accorde à la connaissance directe la priorité sur la réflexe.

Autant de puissances psychologiques que d'objets formels[2]. Mais entre ces deux extrêmes, la puissance et son objet, *rien n'empêche la pluralité de relations :* c'est ainsi que le vrai, objet de l'intellect, peut être cherché, connu, goûté, c'est-à-dire devenir le terme d'une connaissance, la cause immédiate d'une émotion. Un satellite qui gravite autour d'un corps céleste peut occuper par rapport

---

1. I, q. LXXVII, art. 3.
2. Un objet considéré comme formel est pris sous l'aspect sous lequel il est accessible à une faculté : l'objet formel de l'entendement, c'est l'être en tant qu'il est susceptible d'être représenté, conçu, et affirmé.

à ce corps des positions variées. De même, en allant à son objet, la puissance passe par des états divers représentant les phases progressives de son évolution.

Il s'ensuit que la méthode thomiste suppose, outre le rapport de similitude, impliqué dans toute réduction de la multiplicité à l'unité, un rapport spécial de *finalité*, permettant d'assigner à une puissance le *système entier des manières d'être qu'elle revêt au cours de son mouvement vers l'objet*, savoir : l'inclination originelle; la détermination destinée à l'inciter; l'acte qui en découle; le plaisir consécutif; enfin l'habitude, résultat posthume. Ces états figurent, pour ainsi dire, les parties de la courbe décrite par la faculté autour de son terme. Le lien qui les unit peut être dit lien de finalité, attendu que chaque antécédent s'ordonne en vue de ses conséquents.

Or, ce mode de groupement n'est pas appliqué par les philosophes contemporains, qui, négligeant le rapport de finalité, s'en tiennent à la simple similitude.

Aussi leur classification sépare ce que la première rapproche : elle détache de chaque puissance ses modes affectifs et ses habitudes, pour les placer sous d'autres titres. C'est que, au lieu de prendre les objets comme base de la différenciation des facultés, ils appuient la différenciation directement sur les faits.

Interprétons leur pensée.

Il y a toujours avantage à puiser ses indications le plus près possible du point en litige. Or, l'acte est plus près de la faculté que l'objet. Nous avons le spectacle incessant de notre vie mentale, et, aucun intermédiaire ne se plaçant entre le moi connu et le moi qui connaît, la fidélité de la représentation n'en peut être altérée.

Descartes a beaucoup contribué à fermer au psychologue toute issue hors du moi, puisqu'il a pris pour donnée initiale le fait de la pensée, indépendamment de ses relations à l'objet qu'elle exprime : je pense, et lors même que ma pensée serait doute, erreur, déraison ou folie, son existence ne saurait en être infirmée. Douter, se tromper, mal raisonner, déraisonner même, c'est encore penser; et penser, c'est exister. De là suit la théorie du doute méthodique, fondé sur la pensée, considérée dans sa pure subjectivité, abstraction faite de son rapport avec l'objet. Nous ne savons des phénomènes subjectifs que ce que la conscience nous en dit. Or, ce n'est pas la conscience qui perçoit le rapport de l'acte à la délectation qui en dérive. Entre ces états elle perçoit seulement des différences, et point de relation causale. Aussi, si l'on s'en tient à son témoignage, il est impossible de les attribuer à une seule et même faculté, et l'on est obligé de les disjoindre.

3° Nous arrivons à une troisième différence conçue en sens inverse de la précédente. Saint Thomas sépare dans sa division les puissances animales des facultés spirituelles : disposition fondée en raison et qui trouvera sa justification la plus complète au cours du traité. Car il y a, entre la vie sensitive et la vie intellectuelle, une ligne de démarcation bien accusée : les sens, liés à l'organisme, ne perçoivent que les objets capables de produire des impressions physiques, tandis que l'entendement et les facultés annexes atteignent l'immatériel. La classification scolastique, expression scientifique de la parole[1] si souvent citée : *Homo habet vivere cum plantis, sentire cum animalibus, intelligere cum angelis*, accorde à chaque règne vivant une part bien tranchée dans la distribution de nos énergies psychiques; elle dispose ces énergies dans un ordre hiérarchique, où tous les degrés ontologiques formés par la nature sont représentés. Ainsi se vérifie la conception qui fait de l'homme un résumé de l'univers, μικρόκοσμος.

Cette progression est moins bien exprimée dans le par-

---

1. Saint Grégoire le Grand, homélie 29, *in Evangelia.*

tage qui ramène les phénomènes psychiques à trois classes : connaissance, sensibilité, activité.

Car à la première, celle de la connaissance, se rattachent tous les faits cognitifs sans exception, même les plus dissemblables, depuis la conscience empirique et la perception externe jusqu'à la notion de l'infini et aux plus hautes conceptions de la métaphysique. De même, sous le titre de sensibilité, se groupent tous les phénomènes émotionnels, la sensation physique, par exemple le plaisir que l'on éprouve à manger une pêche, la douleur qui suit une brûlure ; non moins que les sentiments les plus délicats de la conscience humaine, la joie de la bonne conscience, l'amour du bien moral. Enfin, le domaine de l'activité comprend non seulement la volonté libre, mais aussi la force motrice ou énergie musculaire, l'instinct et les habitudes.

Que penser des deux modes de distribution ?

III. Conclusion. — 1° L'ancienne division est à la fois :

A. La plus *complète,* parce qu'elle présente le tableau entier des énergies, non pas seulement du moi, mais de l'âme ;

B. Celle qui marque le plus nettement la *gradation* des formes de la vie, et l'ordre chronologique de leur développement, attendu que l'être humain commence par végéter, pour sentir ensuite, imaginer, raisonner et vouloir ;

C. Enfin, la plus *doctrinale,* puisqu'elle applique les rapports scientifiques qui unissent les divers groupes de phénomènes psychiques : inclination, opération, plaisir et habitude.

2° Au contraire, la division récente, en détachant de l'opération l'inclination qui la précède, le plaisir qui l'accompagne et l'habitude qui la suit, pour les ranger sous de vaines dénominations, altère les rapports formés par la nature, les supprime, pour y substituer des relations artificielles et factices, des facultés de pure convention.

Cependant on peut dire, à la décharge de ses défenseurs, que la vérification de ces relations se fait seulement au cours du traité, et que l'on n'est pas tenu de les préjuger dès l'entrée en matière; que l'on doit même alors se contenter d'un arrangement provisoire, dégagé le plus possible de toute vue systématique. Il en résulte que la place de cette classification serait au seuil du traité, son rôle étant de tracer des jalons pour l'analyse.

En revanche, pour une raison analogue, celle de la classification thomiste devrait être à l'issue de ce même traité de psychologie expérimentale, dont elle consacre les résultats généraux.

3° À bien des égards, cette distinction d'un partage provisoire et d'une organisation définitive a sa raison d'être. Mais au point de vue pratique, qui est en partie celui de la pédagogie, elle présente l'inconvénient de compliquer l'économie du traité, et le danger que ce provisoire devienne définitif. Car, dans l'hypothèse que nous venons d'énoncer, la division toute nominale de nos adversaires étendrait son réseau sur toute la dynamologie, en inspirerait l'ordonnance, déterminant, jusque dans le dernier détail, la distribution des matières. Et le traité tout entier se ressentirait de cette influence. Aussi bien, nous en constatons le résultat dans les ouvrages contemporains, à l'allure si peu doctrinale, réduits le plus souvent à des descriptions empiriques, reliées entre elles par des titres purement conventionnels : méthode pleine de péril, singulièrement favorable au phénoménisme.

Avant de terminer ces généralités, disons quelques mots du rapport qu'il convient d'établir entre la puissance psychologique et son principe.

Article III. — Rapport de la puissance psychologique avec son principe.

Ce principe est l'âme pour les scolastiques, le moi pour les philosophes contemporains, c'est-à-dire le foyer de la vie mentale, dans la mesure où il prend conscience de ses facultés et est à même d'en diriger l'emploi.

Ame ou moi, ce principe est distinct des simples phénomènes psychologiques. En ce point, pas de divergence entre les spiritualistes, d'accord pour reconnaître l'unité du sujet et la pluralité des faits. L'homme le moins exercé à l'observation interne sait fort bien que souffrir n'est pas penser, que penser n'est pas vouloir, bien que ce soit le même sujet en nous qui souffre, pense et veut.

A la diversité des actes, ajoutons celle des habitudes : le savant qui perd dans le sommeil l'usage de ses idées, ne perd pas ses idées elles-mêmes; au réveil, il les retrouvera intactes, aussi vives, aussi claires, aussi bien ordonnées qu'au moment où l'inconscient lui en a ôté la libre disposition. En dormant, il a donc une activité sans exercice, une force sans emploi momentané, une *habitude*. Or les habitudes varient : la science du chimiste n'est pas celle du théologien, pas plus que la vertu de tempérance ne se confond avec celle de justice. Mettons les unes et les autres dans une même âme à l'état de dispositions acquises. Il s'ensuit que, si le principe de la vie mentale est un, ses manières d'être sont multiples.

Or, les facultés sont une sorte d'intermédiaire entre le principe d'une part, et de l'autre les opérations et les habitudes. De là deux interprétations possibles sur le rapport qui les unit aux extrêmes : on peut les rapprocher du principe, au point de les identifier avec lui, — c'est la théorie généralement adoptée par les philosophes modernos; — ou bien les solidariser avec les opérations, pour les distinguer de l'essence.

I. — C'est la pensée de **saint Thomas**, qui, s'appuyant sur l'étroite affinité de la puissance et de l'acte, fait remonter aux puissances la différence constatée dans les actes.

Sentir n'est pas la même chose que penser; ni penser, la même chose que vouloir. Or, des faits on peut induire à leurs principes prochains. « Oportet quod ad idem genus referantur potentia et actus. » L'acte, en effet, n'est que le développement et le complément de la puissance, qui, en le revêtant, achève de se réaliser. A certains égards, ils sont donc de même essence. D'où il résulte que, si les opérations diffèrent de nature entre elles, les puissances respectives ne sauraient s'identifier. « Cum essentia animæ sit unum principium, non posset esse immediatum principium omnium suarum actionum, sed oportet quod habeat plures et *diversas potentias corres-pondentes diversitati suarum actionum,* potentia enim ad actum *dicitur correlative*[1]. »

Or, si les facultés sont distinctes entre elles, elles doivent se distinguer de l'essence, en vertu de l'axiome bien connu : deux choses identiques avec une même troisième sont identiques entre elles.

Mais la distinction n'entraîne pas l'indépendance. Les puissances émanent de l'âme, comme les branches de la tige, « fluunt ab essentia animæ sicut a principio[2] ». A vrai dire, elles ne sont que la continuation de la substance dont elles se partagent la vertu, pour la différencier et la spécialiser, en l'adaptant d'une façon immédiate à des opérations déterminées.

II. — Tout autre est l'opinion de **Descartes** et des philosophes modernes, qui, à peu d'exceptions près, n'ad-

1. 2 q. *desp., quæst. unica, De Anima,* art. 12, *c.*
2. I, q. LXXVII, art. 6.

mettent qu'une distinction logique et une simple variété de fonctions.

Le sujet pensant, dit cet auteur, est toujours « une seule et même force, qui, s'appliquant à l'imagination en tant qu'elle revêt des formes diverses, est dite se ressouvenir, à l'imagination qui crée des formes nouvelles, est dite imaginer ou concevoir; qui, enfin, lorsqu'elle agit seule, est dite comprendre. Aussi reçoit-elle, à raison de ses diverses facultés, les noms divers d'intelligence pure, d'imagination, de mémoire, de sensibilité[1]. »

Il n'y a dans l'âme qu'un seul principe d'activité, susceptible d'attributions multiples, qui par lui-même suffit à tout; par conséquent l'on doit écarter ces intermédiaires, ces énergies secondaires et dérivées, qui sont absolument superflues, et dont le maintien altérerait l'unité du sujet pensant, en y introduisant un mode de composition que sa nature repousse.

Nous croyons avoir fidèlement rendu la pensée des psychologues contemporains.

A notre sens, ils exagèrent l'unité du sujet pensant.

III. — Il n'est pas exact que toute composition soit inconciliable avec la thèse de la simplicité de l'âme. Loin de là. Car il existe une distinction numérique entre nos opérations mentales, et même une vraie différence de nature pour certaines d'entre elles, par exemple la sensation et le concept de la loi morale. En d'autres termes, tandis que l'essence de l'âme est simple, ses accidents sont multiples et divers.

1° La question qui se pose, en ce moment, n'est donc pas de savoir si l'on doit introduire la diversité dans cette région secondaire, ou l'en exclure, mais seulement de décider si elle s'applique à deux catégories d'accidents, les uns essentiels et permanents, qui sont les puissances,

---

1. *Règles pour la direction de l'esprit*, règle douzième.

les autres accidentels et éphémères, qui sont les actes; ou bien à une seule. Il s'agit simplement de préciser le point où naissent les embranchements, où le rayon se réfracte, où l'unité primordiale se différencie. Dans les deux opinions, la pluralité dérive de l'unité, mais à des profondeurs inégales : quant aux faits seulement, selon la conception cartésienne; plus haut que les faits, et moins haut que l'essence, selon la conception thomiste.

2° Celle-ci paraît plus près de la vérité, car il y a quelque anomalie à dériver du même principe immédiat des phénomènes de nature aussi disparate que la sensation, et les plus nobles opérations de l'âme : l'activité qui vivifie l'organisme ne peut s'identifier avec le libre arbitre.

Après avoir consacré ce premier chapitre à l'examen des généralités, nous aborderons l'analyse des puissances psychologiques.

Au degré initial, se trouvent les puissances végétatives.

SECTION II

Les puissances végétatives.

Ces puissances peuvent être considérées en elles-mêmes, ou bien dans leurs manifestations sensibles.

§ 1er. — *Les puissances végétatives considérées en elles-mêmes.*

La question est du domaine de la cosmologie, puisque l'étude de la plante et des forces qui lui appartiennent forme un chapitre de ce traité.

Dans ce chapitre, il y aurait lieu d'appliquer aux énergies vitales la théorie générale de la puissance psychique, dans la mesure où le sujet le comporte. Il semble possible d'établir les points suivants :

A. La vie végétative implique de véritables *opérations*.

B. Ces opérations sont *déterminées* dans la force qui les produit, par l'influence des agents naturels, chaleur, lumière, etc.

C. Malgré la nécessité d'une détermination, les puissances végétatives présentent un vrai caractère d'activité *vitale*, c'est-à-dire autonome et spontanée, au sens précédemment indiqué, parce que les effets produits sont d'un ordre supérieur à l'influence qui a servi de stimulant, que la réaction surpasse l'action.

D. Enfin la plante est susceptible d'*habitudes*, même d'habitudes héréditaires.

Des cinq phases du processus, une seule, la délectation, lui manque, parce que le sujet est dépourvu de connaissance. La même raison fait que les quatre autres manières d'être ou d'agir sont inconscientes dans le végétal.

Mais l'homme aussi végète; et ces états, transportés en nous, ont dans la sensibilité physique une répercussion dont le psychologue doit fixer les lois.

§ 2. — *Les puissances végétatives considérées dans leurs manifestations sensibles.*

I. — Voici la série de ces manifestations.

A. Aux inclinations naturelles des puissances végétatives, correspondent les *appétits,* que Thomas Reid décrit ainsi :

« 1° Chaque appétit est accompagné d'une sensation désagréable qui lui est propre, et qui est plus ou moins vive selon la vivacité du désir que l'objet nous inspire. 2° Les appétits ne sont pas constants, mais périodiques; ils sont apaisés, pour un temps, par leurs objets, et renaissent après des intervalles déterminés...

« Les plus remarquables dans l'homme, ainsi que dans la plupart des autres animaux, sont la faim, la soif et l'appétit sexuel...

« Si nous examinons le phénomène de la faim, nous trouvons en lui deux éléments : une sensation désagréable et un désir de nourriture. Le désir naît à la suite de la sensation et cesse avec elle... Si un philosophe soutenait que la faim est une sensation désagréable, et un autre qu'elle est un désir de nourriture, ils paraîtraient d'avis tout à fait opposés; car une sensation et un désir sont des choses très différentes et qui n'ont aucune ressemblance. Cependant tous les deux auraient raison; car la faim renferme une sensation désagréable et un désir d'aliment[1]. »

1. Trad. Jouffroy, t. VI, p. 32 et 33.

« Les appétits ont pour fin, ajoute M. Rabier, de solliciter à l'accomplissement des fonctions nécessaires à la vie corporelle. Par suite, la subdivision de ces fonctions donnera la subdivision de ces appétits[1]. »

B. Nous avons à nous demander, en second lieu, quelle est la détermination qui éveille ces appétits.

A titre de simple essai de solution, et pour mieux marquer le sens de notre question, donnons la réponse de plusieurs physiologistes.

« La faim et la soif... sont des sensations générales que nous sommes tentés de localiser dans le tube digestif, mais qu'il est impossible de rattacher exclusivement à des organes ou à des nerfs particuliers. Leur cause principale réside sans doute dans *un appauvrissement de la composition du sang, sous l'influence des pertes que l'organisme subit incessamment...*

« La sensation de soif (malaise général accompagné d'une sensation de sécheresse dans l'arrière-bouche et le pharynx) se produit chaque fois que la *quantité d'eau qui circule dans le corps se trouve diminuée...* L'application locale d'eau froide sur la muqueuse de la bouche et du pharynx diminue la sensation locale de sécheresse, mais n'abolit pas complètement la soif. Les chiens à fistule œsophagienne ou fistule ouverte, que l'on a privés d'eau depuis longtemps, boivent, pour ainsi dire, indéfiniment sans apaiser leur soif, parce que l'eau s'écoule par la fistule à mesure qu'elle est avalée...

« La sensation de faim paraît plus directement influencée par l'état de vacuité de l'estomac. Il suffit de remplir l'estomac de substances inertes pour diminuer notablement la faim. Cependant la section des nerfs de l'estomac ne l'abolit pas[2]. »

1. *Psychologie*, p. 490, 491.
2. *Éléments de physiologie humaine*, par Frédérick et Nuel, vol. Ier, p. 106-107.

C. La satisfaction de l'appétit, qui coïncide avec l'accomplissement d'une fonction végétative, procure du *plaisir*.

D. Enfin l'*habitude* trouve sa place dans les appétits que nous contractons par la répétition des actes, et qui deviennent presque aussi impérieux que les appétits originels : « Tels sont les appétits que quelques hommes se donnent pour le tabac, l'opium et les liqueurs enivrantes.

« On les appelle communément habitudes, et c'est avec raison ; mais il y a différentes espèces d'habitudes, et qu'il faut distinguer... Celles dont il s'agit ici engendrent le désir d'un objet avec une sensation désagréable, qui dure jusqu'à ce que l'objet soit obtenu : ce sont ces dernières seulement que j'appelle *appétits factices*[1]. »

Une fois formés, ces besoins se font sentir à des intervalles périodiques, comme les besoins naturels. La cause de la périodicité est la même, savoir, une alternance d'états organiques, possession ou privation.

II. — Mais cette répercussion sensible des états est susceptible de deux interprétations : l'appétit, par exemple, peut être conçu simplement comme la forme consciente d'une puissance qui serait, de sa nature, végétative ; ou bien, comme une inclination sensible absolument distincte des tendances vitales, mais annexée à ces tendances en guise de signe avertisseur pour la conscience empirique de l'animal.

Saint Thomas semble adopter la première conception : « Duplex est appetitus cibi, nous dit-il : unus quidem *naturalis* secundum quod *vis appetitiva*, retentiva, digestiva et expulsiva deserviunt nutritivæ, quæ est *potentia animæ vegetalis;* et talis appetitus est *esuries*, quæ non sequitur aliquam apprehensionem, sed *sequitur naturæ indigentiam*... Alius est appetitus sensitivus consequens

---

1. Thomas Reid, trad. Jouffroy, t. VI, p. 38.

apprehensionem in quo sunt animæ passiones; et hujus appetitus immoderata concupiscentia in sumendis cibis habet rationem gulæ[1]. »

Mais pourquoi les phénomènes végétatifs, inconscients pour la plante, revêtiraient-ils un caractère supérieur dans la brute? En vertu de la loi qui veut que le moins parfait s'améliore au contact du plus parfait, loi facile à vérifier, du reste, à tous les degrés de la vie humaine.

C'est ainsi que les lois chimiques subissent de profondes modifications en passant du règne minéral au règne végétal. Les combinaisons et les sécrétions qui se produisent dans le protoplasme de la cellule vivante diffèrent notablement des réactions obtenues avec la matière inorganique. La présence de la vie a pour effet d'élever les propriétés chimiques des substances assimilées, à des effets supérieurs; elle les enrichit d'une vertu nouvelle et les dirige vers un but qu'elles n'auraient pu atteindre, livrées à elles-mêmes.

Dans l'ordre mental, l'imagination s'ennoblit au contact de la raison et devient créatrice. Il y a loin du chien qui rêve au poète qui chante : la différence est due à l'influence d'un principe supérieur. Nous en dirions autant du langage, qui, réduit dans le perroquet à quelques sons articulés, devient en nous la parole humaine; de la passion qui doit au commerce des facultés intellectuelles un champ plus vaste, une action plus intense, une évolution plus dramatique[2].

Pourquoi les effets de l'alliance ne se réaliseraient-ils pas en faveur des puissances vitales, alors qu'ils se vérifient dans les domaines limitrophes, supérieurs ou inférieurs? C'est un même être qui pense, sent et végète : puisque la

---

1. *De Malo;* q. xiv, art. 1 *ad.* 4um.

2. Ainsi, dans un ordre nouveau, la raison du philosophe chrétien doit beaucoup aux inspirations de la foi. Elle y gagne des lumières plus étendues et plus pures. — Le visage humain est transfiguré par la pratique assidue de la vertu chrétienne.

vie modifie le jeu des forces chimiques, que la raison ennoblit les facultés sensitives, nous pouvons, ce semble,
nous autoriser de l'analogie pour associer quelque degré
de sensibilité aux phénomènes végétatifs.

Mais ces inductions n'offrent pas la valeur d'une preuve
positive, expérimentale, et laissent la conception thomiste,
dont la portée toutefois n'échappe à personne, à6 l'tat
d'hypothèse.

III. — Cette hypothèse, du moins, a l'avantage d'ouvrir
une voie à l'investigation scientifique.

L'objet des deux paragraphes était la vie végétative, et
nous n'avons pu les parcourir sans nous voir engagés, par
l'étude des appétits, dans le domaine sensitif. Preuve
nouvelle de la loi de continuité, si souvent appliquée par
Leibnitz : *Natura non facit saltus.*

La délectation causée par la satisfaction des appétits
est une sensation affective. Nous devrions en traiter séparément. Mais les trois premiers paragraphes de la section
suivante, concernant la sensation en général, combleront,
d'eux-mêmes, cette lacune.

SECTION III

Les puissances de l'ordre sensitif.
Vie animale.

———

Saint Thomas assigne à la brute trois sortes de puissances : les sens, l'appétit sensitif, la force motrice.

CHAPITRE PREMIER

LES SENS

Avant d'étudier tour à tour les sens externes et les sens internes, nous les considérons dans les conditions générales qui leur sont communes.

ARTICLE PREMIER. — **Conditions générales de la sensation.**

Sous ce chef, nous examinerons trois choses : la condition physiologique de la sensation, le sujet immédiat, et le siège.

§ 1er. — *Condition physiologique.*

Ce sont les impressions du système nerveux qui servent d'antécédent organique à la sensation.

Or, on distingue dans ce système : d'un côté, la partie centrale, l'axe cérébro-spinal; de l'autre, la partie périphérique.

Les cellules nerveuses disséminées dans l'organisme

recueillent les impressions causées soit par des agents extérieurs, soit par les accidents du travail d'assimilation et de désassimilation organiques. Portées aux centres secondaires, ces impressions se transmettent ensuite aux centres supérieurs, la moelle épinière et le cerveau.

I. — Or, d'après les philosophes modernes, la sensation n'est déterminée d'une manière directe et prochaine que par l'action des cellules cérébrales.

La difficulté est de bien définir la nature de cette action. Plusieurs explications ont été tour à tour proposées : notamment le système cartésien des esprits animaux, et une théorie d'origine plus récente, celle des vibrations. Des savants éminents ont essayé, avec plus ou moins de succès, de ramener les phénomènes de la matière au mouvement, et ses propriétés actives à la force mécanique. S'il en était ainsi, la lumière, la chaleur, le son, se réduiraient à des phénomènes vibratoires, et ils produiraient dans la substance nerveuse des effets analogues, c'est-à-dire aussi des vibrations.

Cette conception n'est encore qu'une hypothèse, combattue par des hommes compétents en matière scientifique. Il n'entre pas dans notre sujet d'en discuter la valeur : la discussion nous obligerait à sortir du domaine de la psychologie, et nous imposerait de longues excursions sur un terrain étranger. Au surplus, elle n'est pas nécessaire pour atteindre le but que nous poursuivons.

II. — **Saint Thomas** reconnaît l'existence de cette impression organique, conçue au sens le plus général, qu'il est, du reste, absolument impossible de contester; il la nomme, *immutatio naturalis*. Mais il en admet aussi une deuxième d'un ordre plus élevé, présentant un caractère sensitif, et que, pour cette raison, il appelle, bien qu'improprement, spirituelle. « Est autem, lisons-nous dans la *Somme théologique,* duplex immutatio, una naturalis et alia spiritualis; *naturalis quidem* secundum quod forma immutantis recipitur in immutato secundum *esse naturale* sicut *calor* in calefacto ; spiritualis autem, secundum quod forma immutantis recipitur in immutato secundum esse spirituale... Ad operationem autem sensus requiritur immutatio spiritualis per quam intentio (species) formæ sensibilis fiat in organo sensus ; alioquin si sola immutatio sufficeret ad sentiendum, omnia corpora naturalia sentirent, dum alterantur[1]. »

Le corps humain, en effet, joint aux propriétés physiques du minéral, aux propriétés physiologiques du végétal, la vie animale : « Esse cum lapidibus, vivere cum plantis, *sentire* cum animalibus. » Matière, il reçoit des manières d'être matérielles : *immutationes naturales :* il s'échauffe, s'électrise, réfléchit la lumière et le son. Mais, partie d'un tout sensible, il est associé à la sensibilité, et de ce chef éprouve des modifications d'un genre supérieur.

III. — Laissons pendante la question que nous venons de poser sur cette deuxième modification organique. Nous allons être amenés à la considérer de plus près et à la résoudre dans l'article suivant.

§ 2. — *Sujet immédiat de la sensation.*

On peut définir le sujet immédiat de la sensation, celui dans lequel elle se réalise tout entière, avec toutes ses modalités. La difficulté est de décider si ce sujet n'est autre que l'âme, ou bien s'il est complexe, formé par l'union de l'âme et du corps. Voici le principe que nous alléguerons pour le résoudre : comme les modalités d'un acte ne peuvent être séparées de cet acte, il suffirait de montrer qu'une de ces modalités, un seul des caractères inhérents à la sensation, exige un sujet matériel, pour lui rapporter

1. I, q. LXXVIII, art. 3, c.

la sensation elle-même, pour admettre le corps à faire partie de la substance sensible.

I. — Cette observation fort simple nous donne la clef de la théorie **thomiste**.

La sensation, en effet, nous offre deux aspects bien différents, et en quelque sorte opposés : l'unité et l'étendue.

L'unité est à chaque instant attestée par le langage : « Je souffre à la fois d'un mal de tête et d'un mal de pied. » En multipliant les affections, on ne multiplie pas le *moi* qui les éprouve. Ce même *moi* subit les émotions les plus variées, sans rien perdre de son identité. Nier cette identité serait supprimer la sensation. Supposons un instant le principe de la sensibilité composé et divisible comme la matière, il comprendra au moins deux atomes A et B. Or, chacun des deux atomes éprouve ses modifications, mais reste étranger aux impressions de son voisin. Aucune de ces unités fragmentaires ne contiendra la totalité des états de conscience : pour l'obtenir, il faut un principe simple, répandu dans l'organe pour en recueillir les impressions disséminées, et les ramener à sa propre unité. Ce principe, c'est l'âme.

Une, la sensation est aussi étendue. Il paraît, tout d'abord, étrange de juxtaposer ces deux mots; mais, bien interprété, le qualificatif d'étendue assigné à la sensation n'offre aucun danger de matérialisme. Nous croyons pouvoir dire avec M. Rabier, dont nous analyserons bientôt la doctrine : « Il y a dans la conscience une autre série (que celle des états inétendus) : la série des états qui possèdent la forme extensive. »

Cette forme n'est-elle pas manifeste dans la sensation affective? Ne puis-je pas délimiter le siège de la souffrance? C'est telle main qui souffre : la douleur part du poignet, va à la paume de la main, puis aux doigts, et en suit les phalanges. Je sens, pour ainsi dire, l'affection se développer et s'étendre dans l'organe : elle est continue, diffuse; à en juger par les impressions du sens intime, elle se localise au sens rigoureux du mot, aussi bien que mes membres, auxquels elle semble adhérer.

M. Fontaine a bien rendu ce caractère de la sensation.

« Je pose la main sur ma table : j'ai une sensation de résistance, et j'éprouve une impression de froid au contact du marbre; cette résistance, ce froid, je le sens dans toute l'étendue de l'organe et dans chacune de ses parties; je distingue la sensation de la paume de la main de celle des doigts; je ne confonds pas entre elles les sensations des différents doigts, quoiqu'elles soient de même nature et égales en intensité; en un mot, il me semble évident que la sensation est étendue.

« Voyons s'il en est réellement ainsi.

« Conservant la main dans la même position, je lève l'index : la sensation totale n'est plus identique à la précédente; une partie de la main cesse d'être en contact avec la table, et une modification correspondante a lieu dans la perception; je cesse en même temps d'éprouver la sensation de résistance et de froid là où il n'y a plus tact. Ainsi une variation de l'étendue du contact provoque une variation proportionnelle de la sensation.

« Or, si l'organisme ne concourait pas, dans son étendue, à produire la sensation, comment pourrait-on rendre compte de la diversité des deux phénomènes?

« Je distingue très nettement la sensation suscitée par le contact de quatre doigts, de celle qui est provoquée par le contact des cinq doigts; cependant la conscience m'atteste que l'intensité est la même. Qu'en faut-il conclure, sinon que la sensation est modifiée extensivement? En d'autres termes, si les forces élémentaires des stimulations, quoique plus nombreuses, ne produisent pas une différence d'intensité, ce n'est pas leur somme globale, ce n'est pas la résultante de leurs forces combinées qui stimule l'âme; ce résultat ne peut s'expliquer que si nous saisissons distributivement l'objet. Par conséquent, à ce point de vue, la sensation n'est pas un fait simple, elle est étendue comme l'organisme, car cette perception distributive suppose des parties discernables qui ne peuvent exister que dans un être étendu et divisible[1]. »

Or, de même que l'unité de la sensation exige un principe analogue, propre à expliquer cette unité, ainsi sa forme extensive demande un élément corrélatif, propre à lui servir de substratum. La sensation soutient un double rapport d'inhérence : inhérence à l'âme, inhérence à l'organisme. Et comme elle est numériquement indivisible, et qu'elle ne peut se scinder en deux, pour donner son unité à l'âme et sa forme extensive au corps, nous devons en conclure que les deux supports, par une fusion intime, forment aussi un sujet indivis[2], à la fois un et étendu, capable de recevoir des impressions matérielles, pour les élever, par une vertu immanente, à la sensibilité. C'est l'application d'un principe très simple, bien souvent mêlé à nos déductions : *Modus operandi sequitur modum essendi.* Telle la sensation, tel, proportion gardée, le sujet sensible.

Nous voilà conduits à la thèse de l'union substantielle, dont la sensation, fait mixte et complexe, est l'un des meilleurs garants. Car s'il existe un phénomène, même un seul, qui soit psychique et corporel, comme l'accident suit la substance, il faut qu'il existe une substance *psychophysique.*

Cette unité substantielle a été généralement méconnue par les auteurs modernes.

II. — **Descartes** l'a rompue, en élargissant la distance

---

1. Fontaine, *la Sensation et la Pensée*, p. 20-32.
2. La sensation, dit Aristote, n'est le propre ni de l'âme ni du corps; elle est plutôt un mouvement de l'âme unie au corps ou répandue dans le corps. « Οὔτε τῆς ψυχῆς ἴδιον τὸ αἰσθάνεσθαι, οὔτε τοῦ σώματος. » (*De Somnio*, cap. 1, § 6.) « Ἡ δ' αἴσθησις ὅτι διὰ σώματος γίνεται τῇ ψυχῇ. » (*De Sensu et Sensato*, cap. 1, § 6.) « Ἡ δὲ λεγομένη αἴσθησις ὡς ἐνέργεια κίνησις τίς διὰ τοῦ σώματος τῆς ψυχῆς. (*De Somnio*, cap. 1, § 6.)

qui sépare les deux parties du composé humain. Dans son hypothèse, le corps est pure étendue, sujet de tous les phénomènes affectant la forme extensive, sans exception, tandis que l'âme, pure pensée, revendique, d'une manière tout aussi exclusive, les états de conscience, sans admettre l'organisme à un degré quelconque de vie commune. Au lieu d'être considérée comme une œuvre à deux, comme le produit indivis des deux facteurs, la sensation est attribuée seulement à l'esprit, à l'égal des idées premières et des sentiments les mieux spiritualisés. Que le corps se sépare de l'âme, que le monde matériel tout entier s'évanouisse, nos facultés sensitives n'en seraient pas intrinsèquement amoindries ; seulement elles resteraient sans objet.

Ce divorce, établi entre la matière et l'esprit, a été maintenu, avec quelques correctifs insuffisants, par les écoles spiritualistes qui se sont formées depuis le dix-septième siècle jusqu'à nos jours, à peu près toutes adversaires plus ou moins déclarées de l'union substantielle, laquelle n'a d'explication plausible que dans le système de la matière et de la forme.

En dehors du système péripatéticien, il n'y a pas d'expression scientifique bien définie pour la thèse de l'organisme animé.

Reste à se demander ce que devient, dans les conceptions modernes, le caractère extensif de la sensation, ou du moins l'*apparence* de ce caractère. Car serait-il sans réalité, purement fictif et illusoire, cette illusion est au moins un fait de conscience et, comme telle, réclame une explication.

III. — **Kant** a cru la trouver dans la constitution même du sujet. Il assigne à la sensibilité physique une forme à priori, la notion d'espace, qui devient la loi commune de nos sensations. « L'espace, dit-il, ne représente aucune propriété des choses, soit qu'on les considère en

elles-mêmes ou dans leurs rapports entre elles... L'espace
n'est autre chose que la condition subjective de la sensibilité, sous laquelle seulement l'intuition extérieure est
possible pour nous à priori[1]. »

IV. — Cette condition subjective, **M. Rabier** l'admet
aussi; mais au lieu de l'étendre à toutes sensations, il la
restreint à trois classes : aux sensations visuelles, tactiles
et musculaires. — « Nous avons conscience, d'une part,
d'états intérieurs qui ne possèdent pas naturellement la
forme extensive. D'autre part, se déroule simultanément
dans la conscience une autre série, la série des états qui
possèdent la forme intense, savoir : les sensations musculaires, tactiles et visuelles. Or, aucune différence ne peut
être plus radicale que celle qui distingue l'*étendu* de
l'*inétendu*[2]. »

Mais ce système présente une difficulté : il fait éclore
brusquement dans le sujet sensible, par une sorte de génération spontanée, des modifications bien peu en harmonie
avec sa nature. Sans doute, saint Thomas attribue à l'âme
une sorte d'étendue *virtuelle*, le pouvoir de rayonner
dans l'organisme, d'y répandre la vie, sans rien perdre
cependant de son inaltérable simplicité. Ainsi unie à la
matière pour la pénétrer et la vivifier, elle a le sentiment
d'une adhérence multiple et continue; et comme les
points d'adhérence sont distincts l'un de l'autre, elle n'a
qu'à discerner ces points et à saisir leurs rapports, pour
percevoir l'existence des modes étendus.

Dans ces conditions, l'apparition de la forme extensive
se conçoit et s'explique.

Mais si l'on suppose avec Kant que la notion d'espace
est dépourvue d'objectivité et, par conséquent, que nulle
réalité au monde ne possède la triple dimension, il en
résulte que le sujet sensible, quelle qu'en soit la nature,

1. *Raison pure*, 1re partie, section I, § 4.
2. *Psychologie*, p. 419-420.

est inétendu. Dès lors, le problème se pose dans toute sa simplicité : comment tirer de l'inétendu la forme extensive? Comment faire germer dans le moi, des états de conscience en opposition flagrante avec sa constitution?

Aussi la plupart des psychologues ont-ils recours à une autre hypothèse qui, de prime abord, semble la plus naturelle et la plus simple. La forme extensive, disent-ils, n'est pas dans la sensation, mais seulement dans l'organe auquel la sensation est rapportée, et dans lequel elle est localisée.

V. Critique. — Cette interprétation, la plus généralement adoptée, déplace le problème, mais ne le résout pas. Elle recule seulement la difficulté sans la faire disparaître. Elle renvoie l'étendue à l'organe. Soit : mais du moins faudra-t-il expliquer comment l'image représentant un organe étendu, a pu se former. En effet, de deux choses l'une : ou bien cette image apparaît d'emblée, dans une sensation *inétendue,* faisant office de milieu représentatif, ou bien elle résulte d'une combinaison de données psychiques, dont chacune, prise à part, ne donne que l'inétendu. C'est dire que nous nous trouvons en face du système empiriste et du système nativiste.

Dans la deuxième, on essaye d'expliquer l'extensif par le multiple, la quantité géométrique par la quantité numérique. L'enfant au berceau touche un objet très chaud et en retire la main. Ce fait donne pour lui naissance à deux sensations : la sensation de chaleur et celle de mouvement musculaire. Or, ces deux faits, il les associe, et leur assigne un même siège, les localise. De même, il remarque que l'impression visuelle se modifie incessamment sous l'influence des mouvements produits dans la paupière ou l'orbite de l'œil : nouvelle combinaison et nouveau siège. Ainsi, tous les phénomènes psychiques se distribuent en groupes, et chaque groupe suggère l'idée d'un organe spécial.

Malheureusement, la combinaison n'atteint pas le but. Par hypothèse, les éléments de ces groupes, considérés séparément et antérieurement à l'association, ne figurent à aucun degré l'étendue. Or, ce qu'ils ne peuvent fournir isolément, devons-nous l'attendre de leur groupement? Non, car le groupement d'unités inétendues peut constituer un nombre, mais non de l'espace. L'espace n'est pas une quantité quelconque, mais une quantité spéciale, d'un caractère à part, irréductible à toute autre. Il faut, pour le former, un élément que rien ne peut suppléer : la triple dimension. Quel assemblage de faits simples se transformera en longueur, largeur et profondeur? Par cela seul que je distingue deux impressions sensibles, je les associe, je les assimile, ou bien je les oppose l'une à l'autre. Or l'association et l'assimilation n'ont rien de commun avec la relation de proximité locale; l'opposition, rien de commun avec la distance.

Quant à l'hypothèse nativiste, qui fait subitement germer dans le moi une sensation inétendue, servant toutefois de milieu pour la représentation de la forme extensive attribuée à l'organe, sans répugner absolument, elle inclut bien des difficultés insolubles, en dehors de la doctrine relative à l'organisme animé. Car, cette doctrine étant écartée, le corps et l'âme agiraient à la manière de substances complètes, remplissant alternativement, l'une par rapport à l'autre, le rôle d'agent et celui de patient. Il en résulterait bien des obscurités et bien des incohérences, savoir : d'abord *l'âme faisant fonction de patient*, par rapport à la substance corporelle; *le corps produisant en elle des impressions inétendues, par conséquent sans analogie avec leur cause,* etc.

VI. Conclusion. — En fin de compte, la théorie de la matière vivante semble la plus plausible et la plus rationnelle.

Elle s'appuie : 1° sur le témoignage de la conscience, qui

en nous perçoit la sensation comme un état extensif ; 2° sur le fait de la localisation, difficile à expliquer en dehors de la conception thomiste.

Mais l'organisme animé comprend bien des parties. Est-ce seulement dans le cerveau, ou bien aussi dans les nerfs périphériques, que se produit la sensation? En d'autres termes, quel en est le siège?

§ 3. — *Siège de la sensation.*

I. — « Il faut savoir gré à **Descartes**, écrit M. Fr. Bouillier, d'avoir, un des premiers, si [nettement démontré que le cerveau est l'organe exclusif de l'âme, d'y avoir placé l'impression que l'esprit reçoit de toutes les parties du corps[1]. »

Voici d'ailleurs les paroles du maître : « Ce n'est pas proprement en tant que l'âme est dans les membres qui servent d'organes aux sens extérieurs, qu'elle sent, mais en tant qu'elle est dans le cerveau, où elle exerce cette faculté qu'on appelle sens commun[2]. »

Aujourd'hui cette opinion est presque universellement[3] suivie. A son appui, on allègue la possibilité de l'hallucination pour un sens privé de son organe. Après une amputation, le patient continue à localiser ses sensations dans le membre retranché : le manchot, par exemple, souffre du froid à la main qu'il n'a plus. « On a souvent constaté, dit M. Joly, la persistance des hallucinations, après l'ablation des organes sensoriels périphériques. Esquirol, par exemple, dit avoir étudié une femme aveugle et maniaque qui voyait des choses étranges : il lui

---

1. *Histoire de la philosophie cartésienne*, vol. Ier, p. 131.
2. Cité *Ibid.*
3. « Plerique recentes arbitrantur animam, non in singulis externis organis, sed duntaxat in cerebro res externas percipere. » (SAN SAVERINO.)

trouva, après la mort, les deux nerfs optiques atrophiés. Il parle aussi de femmes sourdes qui, dans leur délire, entendaient des personnes invisibles se disputer[1]. »

Malgré ces expériences, susceptibles du reste d'une autre interprétation, la manière de voir précédente ne rallie pas absolument tous les suffrages. Récemment, M. Bergson prônait la solution du sens commun, qui rapporte la sensation à la périphérie, et la disait fondée en raison, tout en constatant l'opposition qu'elle trouve dans les esprits. « Le psychologue, dit-il, a une très grande peine à accepter cette idée de sens commun... Une sensation ne pourrait être dans le nerf que si le nerf sentait. Le nerf ne sent évidemment pas (disent les adversaires)... On aboutirait ainsi logiquement à la mettre dans le cerveau[2]. »

L'école acceptait cette donnée du sens commun, à laquelle M. Bergson désire nous ramener.

II. Saint Thomas. — A chaque instant, nous assignons pour siège à la sensation, l'organe périphérique. Cette localisation se fait tout spontanément, et nous paraît la simple expression de la vérité, c'est-à-dire l'indice d'une *production locale*. Or, l'on ne doit abandonner les solutions les plus conformes aux apparences, consacrées par la croyance vulgaire, que lorsqu'on a de bonnes raisons à leur opposer.

Sans doute le concours du cerveau est nécessaire pour rendre la sensation consciente. Mais à son défaut ne peut-elle se produire à quelque degré? « Il semble inadmissible, dit Mgr Mercier, que la sensation se consomme exclusivement dans la partie centrale du système nerveux. Sans la partie centrale, pas de perception complète, nous le voulons bien; donc, pas de sensation remarquée ou

1. *De l'Imagination*, p. 19.
2. *Matière et Mémoire*, p. 52.

« consciente » ; mais aller plus loin, n'est-ce pas sortir des bornes légitimes de l'expérience[1]? »

III. — La question est difficile à trancher ; et nous devons compter, pour la résoudre, sur les lumières que nous promettent les progrès incessants de la physiologie. Dans l'état actuel de la science, voici les principales indications à recueillir en faveur de l'**opinion thomiste.**

1° Les nerfs périphériques sont formés d'une matière semblable à celle de la substance cérébrale. Rien n'empêche qu'ils possèdent des propriétés analogues, notamment celle de concourir immédiatement au fait de la sensation.

2° Il y a des animaux dont le système sensoriel est constitué par quelques filets nerveux, ou même par de simples cellules. Or ces cellules, même isolées, sont susceptibles d'impressions sensibles. A plus forte raison peut-il en être ainsi des nerfs périphériques.

3° Certains animaux, même parmi les mammifères, après l'ablation des hémisphères cérébraux, exécutent des mouvements qu'il est difficile de ramener à des réflexes coordonnées, et qui semblent supposer de vraies sensations.

Voici une première expérimentation, pratiquée sur des batraciens et des oiseaux.

« Une grenouille sans hémisphères cérébraux et au repos ressemble à s'y méprendre à l'animal sain... Mise sur le dos, elle se retourne lestement ; dans l'eau, elle nage régulièrement jusqu'à ce qu'elle se bute contre un corps résistant auquel elle s'accroche, puis elle reste en repos... Excitée, la grenouille saute généralement devant elle ; mais, si on la place devant un obstacle, elle *l'évite* ordinairement en passant à droite ou à gauche.

« Un pigeon ou une poule privée de ses hémisphères,

1. *Psychologie*, p. 146.

avec conservation du mésocéphale, y compris les lobes
optiques (tubercules quadrijumeaux), se comporte à peu
près comme une grenouille dans les mêmes circonstances... Le pigeon se tient droit sur ses jambes, fait quelques pas, puis reste immobile, la tête retirée ou même
cachée sous les ailes; souvent il fait la toilette de son plu-
mage. Après des heures de repos, quelquefois en apparence spontanément, ou *quand un bruit se produit*, et surtout *quand il a été touché*, il se remet en marche, souvent
comme s'il voulait se sauver. Jeté en l'air, il s'envole au
loin comme un pigeon normal, *évite les obstacles en volant*,
et se pose avec précaution sur le bord saillant d'une table
ou d'un banc... Il ne craint plus les chiens...

« L'extirpation des hémisphères cérébraux abolit donc
chez tous les animaux une série de manifestations (volonté,
mémoire, sensations *conscientes*) que nous qualifions de
psychiques. L'intelligence fait défaut... La grenouille sans
hémisphères *évite un obstacle; le pigeon qui vole évite* (à
l'aide de sa vue) *des obstacles et choisit* un endroit convenable pour s'asseoir. *Ce choix, il ne le fait plus si on lui
extirpe les deux yeux.*

« Les animaux sans hémisphères *voient* donc, si on entend par là qu'ils modifient leurs mouvements d'après les
innervations de leurs nerfs optiques. Mais rien ne dénote
l'existence d'un semblant de sensation visuelle *consciente*[1]. »

D'autres essais ont été faits sur des chiens. « Goltz est
parvenu à conserver en vie un chien auquel il avait en-
levé complètement les *deux hémisphères cérébraux*. Ce
chien restait donc en relation avec le monde extérieur par
toutes ses fibres centripètes, comme un chien normal. Les
excitations du dehors étaient transmises à ses centres nerveux inférieurs, mais ne parvenaient plus jusqu'à son
écorce cérébrale. Il n'avait donc plus la perception cons-

1. Frédérick et Nuel, *Eléments de physiologie humaine*, vol. II, p. 139 et 140.

ciente des excitations du dehors, il n'avait plus de sensation tactile, acoustique, visuelle, gustative ou olfactive. Il était privé de mémoire, il était incapable de rechercher par lui-même, avec l'aide des sens extérieurs, les objets nécessaires à ses besoins. Néanmoins, il pouvait se tenir sur ses quatre pattes, il pouvait marcher. Il *réagissait* aux excitations du dehors (pressions, lumière, bruit). Quand on le soulevait brusquement du sol, il se mettait *en rage, hurlait et mordait.* Quand il était privé de nourriture, tout son corps était *agité,* et quand sa faim était satisfaite, il se calmait et *manifestait un certain état de bien-être.* Toutes ces manifestations ne sont donc que la réponse directe de l'organisme aux excitations du dehors, sans intervention aucune des hémisphères cérébraux; ce sont des manifestations réflexes[2]. »

Des observations menant à la même conclusion ont été recueillies chez des enfants. « Le même état se trouve en quelque sorte chez l'enfant nouveau-né, et surtout chez l'enfant avant terme. Ici, les hémisphères cérébraux existent matériellement; mais, comme le remarque Flechsig, ils sont si peu développés, ils sont à ce point endormis, qu'ils sont incapables de tout fonctionnement : toutes leurs fibres constitutives sont encore privées de myéline, preuve évidente qu'elles ne servent pas encore à la fonction de conduction. Cet enfant né avant terme est donc, physiologiquement parlant, un enfant dépourvu d'hémisphères cérébraux; et cependant, dit Flechsig, *les besoins de la vie se sont éveillés chez lui avec la première inspiration, et c'est en criant qu'il en réclame la satisfaction[3].* »

La nature des réactions décrites en ces extraits paraît

1. L'auteur, dans le texte cité, nie bien l'existence de la *perception consciente,* et des sensations tactiles, acoustiques, visuelles... Il entend ici par sensation, selon toute apparence, un phénomène pleinement conscient.

2. Van Gehuchten, *Structure du télencéphale (Revue des questions scientifiques,* Bruxelles, janvier 1897).

3. *Ibid.*

requérir de véritables sensations. De fait, une impression
visuelle permettant à un pigeon de se diriger, *d'éviter et
de tourner les obstacles, de choisir pour se poser le bord
saillant d'une table, d'y aller tout droit, de s'y poser avec
précaution*, ne peut être un phénomène purement matériel, un mouvement réflexe, même savamment coordonné.
Puisque cette impression se produit après l'ablation des
lobes cérébraux, on est contraint de lui assigner un autre
siège.

D'autre part, comment concevoir que le chien se *mette
en rage, hurle* et morde sans ressentir quelque souffrance,
qu'il manifeste un certain état de bien-être sans l'éprouver à aucun degré?

Enfin, si le nouveau-né réclame par des cris la satisfaction de ses besoins, ces cris, parfois accompagnés de
larmes et de sanglots, sont l'expression évidente de certains états douloureux. Le contester serait ôter toute
valeur aux signes du langage naturel, liés à la présence
des phénomènes affectifs, et nous révélant dans l'animal
et dans l'enfant l'existence d'une âme sensible. Si la bête
peut se mettre en rage, hurler et mordre, sans souffrir,
elle est de tout point assimilable à une machine merveilleusement combinée, avertissant celui qui la dirige, par
des signaux d'alarme, de la détérioration de ses rouages,
ce qui nous ramènerait à l'automatisme de Descartes.

4° On nous objectera que si la physiologie dépose en notre
faveur, tel de ses témoignages, notamment celui qui concerne l'amputé, nous est contraire. « On allègue, dit M. Bergson, les localisations erronées, l'illusion des amputés (qu'il
y aurait lieu de soumettre à un nouvel examen). Mais que
conclure de là, sinon que l'éducation subsiste, une fois
reçue, et que les données de la mémoire, plus utiles dans
la vie pratique, déplacent celles de la conscience immédiate[1]?

1. *Matière et Mémoire*, p. 52.

Expliquons par un rapide commentaire la réponse de M. Bergson. Un homme subit l'amputation d'une main. Avant l'opération, cet homme avait éprouvé des sensations en cette main, sensation de froid, par exemple, répercutée dans le cerveau et le sens commun, sorte de sens intime empirique. Or, le sens commun, faculté spéciale, localisée dans l'encéphale, est susceptible d'habitude; une sensation disparue, il en garde le résidu, une disposition à la renouveler. De fait, l'exercice de la mémoire sensible, celui de l'imagination, ne vont pas sans une reproduction du phénomène. Or, la reproduction dans l'organe central est attachée aux conditions physiologiques qui ont déterminé le fait humain, les conditions appelées par saint Thomas *immutatio naturalis*. Comme cette impression nerveuse peut être renouvelée dans le cerveau par une cause toute matérielle, le mouvement du sang, des humeurs, une modification survenue dans l'état des cellules nerveuses, cette même cause ravivera dans le sens commun la sensation de froid, avec les mêmes affections et les mêmes caractères que lorsqu'elle se produisait à l'état normal, avant l'amputation, alors qu'elle avait la main pour point de départ. La représentation de la main s'associant à celle de la douleur, il en résultera une image indivise, propre à déterminer l'illusion.

Après ces préliminaires, relatifs aux conditions générales de la sensation, abordons les problèmes spéciaux soulevés par la sensation représentative, et la perception externe qui la suit.

Article II. — Les sens externes.

L'office des sens externes est de nous révéler les propriétés sensibles des corps. Afin de faciliter l'intelligence des théories conçues à leur sujet, nous considérerons d'abord la nature de ces propriétés.

§ 1er. — *Les propriétés sensibles prises objectivement.*

Ces qualités sont-elles, dans la réalité objective, exactement telles qu'elles apparaissent à nos sens? Nous sommes
inclinés à le penser, d'après les indications du sens commun, que les scolastiques ont généralement acceptées[1],
pour leur donner la consécration philosophique.

I. — **Saint Thomas** applique à la perception externe
les principes généraux de sa théorie relative à la connaissance, sans restriction particulière : « Cognitio omnis fit
per hoc, quod cognitum est aliquo modo in cognoscente,
scilicet secundum similitudinem. Nam cognoscens in actu
est ipsum cognitum in actu. Oportet igitur quod sensus
corporaliter et materialiter recipiat similitudinem rei quæ
sentitur[2]. »

Il s'ensuit que nous connaissons les objets matériels
par des *similitudes*, des représentations fidèles de tout
point, que l'école appellera espèces sensibles. Or, ces
espèces figurent la simple projection lumineuse de la réalité dans nos sens : aussi l'expriment-elles avec justesse,
sans l'altérer, sans mélange d'éléments étrangers, qui
proviendraient de la constitution propre au sujet.

De nos jours, la conformité absolue des représentations
sensibles à l'objet extérieur compte encore des défenseurs.
« Les perceptions sensibles des sons et des couleurs sont-
elles vraiment objectives? La représentation que nous nous
faisons, par exemple, du rouge et du vert, est-elle conforme à son objet? L'agent lumineux est-il vraiment rouge

---

1. M. Domet de Vorges cite deux exceptions. « *Albert le Grand*, dit-il,
regardait comme très difficile de décider si l'organe de l'ouïe est ému par le
choc de l'air seulement, ou si l'air apporte à la fois un choc et un son tout
formés. Le cardinal *Tolet* prenait hardiment son parti; il jugeait fort probable
que le son n'est en soi que de l'air en mouvement. » (*La Perception et la Psychologie thomiste*, p. 8.)

2. Lib. II, *De Anima*, lect. 12.

ou vert, ou bien est-il seulement dans un état vibratoire, qui ne ressemble en rien ni au rouge, ni au vert...? De l'aveu unanime des philosophes et des savants, le bon sens est pleinement partisan de l'objectivité des sons et des couleurs[1]. »

Ajoutons que, d'après l'auteur, le témoignage du sens interne, les exigences de la raison et les expériences scientifiques elles-mêmes s'uniraient sur ce sujet aux données du sens commun.

Peu de savants contemporains souscriraient à cette déclaration; tout en reconnaissant que les corps produisent nos impressions sensorielles, la plupart refusent de voir en ces impressions la copie exacte de l'objet.

II. — Déjà, au XVIIe siècle, **Descartes**, par sa célèbre distinction des qualités premières[2] et des qualités secondes, battait en brèche cette conception.

« Donnez-moi de l'étendue et du mouvement, disait-il, et je ferai le monde. » Si le monde est fait avec de l'étendue et du mouvement, il est par trop clair qu'il contient l'un et l'autre, qu'il les réalise objectivement, en dehors de nos pensées, indépendamment de l'exercice des sens, avant même l'apparition d'un être capable de sentir. Je puis donc les lui attribuer, lui attribuer l'étendue avec ses éléments constitutifs, la triple dimension, longueur, largeur et profondeur, et ses suites naturelles la *figure* et la *divisibilité,* non moins que le mouvement.

Si la triple dimension existe en dehors de moi, je puis prendre sur la longueur deux points déterminés, mesurer leur distance, en me disant que la relation est parfaitement objective.

Si l'étendue est réelle, réelles aussi seront la divisibilité

---

1. Farges, *Objectivité de la perception des sens externes*, p. 155, 156, 159.
2. « Locke est le premier, je crois, dit Thomas Reid, qui ait employé ces dénominations de qualités premières et secondes; mais la distinction qu'elles expriment avait été faite par Descartes. » (*Essai II sur les facultés intellectuelles*, chap. IX.)

impliquée dans sa composition et la figure qui la limite, réel le déplacement dans l'espace, réelle l'occupation successive par un mobile des parties d'un même lieu.

Telle est la série des qualités dites premières, à l'égard desquelles l'*objectivité* est *formelle,* tandis qu'elle sera seulement *causale* pour les qualités secondes, telles que la saveur, l'odeur, le son[1], la lumière et les couleurs...

D'après Descartes, ces manières d'être, considérées dans l'objet sensible, se réduisent à des variations de mouvements. De ce chef, elles seront autres dans l'objet, autres dans le sujet : là, vibrations se diversifiant à l'infini ; ici, impressions *sui generis,* n'ayant, au regard du sens intime, à peu près aucune ressemblance avec les mouvements qui les causent. Que tous les sujets sensibles cessent d'exister, le monde matériel ne sera plus qu'une immense machine, fonctionnant silencieusement : le soleil perdra son éclat, les fleurs leur parure et leur parfum, les oiseaux leurs mélodies, la nature entière sera muette.

Cette théorie, qui n'est autre que l'atomisme antique, repris et corrigé par Descartes, a provoqué bien des recherches pour la vérification de l'hypothèse qui ramène au mouvement les phénomènes matériels. Mais il est juste de remarquer que, la plupart du temps, ces recherches ont été poursuivies en dehors de toute attache avec le système cartésien de la composition des corps, et que leurs résultats se concilieraient avec la conception de Leibnitz, et souvent même avec celle d'Aristote.

M. Domet de Vorges, dans son ouvrage *De la Perception,* insère plusieurs des arguments allégués pour la réduction de certaines propriétés matérielles à des combinaisons de mouvements. En voici quelques extraits.

---

1. L'idée que nous avons de la lumière peut ne pas ressembler à ce qui existe dans l'objet ; l'idée du son ne ressemble pas plus au phénomène qui le produit, que le chatouillement et la douleur ne sont semblables à l'action d'une plume ou d'une pointe. (Voir *Traité du monde,* 1-6.)

La production du son s'explique par des vibrations. « Nos lecteurs connaissent sans doute l'instrument appelé sirène, employé dans les cours de physique. Cet instrument est formé d'un tambour cylindrique sur lequel sont placés deux disques superposés. Chaque disque est percé de huit trous également espacés. A chaque tour du disque supérieur, chacun des trous dont il est garni coïncide huit fois avec les trous du disque inférieur. L'air passe par conséquent huit fois par la voie qui lui est ouverte, et il se forme huit impulsions. En activant la rotation de cet instrument, on peut facilement constater que la qualité du son tient au nombre des impulsions produites dans un temps donné. Les mouvements lents donnent un son grave, les mouvements rapides donnent un son aigu : le phénomène sensible dépend complètement de la multiplicité des vibrations.

« Le téléphone, cette merveille toute récente, offre un indice encore plus significatif. Si la qualité sonore se produisait au choc de l'air, par exemple à l'émission de la voix, le téléphone n'aurait aucun moyen de la transmettre. Il ne transmet même pas le mouvement matériel de l'air auquel le son semble attaché. Il suffit que, par un mouvement mystérieux, ou de toute autre nature, que l'on nomme électricité, il provoque à des distances souvent énormes des mouvements de l'air pareils aux premiers, mais qui n'ont avec eux aucune continuité, pour que le son soit entendu. Ainsi le son dépend uniquement du mode de vibration de l'air; l'origine de cette vibration est indifférente[1]. »

Pour appliquer la théorie des ondulations à la lumière, M. Domet de Vorges invoque surtout le fait du *daltonisme*. « Il consiste dans l'incapacité de saisir certaines couleurs. Le daltonien voit les objets, mais il confond les couleurs les plus opposées, le rouge avec le vert, le jaune avec le

1. *La Perception*, p. 8 et 9.

bleu, etc. Il en est qui ne distinguent aucune couleur; tous les objets leur apparaissent avec une teinte grisâtre... Dans la théorie ancienne (thomiste), ce phénomène est inexplicable. Si la couleur sentie est, dans son caractère propre, l'impression conforme d'une qualité des corps, on peut concevoir que l'organe devienne incapable de la saisir; mais comment concevoir qu'il puisse en saisir une autre qui ne lui est pas présentée? Le daltonien, pour qui le rouge et le vert se confondent, voit certainement, dans la moitié des cas, une couleur qui n'existe pas. Saint Thomas dit très justement, que, tant que la faculté existe, elle ne peut s'égarer sur son objet propre. Ici la faculté existe, elle agit : cependant elle se trompe. Faut-il donc admettre que son objet propre n'est pas de nous faire saisir une qualité extérieure, mais seulement de produire un certain acte au contact de l'extérieur[1]? »

Ces preuves, et un grand nombre d'autres, valent à l'hypothèse des qualités secondes une haute probabilité, tout en laissant intacte l'objectivité de l'étendue et des autres qualités premières. Mieux encore, elles la confirment, car une vibration ne peut être conçue que comme le déplacement d'une molécule ou d'un atome dans l'espace. Si la notion d'espace était dépourvue d'objectivité, si les dimensions qui forment le solide se réduisaient aussi à des impressions purement subjectives, le mouvement vibratoire suivrait le même sort, deviendrait encore simple apparence. C'est ainsi que la conception, si chère à bien des savants contemporains, qui ramène les phénomènes physiques à des mouvements, est intéressée au maintien de l'objectivité formelle, en ce qui touche l'étendue.

Mais cette objectivité n'a pas trouvé grâce devant Kant, qui fait de l'espace une forme à priori de la sensibilité, et même à certains égards devant Leibnitz, qui le définit une

<hr />

1. *Ibid.*, p. 224, 225.

relation de coexistence. Des choses peuvent coexister sans être constitutives de l'étendue : les deux concepts diffèrent de compréhension, celui-ci contenant un élément nouveau, irréductible, la triple dimension, que l'analyse ne saurait dégager de celui-là.

Si la conclusion négative, qui découle de la notion de Kant, était admise, et que l'étendue partageât la condition des couleurs et des sons, il ne resterait à l'homme aucune représentation du monde extérieur, *absolument* conforme à la réalité; et l'univers, tout à la fois affirmé par nos sensations et défiguré par elles, ne serait plus qu'une énigme, attendu que ces représentations mensongères, en nous manifestant son existence, nous voileraient ses propriétés.

III. Conclusion. — 1° L'interprétation scientifique, qui assimile les qualités secondes, notamment la lumière, les couleurs, la chaleur, le son, à des mouvements vibratoires, paraît assez autorisée pour que le psychologue se voie obligé d'en tenir compte dans l'analyse de la perception externe. Nous verrons, au paragraphe suivant, dans quelle mesure elle peut se concilier avec la théorie de l'espèce sensible.

2° Mais la science n'élève aucune difficulté sérieuse contre l'existence des qualités premières, l'*étendue* et ses dépendances, divisibilité, figure et mouvement[1]. Tout au contraire, elle semble exiger leur existence formelle. En effet, si vous bannissez l'étendue du monde matériel, du même coup vous en éliminez la géométrie, pour en faire une science de vaines apparences et ne lui laisser que des simulacres. Signes, surfaces, solides, toutes ces données deviennent purement fictives. Quand je les combine ou

---

1. Descartes n'attribuait pas aux êtres matériels la force motrice, mais seulement le mouvement. Il paraît impossible de refuser l'activité à une substance même corporelle. Toutefois, nous n'avons pas à discuter ici cette question, qui relève de la cosmologie.

que je les divise, je ne combine et ne divise que les modalités de mon esprit, je n'atteins pas la matière : étendu
dans ma pensée, le triangle cesse de l'être au dehors.

La mécanique, qui traite du mouvement, subira la
même loi. En cet ordre, nous aurons aussi un système d'illusions, savamment combiné : illusion, l'espace parcouru ;
illusion, le mobile qui le parcourt, et qui en occupe successivement les divers points ; illusion, la direction non moins
que l'accélération et la vitesse.

Dans ces conditions, que reste-t-il de la célèbre hypothèse des vibrations? A peu près rien : le mouvement, nous
dit-on, telle est la seule réalité que la science a le droit de
substituer à nos impressions subjectives. Substitution mensongère, puisque le mouvement lui-même ne serait qu'une
apparence aussi décevante que les autres. En l'acceptant,
la science ne fait pas un pas vers la vérité : elle s'offre tout
au plus la satisfaction puérile de remplacer un fantôme
par un fantôme.

Ajoutons que le témoignage irrésistible de nos sens con-
corde avec les affirmations¹ de la science. Il s'ensuit que
supprimer la réalité de l'étendue, ce serait vicier toutes
les données de la connaissance, soit vulgaire, soit scientifique, dont elle forme la base ; et comme la matière
alimente la moitié du savoir humain, ce serait sacrifier au
scepticisme ce vaste domaine.

Après avoir essayé de déterminer les conditions objectives des propriétés sensibles, nous arrivons à un deuxième
point, plus intime et plus délicat encore, savoir, l'explication du caractère représentatif de nos sensations.

---

1. Les difficultés philosophiques tirées de l'impossibilité d'une division indéfinie et de la simplicité des forces, sont résolues assez heureusement par la
théorie cosmologique de la *matière* et de la *forme*.

§ 2. — *Caractère représentatif de nos sensations.*

I. Saint Thomas. — Qu'il s'agisse de l'entendement ou des sens, d'après le saint docteur, la connaissance exige un milieu représentatif. « Cognitio *omnis* fit per hoc quod cognitum est aliquo modo in cognoscente, scilicet secundum similitudinem[1]. » Le langage usuel en témoigne, car il attache des significations analogues, différant seulement par des nuances, aux termes *connaître, concevoir, se représenter.*

De même, la psychologie classique distingue la sensation affective qui est une émotion, de la *sensation représentative.* Or, ces mots contiennent toute une théorie : si je perçois les propriétés de cette feuille de papier, sa couleur, son étendue, sa résistance..., c'est qu'elles me sont *rendues présentes* par les sens. Pour les rapporter à l'objet, je dois, au préalable, les appréhender en moi-même, au foyer de la connaissance. Et comme ces qualités ne peuvent exister *en nature* dans le sujet de la perception externe, il faut qu'elles y soient en effigie, sous forme de reproduction mentale.

Mais d'où vient à nos sens le pouvoir d'acquérir des modifications d'un genre si spécial? De leur caractère même de facultés cognitives. « Cognoscens, dit saint Thomas, natum est habere etiam formam alterius. » Tout être doué de connaissance possède ce genre de réceptivité, qui lui permet de réfléchir des réalités étrangères. « Sensus est susceptivus specierum sine materia[2]. »

Mais s'il s'agit des sens en particulier, nous pouvons éclairer cette propriété par une théorie très simple et très générale, celle de l'agent et du patient. Car la sensation

---

1. Lib. II, *Denima*, lect. 12.
2. Lib. II, *De Anima*, lect. 13.

représentative est le produit de deux facteurs, l'objet sensible qui agit, et l'organisme animé qui reçoit[1].

Considérons d'abord l'agent : il produit des effets analogues à sa nature, d'après l'axiome consacré par l'École : *Omne agens agit simile sibi.* De ce chef, à n'envisager que l'objet sensible, principe de l'action exercée sur nos sens, nous aurions une similitude exacte, une photographie représentant la cause trait pour trait.

Mais il faut aussi ne pas négliger l'autre facteur, qui a sa part d'influence dans l'œuvre commune. « Quidquid recipitur, ad *modum recipientis* recipitur. » Ce qui veut dire que l'effet tient du patient, non moins que de l'agent, qu'il est *semblable* à l'un et à l'autre. On a souvent comparé l'espèce à une image, ou bien au cachet gravé sur la cire. Or, l'image sera d'autant plus brillante que le miroir est plus poli, ou la plaque photographique mieux sensibilisée ; l'empreinte du sceau apparaîtra d'autant plus délicate et plus nette que la cire a été plus docile à la recevoir et qu'elle a plus de consistance pour la garder.

C'est ainsi que la simple théorie de l'action, non moins que celle de la connaissance, nous mène à notre première conclusion, qui est l'existence d'une modalité représentative. Nous verrons, au cours de cet article, en traitant des qualités secondes, jusqu'où va l'exactitude de la représentation.

Si la corrélation était parfaite, rien ne s'opposerait à ce que l'impression produite fût la copie exacte de l'objet. Saint Thomas le dit expressément: «*Si eodem modo disponatur patiens sicut agens,* eodem modo recipitur forma in patiente, sicut in agente[2]. » Au contraire, si la corrélation est imparfaite, la reproduction en sera rendue moins fidèle.

---

1. Le sujet réagit aussi, mais la réaction n'empêche pas qu'il ne remplisse le rôle de patient. « Lorsqu'un objet donné détermine l'un quelconque de nos organes, nous sentons l'*union synergique* que nous soutenons avec lui. » (Clodius Piat, *Aristote*, p. 175.)

2. Lib. II, *De Anima*, lect. 12.

Aussi l'axiome énoncé plus haut ne traduirait plus qu'une partie de la vérité. Pour l'exprimer d'une façon intégrale, il faudrait le libeller ainsi : « Agens agit eo similius sibi, quo patiens ei affinius adest. »

Maintenant, quelle sera pour le patient la mesure de cette affinité[1]? *Sans être complète, elle est cependant réelle.* Nous savons que les sens sont unis aux sensibles par un rapport de finalité : il est manifeste que l'œil est fait pour voir, l'oreille pour entendre. La physiologie révèle en ces organes des adaptations merveilleuses, qui sont l'œuvre évidente d'une intelligence supérieure. De son côté, la psychologie nous apprend que les organes sensoriels trouvent dans l'union avec les sensibles leur développement naturel. Si l'œil cherche la lumière, si l'oreille recueille avidement les sons, ces appétences ne peuvent que trahir de secrètes affinités, des convenances intimes formées par la nature. Puisque la corrélation existe, elle doit produire son effet normal, c'est-à-dire rendre l'impression reçue analogue à l'objet, en faire, dans une certaine mesure, sa copie authentique, son espèce.

II. — Ici se présente une difficulté fort sérieuse, provenant de l'objectivité *causale*. Nous savons que les qualités secondes s'expliquent par des mouvements vibratoires. Or, la sensation ne révèle rien de tel au sujet. Il devrait s'ensuivre qu'elle n'est pas représentative. Cette objection est l'une de celles qui contribuent le plus à discréditer la théorie de l'espèce sensible. Nous avons à y répondre.

III. Essai de solution. — Il résulte de l'article précédent que l'objectivité des qualités premières (l'étendue, figure, divisibilité, mouvement) est *formelle;* et celle des

---

1. Aristote s'était placé dans l'hypothèse de la parfaite corrélation. « L'acte du moteur passe dans le mobile; il se propage dans sa virtualité, il s'y continue lui-même. Bien plus, le sens affecté reçoit tel quel l'acte de l'objet qui l'affecte; *il n'y ajoute rien, n'y retranche rien, il ne l'altère d'aucune façon; il le reproduit exactement comme un miroir parfaitement uni reproduit l'image de la personne qui s'y contemple.* » (CLODIUS PIAT, *Aristote,* p. 173.)

qualités secondes soulement causale. De là deux parties dans la solution.

1° La sensation conserve totalement son caractère représentatif par rapport aux qualités premières.

2° Elle le possède aussi à l'égard des qualités secondes, mais à un degré moindre.

Expliquons-nous. En développant la théorie de l'agent et du patient, nous avons cité ces paroles de saint Thomas : « Si eodem modo disponatur patiens sicut agens, eodem modo recipitur forma in patiente, sicut in agente[1]. » La similitude sera parfaite si le patient est en parfaite corrélation avec l'agent. Mais en est-il ainsi? Lorsque l'espèce arrive dans l'organe animé, elle y trouve des affections vitales d'un ordre inférieur. Car la matière nerveuse, aussi bien que les autres éléments de l'organisme, vit, croît, subit des pertes et les répare. De là, des manières d'être antérieures à l'impression produite par l'objet, qui ont un écho nécessaire dans la sensibilité. Ce n'est donc pas la table rase; l'espèce sensible doit compter avec ces premiers occupants et se fondre avec eux. L'état mixte qui en résulte exprime à la fois les deux provenances, la constitution du sujet et l'action de l'objet, pour les unir dans une même modalité. Seule, la combinaison paraît; ses éléments sont fondus ensemble comme les couleurs dans la lumière blanche. En d'autres termes, chacune de ces propriétés, le son, par exemple, compose son effet propre dans l'espèce avec des dispositions subjectives, pour obtenir un produit commun dans lequel les facteurs s'effacent.

Mais, dans ces conditions, quel est le degré de similitude qui reste? M. Domet de Vorges répond : il reste « une similitude de *proportion*, en tant que la sensation répond *au nombre, à l'ordre et à l'intensité* des impressions[2] ».

---

1. Lib. II, *De Anima*, lect. 24.
2. *La Perception*, p. 223. Voici le contexte : « La similitude est la condition essentielle de l'acte de connaissance. Il n'y a connaissance que là où la faculté

Prenons pour exemple l'image du drapeau tricolore. Objectivement, l'action des trois couleurs est constituée par des systèmes de vibrations bien distincts. Leur différence est rendue par celle des impressions visuelles qui dans le sujet donne le blanc, le rouge et le bleu. Chaque espèce de sensation visuelle traduira un type de mouvement vibratoire. — Mais il y a aussi variété de nuances pour une même couleur : le rouge vif, le rouge pâle, le rouge foncé... Encore ici, corrélation entre le phénomène de conscience et l'action physique : corrélation de nuances, d'intensité. — Enfin, les points colorés sont situés, par rapport les uns aux autres, dans un certain ordre, proximité ou distance et inégalité des distances. Or ces relations sont reproduites dans l'image.

Voilà la mesure de conformité, bien restreinte sans doute, qui sauvegarde cependant en partie le caractère représentatif, même pour l'objectivité *causale* et les qualités secondes.

En revanche, ce caractère reste complet pour les qualités premières, dont l'objectivité est formelle, qui sont perçues telles quelles, sans alliage étranger et sans altération.

Mais d'où résulte cette différence de faveur? Le voici.

De sa nature, l'étendue est passive, impuissante par elle-même à agir sur l'organisme. Si elle n'était pas unie dans le corps à des propriétés actives, au moins à la résistance, nous ne la percevrions pas. Un livre est dans ma main ; j'en sens l'étendue, parce qu'elle me résiste, qu'elle s'oppose à mon effort. De même, si la vue perçoit la surface de ce mur, c'est parce que cette surface est colorée. Une page

s'assimile vitalement à un objet extérieur, et le vise en s'assimilant à lui. La théorie moderne semblerait donc retirer à la sensation le caractère de vraie connaissance. Toutefois, ce serait exagérer que d'en induire cette conclusion. Cette théorie, en effet, ne détruit pas *complètement la similitude de la sensation et de l'objet. Elle lui laisse une similitude de proportion, en tant que la sensation répond au nombre, à l'ordre et à l'intensité des impressions.* Il est certain cependant qu'elle détruit la portée de l'acte sensitif dans ce qu'il a de plus apparent et de plus caractéristique : à cet égard il n'est donc plus objectif. »

écrite avec de l'eau reste blanche ; mais si vous délayez dans cette eau une parcelle de carmin, elle se couvre de lettres rouges. L'étendue seule, sans l'action de la couleur, de la chaleur et des autres qualités, resterait invisible ; elle le devient au milieu des ténèbres de la nuit. Incapable de déterminer par elle seule une impression dans nos sens, elle ne les cause qu'à l'aide des énergies naturelles auxquelles elle est associée.

C'est la doctrine de saint Thomas : « *Sensibilia propria* (la lumière, les couleurs, les sons, les saveurs, les odeurs) *primo et per se* immutant sensum, cum sint qualitater *alterantes*[1]. » Au contraire, la quantité et les propriétés annexes, que le saint docteur appelle sensibles communs, ne modifient les sens que secondairement, par l'intermédiaire des sensibles propres. Il exprime très nettement cette pensée dans le traité *De l'Ame :* « Nec sensibilia communia apprehenduntur, nisi apprehendantur sensibilia propria : *nunquam enim visus apprehendit magnitudinem aut figuram, nisi in quantum apprehendit coloratum*[2] ».

Il ne faudrait pas toutefois se hâter d'en conclure que l'influence de l'étendue sur les impressions sensorielles est nulle, car ces impressions varient avec les dimensions de la surface sur laquelle est répandue la couleur. « Qualitates enim sensibiles movent sensum corporaliter et situaliter. *Unde aliter movent secundum quod sunt in majori vel in minori corpore*, et secundum quod sunt in diverso situ, scilicet vel propinquo, vel remoto, vel eodem, vel diverso. Et *hoc modo faciunt circa immutationem sensuum differentiam sensibilia communia*[3]. »

L'action exercée sur nos organes sensoriels émane donc des sensibles propres. Il en résulte que *seules les propriétés matérielles* de ce nom peuvent altérer la représentation

1. I, q. lxxviii, art. 3.
2. Lib. II, *De Anima*, lect. 13.
3. *Ibid.*

et la rendre partiellement infidèle; et que, d'un autre côté, l'étendue, étant dépourvue d'activité propre, est incapable de produire une altération quelconque. Par conséquent, dans les données des sens, *v. g.* dans l'image visuelle, nous pouvons distinguer deux éléments : la forme extensive considérée en elle-même, abstraction faite de la couleur, et la couleur répandue à sa superficie. Seule la deuxième donnée est altérée, la première ne saurait l'être, et elle garde son objectivité formelle.

Ajoutons que de l'objectivité formelle de l'étendue on induira aisément celle des propriétés annexes, la figure, la divisibilité et le mouvement[1].

D'où vient ce mélange d'objectivité et de subjectivité dans sa sensation? Il vient de ce que la connaissance sensitive, inférieure à celle de l'entendement, contient quelque relativité : à la différence de la précédente, elle dit en partie ce que l'objet est en soi, et en partie ce qu'il est par rapport à nous.

Puisque nous sommes en possession d'un milieu représentatif, il convient d'en user. Or l'un des principaux usages est le passage du sujet à l'objet.

§ 3. — *Passage du sujet à l'objet.*

La perception externe comprend deux phases : l'une passive, dans laquelle l'objet vient à nous; l'autre active, celle de notre retour vers lui. « In visione corporali, dit saint Thomas, est quidem primo species exterioris corporis; secundo ipsa visio quæ fit per impressionem cujusdam similitudinis prædictæ speciei in visum[2] ».

---

1. Le mouvement des corps, en effet, est perçu par le déplacement des surfaces, et le déplacement des surfaces par une succession dans les rapports de contiguïté. Une boule glisse sur le sol : je vois cette boule en contact avec les diverses parties du sol. Chacune des situations successives de la boule étant réelle et formellement objective, le mouvement, qui en est inséparable, le sera aussi.

2. I, q. xciii, art. 6, *ad. 4*um.

La modification reçue est toute en moi. Par quelle mystérieuse vertu va-t-elle me conduire hors de moi, me suggérer l'idée d'une réalité étrangère? Quel sera le pont pour ce passage du moi au non-moi?

I. — **Thomas Reid** pose le problème plutôt qu'il ne le résout. Tout ce que nous connaissons, d'après ce philosophe, ce sont nos sensations; seulement nos sensations nous suggèrent simultanément l'idée d'une chose différente d'elles-mêmes.

Par un principe original de notre constitution, une certaine sensation nous révèle une propriété matérielle déterminée. Elle est un signe que la nature nous fait interpréter, sans éducation préalable; et nous allons sans tâtonnement du signe, qui est un état psychique, à la qualité du corps, qui est la chose signifiée. « Les signes, dans la perception primitive, sont des sensations dont la diversité est proportionnée à la diversité des objets qu'elles désignent; *la nature a établi une connexion* réelle entre ces signes et les choses signifiées, et en même temps *elle nous a si bien appris* à les interpréter, que, préalablement à toute expérience, chacun d'eux nous suggère la chose qu'il signifie et nous inspire de croire à sa réalité.

« C'est en vertu de *principes spéciaux de notre constitution* que certaine expression de la physionomie signifie la colère, et certaine autre la bienveillance. Pareillement, *c'est en vertu de principes spéciaux de notre constitution* qu'une certaine sensation signifie la dureté, et une autre le mouvement du corps touché[1]. »

Quels sont ces principes spéciaux? Reid ne le dit pas. Aussi son explication n'en est pas une; elle ne contient guère plus que l'énoncé de la question. Elle signifie simplement que le passage de la sensation à l'objet a une cause, et que cette cause est en nous, qu'elle tient à notre consti-

---

1. *Œuvres complètes de Reid*, trad. Jouffroy, t. II, p. 342, 343.

lution. Sans être passé maître en psychologie, on s'en doutait déjà.

Maine de Biran nous propose une solution plus ferme, basée sur la perception de la force, ou mieux le sentiment de l'effort.

II. Maine de Biran. — J'ai le *sentiment de l'effort*, qui peut se manifester à ma conscience sous la triple forme, musculaire, intellectuelle et morale. Prenons une de ces formes, la première. De la main j'exerce une pression sur un corps résistant. La pression est un effort, l'exercice d'une force qui est moi. J'en ai conscience; mais en même temps, je sens que cet effort est impuissant, plus ou moins neutralisé par une autre force qui s'oppose à la première. Le moi, étant le sujet de l'effort, ne peut être en même temps le principe de la résistance; il ne peut se résister à lui-même, se nier lui-même, produire l'effort et en même temps chercher à l'annuler. L'opposition des deux forces ne permet pas de les identifier : si l'une est moi, il faut de toute nécessité que l'autre ne soit pas moi. Or, ce non-moi, je l'appelle matière.

On peut objecter à Maine de Biran que les prémisses se prêtent à d'autres applications, fort sujettes à contestation. L'effort intellectuel est une lutte engagée contre la légèreté de mon esprit ou la tyrannie de mes associations d'idées, qui éloignent mon attention d'un sujet sur lequel je désire la porter; l'effort moral met la volonté aux prises avec la passion. Il faudrait conclure du principe posé par notre métaphysicien, que la légèreté de mon esprit, les associations d'idées, ou les passions, sont en dehors du moi, et constituent une sorte de non-moi, comme la matière qui a résisté à la pression de ma main. Le raisonnement dépasse la thèse; qui prouve trop, ne prouve rien.

En second lieu, pour nous limiter à l'effort musculaire, j'ai sans doute conscience de le produire, et je le sens impuissant. Mais je ne perçois pas l'obstacle lui-même, qui est le non-moi ; seulement j'induis son existence de l'inefficacité de mon effort. Cette inefficacité est le signe interne d'une résistance extérieure, à laquelle je l'impute ; et par raisonnement je passe du signe qui est en moi, à la chose signifiée qui est hors de moi. Bref, la connaissance de la réalité matérielle est affaire d'inférence, plutôt que d'intuition ; et cette inférence repose sur la loi de causalité.

Nous voilà conduits à la théorie de Cousin, qui applique cette loi.

III. **Cousin.** — « Otez le principe des causes, l'esprit humain est condamné à ne jamais sortir de lui-même et de ses propres modifications. Mais rendez à l'esprit humain le principe des causes, admettez que toute sensation a une cause, comme évidemment nous ne sommes pas la cause de certaines sensations, et qu'il faut bien que ces sensations en aient une, nous sommes conduits naturellement à reconnaître à ces sensations des causes différentes, et voilà la première idée du monde extérieur. » — « La sensation, dit-il encore, est un phénomène de conscience. Or, si ce phénomène est réel, nul phénomène ne pouvant se produire sans cause, la raison nous force de rapporter le phénomène de la sensation à une cause existante ; et cette cause n'étant pas le moi, il faut bien, l'action de la raison étant irrésistible, rapporter la sensation à une autre cause étrangère au moi, c'est-à-dire extérieure. »

En résumé, la sensation est un fait ; à ce titre, elle requiert une cause. Cette cause ne peut être que moi, ou bien ce qui n'est pas moi. Or, des deux alternatives, je rejette la première, car j'ai conscience de subir la sensation, et non de la produire. Reste la seconde : la sensation provient du non-moi[1]. Et puisque le non-moi agit, il existe. Je juge

---

1. Telle était aussi la pensée de Descartes. « Ce qui m'avait porté à croire à l'existence des choses matérielles, c'est que, trouvant en moi des sensations qui ne dépendaient point de ma volonté, j'avais été conduit par là à supposer qu'elles dépendaient des choses extérieures. » Si Descartes fait intervenir la

de la diversité des réalités qui le composent par la variété des impressions que j'en reçois.

Cette explication prête à bien des critiques. Voici les griefs articulés par M. Rabier : « C'est par une opération intelligente, rationnelle, réfléchie, qu'on explique dans cette théorie la conception du monde extérieur. Or, l'enfant qui, de très bonne heure, doit avoir quelque idée d'un monde distinct de lui-même, est-il capable d'une semblable opération ? Le raisonnement en question est sans doute très facile à faire ; mais encore suppose-t-il le besoin de trouver les causes, la faculté de remarquer que la cause des sensations n'est pas donnée dans l'expérience interne, l'effort pour la chercher. Or, est-ce dès les premiers jours de sa vie que l'homme est capable de tant de choses ? — Bien plus, l'animal a évidemment quelque idée d'un monde distinct de lui-même ; car apparemment le mouton ne se confond pas avec le loup. Dira-t-on que l'animal est conduit à l'idée du monde extérieur par l'usage des principes de la raison ? — L'opération qui nous donne cette idée doit donc être quelque chose de plus facile : ce doit être, non une opération rationnelle, mais une opération animale et machinale. Cette idée, nous ne la créons pas ; nous ne l'inventons pas ; elle se fait, elle se crée, elle se développe d'elle-même au sein de notre intelligence, par une sorte de génération spontanée [1]. »

Insistons sur l'argument tiré de l'état psychique de la bête. Dans ses actions extérieures, elle se montre constamment dépourvue de la notion de cause et du principe de causalité. Comme, d'autre part, l'exercice de la perception externe pendant la veille est à peu près continuel, l'animal userait donc incessamment d'un concept que tout porte à lui refuser, et dont aucun autre phénomène ne trahit la

véracité divine, c'est pour garantir la légitimité de la connaissance du monde extérieur, et par suite du procédé, mais non pour suppléer ce procédé.

1. *Psychologie*, p. 417, 418.

présence. Une pareille contradiction saute aux yeux : à chaque instant, pendant la veille, la bête induirait de la sensation à sa cause, et dans les mêmes faits elle serait impuissante à trouver d'autres applications de la causalité.

Au reste, sans recourir à des observations de psychologie animale, les conditions de la perception extérieure dans l'homme donnent un démenti à la théorie de M. Cousin. Écoutons encore M. Rabier.

« Cette théorie de l'origine de la représentation du monde extérieur est contredite par la nature même de cette représentation. En effet, si le monde extérieur était conçu pour expliquer nos sensations, à titre de cause de ces sensations, il serait pour nous, au moins à l'origine, la cause inconnue et indéfinie de nos sensations. Or, en fait, le monde extérieur est conçu à l'origine tout autrement, à savoir : comme un ensemble d'objets figurés, solides, colorés, coexistant dans un espace à trois dimensions. Ce sont nos propres sensations elles-mêmes qui constituent pour nous la matière du monde extérieur. Ce monde, c'est pour nous, non pas la cause inconnue de la couleur, mais la couleur ; non pas la cause inconnue de la solidité, mais la solidité, et ainsi du reste[1]. »

Aussi M. Rabier proscrit-il l'emploi des éléments rationnels, pour n'accepter que des données sensibles. Ces données sont des états de conscience qui paraissent se détacher du moi, selon l'explication proposée par l'éminent psychologue, et suggérer une illusion d'extériorité.

IV. — M. Rabier[2] partage les états de conscience en trois groupes, avec lesquels il forme l'idée de l'âme, celles

1. *Psychologie*, p. 418.
2. M. Rabier s'est en partie inspiré de M. Taine ; mais il a complété et perfectionné sa théorie. M. Taine pose en axiome que toute sensation tend à s'objectiver, à s'extérioriser ; M. Thomas Reid avait déjà dit que nous objectivons la sensation en vertu d'un principe particulier de notre constitution. M. Taine, pas plus que Thomas Reid, n'explique cette tendance à l'*extériorisation*. M. Rabier tente une explication.

du corps propre et des corps étrangers. Le premier groupe comprend la pensée, le sentiment, la volition, et même certaines sensations; leur réunion constitue la notion du moi, ou mieux de l'âme. — Puis viennent les états étendus continuellement présents à la conscience, les sensations tactiles et musculaires, dans lesquelles s'incarnent les états inétendus; c'est l'âme incarnée dans le corps.

Au troisième rang se placent des états étendus de même nature que les précédents, des sensations tactiles en particulier, même des sensations visuelles, mais avec cette différence qu'ils se détachent des autres faits de conscience, se projettent à *distance* et prennent l'apparence d'une réalité étrangère. « Ces sensations visuelles et tactiles s'associent bien vite à l'idée de ces mouvements, c'est-à-dire à l'idée de distances ou d'intervalles. Par là même, ces sensations sont objectives, et le lien qui les rattache au moi est rompu. — Telle est l'origine de l'idée du monde extérieur[1]. »

Le mur de ma chambre, par exemple, ne sera — pour m'en tenir au sens du toucher — qu'une sensation de résistance objective. Je ne puis toucher ce mur sans avoir au préalable étendu le bras, et par conséquent m'être donné la sensation musculaire associée à ce mouvement, qui me suggère l'idée de la distance. Je prends sujet de là pour objectiver la résistance et la localiser comme chose extérieure, distincte du moi, à l'extrémité du trajet parcouru (ou que je crois avoir parcouru) par mon bras. Je la place ainsi hors de mon être, bien qu'elle en fasse partie, comme les autres états de conscience.

En définitive, le système de l'illusion aboutit à la négation de la matière, à l'idéalisme; c'est une variation du thème posé par Berkeley. Il n'y a de réel que le moi et ses phénomènes, bien que telle ou telle section de ces phénomènes,

---

1. *Psychologie*, p. 423.

par une sorte de mirage dont je suis la dupe, *paraisse* me devenir étrangère. L'idéalisme s'accommoderait fort bien d'une apparence de monde extérieur, pourvu qu'on lui en sacrifie la réalité. Aussi cette application ne saurait nous satisfaire.

C'est dans l'analyse de l'espèce sensible que nous trouverons la solution. Mais hâtons-nous de faire observer que la théorie de l'espèce a été interprétée d'une manière inexacte par Locke, et par les philosophes de l'école écossaise qui ont entrepris de le réfuter.

Saint Thomas distinguait deux milieux[1] de connaissances : *medium quod, medium quo*. Le premier n'exprime son objet qu'autant qu'au préalable il se manifeste lui-même, avec sa nature propre. Je vois le visage de mon voisin dans une glace; mais en même temps je vois le miroir lui-même, je distingue sa présence aux indices ordinaires, le rayonnement de la surface polie, la couleur du tain appliqué à la face intérieure du verre, le cadre doré...

Supposons maintenant que ces indices et autres de même ordre, qui révèlent l'existence d'un miroir, soient inaperçus, ou mieux invisibles pour moi, et que seule l'image reproduite vienne frapper mes yeux, je percevrai le visage de mon voisin sans même soupçonner la présence du réflecteur. Or ce milieu, qui fait voir sans être vu, vérifie la condition du *medium quo*.

De ces deux notions, c'est la première que les psychologues modernes, après Locke, appliquent à la sensation représentative.

V. **Locke.** — « Les philosophes sont persuadés, dit Thomas Reid, exposant la doctrine de son adversaire, qu'outre ces choses (les choses réelles), il y a des *objets* immédiats de perception qui résident dans l'esprit; que par conséquent nous ne voyons pas immédiatement le

---

1. Il parle aussi de *medium in quo*. Mais ce milieu n'a pas trait à la question qui nous occupe en ce moment.

soleil, mais une idée, une impression du soleil en nous. Cette idée est l'image, la représentation, le *portrait* du soleil, supposé qu'il y ait un soleil[1]. »

La présence d'une toile, sur laquelle est dessiné un être humain, ne m'oblige pas de conclure à sa réalité, si je n'ai par devers moi des raisons d'y croire. Ainsi l'image visuelle qui me représente le soleil me laisserait, au sujet de son objectivité, dans la plus complète incertitude. La comparaison est juste, parce que l'image, sorte « d'objet intérieur », arrête sur elle-même le regard de l'esprit avant de le diriger vers l'objet extérieur, comme la toile m'occupe d'elle-même avant de suggérer l'existence du personnage qui y est peint.

Aussi Thomas Reid remarque fort exactement que, si nous étions réduits à ne connaître le soleil que par son « portrait intérieur », le *raisonnement seul* pourrait nous assurer que le soleil existe; nous serions obligés d'*inférer* son existence de l'existence de l'idée[2]. Et l'inférence serait douteuse; elle donnerait des conclusions mal assises, ou même erronées : témoin Berkeley, qui, partant de la même donnée initiale, en déduit l'irréalité du monde matériel. « Il n'existe point de soleil substantiel et permanent. Les corps célestes et terrestres, nos propres corps, ne sont que les idées de nos esprits... Il n'existe dans la nature que des esprits et des idées[3]. »

Bref, le système de l'idée image, conçue à la manière d'un *objet intérieur*, porte dans ses flancs le germe de l'idéalisme de Berkeley, car il n'offre aucune voie légitime pour passer à la réalité objective.

Ajoutons que le raisonnement, serait-il valide, dépasserait la portée de l'animal, qui toutefois se distingue de

---

1. *Essai sur les facultés intellectuelles*, Essai II, chap. xiv, trad. Jouffroy, t. III, p. 231, 232.
2. *Ibid.*, p. 232.
3. *Ibid.*

l'objet de ses perceptions. De ce chef aussi, l'explication n'est pas soutenable.

Reste l'autre interprétation de l'espèce sensible : *medium quo*.

VI. Saint Thomas. — Le propre de ce milieu représentatif, *medium quo*, est de faire voir sans être vu, en lui-même. Tel est le caractère de l'espèce. Elle ne se détache pas de l'objet, dont elle figure la simple projection lumineuse; ne laissant transparaître que ses linéaments, elle efface son être propre. « Species, quæ est in visu, non est quod videtur, sed quo sensus videt; quod videtur, est color, qui est in corpore[1]. »

Lorsque j'éprouve un plaisir ou une douleur, je les saisis comme des états du sujet, des manières d'être du moi, avec leur inhérence au moi.

De même quand je perçois un objet extérieur, j'ai conscience que la perception s'accomplit en moi.

Mais l'espèce se distingue soit de la sensation affective, plaisir et douleur, soit même de la perception à laquelle elle sert de milieu. Percevoir, c'est user de l'espèce. Or, l'usage que nous en faisons est momentané; l'espèce lui survit, puisqu'elle se conserve à l'état latent dans la mémoire, et reparaît sous l'influence de l'association, pour déterminer le souvenir.

Tandis que le sens intime appréhende la délectation et la connaissance comme *mes* manières d'être, la similitude, qui sert de milieu à cette connaissance, n'est pas saisie *comme telle* : ce qu'elle tient du sujet, *son être modal*, est inconscient pour ce sujet lui-même : il n'y a de visible que ce qu'elle tient de l'objet, le tracé de ses éléments constitutifs.

C'est le raisonnement qui m'apprend son existence à titre de modification subjective. « Res visibilis, dit saint

---

1. Lib. III, *De Anima*, lect. 8.

Augustin, gignit formam velut similitudinem suam, quæ
fit in sensu, cum aliquid videndo sentimus. Sed *formam
corporis* quod videmus et *formam* quæ ab illa in sensu
videntis fit, per eumdem sensum non discernimus; quo-
niam *tanta conjunctio* est ut *non pateat discernendi locus.*
Sed *ratione colligimus* nequaquam, nos potuisse sentire,
nisi fieret in sensu nostro similitudo conspecti corporis[1]. »
Le raisonnement établit la nécessité de l'espèce; et de la
nécessité se déduit la présence. A qui la nierait, je ne puis
répliquer : *Vous ne sentez donc pas,* comme je le ferais à
qui nierait sa propre souffrance. S'il suffisait d'invoquer
l'évidence intuitive pour établir la présence de l'espèce
au sein du sujet, elle serait moins contestée.

Il est curieux de rapprocher des paroles de saint Augustin, celles de Thomas Reid : « Dans la perception des
qualités premières, la sensation *conduit immédiatement* la
pensée à la qualité dont elle est le signe, et à l'instant
nous l'oublions : aussi est-elle à peu près pour nous
comme si elle n'était pas sentie. C'est le cas de toutes les
sensations des qualités primaires[2]. »

D'après le philosophe écossais, certaines sensations sont
à peu près pour nous comme si elles n'étaient pas senties.
Nous ne disons guère autre chose; une nuance seulement
nous en sépare.

Il en résulte que, percevant une chose, une couleur,
et ne la percevant pas comme inhérente au moi, comme
mienne, je suis naturellement amené à l'en détacher. Si
l'image était saisie par le sens interne avec le lien modal
qui l'unit au sujet, qui en fait une de ses manières d'être,
en entis, le sentiment vif et immédiat de ce caractère subjectif m'empêcherait de l'objectiver. Mais il n'en est pas
ainsi : l'inconscience produit ici son effet naturel, qui est

---

1. Cité par Zigliara, *Summa phil.*, *Psych.*, lib. III, cap. III; *De Sensibus*, nᵒ 6.
2. *Essai sur les facultés intellectuelles*, Essai II, ch. XVII, trad. Jouffroy,
p. 278, 279.

de conduire l'esprit hors de lui-même et de lui suggérer l'existence d'une chose étrangère.

Or, dans cette projection extérieure, nous ne sommes pas dupes d'une illusion, parce que l'espèce se solidarise avec l'objet ; elle en est comme le décalque et la description graphique, surtout en ce qui concerne les qualités premières : c'est l'objet lui-même représenté, c'est-à-dire rendu présent.

Nous sommes loin, comme on le voit, de l'hypothèse de Locke et de Reid, nous offrant deux choses à connaître : d'abord le portrait intérieur du soleil, le soleil ensuite. Saint Thomas appelle l'espèce une similitude : or, la similitude ne fait qu'un avec l'objet qu'elle exprime. Aussi, loin de se manifester au préalable avec son être propre, loin d'arrêter un instant l'attention sur elle-même, dès que la faculté s'éveille, elle tourne d'emblée son regard vers l'objet. C'est là son rôle et toute sa raison d'être.

La possibilité d'un pareil milieu ne saurait être contestée. Sa condition est analogue à celle de l'espèce intelligible, dont nous espérons démontrer la nécessité, en traitant de l'intellect. Il y a les raisons les plus sérieuses d'admettre celle-ci. Or, la question de possibilité se pose pour l'une et pour l'autre, la sensible et l'intelligible, et se résout dans[1] le même sens ; la difficulté est identique des deux côtés. Car, bien qu'elle réside dans l'entendement et le modifie, l'espèce intelligible n'est pas perçue comme modalité subjective par la conscience ; ici encore, l'inhérence se dérobe au sens intime, et seul le raisonnement nous l'apprend. Sa présence dans l'esprit a donné lieu aux plus vives discussions ; et l'on ne cite aucun philosophe qui, soit pour la défense, soit pour le rejet, ait jamais dit : c'est une affaire de simple intuition. Preuve décisive que la conscience est muette sur ce point. Mais si l'inhé-

---

1. Toutefois, avec cette réserve importante que l'espèce sensible ne nous donne qu'une connaissance *relative*, en ce qui concerne les qualités secondes, tandis que l'intelligible exprime les choses telles qu'elles sont en elles-mêmes.

rence de l'espèce au principe pensant est inconsciente, cette inconscience produira ici encore son effet normal, qui est de conduire l'esprit hors de lui-même et d'objectiver la chose manifestée.

Or, tout à l'heure, lorsqu'il s'agissait de la perception externe, nous ne disions rien de plus; nous nous bornions à signaler un cas de la même loi, tout aussi légitime que celui de la connaissance intellectuelle.

Enfin, tous les philosophes ont constaté la *propension invincible* que nous éprouvons à objectiver nos sensations représentatives. Descartes et Malebranche, s'appuyant sur la véracité divine, concluaient de cette propension à la réalité des corps. Mais ce n'est pas assez de l'alléguer à titre de preuve : il faut *expliquer le fait même de cette propension invincible, en rendre raison.* Or, comme elle se produit, dans l'enfant, préalablement à toute perception acquise, et même dans l'animal dès le premier usage de ses sens, il convient d'en chercher l'explication en dehors des données rationnelles et des associations formées par l'expérience, dans les éléments primitifs de la sensation. Que l'on examine de près ces conditions, et l'on se convaincra que la *seule explication plausible est la théorie thomiste de l'espèce.*

A l'issue de cette discussion, le problème relatif au passage du sujet à l'objet nous paraît à peu près résolu.

VII. **Conclusion.** — La théorie scolastique du *medium quo* serait, à notre sens, la plus acceptable, et cela pour deux raisons.

1° La perception externe, considérée même dans l'animal, en dehors de toute ingérence des facultés rationnelles, est une vraie connaissance. Or, la connaissance d'une chose extérieure au sujet, suppose un milieu représentatif qui exprime cette chose... Donc la perception externe, même en dehors de l'ingérence des facultés rationnelles, suppose ce milieu représentatif.

L'exposé qui précède permet au lecteur d'apprécier la valeur des prémisses. La solution proposée nous semble offrir une valeur supérieure à celle d'une simple hypothèse.

2° Si on croit devoir lui assigner ce caractère, du moins nous revendiquons pour elle toutes les conditions d'une bonne hypothèse : savoir, d'être fortement motivée en elle-même; économe de principes et de causes; féconde en résultats.

Fortement motivée, elle s'appuie sur les considérations qui font de la perception externe une connaissance, et qui établissent l'impossibilité de cette connaissance sans milieu représentatif.

Économe de principes et de cause, elle ne met en œuvre que les sens et les organes d'une part, de l'autre les objets sensibles, le rapport du patient à l'agent, sans recourir à des idées rationnelles ou à des vérités premières, comme Biran et Cousin. C'est un minimum de données initiales : personne ne conteste l'action du sensible sur le sens.

Il y a aussi économie de lois. Nous n'avons pas introduit de loi spéciale, mais seulement appliqué une loi très générale, celle qui régit la connaissance et tous les ordres de connaissance (le sens intime seul excepté), celui de l'entendement en particulier; et, sans altération ni complication aucunes, nous l'avons transférée dans un nouveau domaine.

Édifiée avec une telle parcimonie d'éléments, la théorie se vérifie en tout sujet doué de sensibilité, dans l'animal aussi bien que dans l'homme, tandis que les systèmes basés sur la notion de force ou le principe de causalité ne sauraient s'appliquer à l'être privé de raison. — Résultat précieux encore, l'espèce sensible nous révèle les objets eux-mêmes, à la différence des sensations musculaires et tactiles de M. Rabier, qui ne nous mettent en rapport qu'avec des états subjectifs.

Une fois pourvue des conditions propres à son fonctionnement, la faculté acquiert le développement dont elle est susceptible.

§ 4. — *Éducation des sens.* — *Perceptions acquises.*

Le premier effet de l'éducation pour nos sens est d'accroître leur portée dans l'ordre de leurs aptitudes originelles, par exemple de rendre l'ouïe plus fine, la vue plus perçante, l'odorat plus subtil. Ce perfectionnement s'observe principalement chez les hommes privés des ressources indéfiniment variées que nous offre l'état social, obligés de demander à leurs facultés organiques des services qu'ils ne sauraient trouver ailleurs.

Un second est d'associer aux données naturelles d'un sens déterminé, des données étrangères, qui se soudent aux premières de façon à former un système permanent. Par suite de la perception fréquente des objets usuels, leurs diverses propriétés s'associent d'une manière si étroite dans notre esprit, que l'une d'elles rappelle toutes les autres : c'est ainsi que la vue de la rose me suggère l'idée de son parfum, la blancheur du lait celle de sa saveur, d'une façon aussi rapide et aussi vive que si le parfum et la saveur tombaient sous mon regard. Ces perceptions sont dites *acquises pour le sens de la vue,* bien qu'elles se rapportent à l'odorat et au goût.

Seules, les perceptions acquises nous occuperont dans cet article.

I. — Sur ce sujet, il y a peu de divergences parmi les psychologues contemporains, du moins quant à la loi générale, complaisamment décrite par les Écossais.

« En comparant entre elles les perceptions de la vue et du tact, dit Dugald Stewart, les apparences visibles des objets et les sensations correspondantes de l'œil ne tardent pas à devenir des signes familiers qui nous révèlent les qualités tangibles des corps et la distance qui les sépare de l'organe[1]. »

Le visible devenu signe familier du tangible, voilà un cas de perception acquise. Mais au visible et au tangible on peut substituer d'autres termes, les sons, les odeurs, les saveurs. En cette matière, acquérir, c'est associer à l'objet propre d'un sens celui d'un autre sens, afin que la présence du premier décèle l'existence du second. Grâce à ce genre d'association, chaque sens témoigne plus qu'il ne perçoit; il saisit une propriété et en révèle plusieurs : c'est ainsi que, dans l'ivoire, la vue appréhende la couleur, et affirme la solidité, la dureté, la résistance.

Il est vrai que, dans cette représentation, la persistance n'est pas perçue; elle est seulement imaginée. Mais, faisant corps avec la blancheur que je vois, elle bénéficie du caractère positif de la vision; se solidarisant avec elle, elle prend une nuance plus ferme et plus précise. Les yeux attachés sur un objet d'ivoire, j'ai un sentiment presque aussi vif de la dureté de ce corps que si je le touchais.

Telle est la différence qui sépare la perception acquise de l'association ordinaire : celle-ci est généralement plus fugitive, moins consistante, tandis que celle-là revêt la forme nettement dessinée de la réalité. Vous conversez aujourd'hui quelques instants avec un inconnu : demain, si vous entendez, à quelques pas de distance, le son de sa voix, il vous suggérera peut-être, par voie d'association, les traits de sa physionomie, mais avec quelque indécision, et non de cette manière rapide et vive qui donne l'illusion de la vision.

Il y a une tendance bien marquée chez les psychologues contemporains à réduire au minimum les données de la perception naturelle. S'il s'agit de la vue, par exemple, plusieurs d'entre eux lui refusent l'appréciation des dis-

---

1. *Esquisse de philosophie morale,* trad. Jouffroy, p. 19.

tances, du relief et de la perspective des corps, pour ne lui laisser d'autre perception directe que celle de points colorés. Les autres connaissances s'expliqueraient par une combinaison des sensations tactiles et musculaires avec les visuelles.

Ouvrons les écrits de saint Thomas; nous y retrouverons, sous d'autres énoncés, une bonne partie des idées précédentes.

II. — **Saint Thomas** nomme sensible par accident, *sensibile per accidens*, l'objet de la perception acquise, et sensible soit propre, soit commun, celui de la perception naturelle. Dans le lait, le doux devient pour la vue un sensible par accident, ou même un visible par accident. « Dulce est visibile per accidens in quantum dulce accidit albo, quod apprehenditur a visu, et ipsum dulce per se cognoscitur ab alio sensu, scilicet a gustu[1]. »

Il faut deux conditions pour obtenir un sensible par accident. Nous les résumerons brièvement : c'est que les propriétés à associer existent[2] dans le même corps ; et qu'elles soient perceptibles par le même sujet[3]. L'aveugle-né, qui n'a jamais vu la couleur du lait, ne peut prendre cette couleur ni comme premier terme de l'association ni comme deuxième terme, cela va de soi.

Mais ici s'élargit la conception thomiste ; elle s'étend du sensible au suprasensible. En voyant quelqu'un marcher, je dis qu'il est vivant. « Cum video aliquem movere seipsum,.., possum dicere quod video eum *vivere*. » (*Ibid.*) Or la vie est une opération autonome et immanente, qui, à raison de ces caractères, ne saurait tomber sous les sens : l'énergie vitale n'est en elle-même ni visible ni palpable ;

---

1. *De Anima*, I, 13.

2. Nous avons plutôt interprété et résumé que traduit le texte du saint docteur. « Primo requiritur quod accidat ei quod est per se sensibile, sicut accidit ei (albo) esse dulce. » (*Ibid.*)

3. « Secundo requiritur quod sit apprehensum a sentiente : si enim accideret sensibili quod lateret sentientem, non diceretur per accidens sentiri. » (*Ibid.*)

seul l'entendement la conçoit et en affirme l'existence. Dès
lors que signifient ces mots : « Je vois que cet homme vit? »
Ils signifient : je perçois des mouvements qui sont l'indice
infaillible et familier[1] de la vie. Ici encore, nous trouvons
un composé binaire, savoir, un signe avec une chose
signifiée, mais avec cette différence que la chose signifiée
appartient à l'ordre intelligible. Or, saint Thomas nous
enseigne que cet élément suprasensible de sa nature, la
vie, en s'incarnant dans certaines représentations matérielles, devient *sensible*[2] par accident.

Par une application de la même loi, nous disons également : « Je vois cet homme penser, réfléchir...; je le vois
gai, heureux, ou bien mécontent... » Autant d'états psychiques, perceptibles au dedans par l'intéressé, à la conscience duquel ils se manifestent, et qui ne relèvent en rien
de ma vue. Cependant ce sont des phénomènes extérieurs,
l'attitude du corps, l'expression du regard, la composition du visage, qui me révèlent ces faits intimes. Assez
souvent l'association suffit pour expliquer la facilité avec
laquelle je les interprète. Si j'en comprends aisément la
signification, c'est parce que, au préalable, j'ai souvent uni
en moi-même les faits externes aux faits internes; enfant,
j'ai sangloté, et ces expériences personnelles ont fixé pour
toujours dans la mémoire organique le rapport de la souffrance aux signes qui l'expriment.

Mais il y a des cas dans lesquels l'interprétation ne
semble pas le fruit de l'expérience : elle la devance, se produisant avant que l'enfant ait eu connaissance de faits si-
milaires. Pour résoudre ces difficultés, saint Thomas fait

1. Saint Thomas ne perd pas de vue que ce signe doit être familier, et nous
révéler la chose signifiée avec promptitude, aisance et sûreté : *Statim ad
occursum rei sensatæ apprehenditur.* » (*Ibid.*)
2. Cet aperçu est fécond et suggère d'utiles applications. C'est ainsi que
l'idéal d'un grand maître, exprimé par des lignes et des couleurs, devient *sensible par accident :* par son union avec les formes expressives, il acquiert les
avantages inhérents à la présence physique, la fermeté, l'intensité, le caractère
formel et positif de la réalité.

appel à la faculté toujours mystérieuse de l'instinct, nommée dans la langue de l'école l'*Estimative*[1]. Nous n'insisterons pas sur ce point, qui paraît ouvrir un autre ordre d'idées, étranger à la question présente, savoir, l'existence d'un langage naturel, que l'animal parle et comprend sans aucune éducation préalable. Comme il s'agit dans ce paragraphe de l'éducation des sens, nous bornerons l'enquête au commentaire qui précède, en le complétant par une sommaire réflexion.

III. **Observation.** — A côté des analogies que présentent les deux exposés, nous trouvons des particularités qu'il est, du reste, aisé de concilier.

D'un côté, saint Thomas étend au domaine suprasensible la loi du sensible par accident.

De l'autre côté, un certain nombre de contemporains, fidèles à l'esprit d'analyse qui caractérise la psychologie expérimentale, travaillent à diminuer la part des phénomènes irréductibles, en essayant d'expliquer le plus possible nos perceptions par des combinaisons de faits plus élémentaires.

Rien ne s'oppose à ce que l'école néo-thomiste entre dans cette voie.

En terminant ce chapitre, disons quelques mots des erreurs qui peuvent se glisser dans l'exercice des sens.

§ 5. — *Erreurs des sens.*

Nous avons séparé, dans le paragraphe précédent, les perceptions naturelles des perceptions acquises. Cette division si simple donne celle des sources de nos erreurs : d'un côté, l'altération de l'organe, s'il s'agit des perceptions

---

1. La faculté qui perçoit le premier terme du rapport, faisant fonction de signe, est, selon l'expression du maître, « vel vis cogitativa, vel estimativa ». (*Ibid.*)

naturelles ; de l'autre, une interprétation inexacte, lorsqu'il est question de perceptions acquises.

I. *Altération organique.* — A l'état normal, les sens sont infaillibles sur leur objet propre : la vue sur la lumière et les couleurs, l'ouïe et le goût, pour les sons et les saveurs... Si l'erreur vient à se produire, c'est que le sens accidentellement est mal servi par son organe : ainsi l'ictérique voit en jaune des corps d'une éclatante blancheur ; le daltonien ne distingue pas certaines couleurs ; il y a des maladies qui changent le goût des aliments et rendent insipides les mets les plus délicats...

A. **Thomas Reid** ramène à quatre classes les erreurs de nos sens. La dernière comprend celles qui « proviennent de quelque dérangement dans les organes extérieurs de la perception, ou dans les nerfs et le cerveau, qui en sont les organes intérieurs[1] ».

B. **Saint Thomas** exprime la même pensée : « Circa propria sensibilia (sensus) non habet falsam cognitionem, nisi per accidens, et in paucioribus ; ex eo scilicet quod propter indispositionem organi non convenienter recipit formam sensibilem... Et inde est, quod propter corruptionem linguæ, infirmis dulcia amara esse videntur[2]. »

Mais ces cas sont exceptionnels. Ceux qui ont pour cause une interprétation fautive, se présentent plus fréquemment.

II. *Interprétation fautive.* — Toute perception acquise est l'équivalent d'une induction ; elle consiste à associer des propriétés que la nature unit invariablement dans la réalité. Or, cette induction empirique n'est pas toujours heureuse ; la coïncidence des qualités n'est pas aussi constante que nous avons pu le croire, et l'erreur provient de ce que nous étendons cette supposition à des cas dans lesquels elle ne se vérifie pas.

1. *Œuvres complètes de Thomas Reid,* trad. Jouffroy, t. IV, p. 48.
2. I, q. xvii, art. 2, c.

Si je prends du cuivre pour de l'or, et des perles pour du diamant, c'est que j'induis faussement de l'éclat du métal aux autres propriétés de l'or, et des couleurs vives, délicates et nuancées de la perle, au diamant.

A ce chef se rattachent les trois premières catégories de la classification dressée par Reid.

A. **Thomas Reid.** — « Beaucoup des prétendues déceptions des sens, dit-il au sujet de la première, ne sont que des conséquences imprudemment tirées de leur témoignage. En pareil cas, le témoignage des sens est vrai, et la conséquence que nous en déduisons est fausse... Ainsi l'homme qui a été abusé par une pièce de fausse monnaie ne manque pas de dire que ses sens l'ont trompé, mais son accusation ne tombe pas sur le vrai coupable[1]. »

La seconde série comprend les erreurs « qui se rencontrent dans nos perceptions acquises. Une perception acquise n'est point, à proprement parler, le témoignage direct de nos sens, mais une conséquence que nous en avons tirée. L'expérience nous a montré certains faits associés aux perceptions immédiates de nos sens... Dès lors, ce qui est perçu devient pour nous le signe de ce qui ne l'est pas[2]. » Nous commettrions des méprises de ce genre si, en considérant un liquide qui reproduit la couleur du vin, nous nous hâtions de lui en supposer le goût; *item,* quand on prend de l'arsenic pour du sucre, de la ciguë pour du persil...

« Une troisième classe des erreurs attribuées aux sens procède uniquement de notre ignorance des lois de la nature... Lorsque nous ignorons ces lois, ou que nous les observons avec trop peu d'attention, il nous arrive de porter de *faux jugements* sur les objets des sens... Nous apprenons, par ces nuances des sensations (acoustique), à estimer la position du corps sonore, et presque

1. *Œuvres complètes de Thomas Reid,* trad. Jouffroy, t. IV, p. 33.
2. *Ibid.,* p. 42.

toujours nos conjectures sont justes. Mais nous sommes
abusés quelquefois par des échos naturels ou artificiels...
qui renvoient le son, qui altèrent sa direction[1]... »

Ces observations éclairent la solution exacte et précise,
mais trop succincte, que nous trouvons au même article
de la *Somme*.

B. **Saint Thomas.** — « De sensilibus vero communi-
bus et per accidens potest esse falsum judicium (sensus),
etiam sensu recte disposito, quia sensus non directe fertur
ad illa, sed per accidens *in quantum fertur ad alia*[2]. »

Au sensible par accident conviennent exactement les
explications proposées par Thomas Reid. Restent les sensibles communs, l'étendue avec les propriétés qu'elle
implique, figure, divisibilité, nombre, mouvement, au
sujet desquels nous devons un petit éclaircissement. L'é-
tendue, sensible commun, relève de plusieurs sens, au
moins du toucher et de la vue. Or, les apparences visibles
de l'étendue ne coïncident pas toujours avec sa réalité
tangible. Un bâton plongé en partie dans l'eau semble
brisé au point d'immersion : interprétation inexacte des
représentations visuelles, que le toucher rectifiera.

Il n'y a pas lieu d'insister sur ces indications, qui ne font
difficulté pour personne.

Nous arrivons aux sens internes, qui sont en quelque
sorte le prolongement et le complément de la perception
sensible.

ARTICLE III. — Les sens internes.

Ces sens sont au nombre de quatre : le sens commun,
réflecteur général des données de la perception externe ;
l'imagination et la mémoire sensitive, qui sont destinées
à les conserver et à les reproduire, la seconde avec quelque degré de reconnaissance ; enfin l'estimative, principe

1. *Ibid.*, p. 45, 46.
2. I, q. XVII, art. 2, c.

des actes attribués à l'instinct, dans la langue philosophique contemporaine.

§ 1er. — Le sens commun.

I. — D'après **saint Thomas**, le sens commun représente, dans une mesure restreinte, que nous indiquerons plus loin, le sens intime empirique, qui convient à la bête aussi bien qu'à l'homme. Pour préciser sa nature et son rôle, nous n'avons qu'à définir le rapport qui l'unit aux sens externes, et les différences qui l'en détachent.

Il est localisé dans le cerveau, tandis que les sens externes s'exercent dans les organes respectifs ; ainsi la sensation, soit visuelle, soit auditive, se produirait dans les appareils appropriés, l'œil ou l'oreille, mais sous forme plus ou moins inconsciente. Pour que le sujet prenne conscience de ces impressions, il faut qu'elles se répercutent dans l'organe central, où réside le sens commun.

Mais il n'est pas seulement l'écho de la perception ; il en coordonne et en discerne les données. Chaque sens externe, en effet, est limité à une série de propriétés qui constituent son objet propre : dans ce domaine réservé, il a toute sa compétence ; il perçoit, compare et différencie. Parmi les couleurs, la vue distingue le blanc du rouge, le rouge pâle du rouge vif ; parmi les saveurs, le goût ne confond pas le doux et l'amer.

Mais il y a d'autres différences pour lesquelles ils ne suffisent plus. S'il s'agit de discerner[1], non plus les couleurs entre elles, mais les couleurs du son ou des autres propriétés, les sens se récusent. Serait-ce la vue qui pourrait les distinguer ? Mais elle n'appréhende que le premier[2] terme,

---

1. « Discernimus aliqua virtute non solum album a nigro, vel dulce ab amaro, sed etiam album a dulci, et unumquodque sensibile discernimus ab unoquoque, et sentimus quod differunt. » (*De Anima*, lect. 3.)

2. « Impossibile est cognoscere differentiam aliquorum, non cognitis terminis. » (*De Anima*, q. ix, no 8.)

la couleur. Serait-ce l'ouïe? Mais elle ne saisit que des sons, deuxième terme de la comparaison. Consultons un aveugle-né, ou bien un sourd de naissance; demandons à l'un et à l'autre ce qu'ils préfèrent, d'une belle peinture ou d'une symphonie bien exécutée. La question restera sans réponse, parce que pour eux elle n'a pas de sens : préférer, c'est choisir, et l'on ne peut choisir qu'entre deux choses l'une et l'autre connues.

Obtiendrions-nous un meilleur résultat par un concert établi entre les sens? Nullement, parce que l'opération qui a pour effet de distinguer deux objets est un acte simple [1], indivisible, qui doit émaner d'un seul principe et que l'on ne peut faire à deux. L'aveugle entend les sons, le sourd voit les couleurs. Ils auront beau combiner leurs efforts, mettre en commun leurs ressources intellectuelles, ils n'arriveront jamais à cette différenciation. Elle ne sera obtenue que par un seul et même sujet, jouissant tout à la fois de la vue et de l'ouïe.

Elle ne peut donc être le fait d'aucun sens pris isolément, ni de tous les sens réunis. Nous sommes donc contraints de l'attribuer à une autre faculté, qui, possédée tout à la fois par l'homme et par l'animal, doit offrir un caractère sensitif. C'est le sens commun, ainsi nommé parce qu'il joue le rôle de centralisateur et de réflecteur, par rapport aux sensations réalisées dans les diverses parties du corps.

II. A l'égard de cette conception, quelle est l'attitude des **psychologues modernes**?

La plupart sont pour la négative; et nous savons déjà que F. Bouillier fait honneur de cette opinion à Descartes.

Nous voyons donc reparaître ici le problème déjà agité dans l'article ayant pour objet le siège des sensations. Il n'y a pas lieu d'ouvrir une nouvelle discussion, qui ne nous

---

1. « Hoc est aliquid unum verum, scilicet quod alterum sit dulce ab albo. Oportet quod illud unum ab eodem dicatur. » (*De Anima*, q. IX, n° 8.)

donnerait pas de meilleures lumières. Ce serait une répétition oiseuse. Espérons que des observations plus complètes, des expérimentations plus précises que celles que
l'on a pu faire jusqu'à ce jour, trancheront la controverse.

L'imagination continue l'œuvre du sens commun ; elle
conserve et reproduit les représentations qu'il a recueillies
des appareils sensoriels. Nous étudierons cette faculté à
deux points de vue : quant au mode de dépendance qui
l'unit au cerveau, et dans ses relations avec le sens
commun.

§ 2. — *Dépendance de l'imagination à l'égard du cerveau.*

« Imaginer une chose, a dit Bossuet, c'est continuer de
la sentir, moins vivement toutefois, et d'une autre sorte
que lorsqu'elle était actuellement présente aux sens extérieurs[1]. » Et comme la sensation est organique de sa
nature, l'image qui la suit devra l'être pareillement, avec
cette différence qu'elle aura pour siège exclusif non les
organes périphériques, mais le cerveau. Tous les philosophes le reconnaissent, et allèguent nombre de faits à l'appui de cette loi commune : par exemple, l'influence des
maladies cérébrales sur l'imagination, qu'elles enflam-
ment ou alanguissent, selon les cas, dont elles troublent
toujours le fonctionnement ; l'action exercée sur cette
faculté par certaines substances, telles que les spiritueux,
les narcotiques ; le rapport du rêve avec la perception
extérieure, dont il renouvelle les données, en les combinant d'une manière bizarre ; enfin l'impossibilité pour
l'aveugle-né ou le sourd-muet d'imaginer les couleurs ou
les sons.

---

1. *Connaissance de Dieu et de soi-même*, édit. Belin, p. 22.

Bref, l'imagination est une faculté sensitive. Comme telle, sa nature a été diversement interprétée, à la lumière des théories générales déjà connues du lecteur.

I. — **Saint Thomas** lui assigne pour sujet le *cerveau animé*[1].

Si l'image continue la sensation, selon la pensée de Bossuet, elle en partagera les conditions ; comme la sensation, elle sera un fait mixte, tenant à la fois du corps et de l'âme. Expression de leur vie commune, elle aura pour principe les deux substances intimement unies, l'âme incorporée. C'est l'œil animé qui voit ; de même c'est le cerveau animé qui imagine. Car, sous aucune de ses formes, la vie sensitive ne reste le privilège exclusif de l'âme ; elle se répand dans les diverses parties de l'organisme, en réservant ses vertus les plus actives pour l'écorce cérébrale. Il y a loin, en effet, des impressions confuses à peine conscientes du toucher passif, aux représentations pures et délicates qui, dans le téléncéphale, au contact de nos idées rationnelles, semblent se spiritualiser.

Autres analogies à dégager. D'après le saint docteur, l'organe périphérique reçoit deux modifications : l'une, appelée changement naturel, *immutatio naturalis*, est purement physique, de même ordre que l'impression produite sur un corps sans vie ; l'autre est une affection sensible, *immutatio spiritualis*, réalisée tout à la fois dans l'âme et dans le corps, destinée à révéler l'objet extérieur, à l'égard duquel elle joue le rôle d'espèce.

Or, rien n'empêche d'appliquer cette théorie à l'organe central, où se localise l'imagination. En effet, d'un côté le cerveau est susceptible des deux états ; de l'autre, les nerfs qui lui transmettent leurs impressions peuvent agir avec une double vertu ; celle des substances matérielles,

1. « Quia sensitivæ virtutes aliquo modo sunt corporeæ, quia sunt virtutes in corporeis organis, immutari possunt ex actione corporum... Propter hoc contingit quod ex impressione corporis variatur et phantasia. » (*De Anima*, III.)

colle des êtres vivants. Nous pourrons même en détacher le premier élément, la modification physique, pour la rapprocher de l'impression organique, demandée par les psychologues modernes.

II. — **Les psychologues modernes** partent aussi de l'antécédent, contenu dans la parole de Bossuet : imaginer, c'est continuer de sentir. Mais de cette majeure, ceux d'entre eux qui admettent l'existence de l'âme tirent une conclusion opposée à celle de saint Thomas. C'est à l'aide de la mineure suivante : *seule l'âme sent.*

Donc seule elle imagine.

Qu'il s'agisse de la sensation ou de l'image, le rôle du cerveau, à bien des points de vue, est le même : il reçoit une impression purement matérielle, qui devient la condition immédiate et déterminante de la sensation. Le phénomène accompli, il reste dans les hémisphères une trace qui en favorise le retour. Et c'est précisément ce retour sous forme atténuée qui provoque la formation de l'image. Malebranche, disciple de Descartes, exprime cette pensée, lorsqu'il nous montre les « esprits animaux, agités par la chaleur du cœur d'où ils sont sortis, tout prêts à couler dans les lieux où ils trouvent le passage ouvert. Trouvant le chemin de toutes les traces qui se sont faites dans le même temps (savoir, au moment où l'impression produite à la périphérie était transmise au cerveau) entr'ouvert, ils y continuent leur chemin, à cause qu'ils passent plus facilement que par les autres endroits du cerveau : c'est la cause de la *mémoire* et des habitudes corporelles[1]. » Or, à la mémoire nous pouvons, dans la question présente, assimiler l'imagination.

L'hypothèse des esprits animaux a perdu aujourd'hui tout crédit. « Au xviii° siècle, dit M. Ribot, la plupart des phénomènes physiques s'expliquaient par des fluides ; la

1. *Recherche de la vérité*, l. II; *De l'Imagination*, 1re partie, chap. v, 1 et 2.

chaleur, la lumière, l'électricité, le magnétisme, et même les actions vitales. On voyait dans les nerfs des tubes creux, traversés par un fluide nerveux. Hartley, rejetant toutes ces hypothèses, n'admet partout que des vibrations. « Les corps extérieurs, par leurs impressions sur nos sens, causent d'abord dans les nerfs, ensuite dans le cerveau, des vibrations de parties... infinitésimales. Ces vibrations consistent en ondulations de particules très ténues, analogues aux oscillations du pendule ou au tremblement des molécules d'un corps sonore [1]. » Dans cette deuxième hypothèse, c'est la vibration provenant directement de l'organe sensoriel qui crée la sensation ; et c'est le renouvellement sous forme amoindrie de cette même vibration, qui détermine l'image.

Comment expliquer cette rénovation ? Sans doute par une disposition moléculaire qui, ayant survécu au fait primaire, en facilite le retour. « Il est permis de supposer, dit Mgr Mercier, que cette disposition acquise de la substance nerveuse est due à un certain changement dans la disposition moléculaire de la fibre ou de la cellule nerveuse ; cela reviendrait à supposer qu'un *élément anatomique qui a été traversé par l'onde nerveuse se trouverait par cela même dans un état moléculaire présentant moins de résistance à la propagation d'une onde nouvelle* [2]. » Car la matière garde les manières d'être qu'on lui donne,

---

1. Ribot, *Psychol. angl.*, p. 50, 51.
2. Mgr Mercier, *Psychologie*, p. 212 Cet auteur décrit ainsi l'excitation cérébrale qui détermine la réviviscence de l'image :

« Soit donc une cellule C, ayant, par exemple, trois prolongements, *p, p', p''*, qui la relient à d'autres cellules A, B, D.

« Supposons une excitation qui arrive directement en C ; la cellule C et ses trois prolongements seront excités une première fois, ce qui les rendra déjà plus perméables à une excitation future. Mais jusqu'ici les trois prolongements ont le même degré de perméabilité.

« Portons maintenant notre attention sur la cellule A qui envoie ces prolongements vers C d'une part et vers E et F d'autre part. Lorsque la cellule A sera ébranlée, l'ébranlement s'irradiera également, nous pouvons le supposer, vers C, vers E et vers F. Donc, tandis que les couples (cellules et fibres) CB, CD d'une part, les couples AE et AF d'autre part, n'auront été ébranlés qu'une fois, le couple CA ou AC l'aura été deux fois, une première fois par une exci-

Vienne une cause interne, la chaleur du sang par exemple, une incitation du système nerveux, qui, actualisant cet état potentiel, reproduise le mouvement avec une partie de son intensité première, ce mouvement cérébral réviviscent rappellera dans l'imagination la représentation correspondant au fait primaire, c'est-à-dire à la perception externe. A ce compte, l'image ne serait que la réviviscence de la sensation, obtenue par la rénovation de l'excitation cérébrale.

III. *Observation.* — 1° Rien n'empêche les disciples de saint Thomas de concevoir l'impression physique (la modification naturelle) au sens de vibrations conservées à l'état latent, et ravivées par un supplément d'incitation, de façon à provoquer le retour de l'image. Mais, à côté de cette analogie, nous devons marquer une irréductible différence.

2° C'est celle qui sépare les deux manières générales de concevoir l'union de l'âme et du corps : le *mode substantiel,* qui fait de l'organisme animé le sujet immédiat de la vie sensitive, et assigne à ce principe complexe des opérations mixtes, que nous pourrions appeler psycho-physiques ; le *mode accidentel,* qui, distinguant profondément

---

tation partie de C, une seconde fois par une excitation partie de A ; le voilà donc plus perméable que les couples voisins.

« Chaque nouvelle excitation arrivant de A ou de C et traversant la fibre qui les relie augmentera la perméabilité du couple entier, et ainsi l'on comprend qu'une excitation relativement faible suffise à l'avenir à réveiller les cellules A et C, tandis qu'elle n'aura pas une influence déterminante sur les autres cellules du même rayon B, D, E, F.

« Toutes choses égales d'ailleurs, c'est donc entre C et A que le courant nerveux circulera le plus librement, ou, en langage psychologique, c'est entre C et A que l'association s'établira, le couple CA aura une tendance spéciale à se reproduire.

« Telle est en substance l'*hypothèse psychologique* qui paraît rendre le mieux compte des observations que l'on a réunies sous le nom de lois d'associations. Elle revient donc à dire que *lorsque deux ou plusieurs processus nerveux élémentaires se sont produits conjointement (ensemble ou en succession immédiate), l'excitant qui en réveille un directement tend à réveiller indirectement les autres.* » (*Psychologie,* p. 222, 223.)

les substances, attribue à chacune des catégories bien *tranchées* de propriétés et d'actions, tout en acceptant la *réciprocité* d'influence. La première explication est celle de saint Thomas, la seconde celle de Descartes et de la plupart des psychologues spiritualistes. En traitant de la sensation, nous avons essayé de montrer le bien fondé de la thèse scolastique, dont l'étude se présentera de nouveau, à l'issue de ce traité, dans le chapitre relatif à l'union de l'âme et du corps.

Imaginer, nous a dit Bossuet, c'est continuer de sentir. Comme le sens commun continue la perception externe, nous sommes naturellement conduits à nous demander si l'imagination ne serait pas, à son tour, le simple prolongement du sens commun.

§ 3. — *Rapport de l'imagination au sens commun.*

Pour définir ce rapport, nous devons, suivant la loi fondamentale de la méthode qui mène du connu à l'inconnu, rechercher le lien qui unit l'image à la sensation.

M. Rabier s'est nettement posé la question : « Quel rapport y a-t-il entre les états primaires (les sensations) et les états réviviscents ou les souvenirs? Deux réponses sont possibles à cette question.

I. — « Pour les uns, entre les états primaires et les souvenirs il y a une différence spécifique, différence de nature. Les états secondaires ressemblent aux états primaires, mais comme un portrait peint sur une toile ressemble à l'original; il y a ressemblance, il est vrai, il n'y a pas moins distinction absolue de nature. (Cette opinion est celle de Reid, de Garnier, de Cardaillac[1].)

---

1. Rabier, *Psychologie*, p. 152. — Voir aussi E. Peillaube, *Théorie des concepts*, p. 38 et suiv.

II. — « Pour d'autres, au contraire, continue le même
auteur, les états primaires et les états secondaires ne diffèrent que par le degré ; ils sont identiques par nature...
Parmi les partisans de cette doctrine, il faut placer en
première ligne David Hume. La plupart des philosophes
anglais ont adopté cette opinion ; elle est aussi celle de la
plupart des psycho-physiciens qui, de nos jours, ont traité
la question de la mémoire[1]. »

C'est la pensée de M. Joly : « L'imagination, dit-il, est
donc comme *un reste affaibli* de la sensation primitive, qui
tend à se raviver ou à se reproduire[2]. »

Quelle est à ce sujet la pensée du saint docteur ?

III. — De prime abord, **saint Thomas** semble plus
favorable à la deuxième opinion. Car il fait soigneusement ressortir les affinités qui existent entre les deux
facultés.

Même étendue de domaine : ce que le sens commun tient
de ses affluents, l'imagination le reçoit en second lieu.
Reid avait restreint l'objet de celle-ci aux représentations
visuelles, lui refusant les propriétés sensibles, qui relèvent
des autres sens. Mais l'expérience témoigne du contraire,
attendu que le son, les saveurs, l'étendue tangible, peuvent être imaginés aussi bien que les couleurs[3]. A coup
sûr, l'aveugle-né imagine l'étendue, puisqu'il peut se livrer
à l'étude de la géométrie ; il en emprunte le schème aux
perceptions tactiles. De même, le musicien, qui repasse
mentalement un chant déjà connu, dit avoir l'air dans la
tête, parce qu'il se représente intérieurement les notes
successives de la partition. Nous pourrions en dire autant
du gourmet, qui a l'avant-goût des mets qu'on lui prépare, et les savoure d'avance. Aussi saint Thomas nous

1. *Psychologie*, p. 152.
2. *De l'Imagination*, p. 7.
3. On distingue parfois les esprits par le genre des données sensibles qui
dominent dans leur imagination : les uns sont dits visuels, les autres auditifs.
(Voir *Revue de philosophie*, 1er févr. 1903 : *Éducation de la mémoire*.)

dit-il : « Est phantasia quasi thesaurus quidam formarum per sensum acceptarum[1]. »

Les deux facultés atteignent les mêmes objets, mais par l'intermédiaire l'une de l'autre. Le sens commun est plus près de la source; seul, il communique avec la réalité, dont il reçoit les impressions par l'intermédiaire des sens externes, auxquels il sert de centre et de foyer convergent. Il garde ces impressions tant que l'objet reste présent, et qu'il agit sur l'appareil sensoriel. Au moment où cette influence cesse de s'exercer, l'imagination intervient pour recueillir le résidu de l'héritage : c'est une manière de donataire universel. Aussi cet état de subordination lui assigne-t-il un rôle passif à l'égard de la source, selon l'expression nette et précise de la *Somme* théologique : « Phantasticum et memorativum dicuntur *passiones* primi sensitivi[2]. »

Les rapports sont si étroits, qu'il y aurait lieu d'espérer la réduction à l'unité. Mais saint Thomas la rejette et maintient la distinction, en vertu d'un postulat rarement invoqué en matière philosophique : l'action de recevoir et celle de conserver, quand il s'agit de facultés organiques, ne peuvent émaner d'un même principe. Le sujet le plus apte à recevoir n'est pas toujours le plus capable de retenir, les mémoires les plus faciles n'étant pas souvent les plus tenaces. Comme le sens commun[3] reçoit, et que l'imagination conserve, on ne saurait les identifier.

Faut-il accepter ce postulat? Il est quelque peu arbitraire, et sujet à caution; il a conduit les scolastiques à violer la loi d'unité, qui défend de multiplier les causes

1. I, q. LXXVIII, art. 4, c.
2. I., q. LXXVIII, art. 4, *ad 3um*.
3. « Recipere et retinere reducuntur in corporalibus ad diversa principia... Unde, cum potentia sensitiva sit actus organi corporalis, oportet esse aliam potentiam quæ recipiat species sensibilium, et aliam quæ conservet... Sic ergo ad receptionem formarum sensibilium ordinatur sensus proprius et communis... Ad harum autem formarum retentionem aut conservationem ordinatur phantasia, sive imaginatio. » (I, q. LXXVIII, art. 4.)

sans nécessité. Il semble très rationnel de ramener l'imagination au sens commun, dont elle constitue, à proprement parler, l'habitude.

IV. Critique. Modification à la théorie thomiste : l'imagination, « habitus » du sens commun. — Nous croyons devoir accepter la conception toute moderne de l'*image, sensation réviviscente*. Mais, au lieu de placer la réviviscence dans les sens externes et leurs organes respectifs, l'œil, la main, l'oreille..., il sera plus exact de la localiser dans le sens commun. Car c'est en se répercutant dans l'organe central que la sensation atteint toute sa puissance ; c'est là aussi qu'elle s'éteint, lorsque l'objet extérieur cesse d'agir. Mais en disparaissant au regard du sens interne, elle ne meurt pas tout entière : il en reste une trace, qui se conserve à l'état potentiel, sous le voile de l'inconscient, pour lui ménager un retour, le cas échéant. Dans ces conditions, l'image ne serait que la sensation elle-même retombant à cet état amoindri, mais permanent, qui permettra le retour à la vie et auquel on peut donner le nom d'*habitus*[1].

Or, les facultés en question appellent, l'une aussi bien que l'autre, cette réduction à l'unité.

1° D'abord le sens commun, qui, en qualité de puissance psychologique, est susceptible d'habitudes. Nous verrons, en effet, au cours de ce traité que l'habitude est un acquêt de l'activité vitale. Or, pour une faculté cognitive, qu'est le pouvoir de former des habitudes, sinon la tendance à garder quelque chose de ses espèces, pour en renouveler l'usage à l'occasion ?

Il découle de là que doter le sens commun d'habitudes, c'est l'enrichir de tableaux en tout semblables à ceux de l'imagination, conservés dans la réserve obscure où se

---

1. « Les sensations laissent après elles des images, c'est-à-dire des aptitudes qui renaîtront quand il faudra. L'image, disent les scolastiques, se ramène à une sorte d'habitude. » (PEILLAUBE, *Théorie des concepts*, p. 37.)

recueillent les trésors du passé, — « thesaurus formarum sensibilium », — afin de réapparaître, *rebus absentibus*. Car, par définition, l'habitude est conservatrice;
et si elle conserve, c'est pour reproduire. Que cette reproduction se fasse en l'absence de l'objet, avec cette
clarté atténuée[1] et discrète, sorte de phosphorescence
qui marque la différence de l'état secondaire à l'état primaire, nous aurons une véritable image. A ce titre,
l'imagination devient le simple développement du sens
commun, la puissance qu'il possède de retenir l'espèce
qui a servi de milieu à la perception, pour en assurer la
réviviscence.

Il n'est donc pas inexact de dire qu'un principe apte à
recevoir est aussi en mesure de retenir.

2° D'ailleurs, en toute hypothèse, et quelle que soit
la manière dont l'imagination est conçue, elle doit héri-
ter des sens, par conséquent *recevoir*. D'un autre côté,
nous savons qu'elle garde et fait revivre. Ces fonctions
ne sont donc pas incompatibles, même dans une faculté
sensible.

Ajoutons que l'imagination ne peut recevoir les formes
léguées par les sens qu'au moment où ceux-ci sont en exercice, c'est-à-dire au moment où la sensation s'effectue. Dès
lors, elle jouerait un rôle à peu près identique à celui du
sens commun; il y aurait double emploi, nous voulons dire
deux facultés pour un seul et même fait.

*Bref, le sens commun, considéré avec le pouvoir de con-
server et de reproduire, implique l'imagination; et, d'autre
part, l'imagination, envisagée dans sa première fonction, qui
est de recevoir, s'identifie sous ce rapport avec le sens*

---

1. « L'image a quelque chose d'infiniment plus souple et de beaucoup plus
éthéré que la sensation... La sensation est essentiellement liée à son objet;
l'image n'existe qu'autant qu'elle s'en délivre; et par là même elle gagne en
immatérialité, elle acquiert une sorte de transparence qui lui donne un caractère spécial..., sorte d'échelon jeté entre la sensation et l'idée, et par lequel on
s'élève de l'une à l'autre. » (CLODIUS PIAT, *Aristote*, p. 195.)

commun. L'unification est donc exigée à la fois par les deux termes[1].

3° Aussi bien, cette économie se trouve réalisée par la nature dans l'ordre intellectuel. Car, nous le verrons chemin faisant dans cet ouvrage, au chapitre de la connaissance rationnelle, l'espèce intelligible, une fois formée, survit à l'acte de l'esprit qui l'engendre, et constitue une disposition permanente, que l'École, dans son langage technique, nomme *habitus*. La possession des modalités de ce genre différencie l'homme qui ignore de celui qui sait, alors même qu'il n'use pas actuellement de sa science ; en effet, le savant qui dort a quelque chose de plus, dans l'intime de l'esprit, que l'ignorant qui veille. Mais si l'espèce intelligible se réserve pour de nouveaux emplois, pourquoi l'espèce sensible s'évanouirait-elle sans retour, serait-elle complètement anéantie à la première application qu'on en fait? « Ad rationem potentiæ passivæ, lisons-nous dans la *Somme théologique*, pertinet conservare sicut et recipere[2]. » Dans ces paroles, l'auteur n'a en vue que l'entendement; mais l'analogie permet d'induire aux sens. Car si l'habitude produit ces effets dans le premier domaine, pourquoi lui dénier toute vertu dans le second? Entre les deux ordres, la continuité serait-elle complètement rompue? Nullement, la nature n'est pas coutumière de ces incohérences. Et, dans la question qui nous occupe, toutes les présomptions sont pour le maintien de l'unité.

L'image n'est donc qu'une sensation réviviscente. Nous en dirons autant du souvenir empirique, sauf à lui assigner un nouveau caractère, fort compatible du reste avec la théorie que nous venons d'exposer.

---

1. Non moins que l'imagination et pour la même raison, la mémoire sensitive, appelée conscience continuée, est l'*habitus* du sens commun.
2. I, q. LXXIX, art. 7.

§ 4. — *La mémoire sensitive.*

Ce nom désigne la mémoire à son plus modeste degré,
si modeste même que ce nom de mémoire lui est contesté.
Nul doute que cette faculté, en atteignant dans l'homme
la forme intellective, ne s'élève au souvenir proprement
dit. En est-il de même quand elle est réduite à la forme
purement sensible, sans mélange d'élément rationnel,
telle que nous la supposons exister dans la brute? Question délicate, qui a été diversement résolue.

La mémoire humaine exerce trois fonctions : conserver,
reproduire, *reconnaître.* A coup sûr, les deux premières
appartiennent à la mémoire animale, puisque nous les
assignons même à l'imagination. Seule, la reconnaissance
peut faire difficulté. Elle consiste, dit Locke, dans une
perception additionnelle indiquant que les faits représentés ne sont pas nouveaux, qu'ils ont déjà eu lieu. Reconnaître un fait, c'est connaître sa *réalité*, et cette réalité
comme *passée.* Or la conception du passé suppose l'idée
de temps, idée rationnelle au premier chef. — En outre,
pour reconnaître, il faut avoir connu. C'est au même moi
que se rapportent les deux phénomènes; et la relation
n'est possible qu'autant que ce moi est resté identique à
lui-même à travers la durée. Or, le concept d'identité est
métaphysique, aussi bien que celui de temps.

I. — **Maine de Biran,** en insistant sur la nécessité
de ces conditions métaphysiques pour le souvenir, a fait
nettement ressortir le lien intime qui unit la mémoire
humaine à la raison. Comme l'animal ne saurait posséder
la conscience formelle de son identité, et concevoir l'idée
de temps, bien des auteurs contemporains sont amenés à
lui refuser le souvenir, pour ne lui laisser, en guise de

1. Il ajoute : « C'est ce que l'on nomme ordinairement la reconnaissance. »

mémoire, que l'imagination reproductive, appelée aussi
mémoire imaginative. Telle est, notamment, l'opinion de
M. Rabier : « La plupart des psychologues, dit-il, distinguent dans l'imagination une première fonction, qui con-
sisterait à reproduire purement et simplement les images
ou formes sensibles des objets, et qu'ils nomment *mémoire
imaginative* ou imagination reproductive. Mais en quoi
cette prétendue fonction de l'imagination se distingue-
t-elle de la mémoire pure et simple, puisque, aussi bien, la
mémoire des objets sensibles n'est rien si elle n'est la reproduction des formes ou qualités sensibles de ces objets[1] ? »

Convenons qu'une reproduction fixe et précise doit
confiner au souvenir empirique. Toutefois, saint Thomas
requiert, même pour la mémoire sensitive, une *certaine*
reconnaissance du passé.

II. Saint Thomas. — Nous en trouvons l'indication
assez explicite dans la *Somme théologique*[2] : l'animal se
rappelle avoir éprouvé une sensation dans le passé : « Animal memoratur se prius sensisse in *præterito*[2]. »

Sans doute il ne possède pas la conception formelle du
temps, ni celle de l'attribut ontologique d'identité, privilège exclusif de l'entendement. Il ne peut s'élever aux
idées abstraites, par conséquent isoler mentalement la
durée, des choses qui durent; ni la succession, des faits qui
se succèdent. Les formalités abstraites échappent aux sens,
parce qu'elles sont hors d'état d'exercer une action sur les
organes, et que les sens ne reçoivent d'autre information
que celle de l'impression organique. Écartons donc résolu-
ment toutes les notions d'ordre intelligible.

---

1. *Psychologie*, p. 199.
2. « Præteritio potest ad duo referri, scilicet ad objectum, quod cognoscitur,
et ad cognitionis actum. Quæ quidem duo conjunguntur in parte sensitiva...
Unde simul animal memoratur se prius sensisse in præterito, et se sensisse
quoddam præteritum sensibile. Sed quantum ad partem intellectivam pertinet,
præteritio non per se convenit ex parte objecti intellectus...; ex parte vero
actus, præteritio per se accipi potest etiam intellectus. » (I, q. LXXIX, art. 6.)

Que restera-t-il? Il restera des faits successifs, la succession prise au concret. Un chien vient d'être sévèrement corrigé par son maître, qui, après l'avoir battu, le flatte quelques instants de la main. Au moment où il reçoit les caresses, l'animal n'a pas encore oublié les coups: son attitude craintive le démontre. Il se souvient de la souffrance éprouvée tout à l'heure. Or, se représenter une douleur qu'on a ressentie, c'est se rappeler un fait passé, et le connaître comme tel.

Dira-t-on que ce souvenir contient la notion rationnelle du passé, partant celle de temps? Il n'en est rien. Le chien a eu le sentiment d'une succession[1], rien de plus. Or, une succession suppose deux faits, l'un antérieur, l'autre subséquent; et rien n'empêche qu'au moment où celui-ci s'accomplit, la brute se représente encore celui-là.

Aussi bien, les psychologues admettent communément que le phénomène de l'*attente* ne dépasse pas la portée d'une faculté sensible. Il se vérifie tous les jours dans[2] l'animal : c'est ainsi que le mouvement du fouet *annonce* au cheval le coup qu'il va recevoir; de même, le collier passé au cou du chien, et la chaîne qui y est fixée, lui *annoncent* qu'il va être mis à l'attache; en marchant dans le chemin qui mène au champ, la brebis prévoit qu'elle va paître...

---

1. A ce sujet, M. Dupeyrat dit excellemment: « Præteritum ut sic duplici modo cognosci potest : 1° cognoscendo tempus *distincte* in se, scilicet ejus naturam, partes et relationes harum partium, id est præteriti præsertim et futuri inter se : hoc modo sola rationalis facultas potest cognoscere tempus; 2° percipiendo tempus confuse in ipsa re *temporanea et simul cum ipsa*, ita ut secundum modum quo res successive pluries apprehenditur, sentiatur *diversitas temporis in successivis perceptionibus ejusdem* : et ita contendimus præteritum ut sic referri ad vim sensitivam. » (Dupeyrat, *Manuduct.*, 2° vol., p. 212.)

2. Certains sens externes, la vue et le toucher, perçoivent la contiguïté dans le lieu, au moins celle des surfaces. Pourquoi les sens internes ne percevraient-ils pas la contiguïté de temps, la succession? Sans posséder la notion rationnelle de l'espace, la vue appréhende des étendues circonscrites, contiguës. Pourquoi la contiguïté dans le temps, la succession, exigerait-elle des facultés d'un ordre supérieur?

Ce sont là autant de prévisions empiriques. Mais si la prévision est possible sans l'intervention d'une idée rationnelle, pourquoi la souvenance ne le serait-elle? Le sentiment de l'avenir fait la même difficulté que celui du passé. Car il y a deux moments dans la « consécution », figurés par l'antécédent et le conséquent, et deux manières de la connaître ; se représenter un fait qui n'est pas encore, quand l'antécédent se produit; et, lorsque le conséquent se réalise, un fait qui n'est plus.

Au point de vue qui nous occupe, il y a parité entre l'*attente* qui anticipe, et le souvenir qui a vue rétrospective.

III. Conclusion. — Ces considérations établissent d'une manière sinon décisive, du moins plausible, l'existence d'une véritable mémoire dans la sphère de la vie sensitive, avec le minimum requis pour la reconnaissance des faits passés, qui est la perception d'une succession.

La réviviscence est la loi commune de l'image et du souvenir. Comme elle s'effectue en l'absence de l'objet, *rebus absentibus*, force nous est d'en chercher la cause ailleurs que dans l'action de ce même objet sur nos organes. Nous la trouvons dans l'association des idées.

§ 5. — *Association des idées.*

I. — **Aristote**, dit M. Piat dans le beau livre qu'il vient de consacrer à ce grand philosophe, « a découvert les lois dominantes qui président à l'association de nos états de conscience ; et il s'en est fait une notion plus compréhensive que celle qui semble dominer de notre temps ; il a vu, comme Leibnitz, que, pour expliquer la mémoire, il

---

1. « Nous voyons, en effet, que les animaux, dit Leibnitz, lorsqu'ils perçoivent un objet qui les frappe, et dont ils ont eu auparavant une perception semblable, *attendent*, en conséquence de la représentation de la mémoire, ce qui était joint à cette perception... Par exemple, si l'on montre aux chiens un bâton, ils se souviennent aussitôt de la douleur qu'il leur a causée ; ils crient et prennent la fuite. » (*Monadologie*, nos 26, 27.)

fallait à l'agglutination des images joindre la connexion des idées...

« Si l'on pense à la cause, on pense par là même à l'effet, et réciproquement ; lorsqu'on se souvient des prémisses d'un syllogisme, on se rappelle aussi sa conclusion. La relation du souvenir à son antécédent peut également n'être que le résultat d'une habitude. Le semblable tend à s'agglutiner avec son semblable, le contraire avec son contraire, le contigu avec son contigu[1]. »

Ces lois sont tirées du livre *de la Mémoire et de la Réminiscence*, dont *saint Thomas* s'est approprié la doctrine.

II. — Ouvrons le traité correspondant du saint docteur. Qu'y lisons-nous ?

D'abord, le fait de l'association, vérifié dans la réminiscence : « Reminiscens ex aliquo priori quod in memoria habetur, procedit ad reinveniendum id quod ex memoria excidit[2]. »

Ce qui veut dire qu'un souvenir présent suggère un souvenir latent qui nous fuyait.

Viennent ensuite les rapports qui déterminent le retour des idées, divisés par le saint docteur en deux classes : rapports de temps et rapports de choses[3].

Le temps figure une association par *contiguïté objective*. En voici un spécimen : « Secundum tempus... ; si quærit memorari id quod fecit ante quatuor dies, meditatur sic : hodie feci hoc, heri illud, tertia die istud, et sic... pervenit in id quod fecit quarta die[4]. »

Quant aux relations de choses, elles se distribuent[5] en

---

1. *Aristote*, par Clodius Piat, p. 201, 200.

2. 5e leçon.

3. « Hoc autem primum a quo reminiscens suam inquisitionem incipit, quandoque est *tempus* aliquod notum, quandoque res aliqua nota. » (*De Memoria et Reminiscentia*, lect. 5.)

4. *Ibid.*

5. « Similiter etiam quandoque reminiscitur aliquis incipiens ab aliqua re..., procedit ad aliam triplici ratione. Quandoque quidem ratione *similitudinis*; sicut quando aliquid aliquis memoratur de Socrate, et per hoc occurrit ei Plato,

trois catégories : la *similarité*, l'opposition, et la proximité. Par voie de similarité ou de ressemblance, l'idée de Socrate éveille celle de Platon ; par opposition, Hector rappelle le souvenir d'Achille. Enfin la proximité conduit l'esprit du père au fils. Et saint Thomas ajoute : « Eadem ratio est de quacumque alia propinquitate, vel societatis, vel *loci*, vel *temporis*[1]. » Ces derniers mots nous ramènent aux rapports de temps, et désignent clairement la contiguïté objective, soit de lieu, soit de temps, qui occupe une si large place dans les analyses des philosophes contemporains.

C'est dans les écrits des psychologues anglais ou écossais du dix-huitième siècle que cette étude a pris tous ses développements. Nettement exposée par Locke, définie, étudiée dans ses principales applications par Dugald Steward, Reid, Hume, etc., elle a donné naissance, dans l'âge suivant, à une variété de l'empirisme qui lui doit son nom, l'associationisme, ainsi qualifié parce que ses défenseurs essayent de ramener toute la vie mentale à des sensations associées.

III. — De ces auteurs nous ne citerons que **Hume**, qui rattache aux trois chefs déjà indiqués par les anciens, nos associations d'idées : ressemblance, contiguïté, causalité. « Les principes de la liaison des idées, dit-il, sont la ressemblance, la contiguïté de temps ou de lieu et la causalité. De l'idée d'un portrait on passe à celle de l'original ; de l'idée d'une pièce, d'un appartement, on passe à celle de la pièce contiguë ; de l'idée d'une blessure on passe à l'idée de la douleur qui en est la suite. Je ne prétends pas affirmer qu'il n'y ait pas d'autres principes de liaison, mais ce sont là les plus importants. Le principe de la liaison des

qui est similis et in sapientia. Quandoque vero ratione *propinquitatis* cujuscumque ; sicut cum aliquis memor est patris, et per hoc occurrit ei filius. Et eadem ratio est de quacumque alia propinquitate, vel societatis, vel *loci*, vel *temporis*. » (*De Memoria et Reminiscentia*, lect. 5.)

1. *Ibid.*

Métamorphoses d'Ovide est la ressemblance. Celui qui guide un annaliste est la contiguïté de temps et de lieu. Celui d'un historien est la relation de cause à effet[1]. »

Cette classification a été simplifiée par les psychologues contemporains, dont plusieurs n'admettent que deux types de rapports, la contiguïté soit subjective[2], soit objective, et la similarité; d'autres, un seul type, la contiguïté subjective.

IV. — M. **Cartaillac** accepte cette réduction à l'unité. « Un rapport ne peut être perçu ou senti, dit-il, qu'autant que les deux termes nous sont *présents simultanément;* d'où il est naturel de conclure que deux idées ne peuvent se lier qu'autant qu'elles *coexistent dans l'esprit*[3].

M. **Rabier** est plus explicite encore dans sa *Psychologie :* « Tout cas d'association présuppose contiguïté de conscience... En fait, deux idées qui, un certain nombre de fois, ou même une seule fois, se sont trouvées en présence, ou se sont succédé immédiatement; deux idées, en un mot, qui se sont trouvées en *contiguïté dans la conscience,* peuvent ensuite se suggérer l'une l'autre. Exemple : on montre à un enfant une lettre et on la lui nomme : désormais l'idée de la lettre lui suggérera l'idée du nom.

« Non seulement cela arrive, mais encore, en fait, il n'est aucun cas d'association d'idées dans lequel les idées, dont l'une a suggéré l'autre, ne se soient ainsi trouvées en présence ou en succession immédiate dans la conscience[4]. »

Que faut-il penser de ces classifications? Sans entrer dans l'exposé des considérations nécessaires pour la discussion du problème, nous acceptons pleinement, avec M. Piat, la solution d'Aristote et de Leibnitz, qui joignent à « l'agglutination des images la connexion des idées ».

1. *Essais philosophiques*, Essai III.
2. La contiguïté subjective est la coexistence de deux idées dans une même conscience. La contiguïté objective signifie une relation de temps ou de lieu : simultanéité, succession ou proximité locale.
3. *Études élémentaires de philosophie*, t. II, p. 115.
4. *Psychologie*, p. 101.

Ce qu'il importe le plus de faire remarquer aux jeunes lecteurs à qui nous destinons ce livre, c'est le rôle immense que joue l'association dans la vie mentale, et la nécessité d'en faire une étude sérieuse. Nos contemporains suivent cette loi dans toutes ses ramifications; ils l'expriment avec tant de précision et de détails, que leur analyse donne presque l'illusion d'une description graphique. Il nous convient aussi de prendre part à ces analyses.

V. — L'importance de cette étude provient des innombrables applications de la loi d'association, dont plusieurs sont de premier ordre. Voici les principales.

La connaissance humaine commence par la perception externe et interne, puis elle est conservée par la mémoire, et élaborée par l'entendement.

A. Or, dans la première phase, celle de l'information, l'association fournit les perceptions acquises, complément nécessaire des perceptions naturelles.

B. Dans la seconde, elle assure le retour de l'image, le rappel du souvenir.

C. Enfin, elle facilite la troisième, qui est l'élaboration, précisément par cette évocation spontanée des idées latentes qui servent de matière à l'esprit dans la réflexion, et mieux encore dans la méditation, qui est une réflexion prolongée. En ce travail, l'entendement, après s'être vivement pénétré de la question proposée, et de l'idée directrice, accepte ou rejette, selon les convenances, les éléments suggérés; il fait entre eux des sélections, abstrait, divise, induit, ou bien, au contraire, combine, synthétise... Or, ces opérations sont délicates et requièrent l'emploi de toutes les forces vives de l'intelligence. Mais elles sont allégées par le jeu automatique de la suggestion mentale, qui déroule les tableaux confiés à la mémoire, les données accumulées par l'imagination, et, qui sans l'intervention de la volonté libre, les fait circuler sous le regard de l'esprit. Elle réduit de moitié la besogne, prenant à sa charge la tâche préliminaire, celle de présenter les matériaux, et lui laissant la deuxième, plus malaisée, celle de les dégrossir et de les parfaire. Ainsi, secondé par une main amie, le peintre trouve réunies sur sa palette les couleurs dont il peut faire usage.

D. Si des généralités nous descendons à des applications plus particulières, nous verrons que tout homme suit, dans l'association, des courants privilégiés, où d'elle-même, spontanément, sa pensée s'engage cent fois le jour. C'est le tempérament, les antécédents, quelques idées vives et stables, qui en décident. Car toute idée intense est fréquente et suggestive, tandis que, au rebours, tout état de conscience faible se reproduit rarement et reste stérile. Il s'ensuit que toute pensée qui a du relief dans la conscience devient comme un petit foyer d'activité mentale, suggérant un groupe de notions et de sentiments congénères. Connaître les modes les plus habituels de l'association pour un homme, c'est avoir le secret de son tour d'esprit, de ses goûts, de ses tendances, de ses préoccupations les plus ordinaires, somme toute, de sa vie intime. Proposez un même sujet à des personnes prises au hasard en des milieux différents. Il suggérera à chacune d'elles une série d'idées en harmonie avec sa mentalité : à celle-ci des rapports logiques ou scientifiques d'effet à cause, de conséquence à principe; à celle-là, des rapprochements curieux ou bizarres, des contrastes, des traits d'esprit... Tout homme a quelques types privilégiés d'association, qui forment le réseau à peu près exclusif des voies parcourues par sa pensée. Il existe pour chacun comme des questions posées d'avance, ou du moins se répétant d'une manière presque uniforme pour les objets successifs qui s'offrent à l'esprit.

Aussi, dans la peinture des états d'âme, dans l'esquisse des caractères, une place de choix revient à l'association.

E. C'est le nombre et la variété de ces applications qui ont porté certains positivistes à faire de ce rapport la

loi fondamentale, la loi unique de la psychologie expérimentale : et de cette espérance est né l'associationisme.
Raison nouvelle et plus pressante encore pour nous, d'é-
tudier ce sujet, afin de suivre l'empirisme sur son propre
domaine, et de signaler l'insuffisance de sa donnée initiale,
après avoir dégagé la part de vérité qui y est contenue.

Sans doute, l'association, telle que nous venons de la
définir, est une loi générale de la connaissance humaine,
s'étendant à ses deux domaines, sensible et intellectuel.
Mais, le plus souvent, c'est l'élément sensible qui y domine.
Toutefois nous avons cru devoir la présenter ici avec
toute son ampleur, pour en mieux faire saisir la portée.

Nous arrivons à l'estimative, le seul des sens internes
dont il nous reste maintenant à parler.

§ 6. — L'estimative.

M. Paul Janet, dans son traité philosophique[1], définit
l'instinct : « La cause *inconnue* en vertu de laquelle l'animal
et l'homme lui-même réalisent, avec une sûreté infaillible
et sans éducation, la série des mouvements nécessaires à
la conservation soit de l'individu, soit de l'espèce. » Dans
le vocabulaire de l'École, ce principe porte le nom d'estimative, nom destiné à exprimer le caractère de faculté
cognitive que le moyen âge lui attribue, après Aristote.

La brebis sent l'odeur du loup, et elle manifeste de l'é-
pouvante. Or, dans l'animal, les signes ordinaires de la
frayeur ne vont pas sans la réalité de la frayeur, envisagée
comme phénomène psychique : le contester serait ôter
toute valeur au langage naturel, nier les faits internes
que ce langage exprime, glisser sur la pente qui mène à
l'automatisme cartésien. Mais la frayeur ne paraît guère
possible sans quelque degré de connaissance empirique.
Ce qui aggrave la difficulté du problème, c'est que cette

---

1. *Traité de philosophie*, p. 35.

connaissance a pour origine une odeur : c'est l'odeur du loup qui révèle la présence d'un ennemi. A quoi peut tenir cette propriété révélatrice? Serait-ce à ce que l'odeur aurait de désagréable, de nauséabond, affectant péniblement les narines de la brebis? Mais il y a des exhalaisons putrides autrement répugnantes que celle-là, et qui cependant ne lui causent pas d'épouvante. D'ailleurs les affections de l'odorat peuvent inspirer de la répulsion, du dégoût, mais non de la terreur. Ce sens est donc incompétent pour affirmer la présence d'un danger. Il faut qu'il y ait dans l'animal un autre sens, mis en émoi par les impressions olfactives, qui appréhende des données étrangères à la perception externe.

I. Saint Thomas. — Ce sens est l'estimative[1], qui aura pour objet propre de discerner le bien sensible du mal sensible non encore réalisé, mais prochain, ce qui serait funeste à l'animal de ce qui lui est utile. Or, pas de discernement sans représentation.

Les représentations de l'estimative sont absolument distinctes de celles qui appartiennent aux sens externes. Aussi, à leur égard, cette faculté ne fait pas office de simple réflecteur, comme le sens commun, ou de reproducteur, comme l'imagination et la mémoire. Son apport est d'un ordre à part, irréductible à toute autre information empirique. Elle montre ce que l'œil ne voit pas, ce que l'oreille ne saurait entendre... La brebis sent le loup, et, par un ressort mystérieux, cette odeur suscite dans le sensorium l'impression d'un mal imminent, qui met tout l'organisme en commotion.

---

1. Saint Thomas s'exprime ainsi dans la *Somme théologique :* « Necessarium est animali ut quærat aliqua vel fugiat... propter... *commoditates et utilitates, sive nocumenta;* sicut ovis videns lupum venientem fugit, non propter indecentiam coloris vel figuræ, sed quasi *inimicum naturæ;* et similiter avis colligit paleam, non quia *delectet sensum,* sed quia *utilis est ad nidificandum.* Necessarium est ergo animali quod *percipiat hujusmodi intentiones,* quas non percipit sensus exterior. » (I, q. LXXVIII, art. 4.)

Nos facultés sont innées. La genèse des notions dues à l'estimative est enveloppée de tant d'obscurités, que l'on peut se demander si l'innéité de la faculté suffit, et si l'on ne doit pas aller jusqu'à réclamer l'innéité des représentations. Certains passages de saint Thomas feraient supposer qu'il penchait vers cette hypothèse : « Quand l'animal a été engendré, dit-il, il est comme celui qui possède une science qu'il a apprise ; quand il sent actuellement, il est comme celui qui considère actuellement l'objet de la science [1]. » Le saint docteur, ajoute M. Domet de Vorges, dont nous avons reproduit la traduction, « insiste sur cette idée en commentant le traité *De Sensu et Sensato*. Il remarque que l'acquisition de la science crée une habitude nouvelle dans l'âme. Le fait de sentir, au contraire, ne crée pas un sentiment nouveau, il le fait seulement passer à l'acte... La science a un caractère spécial : elle ne renferme pas seulement la puissance, mais un premier acte au-dessus de la puissance, une préformation, une habitude acquise de telle ou telle pensée, qu'il ne s'agit plus que de mettre en acte complet. Saint Thomas constate expressément qu'il en est de même du sens. Par la génération, l'animal n'acquiert pas une simple puissance, mais un premier acte, une sorte d'habitude naturelle, que l'influence de l'objet détermine à l'acte définitif [2]. »

Il ne peut être question d'innéité pour nos autres connaissances sensibles : seules, les indications de l'estimative sont en cause. A raison de la constitution propre à chaque animal, cette faculté serait pourvue d'un petit nombre d'images, antérieures à l'expérience, incitant la bête à produire les actes nécessaires à la conservation de l'individu et de l'espèce. Dans ce cas, la présence de l'objet utile ou

---

1. « Cum animal jam generatum est, tunc hoc modo habet sensum sicut aliquis habet scientiam quomodo jam didicit. Sed quum jam sentit secundum actum, tunc se habet sicut ille qui jam actu considerat. » (Lib. III, *De Anima*, lect. 12.)

2. Domet de Vorges, *la Perception*, p. 25 et 26.

nuisible jouerait seulement le rôle de cause accidentelle ou occasionnelle, pour tirer ces images de l'état latent, à peu près de la même manière sans doute que la vue d'une chose qui commence deviendrait, au témoignage des *innéistes*, l'occasion pour l'esprit de prendre conscience de la notion de cause.

Il y a des écrivains contemporains de grande autorité qui acceptent cette solution, notamment Maine de Biran et Cuvier.

II. Maine de Biran. Cuvier. — Voici la pensée du premier : « De là (de cette reproduction spontanée des images) ces phénomènes si surprenants de l'instinct des divers animaux, qui, avant toute expérience acquise et dès qu'ils sortent de la coque ou du sein de la mère, vont juste atteindre l'objet approprié à leur instinct de nutrition, comme s'ils le reconnaissaient, ou s'ils en apportaient *l'image innée, que la présence de l'objet ne fait que réveiller*[1]. »

La déclaration du second est plus formelle encore : « On ne peut, dit le célèbre naturaliste, se faire une idée claire de l'instinct qu'en admettant que les animaux ont dans leur sensorium *des images et des sensations innées, constantes ou (périodiques), qui les déterminent à agir comme les sensations ordinaires et accidentelles déterminent communément*. C'est une sorte de *rêve* ou de *vision*, qui les poursuit toujours ; et dans tout ce qui a rapport à leur instinct, on peut les regarder comme des somnambules. »

M. Rabier, qui cite[2] ces paroles de Cuvier, s'en approprie la substance. « L'instinct, dit-il, consiste dans une *série d'images* qui, dans certains moments, sous l'impulsion de certains besoins, *se déroulent dans la conscience* de l'animal et lui présentent *des types d'action qu'automatiquement il réalise*. »

III. — M. **Henri Joly,** qui a consacré la plupart de ses

1. *Œuvres* publiées par Naville, *Fondement de la psychologie*, vol. II, p. 27, 28.
2. *Psychologie*, p. 607, 608.

travaux à des études de psychologie comparée, au lieu d'admettre l'innéité des images, cherche à rendre raison de l'instinct par le jeu combiné des sens et des énergies musculaires, par *la spécialité de l'incitation et la spécialité de la réaction.*

Prenons deux animaux, un herbivore et un carnassier, un bœuf et un loup, et plaçons sous leurs yeux une brebis qui pait des graminées. Le bœuf va aux graminées, parce qu'elles produisent sur ses organes des impressions que le loup n'éprouve pas. Ce dernier se jette sur la brebis, parce qu'il est attiré par la vue et l'odeur de la chair. Chaque espèce obéit à des attractions déterminées, en harmonie avec sa constitution et ses besoins.

A. *Spécialité de l'incitation.* — L'incitation résulte des affections subies par les sens, soit externes, soit internes.

Parmi les sens externes, celui qui joue le rôle le plus important pour diriger et stimuler la bête, dans les opérations qui relèvent de l'instinct, c'est l'odorat. « L'animal suit les émanations odorantes des corps, et celles-ci le guident sûrement, éveillant et menant à leur suite une foule d'instincts. (Ces sensations sont) d'une vivacité dont les nôtres ne sauraient nous donner une idée... Dans votre jardin, vous n'avez jamais vu de nécrophores ; abandonnez une taupe morte, et aussitôt l'un de ces coléoptères, qui l'a sentie de loin, arrive et l'enterre..., — (Ces impressions) se diversifient à l'infini, et chaque espèce a, pour ainsi dire, une sensibilité spéciale, qui n'est ni la nôtre, ni celle des autres espèces... Le monde odorant d'un herbivore diffère totalement de celui d'un carnivore. Les carnassiers ont un nez très fin pour les qualités spécifiques des substances animales ; ils ne paraissent pas sensibles à l'odeur des plantes et des fleurs [1]. »

D'autre part, les impressions des sens externes sont en

---

[1]. Henri Joly, *l'Instinct*, p. 57.

parfaite corrélation avec les besoins de l'animal, la nature de ses appétits, les exigences de son estomac et les impulsions qui en résultent. « Tel animal a des dents qui lui permettent de déchirer sa victime. Pourquoi sera-t-il carnivore? Ce n'est pas seulement parce qu'il a de pareilles dents, c'est aussi parce que son système digestif réclame pour nourriture une proie vivante. Le mode d'alimentation est donc inscrit dans la nature du tube intestinal ; et le besoin, qui se traduit par la douleur, est lui-même assez spécial pour augmenter et préciser à la fois l'impulsion que l'animal subit [1]. »

Attiré par l'objet qui émeut la sensibilité, la brute s'y porte, le saisit, et le fait servir à ses besoins. Si l'incitation est spécialisée par le sensorium, l'exécution dépend des organes de locomotion et de préhension.

B. *Spécialité de la réaction.* — Tout être qui ressent une force quelconque, tend à l'employer. Réduit à des organes d'une nature déterminée, l'animal est bien contraint de s'en servir, et il s'en sert. « L'oiseau vole parce qu'il a des ailes, le poisson se meut dans l'eau parce qu'il a des nageoires, le taureau se défend avec ses cornes. Tel animal déchire une proie parce qu'il a des griffes et des dents, sinon il se passera de la chair crue [2]. » — Les organes de la taupe, la petitesse de ses yeux, l'absence d'oreilles externes, la faiblesse de ses jambes de derrière, ne lui permettent pas de vivre à ciel découvert, mais ils lui permettent de se creuser des galeries souterraines. « Un corps cylindrique,... une force prodigieuse et une disposition particulière des bras et des mains, celles-ci conformées pour servir à la fois de pelle et de pic, un crâne allongé, un os spécial pour renforcer le boutoir qui est une tarière vivante, le développement extraordinaire des muscles du cou, fortifié par un autre os spécial dans le ligament cervical, la paume

1. Henri Joly, *l'Instinct*, p. 67, 68.
2. *Ibid.*, p. 36.

des mains large et tournée en dehors, tous ces détails d'organisation rendent la taupe admirablement constituée pour l'ouvrage qu'elle doit accomplir[1]. »

Somme toute, ce système vise à l'économie, puisque, au lieu d'admettre l'irréductibilité des phénomènes instinctifs et l'existence d'une faculté particulière, pour en rendre raison, il essaye de les rattacher aux autres facultés, dont la fonction est déjà définie. Le but est louable, car la science ne multiplie pas les faits sans nécessité. La difficulté sera de dire s'il est atteint.

IV. Critique. — Nous ne le pensons pas : cette hypothèse ne peut suffire à dissiper les ombres qui voilent l'origine des faits attribués à l'instinct. La plupart semblent réfractaires à l'explication proposée. En énonçant la question, au début de ce paragraphe, nous avons donné comme exemple la frayeur causée à la brebis par la présence du loup. Cet état émotionnel et les autres de nature analogue supposent le sentiment d'un mal imminent, que la perception externe ne peut suggérer. M. Joly déclare que les sensations olfactives se diversifient, se spécialisent à l'indéfini, selon la constitution de chaque espèce animale. Soit; elles ont beau se différencier, elles gardent leur nature de sensations olfactives, et la question renaît plus pressante que jamais : comment une odeur révèle-t-elle la proximité d'un mal? Autant vaudrait demander l'idée de son à l'image visuelle, ou bien l'impression du doux et de l'amer à des propriétés tactiles. Il y a sophisme à passer d'un genre à l'autre. Pareillement, quelle est la sensation olfactive, visuelle ou tactile qui suggère aux abeilles la forme hexagonale de la cellule? Quelle est celle qui fait germer dans le cerveau du castor l'art architectural dont il donne des preuves si étonnantes? Il y a un type pour chaque espèce, auquel les individus se conforment

1. *Revue moderne*, 1er mars 1867.

très exactement; chacun travaille dans les mêmes conditions que ses devanciers, et son premier essai est un coup
de maître. Il lui faut une représentation[1] que l'expérience,
par hypothèse, ne lui a pas fournie, que par conséquent
il n'a pu acquérir. Or, ce qui n'est pas acquis, est inné.

V. Conclusion. — Sans l'innéité ainsi entendue, il y a
des milliers de faits qui restent des énigmes.

Mais ici surgit un problème redoutable pour nous, et qui
ne se posait pas au treizième siècle, du moins exactement
sous la forme actuelle. Les animaux qui présentement
peuplent la terre, naissent, le sensorium pourvu d'images
muettes. En était-il ainsi de leurs prédécesseurs même les
plus anciens? Ceux-ci n'ont-ils pas eu à se former graduellement ces images, par des expériences souvent répétées,
pour les transmettre, avec la vie, à leur progéniture?

§ 7. — *L'instinct, habitude héréditaire.*

I. — D'après **Herbert Spencer,** l'un des premiers interprètes de la psychologie évolutionniste, l'instinct est un
système d'habitudes, innées aux descendants, acquises par
les ascendants : héritage psychologique, qui suit le cours
du sang, s'enrichissant à chaque dépositaire, jusqu'au
moment qu'il atteint la forme définitive. Nous avons déjà
pris comme type concret, la frayeur causée à la brebis par
la présence du loup. Reprenons l'exemple pour en continuer l'analyse. La brebis a reçu la vie d'une longue série
d'êtres vivants, *vivum ex vivo.* Or, en remontant vers les
origines, nous trouverions sans doute, si nous en croyons
les évolutionnistes, dans sa généalogie, des ancêtres qui
n'avaient aucune peur du loup, jusqu'au moment où ils
firent la première expérience de sa cruauté.

---

1. Il s'en faut toutefois que les représentations de ce genre soient nettes et
analytiques. Elles n'en sont pas moins impulsives, et elles démontrent avec
clarté la thèse des causes finales, l'action d'une intelligence supérieure.

Ayant eu à souffrir de sa griffe ou de sa dent, l'ayant vu égorger leurs congénères, arracher les petits à leur mère pour s'en repaître, ils durent associer l'odeur et la vue de ce carnassier avec la représentation de ces faits et les états émotionnels qui les suivirent. A ces débuts, l'association était bien faible, pour ainsi dire embryonnaire. Mais, si légère fût-elle, la trace se transmit par hérédité, et de nouvelles épreuves la fortifièrent dans les générations suivantes. Elles accrurent le nombre et l'intensité des impressions, de façon à les rendre plus profondes et plus durables, en même temps qu'elles affinaient les sens et les rendaient vifs et prompts à discerner la présence de l'ennemi.

Devenant d'âge en âge plus impérieuse, l'habitude acquiert à la longue le maximum d'automatisme et d'inconscience, qui caractérise le véritable instinct. Selon l'heureuse expression de M. P. Janet, *l'habitude des pères devient la nature des fils,* parce qu'elle a été chez les pères une seconde nature. « Qu'il soit accordé, dit Spencer, que chez tous les animaux la loi est que plus fréquemment des états psychiques se produisent dans un certain ordre, plus forte devient leur tendance à se lier dans cet ordre, jusqu'à ce qu'en fait ils deviennent inséparables ; qu'il soit accordé que cette tendance est *héritée,* de sorte que, si les expériences restent les mêmes, chaque génération successive lègue une tendance quelque peu augmentée, il en résulte qu'il doit s'établir une connexion automatique d'actions nerveuses correspondant aux relations externes, perpétuellement expérimentées[1]. »

Que faut-il penser de cette théorie ?

II. Examen. — A. La manière la plus ordinaire de la présenter, est de la donner comme une application de l'hypothèse relative à la transformation des espèces. De là

---

1. *Principes de psychologie,* t. 1er, *De l'Instinct,* p. 470.

une première méthode de réfutation, qui consiste à montrer les points vulnérables du système transformiste, de manière à atteindre les conséquences dans le principe.

Lorsqu'on discute ce système, c'est à l'expérience qu'il convient de faire appel, plutôt qu'à la raison. Il ne faut pas se hâter de mettre la métaphysique en cause. On sait que saint Thomas croyait à la possibilité d'une génération spontanée, préparée par l'action divine. Descartes et Leibnitz furent des spiritualistes éminents, et nul ne les accusera d'avoir sacrifié à la matière les droits de Dieu ou ceux de l'âme. Cependant ils font une part aux idées d'évolution. Descartes explique la formation successive des variétés minérales, végétales et animales par les combinaisons des atomes et du mouvement, effet immédiat de l'action créatrice. De son côté, Leibnitz admet que toutes les monades, même celles qui constituent les corps inorganiques, sont douées de perception et d'appétition ; voilà déjà le germe de la vie animale, au sein de la matière brute. Que ce germe se développe par un mouvement immanent, nous obtiendrons tour à tour l'entéléchie, l'âme sensitive, même l'âme humaine (*Monadologie*, n° 74).

Tout en réservant le fait même de l'évolution, qui relève de la science naturelle, sa possibilité n'est pas inconciliable avec les données les mieux établies de la métaphysique. Y aurait-il absolue répugnance à penser que Dieu a pu, dès l'origine, créer un monde susceptible de perfectionnements gradués, dont il serait tout à la fois le principe, le régulateur et la fin? Ce ne serait pas déroger aux droits de Dieu, puisqu'il aurait sa place marquée à l'origine de ce monde perfectible, et même à chaque phase de son développement, les ascensions de la nature se réglant sur celles de la pensée éternelle.

B. C'est l'expérience qui doit prononcer sur la théorie héréditaire. Or elle ne lui est guère favorable. M. Paul Ja-

net dit à ce propos : « 1° Il n'y a pas de trace historique
de ce développement progressif des instincts. 2° Comment
l'animal aurait-il pu subsister sans les instincts qui sont
nécessaires à sa conservation? 3° Il y a des instincts qui
ne sont pas susceptibles de degré ; ce sont ceux qui se composent d'un seul acte, par exemple celui de déposer ses
œufs sur de la chair... Que cet acte n'ait pas eu lieu à l'origine, et l'espèce périssait. 4° Si les espèces ont pu à l'origine se créer des instincts, pourquoi ne s'en créent-elles
pas de nouveaux [1] ? »

Des observateurs patients ont accumulé des faits permettant d'étayer une conclusion. Nous citerons en particulier
les études pleines d'intérêts de M. J.-H. Fabre [2] sur les
mœurs des insectes, qui se prononce très nettement contre l'hypothèse de l'hérédité en matière d'instinct.

Article IV. — L'appétit sensitif.

Ce nom d'appétit sensitif est à peu près étranger au
vocabulaire de la psychologie contemporaine : la puissance
qu'il exprime est le principe d'une catégorie de phénomènes émotionnels appelés passions. Pour en mieux circonscrire la signification, nous examinerons dans quelle mesure il répond à la faculté de l'âme désignée de nos jours
par le nom de sensibilité.

§ 1er. — Rapport de l'appétit sensitif à la sensibilité.

I. La sensibilité. — Dans le partage des états internes,
la sensibilité, entendue au sens des auteurs contemporains,
s'adjuge tout ce qui n'est pas connaissance et activité
instinctive ou volontaire, par conséquent l'innombrable

1. *Traité de philosophie*, p. 39.
2. *Souvenirs entomologiques* et *Nouveaux Souvenirs entomologiques.*

variété des faits affectifs, sans aucune exception, que l'on ramène généralement aux classes suivantes :

1° Les *inclinations*, ou tendances formées par la nature dans notre âme, d'abord latentes et assoupies, et qui révèlent leur existence par de vives incitations, au fur et à mesure que les objets extérieurs leur en offrent l'occasion ;

2° Le *plaisir*, sentiment d'une inclination satisfaite, et la *douleur*, sentiment d'une inclination contrariée ;

3° L'inclination *fortifiée*, développée par l'exercice, parfois même d'une façon *excessive et désordonnée ;*

4° Les affections proprement dites, amour, désir, joie, crainte, tristesse, avec leurs nuances sans nombre, représentant les phases par lesquelles passe le sujet sensible, dans la poursuite de l'objet vers lequel le porte une inclination.

Or, chacune de ces classes se dédouble et fournit des subdivisions exigées par la complexité de la nature humaine, qui, étant à la fois esprit et chair, mêle dans le même sujet la vie de la bête à celle de l'ange.

Le sectionnement de la première catégorie donne : d'un côté les besoins organiques, le besoin de la nourriture, celui du sommeil, les tendances sexuelles ; de l'autre, l'amour du vrai, celui du bien...

Dans la seconde, nous trouvons : les plaisirs des sens, les voluptés charnelles en particulier ; et les jouissances de l'esprit, celles de la pensée pure, de la bonne conscience, le remords...

Vient ensuite la série des inclinations fortifiées ou exagérées, comprenant : soit des appétits grossiers, par exemple l'amour du vin ; soit des penchants d'un ordre supérieur, bien que pervertis, l'ambition, l'orgueil, la soif des honneurs et du pouvoir.

Restent enfin les affections désir, joie, tristesse, crainte, espérance,... qui gardent la forme inférieure, propre à l'animal, ou bien, se dégageant de l'organisme, revêtent celle du sentiment.

Nous obtenons ainsi huit petits groupes. Or un seul de ces groupes doit être attribué à l'appétit sensitif.

II. **L'appétit sensitif.** — C'est celui que nous avons indiqué en dernier lieu, comprenant la série des émotions éprouvées par le sujet sensitif dans la poursuite de son objet. Saint Thomas réserve à ces émotions le nom de passions, dont il porte le nombre à onze, savoir : l'amour, le désir, la joie ; la haine, l'aversion, la tristessse ; l'espérance, le désespoir, la crainte, l'audace et la colère. Qu'il nous suffise ici d'indiquer ces états, que nous analyserons aux pages suivantes.

Établir que le domaine de l'appétit sensitif se réduit à un huitième de celui de la sensibilité, interprétée au sens moderne, est une simple constatation. Mais le fait ne suffit pas. Allons plus avant, et posons la question de droit ; laquelle des deux facultés offre le meilleur gage de légitimité ?

§ 2. — Question de légitimité.

Déjà, dans les pages consacrées à la division des facultés de l'âme, le problème a été posé et résolu. Reproduisons à grands traits les considérations qui la motivent, sous la forme la mieux appropriée au sujet présent.

Toute puissance psychologique est vivante, et, à ce titre, douée de spontanéité, puisque telle est la caractéristique de la vie. Or une inclination ne représente qu'une forme particulière de cette spontanéité. Il y aurait donc inconséquence à la détacher de la faculté qu'elle anime ; ce serait lui ôter du même coup son autonomie, dont elle est l'expression concrète, lui ôter la vie, nier son caractère psychologique, l'anéantir. La vue cherche la lumière, l'ouïe

est avide de sons, l'énergie musculaire demande le mouvement et l'action; dans un ordre supérieur, l'intellect
aspire à découvrir le vrai, à contempler le beau... Or, la
classification scolastique évite de séparer ce que la nature
a si bien uni; elle laisse à chaque faculté ses penchants.

Elle lui laisse aussi les plaisirs inhérents à l'exercice
normal de son activité, et les effets qui en résultent pour
l'accroissement et l'exagération de ses inclinations. En un
mot, elle lui assigne la série entière des modalités afféren-
tes à son opération, comme prélude ou comme complément : la tendance qui précède, le plaisir et même l'habitude qui suivent.

Or, la division des psychologues modernes brise ce groupement formé par la nature ; par exemple, elle détache de
la puissance de connaître, la tendance considérée soit à
l'état natif, soit avec les développements que la répétition
des actes lui a donnés, et la délectation associée à son
fonctionnement régulier, pour en faire le domaine spécial
de la sensibilité.

I. — **La sensibilité**, conçue au sens moderne, recueille
donc toutes les inclinations de l'âme, quelles que soient
les facultés auxquelles elles appartiennent, et dont elles
expriment le caractère vital ; pareillement, elle réunit tous
les plaisirs, toutes les douleurs, qu'elles proviennent d'une
modification organique ou des phénomènes les plus élevés
de la vie intellective. Or, d'une faculté ainsi lotie, nous
pouvons dire deux choses.

D'abord, qu'elle a un caractère artificiel et factice, sans
lien intime avec la réalité, car elle isole les faits internes
des antécédents propres à en expliquer la genèse et à en
montrer la raison d'être ; elle entraîne des dissociations
contre nature, en séparant des états psychiques qui s'appellent et s'engendrent, pour substituer à ce système si
parfaitement lié, une unité toute de convention, purement
nominale, celle d'une simple étiquette.

En second lieu, la conception de cette faculté offre une apparence d'incohérence et de contradiction qu'il est malaisé de dissiper. D'un côté, on lui refuse toutes les opérations proprement dites, celles de percevoir, d'imaginer, de mouvoir les organes... ; de l'autre, on la déclare incitée par ses inclinations vers ces mêmes opérations qui ne lui appartiennent pas, pour éprouver la jouissance annexée à leur accomplissement, bien qu'elle ne les ait pas accomplies. Le vrai peut être cherché, connu, goûté : or la sensibilité cherche ce qu'elle est inapte à posséder; et elle goûte cette même possession, dont elle est nécessairement frustrée.

En revanche, la notion de l'appétit sensitif échappe à ces difficultés.

II. L'appétit sensitif. — Pour démontrer sa légitimité, en faire une faculté spéciale, à titre distinct, il suffit d'établir que les faits dont il est le principe ne sauraient ressortir à aucune autre puissance psychologique.

Ces faits sont les passions, très exactement définies par Bossuet : les mouvements de l'âme qui, touchée du plaisir ou de la douleur ressentie ou imaginés dans un objet, le poursuit ou s'en éloigne. Tels sont l'amour, le désir, la haine, l'aversion, la joie, la tristesse...

Il n'y aurait qu'un moyen de rattacher ces affections aux facultés déjà connues : ce serait de les assimiler aux inclinations et aux plaisirs, qui, nous le savons déjà, dans la classification scolastique, représentent la première et la troisième phase de leur exercice. Or cette assimilation est impossible. Quelques réflexions fort simples auront pour effet de nous en convaincre.

A. Que nous devions attribuer à des facultés psychologiques, c'est-à-dire autonomes, des inclinations, rien de plus naturel : la proposition est presque une identité verbale. Mais faut-il aller jusqu'à leur prêter des passions proprement dites, par exemple la crainte, le désespoir, l'audace, la colère? De la sorte nous serions induits à parler des tristesses de l'odorat, des haines de la mémoire, des colères de l'ouïe. Étrange langage, exprimant ce qu'il y aurait d'anormal dans la pensée. En outre, ce serait faire de chacune de nos facultés presque une petite âme, supprimer la division du travail et la spécialité des tâches, sur lesquelles est basée la distinction de nos puissances psychiques.

D'ailleurs, il existe entre la passion d'une part, et de l'autre l'inclination et le plaisir, une différence qui empêche l'assimilation : c'est que la passion suppose toujours une représentation de l'imagination ou des sens, tandis que l'inclination peut s'exercer, et la délectation se produire, sans connaissance préalable. Un jeune animal a le sentiment de ses forces et de ses organes, et il est incité à en user ; s'il a des ailes, il essaye de voler; s'il a de bonnes jambes, il saute et gambade. Il trouve du plaisir à ces mouvements. Cependant *ce n'est pas l'espérance d'un plaisir prochain qui l'a porté à les exécuter, parce que, ne l'ayant jamais ressenti, il ne pouvait en avoir la notion. C'est la nature qui l'y a amené par des impulsions toutes instinctives.* Saint Thomas nous l'enseigne clairement dans sa *Somme théologique* : « Unaquæque potentia animæ... habet *naturalem* inclinationem in aliquid. Unde *unaquæque appetit objectum sibi conveniens naturali appetitu*[1]. » Le mot de *naturel*, deux fois répété, désigne une tendance ayant pour principe l'autonomie de l'être vivant, par opposition aux mouvements de l'appétit sensitif, qui procèdent d'une connaissance. La suite de la phrase, dans le texte déjà cité, nous l'indique : « ... Supra quem (naturalem appetitum) est appetitus animalis *consequens apprehensionem*[2]. » La passion procède toujours d'une représentation sensible.

1. I, q. LXXX, art. 1, *ad* 3um.
2. *Ibid.*

Voici l'ordre dans lequel se succèdent ces phénomènes : d'abord l'inclination, qui fait partie de la nature; ensuite la délectation, sentiment de l'inclination satisfaite; en troisième lieu, le souvenir de cette satisfaction; enfin, la passion, excitée par ce souvenir, que l'imagination grossit.

Avant de manger du miel, l'enfant n'en connaît pas la saveur; mais, après l'avoir goûté, il en désire de nouveau, et ce désir est une passion. Le jeune animal dont nous parlions tout à l'heure, après avoir trouvé du plaisir à courir ou à voler, pourra en garder le souvenir. Et ce souvenir déterminera le désir, et même d'autres passions, par exemple la tristesse, l'impatience et la colère, si on le retient captif; la joie, quand on lui rend la liberté.

Bref, *le plaisir suit l'inclination et précède la passion.* Pour l'animal, il constitue la seule forme du bien perceptible à ses facultés, comme la souffrance figure la seule forme du mal. Supprimer l'un et l'autre dans la conscience empirique, serait ôter à la bête la notion empirique aussi du bien et du mal, et laisser l'appétit sensitif sans direction et sans objet.

B. La joie est celle de nos passions qui semble présenter le plus d'analogie avec le plaisir. Néanmoins elle en diffère : le second est une jouissance; la première, plutôt une réjouissance : *se réjouir* dit plus que *jouir.* Au milieu des voluptés les plus séduisantes, l'homme éprouve souvent un désenchantement profond, une amère désolation, tandis que, cloué par la maladie sur un lit de souffrance, il peut conserver une douce gaieté. De même pour l'être privé de raison. Offrez un morceau friand à l'oiseau qui vient de se voir ravir ses petits, même au chien fidèle qui a perdu son maître : ils le refuseront. Rien ne peut calmer leur inquiétude. Le plaisir offre un caractère partiel et limité, tandis que la joie et la tristesse sont en quelque sorte des *résul-*

1. *Ibid.*

tantes générales. Aussi étendent-elles leur influence à toute l'économie : la joie anime le regard, rassérène le visage, accélère le mouvement du sang, active le courant de l'association, fait tressaillir tout l'être sensible. La tristesse, au contraire, produit une dépression, une atonie aussi totale : l'œil s'éteint, la tête s'incline, le corps s'affaisse, ses muscles se relâchent, l'association des images et des idées se ralentit, une sorte d'inertie paralyse tout l'être.

Ces effets généraux, cette action d'ensemble, nous sont indiqués par saint Thomas dans le texte cité tout à l'heure : l'objet de la passion est un bien qui intéresse l'animal tout entier[1], et ne se circonscrit pas aux convenances exclusives d'une seule faculté.

III. — Ces prémisses nous autorisent à **conclure** que l'appétit sensitif, groupant une classe de faits réels auxquels il est impossible d'assigner une autre faculté, représente lui-même cette faculté, et doit prendre rang parmi les puissances psychologiques.

Après avoir consacré ce paragraphe à indiquer ses titres de légitimité, nous devons étudier d'une manière plus directe et plus spéciale les émotions dont il est le principe. Déjà nous avons essayé de les séparer des inclinations. Mais, comme certains philosophes ne les distinguent pas toujours assez nettement, et qu'ils désignent les deux groupes indifféremment par le même terme de passion, il sera avantageux d'en examiner plus attentivement la notion philosophique.

§ 3. — *Notion de la passion.*

I. — Selon la remarque qui précède, chez plusieurs philosophes contemporains le nom de passion éveille deux

---

1. « ... Quo (appetitu sensitivo) appetitur aliquid non ea ratione qua est conveniens *ad actum hujus vel illius potentiæ*, utpote in visu ad videndum, et auditu ad audiendum, sed quia conveniens est *simpliciter animali.* » (I, q. LXXX, art. 1, *ad* 3ᵘᵐ.)

idées fort dissemblables : tantôt celle des « inclinations exagérées », tantôt celle des émotions par lesquelles passent les inclinations, suivant qu'elles sont satisfaites ou contrariées dans la poursuite de leurs objets[1] », Prises dans la première acception, nos passions se divisent d'après la nature même de leurs objets ; on ce sens, l'on dit d'un homme qu'il a la passion du jeu, celle du vin, celle du pouvoir, de la gloire, la passion de l'étude, etc. Or, un seul de ces objets peut donner naissance à la série entière des passions, conçues d'après la deuxième interprétation[2] ; par exemple l'ambitieux, qui a la fièvre du pouvoir, passe à cet égard par les états affectifs les plus variés, tels que la crainte, l'espérance, l'audace, la joie,... Pour définir la passion, on peut donc se placer à deux points de vue bien différents, l'un objectif, l'autre subjectif ; considérer le terme du mouvement, ou bien ses moments, ses phases.

À l'appui de ces allégations, citons quelques témoignages.

A. « Au sens étroit, qui est le plus usité dans la langue courante, sinon dans la langue philosophique, dit M. Rabier, le mot passion désigne l'inclination exagérée et pervertie (l'avarice, par exemple). Pour un avare, l'argent remplace tout : il se fait un ami, une famille, un dieu de l'argent... Il n'y a guère que les inclinations dites personnelles qui réalisent le type complet de la passion ; gourmandise, avarice, ambition[3]. »

M. E. Charles exprime la même pensée. Pour lui aussi la passion est une inclination pervertie ; elle consiste à *aimer le mal.* « Il n'en est aucune qui n'ait ses joies et ses tristesses, et ces deux émotions sont si peu des passions par elles-mêmes, qu'elles accompagnent les passions les

1. P. Janet, *Traité de philosophie*, 2ᵉ édition, p. 49.
2. Il ne donne naissance qu'à une seule inclination exagérée.
3. *Psychologie*, p. 516, 518, 519.

plus disparates. On peut en dire autant de la crainte et de l'espérance, qui sont des phases de toute passion, des moments de crise qu'elles traversent... Le désespoir est un incident, dans l'histoire d'une passion. L'audace est un trait de caractère... La même passion peut être tour à tour timide et audacieuse, et l'on observe de l'audace sans passion [1]. » Comme il résulte de la simple lecture de ce passage, l'auteur n'adopte que cette acception ; il rejette la seconde, que nous voyons, en revanche, reproduite exclusivement dans les écrits de philosophes récents, tels que Adolphe Garnier [2] et M. Paul Janet.

B. « Le fond commun de toutes nos tendances étant l'amour, dit celui-ci, on peut dire que les passions sont *les modes ou les formes de l'amour,* et que les inclinations en sont les espèces. Les inclinations se diversifient par leur objet (amour du pouvoir, amour des richesses, amour des hommes). Les passions se diversifient par les circonstances qui facilitent ou entravent la satisfaction des tendances [3]. »

Si des ouvrages de vulgarisation nous remontons aux sources, nous voyons la même notion consacrée par l'autorité des plus grands philosophes, Aristote, Descartes, Malebranche, Bossuet.

II. — A ces noms se joint celui de **saint Thomas**, qui, dans la question qui nous occupe, forme le trait d'union d'Aristote à Bossuet.

Tous ces auteurs se placent au point de vue subjectif, pour concevoir et classer les passions : ils les considèrent comme les états affectifs par lesquels passe notre âme dans la poursuite d'un bien sensible.

III. **Observation.** — 1° Les groupes de phénomènes répondant aux deux acceptions précédentes sont réels. A

---

1. *Éléments de philosophie,* t. Ier, p. 139.
2. *Facultés de l'âme,* t. Ier, p. 105, 106.
3. *Traité de philosophie,* p. 49, 50.

ce titre, ils doivent trouver place dans un traité de psychologie, et même recevoir, si possible, une dénomination.

2° Quelle dénomination leur donner? L'inclination ne peut être appelée passion, tant qu'elle est à l'état natif. Lorsque, par des accroissements successifs, elle atteint le plus haut degré d'exigence, celui d'une impérieuse nécessité, elle se transforme en *besoin*. Le fumeur de profession se fait du tabac un besoin; il a de la peine à s'en priver, et cependant la satisfaction qu'elle lui cause ne provoque pas en lui de mouvement passionné. En revanche, les impulsions de l'appétit sensitif conservent toujours le caractère de la passion. Puisqu'ils en vérifient le concept, ils doivent en porter le nom, au moins dans le langage philosophique.

C'est qu'en effet autre est le langage du philosophe, autre celui du vulgaire. Le peuple considère les faits sous la forme la plus voyante; il les prend à leur degré le plus accentué. Or, ce qui frappe avant tout le regard, dans une passion violente, c'est l'objet convoité. Aussi c'est ce même objet qui la dénomme : passion du pouvoir, passion de l'argent... Mais le vulgaire est incapable d'analyser les états psychiques, *multiples et variés, ne différant souvent que par de légères nuances,* auxquels donne lieu un seul objet ardemment désiré. L'analyse sera le fait du philosophe, qui en fixera les résultats par les termes de son choix. C'est la raison pour laquelle il n'attachera pas au mot passion le même sens que le vulgaire.

Ce cas n'est pas isolé. On pourrait multiplier les exemples. « Le langage commun, dit M. Joly, se préoccupe moins de désigner les faits élémentaires et les facultés fondamentales de l'âme humaine, que de les exprimer à l'état saillant, pour ainsi dire. Quand on dit d'un homme qu'il a du jugement, de la mémoire, de l'imagination, on n'entend pas parler de la faculté telle qu'elle est en nous tous et telle que la psychologie l'étudie, on veut dire que cet homme la possède à un degré peu ordinaire. Il en est de même quand on dit qu'un homme est *passionné*[1]. »

Nous connaissons maintenant le genre. Cherchons les espèces.

§ 4. — *Classification des passions.*

Les interprétations que nous venons d'exposer ouvrent deux voies à la classification.

Nous prendrons pour base la seconde, qui nous a paru meilleure, plus philosophique.

I. — **Saint Thomas**, à la suite d'Aristote, inspiré lui-même à quelques égards par Platon, distribue les passions en deux groupes généraux : le concupiscible et l'irascible.

Celles-là ont pour objet le délectable, « bonum sub ratione delectabilis[2] », dit saint Thomas. Elles dominent dans les âmes impressionnables à l'excès, bien qu'amies du repos, que les désirs consument, que la joie enivre, que l'insuccès fait replier sur elles-mêmes, dolentes et plaintives. — Sans doute le délectable est aussi le terme de l'appétit irascible. Mais il y a cette particularité que la délectation est ici accrue par la présence d'un obstacle à surmonter. Aussi, bien que communes à tous les êtres sensitifs, ces affections prennent plus de relief dans les natures actives, entreprenantes, aimant la lutte pour elle-même, avec ses risques et ses péripéties. La difficulté les attire et stimule leur énergie. Bref, *impressionnabilité* d'une part; de l'autre, quelque degré de *combativité*, *appetitus boni sub ratione ardui*. La distinction n'est pas sans analogie avec celle que l'on a établie de nos jours entre les tempéraments de sentiment et ceux d'activité.

Or chaque série admet des subdivisions. L'appétit concu-

---

1. *Cours de philosophie*, p. 172, note.
2. I, q. LXXXI, art. 2 : « Vis concupiscibilis est et convenientis et inconvenientis. Irascibilis autem ad resistendum inconvenienti... Irascibilis est quasi propugnatrix et defensatrix concupiscibilis. » (*Ibid.*)

piscible comprend six[1] passions, dont trois nous unissent au bien : l'amour, le désir et la joie; tandis que les trois états négatifs correspondants nous éloignent du mal, savoir : la haine, l'aversion et la tristesse. La simple représentation du bien, abstraction faite de la considération de sa présence et de son absence, produit l'amour; lorsque l'obtention du bien est possible, son absence transforme l'amour en désir; enfin, la possession apaise le désir et cause la joie. — Même gradation pour les affections négatives, que nous avons énumérées.

De son côté, l'appétit irascible compte cinq passions : l'espérance et le désespoir, la crainte, l'audace et la colère : « In passionibus autem irascibilis..., respectu boni non dum habiti est spes et desperatio; respectu autem mali nondum injacentis est timor et audacia...; et ex malo jam injacente sequitur passio iræ[2]. »

II. — La classification de saint Thomas est acceptée entièrement par Bossuet, et en partie seulement par Descartes et Malebranche. Descartes reconnaît six passions primitives : l'admiration, puis l'amour, la haine, le désir, la joie et la tristesse. Malebranche place au premier rang l'amour et l'aversion, et il en dérive la joie, le désir et la tristesse.

De nos jours, M. Paul Janet reproduit le groupe entier de l'appétit concupiscible. « Amour, joie, désir, d'une part; haine, tristesse, aversion, de l'autre : telles sont les deux trilogies fondamentales; et de ces six passions primitives toutes les autres sont composées[3]. »

III. Observation. — Il convient de ne pas trop insister sur le détail de ces classifications, bien que les deux tri-

---

1. « In concupiscibili sunt tres conjugationes passionum, scilicet amor et odium, desiderium et fuga, gaudium et tristitia. » (1ᵃ 2ᵃᵉ, q. xxiii, art. 4.)
2. 1ᵃ 2ᵃᵉ, q. xxiii, art. 4.
3. *Traité de philosophie*, p. 52.
4. Tout le monde donne le nom de passions aux émotions de la série irascible, par exemple à la crainte, à la colère. Et si Descartes et Malebranche ne

logies du groupe affectif et les cinq passions actives
offrent des distributions bien ordonnées.

Ce qui est capital, c'est la distinction des *deux types*,
concupiscible et irascible, parce qu'elle est suggestive et
féconde, et qu'elle consacre deux chefs de division d'une
grande portée : le sentiment et la combativité.

ARTICLE V. — L'énergie motrice.

Parmi les mouvements qui se produisent dans nos organes, il en est qui sont indépendants de nos opérations
mentales, et dont nous n'avons pas à parler ici. Afin de
dégager plus nettement le phénomène qui sera l'objet de
cet article et la faculté dont il émane, nous devons distinguer les principales catégories de mouvements.

§ 1er. — *Principales catégories de mouvements.*

« Les mouvements des muscles sont la suite tantôt
d'une *excitation consciente*, d'une *image motrice*,... tantôt
d'une *stimulation inconsciente*[1]. »

Mentionnons d'abord ces derniers pour les écarter. Il
y en a de deux sortes : les réflexes et les automatiques.

1° *Mouvements réflexes.* Le réflexe est un mouvement de
réponse à une excitation extérieure, sans intervention
préalable de la volonté. « Une stimulation produite à l'extrémité d'un nerf sensitif devient courant nerveux cen-
tripète, passe par un centre sensitif inférieur, par un centre moteur inférieur, gagne un ou plusieurs nerfs moteurs,
se transforme enfin en contraction musculaire.

les comprennent pas dans leur énumération, c'est qu'ils les regardent comme
dérivées, et que leur dessein est de ne mentionner seulement que les passions
primitives. A vrai dire, il est bien malaisé de décider où doit se clore la liste
des états *originels* ou *primitifs*, en cet ordre de phénomènes : seul l'*amour*, qui
les engendre et les inspire, offre ce caractère au moins d'une façon rigoureuse.

1. *Éléments de psychologie humaine*, par Van Biervliet, p. 140.

Un exemple : une poussière, adhère à la muqueuse qui tapisse l'intérieur du nez ; cette poussière, qui gêne le suintement habituel des cellules, impressionne les filets nerveux sensitifs distribués dans la muqueuse ; l'impression se transporte à l'un des ganglions de la base du cerveau, de là elle arrive au centre moteur innervant les muscles expirateurs, détermine une brusque expiration d'air, qui, au passage, balaye les fosses nasales et chasse la poussière qui adhérait à la muqueuse[1]. »

« Les réflexes, soit simples, sont coordonnés, sont, les uns *inconscients*, les autres *conscients*, c'est-à-dire remarqués après coup par la conscience ; mais tous, quels qu'ils soient, ont ceci de commun qu'ils se produisent en l'absence de toute volition ou appétition préalable.

2° « *Le mouvement automatique*, tout comme le réflexe, est indépendant de l'appétition sensible dans sa production.

« Mais il diffère du réflexe en ce qu'il a pour cause non pas une excitation périphérique, mais une stimulation interne.

« Ainsi, par exemple, le cœur bat automatiquement, même lorsqu'il est détaché de l'organisme.

« Ainsi encore les mouvements rythmiques d'inspiration et d'expiration de l'appareil respiratoire s'effectuent automatiquement ; l'acide carbonique contenu dans le sang veineux agit sur un centre moteur de la respiration et, par voie de conséquence, sur les muscles inspirateurs. Ceux-ci, en se contractant, dilatent les poumons et y font arriver l'oxygène de l'air atmosphérique. Mais, à son tour, cette dilatation pulmonaire excite des fibres sensitives, et cette excitation va affecter un centre moteur de la moelle allongée ; l'incitation motrice partie de ce centre innerve alors les muscles expirateurs, et la contraction de ces muscles dégage les poumons de l'excès de masse gazeuse qui y a

1. *Ibid.*, p. 143, 144.

été accumulée par inspiration. Ce mouvement alternatif d'inspiration et d'expiration est un mouvement *automatique*[1]. »

« La volonté ne peut arrêter complètement les mouvements[2] automatiques que pendant un temps fort court. Mais elle en modifie aisément le rythme et l'intensité. Des inspirations volontaires forcées augmentent l'intensité du mouvement respiratoire. L'art du chanteur consiste en grande partie dans la faculté de retenir l'air aspiré pendant un temps relativement long, et de placer l'inspiration de façon à attirer le moins l'attention des auditeurs.

Ces deux types de mouvements ne sauraient nous occuper ici. Nous ne considérerons que les mouvements déterminés par une représentation, qu'ils soient instinctifs ou volontaires.

3° « *Les mouvements instinctifs* sont toujours précédés d'*images* cérébrales. Ce sont des mouvements partant de l'écorce du cerveau. Avant d'être contraction musculaire et courant nerveux moteur, ils ont été image motrice, c'est-à-dire *représentation du mouvement à produire*. L'image motrice elle-même est la suite d'une ou de plusieurs images sensitives, résultat de la sensation...

« (Un) chien voit un morceau de sucre; l'image visuelle de cette proie se grave dans son cerveau, cette image visuelle ressuscite une image associée : la représentation de la saveur sucrée; cette dernière image produit chez le chien une émotion agréable. L'instinct le pousse à augmenter cette émotion; l'émotion détermine une série de mouvements : mouvements des mâchoires pour la happer, et, quand il l'a saisie, mouvements pour la broyer, etc.; tous ces mouvements ont pour résultat d'augmenter, en reproduisant la sensation, l'émotion que la simple vue du morceau de sucre a fait naître.

1. Mgr Mercier, *Psychologie*, p. 209, 300.
2. Encore cela n'est vrai que du mouvement respiratoire.

4° « *Les mouvements volontaires*, au point de vue physiologique, ne diffèrent en rien des mouvements instinctifs.
Ils s'en distinguent au point de vue psychologique : ils
sont précédés d'une délibération... L'intelligence compare
les mouvements qui sont dans l'imagination sous forme
d'images motrices...

« Quand plusieurs images motrices sollicitent à la fois
notre volonté, nous fixons notre attention alternativement
sur l'une et sur l'autre de ces images... L'image motrice
sur laquelle, après délibération, s'arrête définitivement
l'attention devient, nous ignorons par quel mécanisme, la
plus intense de toutes les images motrices en présence
dans l'imagination ; c'est fatalement celle qui se transformera en courant moteur et contraction musculaire[1]. »

C'est de ce mouvement, dépendant de la connaissance,
que nous avons à traiter.

La question la plus importante à résoudre est celle de la
nature propre à la faculté qui le produit. L'énergie musculaire est-elle une puissance spirituelle, dégagée de l'organisme, ou bien une puissance mixte, tenant à la fois
de l'âme et du corps ?

§ 2. — *Nature de cette faculté.*

De prime abord, la force motrice paraît se confondre
avec la volonté libre.

I. — C'est l'opinion de **Maine de Biran.** « La cause ou
force actuellement appliquée à mouvoir le corps, est une
force agissante que nous appelons *volonté. Le moi s'identifie complètement avec cette force agissante.* Mais l'existence de la force n'est un fait pour le moi qu'autant qu'elle
s'exerce, et elle ne s'exerce qu'autant qu'elle peut s'appliquer à un terme résistant ou inerte. La force n'est donc
déterminée ou actualisée que dans le rapport à son terme

1. *Éléments de psychologie humaine*, par Van Biervliet, p. 143, 147, 149, 150,
154, 155.

d'application, de même que celui-ci n'est déterminé comme résistant ou inerte que dans le rapport à la force actuelle qui le meut, ou tend à lui imprimer le mouvement[1]. »

Sans nul doute, la production des mouvements corporels dépend, dans une certaine mesure, de la volonté libre. Car le pouvoir du libre arbitre s'étend non seulement au jeu intérieur des facultés mentales, mais aussi à l'usage de nos membres : je puis, à mon gré, continuer à tracer sur le papier les idées que la réflexion me suggère, ou déposer la plume. Si l'esprit était dépouillé de ce pouvoir, s'il était réduit à assister, des régions sereines de la pensée, au défilé des mouvements, sans en modifier le cours, comme le spectateur considère de la rive le fleuve qui s'enfuit, la liberté, confinée dans le sanctuaire de la conscience, serait bannie de la vie extérieure, et son domaine diminué de moitié.

Il est donc vrai que la volonté commande le mouvement. Mais ce n'est pas à elle qu'il appartient de l'exécuter. L'exécution est le fait d'une faculté spéciale, qui lui est subordonnée, l'énergie musculaire ou force motrice. La preuve en est que l'animal, destitué de libre arbitre, est cependant capable de se mouvoir. Il va et vient, suit la direction qui lui agrée, accélère sa marche ou la ralentit, l'interrompt pour la reprendre ensuite...

II. — Aussi **saint Thomas** fait-il de l'énergie motrice une puissance d'ordre inférieur.

Jusqu'ici, la psychologie animale, dans l'étude des sens externes ou internes, ne nous a offert que des facultés organiques. Le corps jouant un rôle essentiel dans la production du mouvement, nous sommes fondés à croire que la théorie générale de l'organisme animé s'étend même à l'énergie musculaire. La sensation tient de l'âme et du

---

1. *Fondement de la psychologie*, œuvres inédites, p. 40. La théorie de l'effort moteur, clef de voûte de la psychologie et de la métaphysique biraniennes, est chère au spiritualisme contemporain.

corps : c'est avec juste raison que nous l'attribuons aux deux parties du composé. Et comme elle est indivisible, elle nous permet d'induire l'indivision de ce composé, à la fois âme et corps, matière vivifiée.

Même raisonnement pour le mouvement, qui, étant le produit des deux éléments, requiert pour ces éléments une union de même genre. C'est le nerf animé qui sent. C'est donc aussi le nerf animé qui meut ; car, à raison de l'analogie, nous pouvons conclure de la sensibilité à la motricité. « Sapienter B. Albertus M. docuit, dit San Saverino, motus processivos esse animæ cum corpore communes, proinde illud quod in motu locali movetur, non esse solum corpus, neque solam animam, sed totum animal[1]. »

En d'autres termes, l'âme est la forme du corps, pour la motricité[2] aussi bien que pour la vie sensible ou végétative.

III. — Dans l'un de ses ouvrages intitulé : *le Principe vital et l'Ame pensante*, M. **Francisque Bouillier** émet une théorie qui n'est pas sans analogie avec la précédente, bien qu'à certains égards elle en diffère notablement.

« Dans tout notre corps, depuis l'extrémité des cheveux jusqu'à la plante des pieds, depuis les parties extérieures et à la surface jusqu'aux parties les plus intérieures et les plus cachées, si nous sommes quelque peu attentifs, nous sentons circuler, nous sentons courir cette énergie motrice, qui presse, suivant une expression de Jouffroy, tous les ressorts de notre organisme, qui est partout présente et jamais en repos...

« Si nous différons des psychologues qui ont attribué à l'âme la faculté motrice, c'est en donnant à cette faculté une plus grande extension et un rôle, pour ainsi dire,

---

1. *Dynamilogie*, p. 339.
2. « Humani spiritus, dit saint Thomas, cum sint corporibus uniti, in exteriora operari non possunt, nisi *corpore mediante*, ad quod sunt quodam modo naturaliter alligati. » (Q. disp., de Pot., q. vi, De Miraculis, art. 4.)

plus fondamental. L'énergie motrice n'est pas seulement une faculté de l'âme, elle est une même chose avec sa nature; elle est son essence même... L'énergie motrice de l'âme ne se sent pas seulement dans les mouvements volontaires et spontanés, dans les fonctions organiques, mais même dans le pur exercice de la pensée, exercice qui lui-même n'a pas lieu d'après notre sentiment intime, sans quelque action de l'âme, sans quelque effort sur le cerveau!... »

Comme il résulte des lignes précédentes, la conception de M. F. Bouillier est plus étendue que celle de saint Thomas : celui-ci fait de l'énergie motrice une faculté particulière, limitée dans ses attributions, tandis que celui-là la confond avec l'âme elle-même. Mais à côté des différences nous trouvons des affinités. Et si nous en jugions seulement par sa déclaration qui suit, nous pourrions ranger cet auteur parmi les disciples de saint Thomas.

« Il y a sans doute une certaine façon d'entendre que l'âme est la forme du corps, qui la condamne à périr avec lui. Entend-on que l'âme est au corps ce qu'est la figure à la cire, qu'elle est la forme visible, extérieure, du corps, ou bien l'harmonie, l'arrangement de ses éléments, il est clair qu'elle ne pourra pas survivre au corps... Mais ce n'est pas ainsi que l'âme est la forme du corps; elle n'est pas l'harmonie ou l'empreinte; elle est ce qui produit l'harmonie, ce qui dépose l'empreinte; en d'autres termes, elle n'est pas ce qui est formé, mais ce qui informe, *actus informans*, comme on disait dans la philosophie scolastique; ce n'est pas un effet, une résultante, mais une cause, un principe, le principe même de l'organisation et de la vie[2]. »

Dans la question qui nous occupe, saint Thomas nous semble plus près de la vérité que Maine de Biran.

---

1. *Le Principe vital et l'âme pensante*, chap. ii.
2. F. Bouillier, *le Principe vital*, chap. xxv.

IV. Conclusion. — A. D'abord, il y a lieu de distinguer l'énergie musculaire de la volonté. Des facultés qui s'exercent isolément ne sauraient être identifiées. Or, nous l'avons déjà dit, bien que dépourvu de libre arbitre, l'animal a la puissance de se mouvoir.

Dans l'homme, le mouvement précède l'apparition de la liberté, et parfois lui survit : aux jours qui suivent la naissance, l'enfant se meut, bien qu'en ce temps cette faculté sommeille, attendant l'éveil de la raison. Plus tard, il accomplira avec conscience et volonté les actes irréfléchis de la période inconsciente. « Je veux mouvoir mon bras, dit M. F. Bouillier, parce que je l'ai d'abord mis en mouvement sans le vouloir, par une faculté qui m'est propre, et qui n'est pas la volonté. » (Ab. GARNIER.)

B. Distincte de la liberté, quel rapport affectera l'énergie motrice avec l'organisme? Saint Thomas nous a répondu : le rapport de la forme avec la matière qu'elle pénètre, anime et vivifie.

Nous en trouvons une première indication dans le sentiment de l'effort moteur. Lorsque je meus mon propre corps, il m'oppose quelque résistance ; et Maine de Biran s'appuie sur ce fait de la résistance pour induire l'opposition du moi au non-moi. Induction inexacte, car la résistance ne provient pas du non-moi ; elle provient du moi, tout comme la force qui en triomphe. De ce que l'effort intellectuel tend à écarter les associations d'idées qui me distraient ; de ce que l'effort moral est en conflit avec les passions, il ne s'ensuit pas que ces associations d'idées et ces passions ne fassent pas partie de moi. Ainsi, le mobile est moi, aussi bien que le moteur. Ne puis-je dire avec une égale vérité : je déplace, et je suis déplacé ; je suis vigoureux (au sens physique), et néanmoins soumis à l'action de la pesanteur? Les deux idées sont unies dans le verbe possessif : « Je me meus. » Dans cette phrase, le moi est à la fois sujet et régime : si l'on admet la légitimité du sujet, pourquoi contesterait-on celle du régime? Mouvoir mes membres, c'est donc me mouvoir moi-même; le mouvement, qui procède de moi, n'en sort pas, il se termine en moi; j'en suis, tout à la fois, le principe et le terme. C'est parce qu'il existe entre ce principe et ce terme une liaison intime, qui leur assure une certaine communauté d'être et de vie.

Supposons la faculté motrice dégagée des organes, à l'instar des facultés spirituelles. Qu'adviendrait-il? Pour s'exercer, elle devrait s'appliquer à nos membres, au bras et au cerveau, comme le pur esprit s'applique à la pure matière. Car, par hypothèse, cette énergie motrice mouvrait le corps à la manière d'une cause efficiente, du dehors, et sans le vivifier par une influence immanente : elle lui donnerait l'acte second, sans concourir à lui conférer l'acte premier. Ce serait une relation analogue à celle des purs esprits avec les objets matériels : hypothèse qui, appliquée à l'âme humaine, la déclasse et la met en dehors de sa condition native.

Avant d'aborder l'examen de nos facultés supérieures, nous devons combler une lacune laissée à dessein dans les premières pages de ce travail : il s'agit de l'habitude. Comme nos puissances psychologiques indistinctement sont susceptibles d'habitudes, cette étude aurait dû trouver place dans le tableau des généralités, au chapitre qui a pour objet la notion de faculté et les principes de classification... Mais comme il est malaisé de parler de l'habitude, au moins d'en discuter la nature, sans avoir à fournir des données positives tirées de facultés déjà analysées, nous avons cru devoir céder à ces exigences pratiques de méthode et de clarté, et ajourner cette question après l'exposé de la psychologie animale.

CHAPITRE II

DE L'HABITUDE

L'habitude étant une disposition acquise par un exercice antérieur, nous devons tout d'abord essayer de préciser cette condition tout expérimentale d'origine.

§ 1er. — *Condition expérimentale : exercice antérieur*.

I. — Dans son *Traité de psychologie*, M. Rabier analyse nettement cette loi. « L'habitude, dit-il, est la conséquence d'une action exercée sur un être. Cette action elle-même peut résulter de deux causes : une cause externe, ou l'être lui-même qui subit l'action. — Action exercée par une cause externe; exemple : la température externe modifie nos organes tactiles, la lumière notre rétine, le son notre oreille. — Action exercée par l'être lui-même : ceci suppose que l'être soit actif, et même qu'il ait cette spontanéité d'action qui n'appartient, on le sait, qu'à l'homme et à l'animal. En imprimant un certain mouvement à ses facultés, à ses organes, l'être actif modifie ces facultés et ces organes, tout autant que si la cause du mouvement était au dehors. L'être est alors passif par rapport à lui-même, comme il peut l'être par rapport à un être étranger.

« (Or) l'habitude est proportionnelle à l'action...

« 1° Toutes choses égales d'ailleurs, une action répétée a plus d'influence qu'une action unique.

« 2° Toutes choses égales d'ailleurs, une action prolongée a plus d'influence qu'une action passagère. La répétition ou la continuité de l'action sont donc des conditions de la force de l'habitude...

« Mais elles ne sont pas des conditions de l'habitude

même. L'habitude commence avec la première action, et dès le premier moment de l'action : sans quoi, la première action et le premier moment n'ayant rien fait pour l'habitude, la seconde action et le second moment seraient encore premiers par rapport à l'habitude, et par conséquent inefficaces au même titre. L'action aurait beau se répéter ou se continuer indéfiniment, l'habitude n'apparaîtrait jamais. Donc le premier acte, dès son premier moment, ébauche l'habitude, que la répétition ou la continuation du même acte pourront ensuite entretenir et fortifier.

« Bien plus, non seulement le premier acte ébauche l'habitude, mais parfois un acte unique, quand il est assez intense, et que les circonstances s'y prêtent, « crée une « habitude de toutes pièces et pour la vie ». Pascal n'oubliait rien de ce qu'il avait lu même une seule fois : on sait que la mémoire est un cas de l'habitude. Telles sont les causes de l'habitude[1]. »

Nous trouvons ces lois clairement formulées dans la *Somme théologique*.

II. **Saint Thomas.** — A. Voici l'énoncé de la loi de répétition : « Ex multiplicatis actibus generatur quædam qualitas, quæ nominatur habitus[2]. »

B. Mais un seul acte suffit-il à expliquer la formation de l'habitude? L'article suivant du même ouvrage fournit la réponse, qui est affirmative pour l'habitude intellectuelle : « Habitum scientiæ possibile est causari ex uno rationis actu[3]. »

Pour la mémoire sensitive, pour les vertus et les vices, l'auteur semble tout d'abord adopter la solution contraire[4]. Mais, si l'on y regarde de plus près, on se convainc aisément que la multiplication des actes est exigée seulement

---

1. *Psychologie*, p. 572, 573.
2. 1ᵃ 2ᵉ, q. LI, art. 2, c.
3. 1ᵃ 2ᵉ, q. LI, art 3.
4. « Habitus virtutis non potest causari per unum actum, sed per multos. » (*Ibid.*)

pour fortifier et développer l'habitude, et non pour en produire le premier linéament. « Necessarium est eosdem actus pluries iterari, ut aliquid *firmiter* memoriæ imprimatur[1]. » C'est à force de répéter la leçon que les écoliers ordinaires parviennent à la savoir d'une manière imperturbable. Il faut bien des exercices de raisonnement, de parole ou de chant, pour que le dialecticien, l'orateur et le musicien arrivent à exceller dans leur art. Mais le premier essai en chaque genre n'est pas complètement stérile : s'il ne produisait aucun effet, nous pourrions en dire autant des efforts ultérieurs, de l'essai renouvelé ; et nos artistes en seraient toujours à leur point de départ, comme l'écureuil tournant sur sa roue.

Même distinction au sujet de la vertu. Une victoire remportée sur ses appétits ne suffit pas à un homme pour acquérir la tempérance[2]. Néanmoins le résultat n'est pas nul. S'il l'était, la difficulté du début subsisterait tout entière, même après des années de privations et d'austérités vaillamment supportées : l'inclination déréglée, n'étant pas affaiblie par une disposition contraire, subsisterait tout aussi rebelle, aussi vivace qu'avant la lutte.

Après avoir considéré les causes de l'habitude, nous devons examiner ses effets.

§ 2. — *Effets de l'habitude.*

Née d'un fait psychologique, l'habitude en facilite le retour. Or, comme il y a deux sortes de faits, ou mieux deux aspects dans les faits internes, l'un passif, l'autre actif, on distingue aussi deux effets qui, généralisés, donnent lieu aux lois suivantes :

L'habitude fortifie l'activité ;

Elle émousse le sentiment des impressions passives.

1. *Ibid.*
2. « Ratio non totaliter potest supervincere appetitivam potentiam in uno actu. » (*Ibid.*)

I. — Telles sont les conclusions qui se dégagent de l'ouvrage de **Maine de Biran** intitulé *Influence de l'habitude sur la faculté de penser*. « Toutes nos impressions, de quelque nature qu'elles soient, s'affaiblissent graduellement lorsqu'elles sont continuées pendant un certain temps[1]. » Tel est le sort de la passivité.

Voici celui de l'activité. « Mais il arrive souvent que moins nous sentons, mieux nous percevons... C'est à l'habitude que nous devons la précision, la rapidité extrêmes de tous nos mouvements et opérations volontaires[2]. »

Il en résulte donc un rapport inverse, exprimé dans les lignes suivantes de M. Jules Simon, qui sont, du reste, le simple commentaire de la parole de Maine de Biran : « Si j'entends sans les écouter les bruits de la mer, de la ville, de la forêt, peu à peu ma sensibilité s'émousse, et je cesse de les bien entendre, ou tout au moins de remarquer que je les entends. Si, au contraire, je m'étudie à les bien écouter, si je m'efforce de les interpréter et de les comprendre, j'acquiers à la longue une perspicacité merveilleuse. Le moindre bruit arrive à mon oreille longtemps avant que les autres puissent l'entendre. J'en distingue les nuances, j'en connais les significations. C'est que si l'habitude passive ne fait qu'user mes facultés, l'habitude active les exerce[3]. »

II. — La loi d'activité est aussi énoncée exactement par **saint Thomas**, mais d'une manière aride et sommaire, qui n'a ni l'agrément ni les lumières des analyses descriptives que nous trouvons dans les auteurs modernes. « Habitibus ad tria indigemus primo, ut sit uniformitas in operatione...; secundo ut operatio perfecta in promptu habeatur[4]. » En d'autres termes, l'habitude rend l'action plus parfaite et plus facile.

1. *Œuvres* publiées par Cousin, t. Iᵉʳ, p. 74.
2. *Ibid.*
3. *Le Devoir*, 4ᵉ édit., p. 71.
4. *Q. disp.*, *De Virtutibus in com.*, q. 1, art. 1, c.

Quant à la loi de passivité, elle n'a pas complètement échappé au saint docteur. Mais il s'est borné à une indication rapide, où l'on verra plutôt une allusion qu'un enseignement formel. « Non similiter delectamur in processu operationis, sicut in principio[1]. » Cela signifie qu'en se prolongeant, le plaisir attaché à l'opération s'émousse. Or la prolongation des actes, non moins que leur répétition, produit les effets ordinaires de l'habitude.

III. — Ces textes ne sauraient tenir lieu d'une étude proprement dite, pour laquelle nous trouverions les meilleurs matériaux dans les psychologues modernes.

Nous connaissons les conditions de l'habitude et ses résultats. Passons maintenant du domaine de l'expérience à celui de la raison.

§ 3. — *Nature de l'habitude.*

L'habitude est une manière d'être permanente. Or une manière d'être s'explique par le principe substantiel qui lui sert tout à la fois de générateur et de support. Car

---

1. *IV distinct.*, 49, q. III, art. 2, ad 3ᵘᵐ. Ajoutons que saint Thomas, d'accord du reste avec certains philosophes modernes, pose une exception à la loi de passivité, et qu'il attribue à l'habitude, pour nos facultés les plus nobles, une vertu contraire, celle d'aviver le plaisir. « Habilibus ad tria indigemus... Tertio ut *delectabiliter* perfecta operatio compleatur; quod quidem fit per habitum, qui cum sit per modum cujusdam naturæ, operationem propriam quasi naturalem reddit, et per consequens delectabilem. Nam convenientia est delectationis causa. » (*Q. disp.*, *De Virtutibus*, q. I, art. 1.) Qui oserait prétendre, en effet, que le savant, l'artiste et le saint ne goûtent pas des joies plus pures et plus intenses à mesure qu'ils s'élèvent vers les hauteurs où rayonnent le vrai et le bien? M. Jules Simon dit dans le même sens : « Il y a un amour passif qui se consume en brûlant, et un autre amour dont le foyer est en nous, qui va *toujours croissant et s'exaltant, parce qu'il est une puissance.* Quand on a volontairement tourné son amour et sa pensée vers le bien, quand on a pendant longtemps pratiqué la vertu, on obtient, parmi les autres récompenses,... une habitude de bien sentir, de bien penser et de bien faire, qui nous fait aller au bien par un instinct infaillible, comme l'aiguille aimantée se tourne vers le nord. Heureux celui qui, à force de commercer avec le bien, lui est devenu analogue! » (*Le Devoir*, 4e édition, p. 75.)

une propriété ne saurait exister sur un fond antipathique
à son essence : c'est la raison pour laquelle la pensée ne
peut éclore sur la matière. Il s'ensuit que, si nous voulons
rendre compte de l'habitude, il faut lui assigner un principe approprié. Quel sera ce principe? Sera-ce l'inertie?
sera-ce la vie?

Les deux hypothèses ont trouvé des défenseurs.

I. — **Descartes**, **Malebranche**, et de nos jours
M. Rabier, ramènent l'habitude à l'inertie.

« Descartes, Malebranche et la plupart des philosophes
du dix-huitième siècle, dit M. Paul Janet, croyaient que
l'habitude était un phénomène purement mécanique, et ils
l'expliquaient par des courants d'esprits animaux, disposés à revenir toujours par les chemins qu'ils s'étaient
une fois frayés[1]. »

Lorsque nous éprouvons une impression dans un organe,
par exemple à la main, une certaine quantité d'esprits
animaux, conçus par Descartes comme les vapeurs les
plus subtiles du sang, sont portés au cerveau par les nerfs
sensitifs, faisant office de tubes adducteurs.

Le trajet s'accomplit par l'effet d'impulsions toutes mécaniques. En pénétrant dans l'encéphale, les esprits s'y
frayent des voies déterminées. A chaque mouvement dans
l'une de ces voies répond une sensation, si bien que la
série des mouvements successifs A, B, C donne naissance à une série de sensations aussi successives, *a, b, c*.

Or, par suite de l'inertie, le tracé[2], une fois formé, reste
ouvert, de façon à permettre une seconde invasion des
esprits animaux. Supposons que la course se renouvelle
(en dehors de l'impression primitive, causée par les objets
colorés) sous l'influence d'une cause purement interne,
par exemple de la chaleur du sang ou bien d'une agita-
tion cérébrale : le trajet encéphalique, en se réitérant, déter-

1. *Traité de philosophie*, p. 200.
2. Voir le texte de Malebranche déjà cité : article des *Sens internes*, § 2, p. 105.

minera, sous forme atténuée, le retour des deux séries : de la série mécanique A, B, C, et de la série mentale *a*, *b*, *c*. Or l'atténuation est précisément ce qui différencie l'image de la sensation.

II. — C'est la permanence des traces, résultat de l'inertie, qui dans cette conception explique l'habitude. Mais cette hypothèse, non moins que celle des esprits animaux et des nerfs jouant le rôle de canaux, est surannée. Elle a fait place à celle des vibrations, qui semble plus en harmonie avec les données expérimentales de la physique contemporaine.

Si nous en croyons des savants dont le nom n'est pas sans autorité, les changements d'état produits dans les corps par la lumière, le son, la chaleur, se ramènent à des mouvements vibratoires. Or l'analogie incline à penser que ces agents, mis en contact avec nos organes, y déterminent des modifications de même genre.

Dans cette nouvelle hypothèse, c'est encore l'inertie qui expliquerait le renouvellement du rythme vibratoire, prélude de l'image. Il ne faut donc pas chercher d'autre cause au retour des phénomènes, d'autre explication de l'habitude. « Les cellules excito-motrices de la moelle épinière ont l'aptitude à conserver la trace des ébranlements qui les ont mises d'abord en jeu et à persister, plus ou moins longtemps, dans l'*orientation primordiale* qui leur a été donnée... Les cellules nerveuses sont *polarisées* dans la situation où elles ont été placées. C'est une sorte de catalepsie histologique[1]. »

III. — Quelle que soit l'explication adoptée, « qu'on se représente, dit M. **Rabier**, cette modification apportée à la constitution des cellules, ou comme des chemins frayés, des passages ouverts dans les fibres pour des impressions nouvelles, ou encore comme des plis contractés par la

---

1. Luys, *le Cerveau et ses Fonctions*, p. 106.

matière cérébrale, en vertu desquels elle se prêtera plus
facilement à certaines dispositions, peu importe : il n'y a
point, il ne peut y avoir une différence absolue entre cette
modification de la matière cérébrale, que tout le monde
reconnaît pour une habitude, et les modifications appor-
tées dans une feuille de papier par des plis qu'on y a mar-
qués ; ou dans une rivière par une barque qui laisse son sil-
lage après elle ; ou dans une branche d'arbre qui se laisse
courber plus aisément après l'effort qui l'a une fois cour-
bée ; ou dans un violon qui s'est amélioré par l'effet des
vibrations harmoniques qui lui ont été imprimées. De part
et d'autre, il s'agit d'un changement plus ou moins persis-
tant dans la disposition d'une certaine masse matérielle,
d'une orientation nouvelle et plus ou moins fixe de certaines molécules[1]. »

Or, la persistance de ces états est due à l'inertie. « C'est
donc avec juste raison qu'Auguste Comte voyait un symbole de l'habitude dans le fait de l'inertie en vertu de
laquelle un corps demeure dans l'état où le met une action
quelconque, tant qu'aucune action contraire ne s'y oppose.
— Disons plus : l'inertie, qui conserve autant qu'il se peut
tout changement, toute modification, toute action, l'inertie, dont le vrai nom est « la persistance naturelle de l'être
dans son être et dans ses manières d'être », l'inertie n'est
pas seulement le symbole de l'habitude, c'est au fond
l'habitude même[2]. »

Bien que spécieuse et en apparence plausible, cette théorie ne laisse pas de présenter des difficultés.

IV. Critique. — A. Si l'inertie était le principe de
l'habitude, l'être le plus propre à contracter les habitudes
serait la matière inorganique, dans laquelle l'inertie suit
ses lois de la manière la plus complète et la plus régulière. En revanche, les corps vivants, chez lesquels les

---

1. *Psychologie*, p. 574, 575.
2. Rabier, *Psychologie*, p. 575.

effets de l'inertie sont mêlés aux résultats de la vie qui les limite, devraient en être moins susceptibles. Or, précisément, c'est le contraire qui se produit. Car l'habitude est le propre de l'être vivant, l'expérience générale en témoigne. « On peut acclimater les animaux et les plantes, dit M. Farges, et, dans une certaine mesure,... changer leurs tempéraments, leurs aptitudes, améliorer les individus et les races[1]. » En nous-mêmes, nous constatons des faits bien significatifs. Nous avons des besoins physiologiques, qui se font sentir à des périodes marquées. Or il est en notre pouvoir de modifier ces périodes, de réduire peu à peu, au moins dans une proportion restreinte, les heures de sommeil, de multiplier ou de diminuer le nombre des repas, de manière à créer dans l'organisme de nouveaux besoins, plus lents ou plus prompts à s'éveiller. Dans l'ordre intellectuel et moral, que de différences l'habitude introduit parmi les hommes! Depuis le Cafre, le Hottentot, dont la mentalité se dégage à peine des régions confuses de la sensibilité, jusqu'aux esprits les plus cultivés, aux grands initiateurs, que de variétés, et, dans chaque variété, que de nuances dues, pour une bonne part, à l'habitude!

En revanche, rien de pareil, aucun phénomène d'accoutumance ne s'observe dans la matière minérale. La chaudière d'une machine à vapeur, souvent chauffée à une haute température, demandera-t-elle moins de calories la centième fois que la première? Quand la chaleur disparaît, elle ne laisse après elle aucun résidu qui, le lendemain, rende la caléfaction moins laborieuse. Une voiture qui a servi de longues années est-elle plus facile à traîner, toutes choses égales d'ailleurs, que celle qui sort de l'atelier du carrossier? Aristote demande aux défenseurs de la théorie que nous combattons, si une pierre fréquemment lancée en l'air prend l'habitude d'y remonter, et s'il faut

---

1. *La Vie et l'Évolution des espèces*, 2º édit., p. 31.

un moindre effort de bras pour l'y jeter la dixième fois que la première.

M. Rabier croit répondre victorieusement, avec M. Dumont, en disant « qu'un animal jeté en l'air ne prendra pas davantage cette habitude[1] ». Cela est vrai, parce qu'il s'agit d'un mouvement passif, communiqué du dehors à l'animal, et dans lequel l'inertie produit ses effets ordinaires, sans que l'énergie vitale les corrige ou les complète. Mais le résultat n'est plus le même lorsque le mouvement est actif, que l'animal se l'imprime à lui-même, par exemple qu'il s'exerce à sauter. Dès lors, l'expérience, en se complétant, se retourne contre les auteurs qui essayent de s'en prévaloir, et les réfute par une application de la méthode de différence : le mouvement joint à la vie engendre l'habitude ; le mouvement séparé de la vie, joint à l'inertie[2], ne l'engendre pas.

B. En outre, l'inertie est une propriété matérielle, étrangère au principe pensant, qui de sa nature est simple et spirituel. Cependant l'âme intellective, non moins que l'organisme animé, semble devoir être le siège d'habitudes : est-ce par la pure inertie que vous expliquerez, sans faire une *part directe au foyer immatériel de la vie mentale,* la vaste érudition du savant, l'affinement des facultés de l'artiste, la haute *maîtrise que le saint possède sur lui-même* et l'irrésistible attraction qui le porte vers Dieu ?

M. Gratacap, dans sa thèse sur la mémoire, applique ces considérations à cette faculté. « On veut le plus souvent, dit-il, expliquer la mémoire par des traces, des impressions, par des mouvements qui se continuent, des vibrations qui se prolongent : *c'est à l'âme qu'il faut plutôt en demander le secret.* Tout ce qui s'impose au principe pensant venant du dehors, et trouvant un obstacle

---

1. *Psychologie,* p. 575.
2. L'inertie, loin d'être l'habitude même, n'en est que le simulacre et la contrefaçon.

dans son inertie, l'inquiète et le trouble un moment, mais disparaît bientôt avec sa cause, sans laisser aucune trace de son passage. *Mais quand le principe pensant s'exerce spontanément, il contracte, en agissant, une secrète disposition à agir encore :* c'est l'habitude active, et cette habitude, c'est la mémoire même. Aussi les souvenirs sont d'autant plus rapides, et plus sûrs, et plus en notre pouvoir, qu'ils sont ceux d'opérations plus intellectuelles[1]. »

Après avoir cité cet extrait, M. Ravaisson y joint, en guise de commentaire, une rapide réflexion : « Ce qui vient du dehors bientôt s'efface et disparaît; ce qui vient de nous va de plus en plus croissant et se développant : c'est comme un ressort qui, à mesure qu'il agirait, au lieu de se relâcher, se tendrait de plus en plus. Ainsi se forme ce qu'on nomme l'habitude[3]. »

Nous sommes de cette manière amenés à la conception aristotélicienne, reproduite par l'École, qui fait de l'habitude un acquêt de la vie.

V. — Quel est, se demande **saint Thomas**, le principe générateur de l'habitude? C'est l'âme; mais le corps qu'elle vivifie peut en devenir secondairement le siège. « Dispositiones ad tales operationes principaliter sunt in anima; in corpore possunt esse secundario, in quantum scilicet corpus *disponitur et habilitatur ad prompte* deserviendum operationibus animæ[4]. »

Nous avons tiré une première preuve du fait constant que l'habitude est la propriété exclusive de l'être vivant,

---

1. Lorsque nous sommes distraits ou préoccupés, en vain des paroles viennent frapper nos oreilles et produire des vibrations dans le tympan : si nous n'avons pas remarqué ces paroles, ces vibrations resteront à jamais sans effet. La part principale revient donc à l'âme.

2. Cité par M. Ravaisson, *Philosophie en France au dix-neuvième siècle,* 2ᵉ édit., p. 175, 176.

3. *Ibid.*

4. 1ᵃ 2ᵃᵉ, q. L, art. 1, c. « Præmonendum est, ajoute San Saverino, habitus proprie inhærere potentiis rationalibus, quæ, ut sæpe diximus, non sunt determinatæ ad unum. » (*Dynamilogie,* p. 407.)

Mais à cette constatation expérimentale nous pouvons ajouter un argument rationnel, basé sur l'étroite affinité de l'habitude avec le caractère spécifique de la vie, la spontanéité. En effet, l'habitude est une disposition! permanente, nous inclinant à renouveler les actes qui l'ont fondée. Or, cette *inclination accidentelle* offre un air de famille bien marqué avec l'*inclination essentielle*, forme de l'initiative propre aux êtres vivants, qui fait le fond de nos facultés.

Mais nous savons que toute substance revêt des modalités analogues à sa nature, selon la parole si lumineuse de saint Thomas : « Omne naturale principium natum est *induere suam similitudinem* per suum actum[2]. » Puisque la tendance née de l'habitude imite la spontanéité qui caractérise la vie, la conclusion à tirer, c'est que l'être vivant se revêt d'habitudes. Car, en les contractant, il se développe dans le sens de sa constitution originelle, il achève de devenir lui-même. L'habitude est donc l'accroissement et comme le prolongement d'une force vivante, un complément de même ordre. La nature m'a fait apte à penser, à vouloir, à parler, à marcher; l'habitude fortifie cette aptitude native, et lui ajoute de nouveaux degrés de perfection.

Ces données nous permettent d'indiquer le mode de sa formation. Lorsqu'une faculté entre en exercice, elle ac-

---

1. Si l'habitude impliquait la persistance de tous les actes qui ont contribué à la former, nous serions obligés d'admettre la survivance sous la forme non plus seulement de disposition, mais d'exercice, d'opération, de tous les faits psychologiques, même de ceux qui se sont produits une seule fois, le résidu d'un mouvement devant, selon la théorie adverse, être un mouvement et non une aptitude même immédiate. Il s'ensuivrait que tout ce que j'ai pensé, voulu, accompli, je continue de le penser, de le vouloir, de l'accomplir. Ainsi nos opérations se multiplieraient par myriades : hypothèse superflue, car, la puissance suffisant à rendre compte du retour de l'acte, la permanence de l'état potentiel répond à toutes les exigences des données expérimentales; violation de la loi d'économie, qui ne multiplie pas les causes au delà du besoin.

2. Il continue : « Cum igitur principia scientiarum et virtutum sunt nobis naturaliter indita, oportet quod per actiones ex illis principiis procedentes, virtutum et scientiarum habitus compleantur. » (*In 3um librum sentent.*, dist. XXXIII, q. 1, art. 2, sol. 2.

quiert un surcroît virtuel, qui, momentanément du moins, complète son énergie potentielle : c'est la différence du repos au mouvement. Or, ce surcroît n'est pas un élément étranger, introduit passivement du dehors au sein de la faculté, mais une dilatation de la puissance psychique ; car l'être vivant alimente sa force à son propre foyer, il la nourrit d'elle-même, puisqu'il l'augmente par le seul usage qu'il en fait.

Se donnant lui-même ce perfectionnement, il tend à le garder. Et, ne pouvant conserver les modes éphémères de la mise en activité, savoir, l'opération proprement dite, qui est momentanée et fugitive, il retient du moins la force acquise, parce qu'elle est compatible avec l'état potentiel, qui est l'état de repos. Ne pouvant perpétuer l'acte lui-même, il garde les virtualités déployées à son occasion.

Tel est le fruit de la vie. Il disparaît avec elle, et nous le chercherions en vain dans la matière inorganique. Pour l'être inerte, il y a disparition totale, perte simultanée de l'acte et de la disposition, parce que cet être est dépourvu d'initiative, et qu'ayant reçu le mouvement tel quel, sans pouvoir y mettre le sien, il n'a rien à revendiquer au moment où il lui est ôté. Ce qu'il tient d'une impulsion, il le perd par une impulsion contraire. Sa possession étant toute d'emprunt, la restitution est intégrale et le réduit à son indigence première.

VI. Conclusion. — Des considérations développées au cours de ce paragraphe, il résulte :

A. Que seul l'être vivant est doué d'habitude ;

B. Et que seule la vie peut en fournir une explication légitime.

En d'autres termes, l'expérience et la raison militent en faveur de la théorie thomiste.

Nous arrivons au terme de la psychologie animale. Désormais, il s'agira des facultés spéciales à l'homme.

SECTION IV

Facultés spéciales à l'homme.

Ces facultés sont l'intellect et la volonté, appelée aussi appétit intellectif.

CHAPITRE PREMIER

L'INTELLECT

Nous devons, en premier lieu, nous attacher à donner une idée exacte de cette faculté. Nous étudierons ensuite les phases de la connaissance qui lui est propre, laquelle est d'abord puisée aux sources de la perception, soit externe, soit interne; puis conservée; élaborée par des opérations multiples (abstraction, généralisation, jugement, raisonnement, idéalisation); enfin exprimée. Nous traiterons donc de la perception, de la mémoire, de l'élaboration intellectuelle et du langage.

Et c'est seulement après avoir ainsi exhibé toutes les ressources de l'entendement, que nous pourrons aborder avec fruit le problème si ardu de la nature et de l'origine des idées.

ARTICLE PREMIER. — **Notion de l'intellect.**

Dans la psychologie contemporaine, le nom d'intelligence désigne l'ensemble des facultés cognitives, le sens intime et la mémoire aussi bien que le jugement, le raisonnement... Nous le prenons ici comme synonyme de celui de la raison, conçue au sens large (soit pure, soit expérimentale), enveloppant toute connaissance autre que celle des sens.

Quelle est l'idée la plus générale que nous devons attacher à ce terme, dans le vocabulaire de la philosophie moderne?

I. — M. Janet nous répond : « Depuis **Leibnitz** et **Kant**, on est convenu de donner à ce terme (la raison) un sens plus particulier. On entend par là la faculté de l'absolu : dans ce cas on y ajoute d'ordinaire l'expression de pure : raison[1] pure (*die reine Vernunft*)... La raison pure n'est pas seulement la faculté de l'*absolu* : elle est encore la *faculté des principes;* et elle est la faculté des principes parce qu'elle est la faculté de l'absolu, car c'est dans l'absolu que les principes ont leur source[2]. »

Comme M. Janet nous y invite, recherchons le rapport des deux formules.

D'une manière générale, le principe d'une chose est la source de son être, sa cause exemplaire, efficiente ou finale, qui la rend d'abord intelligible, puis réelle, fonde sa possibilité ou détermine son existence. Or, comme l'être ne provient pas du néant, et que privation n'engendre pas possession, le principe devra être d'une perfection égale ou supérieure à celle de ses produits. L'être fini, mélange d'être et de néant, est effet avant de devenir cause. Seul l'infini donne sans recevoir. Aussi les voies de la causalité sont-elles ascendantes et mènent toutes à lui : il est au point de convergence. D'où il suit que la pensée, en les parcourant, atteint l'infini, et que la faculté des principes peut être appelée faculté de l'absolu.

---

1. Les auteurs contemporains distinguent la raison pure et la raison expérimentale. A celle-là ils assignent la conception des idées et des vérités dites premières, dont les applications sont réservées à celle-ci. Saint Thomas attribue à l'intellect les deux catégories de données.

2. *Traité de philosophie*, p. 187, 188.

Recherchons maintenant la notion de l'intellect, contenue dans les écrits de saint Thomas.

II. — Nous lisons dans la *Somme théologique* ces paroles : « Nomen intellectus quamdam intimam cognitionem importat; dicitur enim intelligere quasi *intus legere...* Cognitio intellectiva penetrat usque ad essentiam rei : objectum enim intellectus est quod *quid est,* ut dicitur in 3 *De Anima. Sunt autem multa genera* eorum quæ interius latent, ad quæ oportet cognitionem hominis quasi intrinsecus penetrare. Nam, sub accidentibus latet natura rei substantialis ; sub verbis latent significata verborum; sub similitudinibus et figuris latet veritas figurata; et in causis latent effectus, et e converso[1]. »

A. Quelques manuels s'attachent d'une façon beaucoup trop exclusive à l'idée exprimée dans la seconde phrase : « Cognitio intellectiva penetrat usque ad essentiam rei. » Ils restreignent bien à tort la portée du texte, en passant sous silence les autres applications qu'il contient, et qui auraient pour effet d'élargir les attributions de l'intellect. De l'énumération faite par saint Thomas, ils mettent en relief les termes préférés, et négligent le reste. Autre cependant est le concept d'essence, autre le concept de cause, soit efficiente, soit finale : l'essence d'un effet ne s'identifie pas avec l'énergie productrice de laquelle cet effet procède. Car l'artiste ne se confond pas avec son œuvre, Phidias avec la statue de *Minerve,* Raphaël avec le tableau de la *Transfiguration,* Dieu avec le monde qu'il a créé.

A la relation d'effet à cause, saint Thomas en ajoute d'autres qui diffèrent aussi sensiblement : la pensée, dit-il, se cache sous la parole qui l'exprime, la réalité sous les figures. Cette disparité d'exemples nous montre la variété indéfinie des rapports intelligibles qui forment le domaine de l'entendement, et la difficulté d'un dénombrement adéquat. Si l'auteur choisit, au hasard et comme à plaisir, des applications dissemblables, *c'est pour nous faire entendre l'universalité.*

Mais ces rapports si divers, n'est-il pas possible de les ramener à l'unité, de les grouper sous un même chef?

Puisque les philosophes modernes ont tenté cette unification, il est tout naturel de se demander si l'essai a été heureux et si nous pouvons l'accepter. Se laisser instruire par des hommes dont on a souvent combattu les idées, c'est faire preuve d'esprit de conciliation, et d'un amour sincère de la vérité, qui aide au succès de la recherche.

B. Depuis Leibnitz et Kant, la raison est conçue comme la faculté des principes. Or, tout principe exprime une raison d'être, et la raison d'être résume d'une manière très exacte les exemples donnés par saint Thomas :

L'essence d'une chose, en effet, est la raison de ses propriétés;

La cause efficiente, raison de l'effet;

La cause exemplaire, raison de la copie;

La cause finale, raison du moyen adopté pour l'atteindre;

La chose signifiée, raison du signe;

L'idée, raison du mot;

La réalité, raison de la figure et du symbole.

Avec la même justesse, et sans faire violence aux termes des autres rapports intelligibles, on pourrait les ramener au type proposé : par exemple, la substance est raison du mode; les éléments, raison du composé; l'évidence, raison d'une affirmation certaine; le bien, raison de l'amour; le meilleur, raison de la préférence...

L'être et la raison d'être[1] sont les premières notions de l'entendement; et elles comprennent toutes les autres. Encore la réduction est-elle possible, en ce sens que l'être, considéré sous ses deux formes opposées, l'être abstrait,

1. On sait que Leibnitz ramenait tous les principes à deux : l'identité et la raison suffisante.

indéterminé, et l'être par excellence, représentent les deux divisions générales de la raison d'être, savoir : la puissance apte à recevoir et l'acte qui donne. La puissance est figurée par le patient, la matière première, le mobile...; l'acte, par la cause efficiente, le moteur... Or, l'être indéterminé marque le point initial de la réceptivité, par conséquent de la puissance passive, qui est une raison d'être partielle, comme l'Être par excellence constitue la plus haute expression de la puissance active, la cause première et universelle, le moteur immobile.

D'où il suit que penser l'être, c'est concevoir aussi les raisons d'être, et avec elles toutes les données de la zone intelligible.

Nous tenons donc pour équivalentes les deux définitions : l'intellect est une faculté qui a pour objet la connaissance de l'être; ou celle des raisons d'être. Mais la seconde nous semble préférable, parce qu'elle est plus explicite. Nous devons ajouter que cette préférence est appuyée par des indications philologiques. Le langage, qui recèle des trésors de vérité et des lois psychologiques d'une grande portée, désigne par le même mot la raison de l'homme et celle des choses, comme pour faire sentir la coïncidence des deux domaines et nous montrer que la raison humaine a précisément pour objet la raison des choses.

En proposant cette interprétation, nous ne croyons pas nous écarter de l'enseignement de saint Thomas[1].

III. — Nous y attachons un certain prix, car elle nous paraît éclairer deux questions connexes, l'idée de science, et surtout celle d'*analyse* et de *synthèse*.

A. La science, en effet, est le privilège de l'homme, personne ne s'avisant d'en faire le partage de la bête. A

---

1. Il est vrai que, d'après le saint docteur, les essences des choses sensibles sont l'objet prochain et immédiat de l'intellect. Mais elles ne constituent pas tout son domaine. Or, il ne s'agit ici que de l'objet adéquat.

ce titre, elle doit être l'expression de la faculté caractéristique de l'être humain, la raison : c'est une *connaissance raisonnée*. Lorsque le philosophe cherche à définir son objet par les traits les plus généraux, comme la science embrasse des matières très diverses, qu'elle affecte les formes les plus dissemblables, il risque fort de prendre le change, en donnant l'espèce pour le genre, une catégorie particulière pour le type universel. Or, le moyen le plus sûr d'échapper à ce danger, c'est de définir le domaine de la science par celui de l'intellect, d'en détacher le calque pour former son programme. Il est exact de dire que la science, même la plus expérimentale, la plus positive, a pour objet les raisons des choses. Nous espérons le montrer ailleurs.

B. La notion de l'analyse et celle de la synthèse présentent le même écueil. Et bien des auteurs n'ont pas su l'éviter, du moins ceux qui définissent l'analyse « un procédé de l'esprit qui consiste à aller du composé au simple, du tout aux parties, du particulier au général, des effets à la cause, des conséquences au principe ». C'est comme s'ils disaient : « Le raisonnement est une opération intellectuelle qui devient ou l'enthymème, ou l'épichérème, ou le sorite, ou le dilemme, ou le syllogisme; » ou bien encore : « L'homme est un être intelligent, qui est ou Français, ou Anglais, ou Allemand, ou Espagnol...

Ce que nous demandons au logicien, touchant l'analyse, c'est sa définition, c'est-à-dire l'indication de ses propriétés générales; et l'on nous répond par des applications particulières, des exemples, des *verbi gratia*. Le but est manqué.

Le seul moyen de l'atteindre et de rester sur la ligne des pures généralités, c'est de calquer la notion de l'analyse et de la synthèse sur celle de l'intellect, dont ces procédés expriment la loi la plus essentielle. Par ce simple rapprochement, tout s'éclaircit.

D'après les considérations qui précèdent, toute opération intellectuelle est un mouvement dans la voie de la raison d'être.

Or, cette voie peut être parcourue en deux sens : soit en descendant de la raison d'être à ses dépendances, — c'est la *marche progressive ou synthétique,* — soit en remontant des dépendances à la raison d'être, — et c'est la marche *régressive ou analytique.*

Ainsi, nous allons par synthèse de la cause à l'effet, du modèle à la copie, de la fin au moyen, du principe à la conséquence, du bien à l'amour, du devoir à l'obéissance, — comme aussi de la chose signifiée au signe, de l'idée au mot, de la substance à l'accident, des éléments constitutifs au composé qu'ils appliquent.

Le retour figurerait l'analyse[1].

Pas un cas de méthode qui ne rentre dans la formule si simple et si brève qui précède.

Ces indications sommaires suffisent pour fixer le concept de l'entendement et, du même coup, par manière de corollaire, ceux de la science qui en est le produit, de la méthode générale qui en est l'instrument. Mais nous devons aller plus loin et déterminer à quelles sources l'intellect puise les matériaux destinés à alimenter la pensée. Il y a deux sources : la perception externe, qui reflète les propriétés de la nature matérielle, et la perception interne, qui révèle les manifestations du sujet pensant; bref, les sens et la conscience.

Nous avons déjà traité des sens externes, et même du sens commun, sorte de conscience empirique. Reste à parler de la conscience intellective.

---

1. Voir notre *Manuel de philosophie,* 2ᵉ vol., *Ontologie,* p. 247-249.

Article II. — **La conscience intellective.**

Notre âme est à la fois substance et cause : substance, elle rend *raison* des qualités qui en émanent ; cause, des faits qu'elle produit. Si la conscience portait son regard au delà de la surface mobile des phénomènes, sur le principe qui les engendre et les soutient, elle percevrait des données qui sont rationnelles au premier chef. L'intellect n'aurait qu'à les recueillir, à les élaborer par les procédés ordinaires d'abstraction et de généralisation, pour former des concepts métaphysiques dont la légitimité serait hors de doute, attendu qu'ils sont tirés de la réalité la plus authentique, celle qui nous est le plus immédiatement connue, le moi, sujet de la pensée.

I. — **Thomas Reid** a contesté ce pouvoir de la conscience. Cette faculté, dit-il, « a pour objet nos peines présentes, nos plaisirs, nos espérances, nos craintes, nos désirs, nos doutes, nos pensées de tout genre, en un mot toutes les passions, toutes les actions, toutes les opérations de l'âme, au moment où elles se produisent[1] ». Et c'est seulement en vertu d'un principe rationnel que l'esprit induit des phénomènes au sujet : « Toute opération suppose un pouvoir de l'être qui agit : car supposer qu'une chose agisse sans avoir le pouvoir d'agir, c'est une absurdité manifeste[2]. »

II. — **Maine de Biran** rejette cette timide théorie. « Tout le mystère des notions à priori, dit-il, disparaît devant le flambeau de l'*expérience intérieure*, qui nous apprend que l'idée de cause a son type primitif et unique dans le sentiment du moi identifié avec celui de l'effort[3]. »

---

1. *Œuvres complètes,* trad. Jouffroy, t. V, p. 96, 97.
2. *Œuvres complètes,* trad. Jouffroy, t. III, p. 21.
3. *Œuvres inédites,* publiées par Naville, *Fondements de la psychologie,* t. Ier, p. 258.

« Nous trouvons profondément empreinte en nous la notion de cause ou de force; mais *avant la notion est le sentiment immédiat* de la force, et ce sentiment n'est autre que celui de notre existence même, dont celui de l'activité est inséparable. Car nous ne pouvons nous connaître comme personnes individuelles, sans nous sentir causes relativement à certains effets ou mouvements produits dans le corps organique[1]. »

A vrai dire, la théorie de l'effort, prise avec ses dépendances, est toute la psychologie biranienne. L'idée originale de ce grand penseur, son apport dans le patrimoine philosophique, a été de démontrer qu'il est impossible de constituer l'étude expérimentale des phénomènes internes sans faire une part aux attributs ontologiques du moi ; impossible de concevoir la conscience sans la rattacher à l'unité du sujet pensant; la mémoire, sans lui donner pour condition métaphysique son identité; l'attention, la perception extérieure, la liberté surtout, sans les présenter comme l'exercice d'une activité, d'une force inhérente au moi[2]. « Le type primordial fixe et unique de toute identité comme de toute unité, dit le même auteur, se trouve dans le moi... La personne individuelle se retrouve toujours unique, identique au fond, quelles que soient la variété et la multiplicité des formes objectives ou représentations modales[3]. »

Pour nous borner au point fondamental de la doctrine, la perception de l'effort par la conscience, essayons de l'éclairer à l'aide de l'analyse.

Si je prends dans la main un poids un peu lourd, j'ai besoin de faire effort pour le soulever. Or le sentiment de l'effort est celui d'une force en acte, d'un agent en exercice,

---

1. *Ibid.*, p. 49.
2. « Cette idée (de Maine de Biran) n'est pas autre chose que la réintégration de l'élément actif avec le cortège entier des conséquences. » (*Introduction aux œuvres posthumes de Maine de Biran*, par Cousin, p. 66.
3. *Œuvres* publiées par Naville, t. Ier, p. 278.

d'une énergie productrice en état de tension. Je saisis les deux termes, savoir, la force et son opération, bien plus la relation dynamique qui les unit, la production du fait par sa cause. Je le sens fort bien, l'effort vient de moi; il dépend de moi de ne pas le produire, de l'interrompre, d'en diminuer l'intensité. Si je le trouve douloureux, je puis m'épargner cette douleur, en cessant de tendre les muscles. En un mot, je perçois ce fait avec son caractère actif, dans sa provenance causale.

Pour mieux le montrer, il suffit de mettre en parallèle la perception de l'effort avec celle d'un fait passif, par exemple de la souffrance que j'éprouve par suite d'un mal de dents. Je ne produis pas cette souffrance; elle vient en moi, je la subis. S'il dépendait de moi de la supprimer, de l'adoucir, je le ferais.

Ma conscience appréhende les deux faits, l'effort et la douleur de dents, mais avec des modalités opposées : elle saisit la douleur comme un phénomène passif, reçu dans un sujet et subi par lui; l'effort, au contraire, comme un fait procédant de ce même sujet, en découlant comme l'effet émane de sa cause. Or, cette différence, je ne l'imagine pas, *je ne la conçois* même pas à l'aide d'un argument déductif, comme la conclusion d'un syllogisme; *je la perçois* comme chose réelle, présente, dont j'ai la vivante intuition et le contact immédiat. Il faut donc aussi que j'aie l'intuition et le contact de la force.

Lors même que le mode musculaire de l'effort ferait quelque difficulté, notre démonstration n'en serait pas infirmée, attendu que l'effort revêt pour l'homme des formes variées: la forme intellectuelle dans l'attention, l'observation extérieure ou la méditation; la forme morale dans la volonté aux prises avec la passion. En ces occurrences, nous avons conscience, non pas d'un fait passif, mais d'une force qui se déploie, d'une énergie qui s'applique, d'un ressort qui se tend, en un mot, d'une cause en plein exercice.

III. — Cette doctrine a été reproduite par **Cousin**, qui, dans son introduction aux œuvres posthumes de Maine de Biran, s'approprie la meilleure part de son système. « La personne, la volonté, la cause, sont donc identiques entre elles. Le moi nous est donné dans la cause, et la cause dans le vouloir... Le moi y étant (dans l'effort musculaire) sous le type de la volonté, et la liberté étant le caractère même de la volonté, la liberté du moi est identique à son existence, et *immédiatement aperçue par la conscience.* La voilà placée au-dessus de tous les sophismes, puisqu'elle est soustraite au raisonnement... La spiritualité du moi nous apparaît dans son unité et son identité, unité et identité qui sont encore des aperceptions immédiates de la conscience. Dans la continuité de l'effort, le moi se sent toujours vouloir et toujours agir, et il se sent la même volonté et la même cause, alors que les effets voulus et produits varient[1]. »

IV. — Sur le même sujet, **Théodore Jouffroy** s'exprime ainsi : Avant la production d'un acte volontaire, « je connaissais; pendant sa production, j'ai connu; après sa production, je continue de connaître la cause qui l'a mis au monde... Les deux termes m'apparaissent : je ne conclus pas la cause de l'effet; je saisis l'un et l'autre, la cause d'abord, l'effet ensuite, et non seulement l'un et l'autre, mais la production de l'un par l'autre. L'effet est passager, il disparaît; la cause est permanente, elle reste. Aussi je continue de sentir la cause après que l'effet s'est évanoui, comme j'avais commencé par la sentir avant que l'effet fût produit. La double perception des deux termes est témoignée par toutes les circonstances...

« Si je crois que ces phénomènes n'émanent pas de plusieurs causes, mais d'une seule, c'est que je les sens tous émaner de la cause qui est moi. C'est ainsi que je décou-

---

1. *Introduction aux œuvres de Maine de Biran, Fragments philosophiques,* 3e édit., t. II, p. 68, 69.

vre l'unité du principe de ces phénomènes, et c'est à ce titre que j'y crois[1]. »

Il conclut ainsi : « Il faut rayer de la psychologie cette proposition consacrée : L'âme ne nous est connue que par ses actes et ses modifications. L'âme se sent comme cause dans chacun de ses actes, comme sujet dans chacune de ses modifications, et comme elle ne cesse d'agir et de sentir, elle a d'elle-même une conscience perpétuelle[2]. »

V. Importance de la question. — Si l'on admet ces intuitions de la conscience, l'unité, l'identité du moi, son activité, en général ses attributs métaphysiques, deviennent, au même titre que les plus humbles phénomènes, objet de perception. Les positivistes et les kantistes nous redisent à satiété que seules les données de l'observation ont une valeur objective. Mais l'existence de la cause, qui est moi, est une donnée observable, tombant sous le regard du sens intime, aussi bien qu'une simple sensation : je l'appréhende au cœur même de la réalité, en flagrant exercice. Donc, le concept que j'en ai, au lieu de représenter un fantôme, une fiction de mon esprit, une loi toute subjective de mon entendement, répond à une vivante réalité. Un philosophe de l'antiquité niait la possibilité du mouvement. Pour toute réfutation, son interlocuteur se mit à marcher devant lui. Il convient de faire à nos sceptiques une réponse un peu analogue : vous déclarez le concept de cause destitué de valeur objective. Mais il y a du moins une cause au monde : c'est vous-même. Et s'il y en a une, il peut y en avoir mille. Vous croyez à la science expérimentale et positive. Mais la métaphysique, considérée dans ses éléments constitutifs accessibles à l'observation, prend ce caractère expérimental et positif.

---

1. *Nouveaux Mélanges : Distinction de la psychologie et de la physique,* p. 237, 259.

2. *Ibid.*, p. 276.

Au nom de vos principes, vous devez la réhabiliter et lui rendre tous ses titres de légitimité. Vous admettez les faits qui relèvent du sens intime. Or, l'effort est un fait psychique, tombant sous le regard de la conscience, à l'égal des impressions purement sensibles. La conscience est une faculté perceptive d'une autorité égale ou même supérieure à celle des sens externes, car elle n'admet pas de milieu entre l'objet et l'esprit. S'il y avait un intermédiaire, on pourrait craindre qu'il altérât la représentation. Mais il n'en est pas ainsi, et l'activité du moi se révèle telle quelle au moi lui-même, sans image interposée.

Nous nous trouvons donc en présence de deux témoignages également valides, revêtus de conditions analogues, rendus par une même faculté, la conscience : d'abord sur l'affection sensible, prise tout à l'heure comme exemple, le mal de dents; ensuite sur l'existence de l'effort. Si l'on accepte le premier, il faut aussi recevoir le second, la légitimité étant la même.

VI. — Reste à nous demander quelle a été l'opinion de **saint Thomas** sur ce sujet.

Bien qu'il ait peu développé cette doctrine, il en admet le principe. L'un de ses récents et de ses plus fidèles interprètes, San Saverino, la lui attribue[1]. Au fait, il distingue deux degrés dans la connaissance de l'âme, concernant son existence d'abord, sa nature ensuite. La *nature* échappe à l'intuition de la conscience; autrement nous aurions la perception immédiate de la simplicité, de la spiritualité du principe pensant; et tout effort pour établir ces thèses de psychologie rationnelle deviendrait super-

---

1. « Certum est animam tum se actiones suasque actu cognoscere, cum supra se convertitur... Anima conscientia actuali cognitionem sui ex eo assequitur, quod supra se convertitur... non solum super actus suos, sed etiam super substantiam suam convertitur. » (*Dynamilogia*, n. 223, 226.) M. Dupeyrat formule la même pensée dans la thèse suivante : « Anima in actu conscientiæ cognoscit actus suos immateriales *a se dimanantes,* et proinde se cognoscit tanquam existentem et subsistentem. » (*Anthropologia*, p. 256.)

flu : *ce qui se montre ne se démontre pas.* Lorsque je souffre d'un mal de dents, je n'ai pas besoin, pour le prouver, d'un laborieux raisonnement, je le sens. Mais si l'âme ne perçoit pas sa nature, elle a du moins le sentiment immédiat de son existence. « Est autem differentia inter has duas cognitiones. Nam ad primam cognitionem de mente habendam *sufficit ipsa mentis præsentia,* quæ est principium actus, ex quo percepit seipsam; et *ideo dicitur se cognoscere per suam præsentiam.* Sed ad secundam cognitionem de mente habendam non sufficit ejus præsentia, sed *requiritur diligens* et subtilis inquisitio[1]. »

Observons toutefois qu'il est impossible de percevoir l'existence de l'âme et sa présence sans avoir quelque idée au moins vague et superficielle de sa nature[2]. Car toute existence est l'existence d'une certaine chose. La conscience ne révèle pas une existence abstraite, indéterminée, dépouillée de tout attribut particulier, mais la réalité d'un être qu'elle discerne de tout autre. Se sentir être, c'est se sentir penser, aimer et vivre; c'est avoir le sentiment de sa libre activité.

Notre saint docteur compare la réflexion de la conscience au retour de l'âme sur elle-même. Or il déclare que ce retour est complet, « reditio completa ». Il ne serait que partiel si le regard du sens intime s'arrêtait aux phénomènes, au lieu de remonter au principe qu'ils enveloppent, au foyer même de la vie mentale. Cette réflexion pénétrante, qui atteint le moi lui-même considéré dans ses attributs métaphysiques, l'unité, l'identité, et les énergies dont il est doué, est le privilège de l'intellect. Avec raison, les philosophes de l'École la refusent au sens intime[3] empirique. L'animal ne peut dire « moi », parce

1. I, q. LXXXVII, art. 1.
2. J'ai conscience de l'unité de moi, de son indivision, mais non de sa simplicité, de son indivisibilité.
3. Car les formalités suprasensibles de substance et de cause ne produiraient

qu'il ne perçoit pas le principe de sa vie, en dehors des faits qui le voilent en l'exprimant.

VII. Observation. — Ces données sont bien sommaires et bien insuffisantes. Il ne tient qu'aux néo-thomistes de les compléter, en méditant les indications recueillies dans les ouvrages du maître. Un génie métaphysique, quelque vaste qu'on le suppose, n'a pu tout dire; mais le plus souvent il a pressenti les développements de la pensée philosophique réservés aux âges futurs, et dans son œuvre, par avance, leur a ménagé un chapitre dont il n'a écrit que les premières lignes. C'est aux disciples qu'il appartient de remplir les pages laissées en blanc. En ce qui concerne la question présente, la défense de la métaphysique l'exige. Les philosophes du moyen âge n'ont pas eu, comme nous, à compter avec Hume et Kant; ils n'ont pas connu ces critiques qui mutilent l'esprit humain et biffent du domaine de la connaissance toute la partie rationnelle. Ils n'étaient pas sans cesse arrêtés, au cours des analyses les plus élémentaires, par une mise en demeure de vérifier l'objectivité des notions proposées. Cette vérification s'imposant au psychologue contemporain, il doit se préoccuper du choix de la méthode. Or, la meilleure, à tout prendre, paraît celle de Maine de Biran, qui confère aux données de la métaphysique le caractère positif et l'irréfragable autorité de l'expérience.

Un lien intime unit la conscience à la mémoire, qui a été appelée une conscience continuée.

ARTICLE III. — **Mémoire intellective.**

Au sujet de cette faculté, nous considérons trois choses : les fonctions; la nature; la condition métaphysique des fonctions et de la nature, qui est l'identité du moi.

aucune impression dans le sensorium. Aussi, pour les saisir, faut-il une faculté dégagée de tout sensorium, une faculté inorganique, comme l'intellect.

§ 1er. — *Fonctions de la mémoire intellective.*

Dans la mémoire intellective, le souvenir revêt la forme la plus complète; car il implique non seulement *conservation* et *reproduction,* mais aussi *reconnaissance* formelle et localisation[1] du fait remémoré dans une portion plus ou moins déterminée du passé. Telles sont les fonctions que nous avons à étudier. Parcourons-les tour à tour, en signalant les analogies et les divergences que nous offrira la mise en parallèle de la doctrine thomiste avec les théories les plus en vue des auteurs modernes.

I. Conservation. — 1° Déjà, en traitant de la mémoire sensitive et de l'habitude, nous avons vu se produire, sous l'influence de Descartes, des hypothèses basées sur les propriétés mécaniques de la matière, notamment celle des traces et des esprits animaux. « Les spiritualistes les plus déterminés, Descartes, Malebranche, Bossuet, dit M. E. Charles, ne sont pas loin de penser, comme Gassendi, que la persistance de la connaissance tient à celle des impressions produites sur la pulpe cérébrale[2]. »

2° Nous savons aussi, d'autre part, que saint Thomas

---

1. Il en est de la localisation dans le temps comme de la localisation proprement dite ou dans l'espace. Situer une maison dans un village, c'est indiquer la distance qui la sépare de tel ou tel objet déjà déterminé, et pris comme point de repère, par exemple de l'église, de l'école, de la mairie, du marché, en général d'un édifice qui, par sa forme, ses dimensions, sa nature, est généralement mieux connu du public, et s'offre comme terme de comparaison. Lorsque la rue est connue, il suffit d'indiquer le numéro. De même pour localiser un fait dans le passé, il faut d'abord des points de repère, qui sont le moment présent, ou bien des événements importants du passé, par exemple le jour de la première communion, celui de l'entrée au collège, une maladie, un examen, un voyage. Il faut secondement la mesure de la durée qui sépare le fait à localiser de ces points de repère, mesure obtenue soit par le calendrier qui donne la suite des années, des jours et des mois (et correspond au numérotage de la rue, pour la détermination du lieu), soit par les événements qui s'intercalent entre le fait à localiser et les points de repère. — De ces explications il résulte que la localisation est seulement une *précision de la reconnaissance.* Aussi n'en traiterons-nous pas dans ce paragraphe d'une façon spéciale.

2. *Psychologie,* chap. XVII, 4e partie.

fait de l'habitude le privilège de l'être vivant, et qu'il lui
assigne pour principe l'âme elle-même, le corps pouvant
aussi lui servir de siège, mais seulement à titre secondaire, dans la mesure dans laquelle il participe à la vie
de l'âme. L'élément supérieur du souvenir, contenu dans
l'espèce intelligible, appartient exclusivement à l'entendement, faculté inorganique et spirituelle, tandis que l'é-
lément sensitif, représentant un état mixte, psychique et
organique tout ensemble, réside dans les deux parties du
composé humain, l'âme incorporée ou le corps animé.

Comme ces éléments ne s'isolent guère l'un de l'autre,
que généralement l'idée suit l'image, la raison s'exerçant
de concert avec les sens intérieurs, il résulte que nos
souvenirs, même ceux de l'ordre le plus élevé, sont liés à
des impressions cérébrales. Ce qui le prouve, c'est qu'une
maladie aiguë (une fièvre violente, par exemple, ou bien
une contusion du crâne), en affectant l'encéphale, paralyse du même coup la mémoire intellective, fait évanouir
nos souvenirs les plus immatériels, les plus spiritualisés,
ceux qui ont pour objet nos idées métaphysiques ou les
actes les mieux épurés de la vie mystique.

3° Bref, les psychologues reconnaissent communément
la nécessité d'une condition organique pour le souvenir
même intellectif. Mais certains d'entre eux exigent de plus
un mode inorganique, exclusivement propre à l'intellect.
Pour l'affirmative, on peut alléguer les raisons suivantes,
que nous nous contenterons d'énoncer.

A. La principale, c'est que la connaissance rationnelle
requiert un milieu représentatif de nature analogue, savoir, l'espèce intelligible. Or cette espèce survit à l'opération qui l'engendre, et au premier usage qu'en fait l'esprit; et, d'autre part, la *survivance* suffit pour expliquer
l'habitude intellectuelle, base du souvenir.

B. Puisque l'habitude est le produit de la vie, sa formation sera d'autant plus facile à concevoir et à démon-

trer, que le sujet[1] appelé à la contracter occupe un rang plus élevé dans l'échelle des êtres vivants. Or, la vie de l'esprit prime celle des sens; d'où il suit que, les sens internes étant susceptibles d'habitudes, l'intellect devra l'être aussi.

C. La vertu, qui a tant de prix et de valeur intrinsèque, ne saurait être faite en entier d'états organiques et de dispositions purement cérébrales. Elle suppose une force de même ordre que la volonté qu'elle complète et ennoblit, par conséquent d'ordre spirituel. Or, l'analogie permet de conclure de l'habitude morale à l'intellectuelle, de la vertu à la science[2].

II. — Tandis que la conservation est le résultat de l'habitude, la **reproduction** sera le fruit de l'association.

Car la loi de l'association ne se limite pas à la sphère des représentations empiriques. Elle a une portée universelle et s'étend aux données de la raison, non moins qu'à celles des sens. Aussi régit-elle le souvenir intellectif et en explique-t-elle la réviviscence de la manière la plus aisée et la plus naturelle.

Vous donnez du pain à un chien. La vue de ce pain pourra lui rappeler, par contiguïté de temps ou de lieu, mieux encore par contiguïté subjective, l'endroit où cette nourriture lui a été souvent donnée, l'appel du maître, la présence des animaux qui lui disputaient sa proie... C'est que ces représentations ont coexisté dans le sens intime; elles se sont soudées l'une à l'autre, et le retour de la première suffit à provoquer celui du groupe entier.

1. « Intellectus est magis stabilis naturæ et immobilis quam materia corporalis. Si ergo materia corporalis, formas quas recipit, non solum tenet dum per eas agit in actu, sed etiam postquam per eas agere cessaverit; multo fortius intellectus immobiliter et inamissibiliter recipit species intelligibiles. » (I, q. LXXIX, art. 6.)

2. Ajoutons que l'âme humaine, la mieux pourvue d'habitudes morales ou intellectuelles, la plus riche de science ou de vertu, n'emporterait pas la moindre parcelle de ses trésors, en se séparant de l'organisme, à la mort, si ce trésor se composait uniquement de traces ou de vibrations cérébrales.

S'il s'agit maintenant, non plus du souvenir empirique, mais du souvenir intellectif, la loi de réapparition est, à bien des égards, la même. La vue du pain est aussi suggestive pour l'homme; elle lui rappelle le boulanger, le meunier, la farine, le grain de blé, la moisson, les semailles : réminiscences obtenues soit à l'aide des rapports rationnels qui rattachent un produit *à sa cause matérielle et à sa cause efficiente,* soit par simple contiguïté subjective. Car l'idée du pain, celles de la farine, du meunier qui la produit, du boulanger qui la pétrit, du blé d'où elle est tirée, de la moisson et des semailles qui ont fourni ce blé, ont pu coexister dans ma conscience; et elles doivent à ce rapprochement une puissance de suggestion, d'évocation mutuelle.

La reproduction du souvenir humain peut donc être déterminée par deux catégories de rapports[1], rationnels et empiriques, puisque l'homme est tout à la fois sens et raison.

Mais il ne suffit pas que la pensée renaisse; il faut qu'elle soit *reconnue.* Il y a des notions acquises jadis que l'association ramène, sans que nous puissions nous rappeler leur origine, et qui parfois même nous paraissent dater du moment présent : c'est ainsi que telle expression de Cicéron ou de Virgile, confiée à la mémoire, nous revient tout à coup dans la chaleur de la composition, sans aucun sentiment de sa provenance, et comme une création spontanée de l'esprit. En ce cas, il n'y aurait pas souvenir proprement dit.

III. — L'explication de la **reconnaissance** a donné lieu, chez les psychologues modernes, à deux théories principales.

1° La première est celle de **Thomas Reid**, « La connaissance du passé que nous devons à la mémoire, dit-il,

___

1. A chacun d'eux s'appliquent les lois psychologiques du retour des souvenirs : la vivacité d'impression, l'attention, la répétition des actes, l'association.

me paraît aussi difficile à expliquer que le serait la connaissance intuitive de l'avenir; pourquoi avons-nous l'une et pas l'autre? La seule réponse que je sache à cette question est que le législateur suprême l'a ainsi ordonné[1]. » Il en est du souvenir comme de la perception extérieure, d'après notre auteur : les deux phénomènes sont irréductibles pour des raisons analogues : « Comme Reid, dit M. Cousin, a fait de la perception une faculté spéciale qui, à certaines conditions, mais sans l'intermédiaire fantastique des idées, nous découvre les objets extérieurs, de même il présente la mémoire comme une faculté spéciale qui nous révèle le passé par sa propre vertu, sans raisonnement, et aussi sans l'intermédiaire des idées[2]. »

2° Le grief le plus souvent formulé contre l'école écossaise est le défaut d'économie scientifique, la multiplication indue des causes et des lois, des facultés primitives et originelles. Désireux d'échapper à ces reproches, les psychologues plus récents essayent la réduction; ils essayent de ramener à des lois d'une application plus générale le fait de la reconnaissance. *Taine* et M. *Rabier* le rattachent à la loi du contraste.

« Nos états de conscience se partagent en deux grandes classes : les états primaires et les états secondaires ou réviviscents. Ces derniers, à leur tour, se subdivisent en deux classes : les conceptions de l'imagination, les souvenirs. Donc deux questions se posent : 1° Comment distinguons-nous les états secondaires, en général, des états primaires? — 2° Comment distinguons-nous, parmi les états secondaires eux-mêmes, les conceptions de l'imagination, des souvenirs remémorés? — Dans les deux cas c'est un double contraste qui nous permet de faire cette distinction...

« *Premier point : distinction des états primaires et secon-*

---

1. *OEuvres* de Reid, trad. Jouffroy, t. IV, p. 54, 55.
2. *Philosophes écossais*, 8° leçon, Reid.

daires. — Double contraste : 1° Contraste sous le rapport de la vivacité, netteté, précision, etc., caractères qui appartiennent, à un haut degré, aux états primaires et, à un degré moindre, aux états remémorés. 2° Un autre contraste plus important encore que le premier, résulte de ce que les états remémorés peuvent être, pour ainsi dire, à volonté écartés ou appelés par l'imagination, tandis que les premiers s'imposent nécessairement à nous. Au lieu de me représenter, en ce moment-ci, tel tableau, je puis me représenter tel autre tableau ou bien autre chose, un arbre, une maison, ou bien rien du tout. Mais, tant que je suis ici et que j'ouvre les yeux, je ne puis m'empêcher de percevoir cette table et ce mur...

« *Second point : distinction entre les conceptions imaginaires et les souvenirs.* — Double contraste : 1° Les fictions de l'imagination reconnues pour telles ont d'abord ce caractère d'impliquer *un certain effort,* l'effort qui accompagne l'invention, la création. Pour composer un tableau imaginaire, un paysage imaginaire ou un air de musique imaginaire, il y a une certaine hésitation; il faut une certaine activité, une certaine recherche. Au contraire, pour me remémorer un air de musique que je connais, les accidents d'un chemin que je connais, le premier vers de l'*Énéide,* etc., point d'hésitation, point d'effort, point de recherche... 2° En voici un second : dans la création de l'imagination, il y a... *liberté :* nous pouvons, sans que rien nous résiste et nous fasse obstacle, modifier à notre gré la représentation... Au contraire, dans les représentations qui nous apparaissent comme des souvenirs, s'il y a spontanéité dans la représentation elle-même, il y a une sorte de nécessité à nous la représenter telle qu'elle est, et une sorte d'impossibilité, ou tout au moins de difficulté, de la modifier et de nous la représenter autrement[1]. »

1. *Psychologie,* p. 172-173.

Quelle est la conclusion à tirer de ces contrastes? L'absence d'effort coïncidant avec la nécessité de se représenter un objet d'une certaine façon, « indiquent que la représentation est déterminée par quelque objet ». Nous savons, d'autre part, « que la cause déterminante n'est pas actuelle. Une seule issue nous reste donc, une seule conclusion est possible, et par conséquent s'impose : il nous semblera que nous voyons un objet réel en effet, mais un objet réel qui n'est plus là, un objet réel qui est passé[1]. »

Il y a une part de vérité à dégager de cette analyse. Nous accorderons volontiers à M. Rabier que les états secondaires se détachent nettement des états primaires, les conceptions des perceptions proprement dites. *La difficulté sera de séparer, dans ces états secondaires eux-mêmes, le passé de l'imaginaire.* Il s'en distingue, dit M. Rabier, par un double contraste : dans la conception de l'imaginaire, il y a *effort* et *liberté*, l'effort et la liberté de l'invention; dans le souvenir, absence d'effort et nécessité. Rien de plus juste. Mais la question n'est pas dans la présence de ces caractères; elle est dans la légitimité des conséquences qu'on en tire. Il s'agit de savoir si ces caractères conduisent logiquement à l'idée du passé.

3° *Critique de la théorie des contrastes.* — Même en dehors de l'état de folie, l'homme est parfois obsédé de représentations contre lesquelles il semble n'avoir aucune prise, qu'il ne peut supprimer ni modifier. Et cependant en ces images tyranniques il n'a garde de voir un souvenir. L'ambitieux a une idée fixe, la possession du pouvoir; le voluptueux est assailli de désirs qui immobilisent en son cerveau d'immondes tableaux. Ces états psychiques réalisent les conditions posées par M. Rabier : absence d'effort et nécessité. Néanmoins ce ne sont pas des souvenirs, et les intéressés ne les prennent pas pour tels.

1. Rabier, *Ibid.*, p. 176.

Aussi bien, pour rendre raison de cette nécessité, il est superflu de recourir à l'hypothèse des contrastes : il suffit d'alléguer une des lois les plus simples et les plus élémentaires de la connaissance, la loi de l'évidence. Si j'affirme que j'ai fait ce matin une lecture de philosophie, ce n'est pas que je sois poussé à cette affirmation par une aveugle nécessité, sorte de propension invincible; c'est parce que *je vois* qu'il en a été ainsi. Proportion gardée, il en est du souvenir comme de la perception externe. Je ne puis nier que je ne perçoive les murs de ma chambre : ce serait nier l'évidence. Ce serait la récuser aussi que de mettre en doute un fait rappelé avec précision et netteté par la mémoire.

La nécessité du souvenir vient si bien de l'évidence, inhérente à la connaissance du passé, qu'elle s'évanouit immédiatement si l'on cesse de veiller à l'exactitude du souvenir. J'ai vu la ville de Lyon avec ses deux fleuves; bien que j'en aie conservé une idée précise, il n'y a aucune nécessité de me représenter ces deux fleuves, si je ne tiens à reproduire fidèlement la vérité, si je ne veux pas faire œuvre de mémoire. Supposé que je n'aie pas l'intention de reconstituer précisément un souvenir, rien n'empêche que je donne libre jeu à l'imagination : en ce cas je déplacerai le Rhône et la Saône, je les supprimerai même, si cela m'agrée. Plus de nécessité pour l'image. Cette nécessité ne produit pas le souvenir; elle le présuppose. Le tort des partisans de l'hypothèse des contrastes a été de renverser l'ordre des termes, en prenant l'effet pour la cause.

4° Recherchons maintenant la pensée de saint Thomas sur la question qui nous occupe.

Il déclare que la connaissance du passé appartient à la mémoire intellective. Sans doute, l'universel, conçu par l'entendement, étant immuable par essence, échappe à la mobilité du temps : les possibilités éternelles n'ont pas été, elles sont; il n'y a pour elle ni passé ni futur, mais un perpétuel et indéfectible présent.

Mais il en est autrement des actes intellectuels dont ces possibilités constituent l'objet. Ils sont transitoires et, une fois accomplis, présentent le caractère de faits passés, fournissant matière au souvenir.

Dans l'ordre sensitif, au contraire, le domaine de la mémoire comprend deux éléments : le fait matériel perçu, qui est contingent de sa nature, et l'acte de perception auquel il donne lieu[1].

Mais, bien que fondées en raison, ces distinctions laissent intacte la question qui nous occupe dans ce paragraphe : comment l'esprit reconnaît-il les faits passés? A quels signes peut-il les discerner des faits soit présents, soit imaginaires? Saint Thomas est peu explicite sur ce sujet. Pour la mémoire sensitive, toutefois, il paraît recourir à une faculté dont le rôle ne va pas sans mystère, l'estimative : « Ipsa *ratio præteriti* (quam attendit memoria) *inter* hujusmodi *intentiones* (æstimativæ) computatur[2]. » Faire intervenir l'estimative, c'est reculer la difficulté sans la résoudre, substituer problème à problème. Franchement, en acceptant pareille substitution, nous gagnerions peu au change.

Du reste, il nous semble que l'un des points élémentai-

---

1. « Præteritio potest ad duo referri, scilicet ad objectum quod cognoscitur et ad cognitionis actum; quæ quidem duo simul conjunguntur in parte sensitiva... Unde simul animal memoratur se prius sensisse in præterito, et se sensisse quoddam præteritum sensibile. Sed quantum ad partem intellectivam pertinet, præteritio per se non convenit ex parte objecti intellectus... *Ex parte vero actus præteritio per se accipi potest etiam in intellectu, sicut in sensu...* (Intellectus) intelligit suum intelligere... vel in præterito, vel in præsenti, vel in futuro existens. Sic igitur salvatur ratio memoriæ quantum ad hoc quod est præteritorum in intellectu, secundum quod *intelligit se prius intellexisse*. » (I, q. LXXIX, art. 6, *ad* 2ᵘᵐ.) Il s'ensuivrait que le souvenir sensitif porte sur deux éléments, et l'intellectif sur un seul. Mais, comme l'entendement recueille et s'approprie les représentations des sens reflétées par le sens intime, la mémoire supérieure embrasse aussi les deux objets.

2. I, q. LXXVIII, art. 4.

res de la doctrine thomiste, la théorie de l'espèce expresse, suffit pour rendre compte du fait de la reconnaissance pour la mémoire intellective.

5° **Essai de solution.** — Prenons le souvenir sous sa forme la plus simple. J'ai successivement éprouvé deux sensations, l'une de froid, l'autre de chaud, et celle-ci dure encore. Ces faits, reflétés par le sens intime, peuvent devenir l'objet d'un jugement, par conséquent de connaissance intellectuelle, puisque le jugement procède de l'entendement, et non des facultés sensibles. Il en résulte que l'entendement a pu les connaître. Supposons qu'il en soit ainsi. S'il a perçu le premier phénomène, il en a gardé l'espèce intelligible. Or l'espèce est comme l'empreinte mentale du fait qu'elle exprime : elle le retrace fidèlement, tel qu'il a été, non pas seulement comme possible, mais avec le caractère de la réalité, et d'une réalité disparue, puisqu'elle a fait place à celle d'un second fait, la sensation de chaleur. Dans l'exemple choisi pour matière de cette analyse, deux éléments constituent la notion d'un événement passé : l'existence d'un état ayant priorité de temps sur un autre état, car tout événement qui a *précédé* un fait présent, est passé. Or rien ne s'oppose à ce que l'espèce intelligible reproduise les deux éléments, l'existence réelle d'un phénomène et sa priorité chronologique sur un état actuel.

J'ai supposé que les deux sensations étaient le terme de jugements tels que les suivants : je souffre du froid; la chaleur lui a succédé. Le résultat de ces opérations est consigné dans l'intellect en espèces expresses, car à mesure que se produisent les manifestations mobiles de la vie interne, elles projettent leur image sous forme de verbe[1] mental, sur le sujet pensant. Or, ces idées, qui subsistent après l'usage momentané que l'esprit en a

---

1. Les perceptions du sens intime, produites même sans milieu représentatif, ne font pas exception.

fait, expriment leur objet trait pour trait, avec ses particularités et ses nuances, ses propriétés ou ses relations, par suite avec la *réalité*, qui est une propriété, et
l'*antériorité*, qui est une relation.

Mais, dira-ton, dans cette hypothèse, le souvenir serait
constitué par une idée réviviscente, c'est-à-dire renouvelée, rendue présente. Or, comment un état présent peut-il
reproduire un état passé? La réponse est fort simple, et
déjà sans doute pressentie du lecteur qui a bien voulu
parcourir l'article consacré à la perception externe : elle
nous est fournie par la théorie de l'idée représentative,
interprétée sainement, au sens thomiste. Nous avons déjà
vu que l'espèce peut exprimer autre chose qu'elle-même.
C'est ainsi que l'espèce sensible d'un objet matériel n'est
pas cet objet. Dans un ordre supérieur, l'idée de Pékin,
ou celle de la voie lactée, ne sont ni Pékin ni la voie lactée, pas plus que l'idée du péché ou de l'erreur n'est
l'erreur ou le péché. J'ai la notion de phénomènes qui se
produiront dans l'avenir, par exemple du lever du soleil
qui aura lieu dimanche prochain; et cependant cette
notion est actuelle. Il y a donc en ce moment dans mon
âme une manière d'être représentant des faits futurs.
Pourquoi une autre manière d'être, de nature analogue,
ne pourrait-elle figurer des faits passés? Nous concevons
le passé comme une existence qui a cessé *avant* une autre
existence, et l'avenir comme une réalité qui sera *après*
une autre réalité. Si le deuxième rapport est susceptible
d'être exprimé mentalement, pourquoi le premier ne le
serait-il pas?

L'étude des fonctions de la mémoire jette de vives clar-
tés sur une question d'un ordre plus intime, celle de sa
nature.

§ 2. — *Nature de la mémoire.*

La mémoire, nous venons de le voir, remplit un triple rôle : conserver, reproduire et reconnaître le souvenir des faits passés. Pour rendre raison de ces fonctions, suffit-il de mettre en jeu des facultés déjà connues, ou bien faut-il instituer une faculté nouvelle, ayant un caractère propre et irréductible?

I. — **Thomas Reid,** toujours enclin à multiplier les causes, se prononce pour la deuxième hypothèse. « La mémoire est une faculté primitive, dont l'auteur de notre être nous a doués, et dont nous ne pouvons donner d'autre raison, sinon qu'il lui a plu de la faire entrer comme élément dans notre constitution.

« La connaissance du passé que nous devons à la mémoire me paraît aussi difficile à expliquer que le serait la connaissance intuitive de l'avenir : pourquoi avons-nous l'une et n'avons-nous pas l'autre? La seule réponse que je sache à cette question, c'est que le législateur suprême l'a ainsi ordonné[1]. »

M. *Cousin,* dans sa *Huitième Leçon de la philosophie écossaise,* exprime presque dans les mêmes termes la pensée de Reid. « La mémoire est une faculté qui a son autorité naturelle comme toutes les autres, et dont on ne peut rendre compte que par la constitution de notre esprit. »

M. Bénard s'approprie cette opinion, et il la formule, dans son manuel, avec la plus grande clarté : « Qu'est-ce que la mémoire? Une faculté *simple, sui generis, qui ne s'explique que par elle-même.* Le souvenir est un acte de l'esprit, tout particulier, qui ne rentre dans aucun autre. Indéfinissable comme tout ce qui est simple, comme la pensée dont il est un mode, il doit être sévèrement main-

---

1. *OEuvres complètes,* trad. Jouffroy, t. IV, p. 54.

tenu dans sa nature propre. Le figurer, c'est le défigurer;
le faire comprendre par un acte différent, c'est en ôter
l'intelligence, altérer la notion vraie, *qui ne peut se prendre que sur lui-même*[1]. »

Tandis que Reid et les auteurs qui s'inspirent de sa
pensée rejettent toute possibilité de réduction, saint Thomas et certains psychologues contemporains, notamment
M. Rabier, acceptent la réduction, sauf à l'interpréter
diversement. Pour M. Rabier, le souvenir est la simple
réviviscence des états primaires[2], quelle qu'en soit la
nature, pensées, sentiments, volitions. Pour saint Thomas,
il est la réviviscence, non pas précisément de ces états,
mais seulement de la connaissance que nous en avons
eue : quand je me rappelle ma joie ou ma tristesse, je ne
suis pas joyeux ou triste derechef; j'évoque seulement
l'idée que la conscience m'a laissée de ces états.

Nous ne croyons pas nous éloigner de sa doctrine en
faisant de la mémoire une faculté cognitive, complétée
par l'habitude.

**II. Essai de solution : faculté cognitive complétée
par l'habitude.** — Rappelons le texte déjà cité de la
Somme théologique : « Memoria, ut virtus conservativa
specierum intelligibilium est, ad partem spectat intellectivam; ut vero ad præterita ut præterita suum respectum
habet, magis ad animæ sensitivam partem attinet[3]. »

---

1. *Psychologie*, chap. v, art. 3, *De la Mémoire*, p. 92.

. 2. Faire du souvenir la reproduction des états primaires, et non de l'idée de
ces états, c'est rendre la reconnaissance du passé bien difficile, sinon impossible. En effet, les états dits secondaires ne portent pas en eux-mêmes le signe du
passé. L'idée du passé est celle d'une existence qui a cessé. Or, rien dans ces
états ne m'indique qu'ils aient été réalisés jadis. M. Rabier en voit l'indice dans
la nécessité et la passivité de la représentation. Mais, comme on l'a déjà fait
observer, il y a des représentations qui nous offrent les mêmes caractères de passivité et de nécessité, et qui ne sont pas des souvenirs. Au contraire, la reconnaissance s'explique d'une façon normale, si l'on admet, avec saint Thomas, que
le souvenir est la réviviscence d'une idée. L'idée, étant la simple projection dans
l'esprit du fait représenté, reproduit ce fait avec les rapports chronologiques qui
l'unissent aux phénomènes voisins.

3. I, q. LXXIX, art. 6, c.

Ce *magis* nous laisse quelque scrupule. Sans doute, dans la mémoire sensitive, le fait connu et la connaissance appartiennent l'un et l'autre au passé, tandis que, pour la partie proprement intellective du souvenir, l'objet, — s'il est formé exclusivement de rapports nécessaires et immuables, — étant dans un perpétuel présent, échappe à toutes les vicissitudes de la durée.

Mais, sous le bénéfice de cette réserve, la connaissance du passé prise avec sa forme la plus complète et la plus élevée, qui requiert deux conditions rationnelles, la notion d'identité pour le sujet[1] qui se souvient, et la mesure du temps nécessaire pour la localisation des faits, nous semble convenir plus particulièrement à l'intellect. L'attribution, du reste, est en accord avec les principes du saint docteur. Qu'est la conscience intellective, en effet, sinon l'entendement lui-même, portant le regard sur tous les faits internes sans exception, même sur les sensations; et, par l'intermédiaire des sensations, atteignant les objets extérieurs, les phénomènes matériels, dans leur existence éphémère et leurs rapports de succession? *Il les connaît, puisqu'il en juge.* Recueillant les données sensibles, rien ne s'oppose à ce que l'entendement en conserve l'idée, et que, le cas échéant, il la reproduise avec tout son contenu.

En ces diverses opérations y a-t-il un seul élément dont on ne puisse rendre compte par l'intellect et ses habitudes? « Intellectus immobiliter et inamissibiliter recipit species intelligibiles[2]. » Il suffit donc à expliquer la mémoire.

Passons maintenant de la *reconnaissance* à l'attribut

---

1. Les puissances sensibles ne peuvent distinguer en nous le principe substantiel, qui est permanent, des phénomènes qui se succèdent; partant, elles ne peuvent fournir la notion d'identité. — En second lieu, la mesure du temps suppose la possession d'idées abstraites et de rapports rationnels, dépassant la portée des sens.

2. I, q. LXXIX, art. 6, c.

métaphysique qu'elle suppose, l'identité du moi. Je ne puis me rappeler la vue de Rome, qu'autant que j'ai moi-même visité cette ville : si le moi désireux d'évoquer cette vue n'est pas identique au moi qui a connu, il ne peut y avoir de reconnaissance et de souvenir proprement dit.

§ 3. — *L'identité du moi, condition métaphysique de la mémoire.*

Cette étude intéresse tout à la fois la psychologie, la morale et la métaphysique :

La *psychologie* à double titre : soit parce qu'elle assigne au souvenir son fondement ontologique dans les attributs du sujet pensant, — soit parce qu'elle fournit un élément de solution dans le problème de l'origine des idées, savoir, la genèse du concept d'identité;

La *morale*, en ce qu'elle pose la condition de la responsabilité, le sujet responsable, appelé à recevoir la sanction de l'acte, récompense ou châtiment, devant être identique à l'agent libre qui a produit cet acte. Car, si, dans l'intervalle qui sépare l'acte de la sanction, cet agent perdait son identité, il n'y aurait plus lieu de le déclarer responsable.

La *métaphysique*, qui oppose l'identité[1] du moi au renouvellement de l'organisme par le « tourbillon vital », en déduit la distinction de l'âme et du corps.

A raison des intérêts multiples qui sont en cause, il est avantageux de bien assurer la donnée initiale, en montrant par quelle opération le moi prend connaissance de sa propre identité. Malheureusement la question est obscure, et il est malaisé de lui donner une réponse bien nette. Deux hypothèses ont été émises pour la résoudre.

---

1. Sans doute le métaphysicien à la notion d'identité morale, la seule dont la mémoire nous témoigne, substitue la notion d'identité physique, d'identité de substance. C'est là l'œuvre du raisonnement; mais elle n'est possible que grâce aux données du souvenir.

I. — La plus simple, la plus naturelle du moins à première vue, est celle de **Damiron** et d'**Adolphe Garnier**, qui font intervenir la conscience et la mémoire.

La conscience a pour objet ce qui est, la mémoire ce qui n'est plus. Or, le rapport d'identité implique deux points pris dans la durée successive, l'un passé, l'autre présent : par exemple, le moi d'hier à midi est le même (si on le considère en lui-même comme principe, indépendamment de ses états accidentels) que le moi du moment présent. De cette proposition, le premier terme est fourni par la mémoire, le second par la conscience. C'est l'enseignement formel de Damiron : « Il (le moi) reconnaît cette identité lorsqu'en *se sentant dans le présent*, il *se souvient du passé*, et qu'il se trouve à la fois avec la conscience et la mémoire de sa propre existence. A ce double acte de sa pensée il juge que le passé ne fait qu'un en lui avec le présent, qu'il y a suite de l'un à l'autre, qu'il y a continuité de lui-même[1]. »

A. Garnier exprime une pensée analogue. « La *mémoire jointe à la conscience* nous fait connaître que l'âme reste identiquement la même pendant tout le cours de son existence. La conscience nous montre les actes de l'âme qui sont simultanés, la mémoire nous montre les actes qui sont successifs. Le plaisir succède à la peine, le souvenir à la perception, la croyance à la perception, la volition à l'acte involontaire; mais quelle que soit la diversité des faits qui se remplacent les uns par les autres..., la mémoire nous fait connaître qu'ils sont accomplis par l'être que nous montre en ce moment la conscience, qui le nomme toujours par le même nom : je souffrais, je jouis, je consentais, je refuse : les actes ont changé, le moi producteur des actes est resté le même... De même que la conscience atteint par elle-même l'unité du moi, de

---

1. *Cours de philosophie*, t. Ier, p. 35.

même la mémoire atteint directement et sans raisonnement l'identité de l'âme[1]. »

Il suit de ces considérations que le moi du jour passé, le moi d'hier, serait objet de mémoire, et non de conscience. — Est-ce bien exact? Si nous envisagions le moi en lui-même, comme principe, abstraction faite de ses phénomènes, le moi d'hier est le même que celui d'aujourd'hui, car *il ne laisse aucune prise à la division du temps*. La distinction du passé et du présent, de l'antérieur et du subséquent, *prius* et *posterius,* s'applique aux faits qui naissent et meurent, mais non au sujet pensant, qui, en dehors de ses modalités, n'admet ni cessation ni perte. Il en résulte pour ce sujet une sorte de durée simultanée, un présent permanent, qui contraste avec la succession des phénomènes, soumis à la loi d'un perpétuel écoulement. Puisque la conscience appréhende le présent, il semble que l'identité du moi soit de son domaine, et tombe sous son regard.

II. — Tel est, dans ses lignes générales, le raisonnement sur lequel **Maine de Biran** a étayé sa théorie.

« Dans chacune de mes résolutions, je me *connais comme cause antérieure* à son effet et qui lui survivra; je me vois en deçà, en dehors du mouvement que je produis, et indépendamment du temps. C'est pourquoi, à proprement parler, *je ne deviens pas,* mais réellement et absolument je suis. » Il n'y a donc pas de passé dans l'existence du moi, mais un invariable présent. « Le sujet de l'effort, dit le même auteur, reconnaît immédiatement sa durée continuée, il *sent* qu'il est le même qu'avant le sommeil... C'est là une *expérience simple de sens* intime..., un sentiment de durée uniforme qui n'admet elle-même aucune variété, un sentiment identique et immédiat de l'existence personnelle ou d'une durée qui peut être regar-

1. *Traité des facultés de l'âme,* t. II, p. 157.

dée comme la trace de l'effort fluant uniformément, de
même que la ligne mathématique est la trace du point
qui flue[1]. »

Éclairons cette pensée par une comparaison. J'éprouve
une modification sensible durant un quart, ou, si l'on préfère, un dixième de seconde, et qui me semble *momentanée* : à ce titre elle doit être objet de conscience. Le
lecteur n'ignore pas que, pendant ce dixième de seconde,
le rayonnement de la lumière suppose des trillions de
mouvements vibratoires pour une seule molécule. Supposons un être pensant, capable d'éprouver des impressions
aussi rapides et aussi nombreuses, dans le même temps,
que la molécule lumineuse; au moment où il subira la
dernière, toutes les précédentes, se chiffrant par trillions,
pourraient être matière à souvenir. Unissons maintenant
les deux états dans la même âme, et nous aurons la
conscience d'un fait permanent, parallèle dans sa durée,
à la série mobile de modalités innombrables, rappelées
par la mémoire.

III. — Nous trouvons peu de lumières sur ce sujet si
ardu dans les écrits de **saint Thomas**. Loin de contester
l'identité de l'âme dans les périodes successives d'une vie
humaine, il la suppose comme une vérité de sens commun, sans se préoccuper de l'établir ou même de l'énoncer. Et jamais, que nous sachions, il n'en a fait une
étude[2] directe.

IV. — Aussi bien, nous éprouvons la plus sérieuse difficulté à prendre parti entre Maine de Biran et Damiron.
Car si, d'un côté, la substance de l'âme considérée en elle-
même échappe au changement et à la succession, il est,

---

1. Maine de Biran, *Œuvres* publiées par Naville, *Fondements de la psychologie*, t. II, p. 52, 53.

2. Cette question est née avec Locke, bien qu'il l'ait mal résolue, car il cherche l'identité du moi dans la série continue des faits internes, et non dans la
permanence du principe. C'est Maine de Biran qui a le premier nettement posé
la solution spiritualiste, en affirmant l'identité du moi, principe de l'effort.

d'autre part, malaisé de concevoir comment le moi d'hier appartient au présent. La journée d'hier n'est plus, elle est passée : passée aussi doit être l'existence du moi qui a coïncidé avec la durée de cette même journée.

Dans ce problème, il s'agit d'une attribution à faire soit à la conscience, soit à la mémoire. Même en laissant le problème irrésolu, nous avons le droit de maintenir la thèse générale, concernant l'identité du moi, qui nous est affirmée d'une manière irrésistible par l'entendement faisant fonction soit de mémoire, soit de conscience, — en toute hypothèse, fonction légitime, présentant les garanties ordinaires de vérité.

Nous arrivons à la troisième phase de la vie intellective : la connaissance, puisée à ses sources (externe et interne) et conservée, doit être de plus *élaborée*.

Article IV. — L'élaboration.

Les opérations qui se réfèrent à ce chef sont l'abstraction, la généralisation, le jugement, le raisonnement, enfin l'idéalisation.

§ 1er. — *L'abstraction.*

Abstraire, c'est isoler mentalement une propriété, un caractère, en général une formalité, d'une ou de plusieurs autres formalités auxquelles la nature l'a étroitement unie.

Deux cas peuvent se présenter : ou bien les formalités sont extrinsèques l'une à l'autre et en quelque sorte parallèles, ou bien elles affectent le *rapport de l'indéterminé à sa propre détermination*. Ces énoncés sont vagues, et quelque peu hiéroglyphiques. Éclaircissons-les par des applications.

I. — La forme d'abstraction correspondante au premier cas est *universellement acceptée.*

Nous la trouvons d'abord dans la perception extérieure. Un même corps, une orange, par exemple, est douée de propriétés multiples, qui sont perceptibles par nos divers sens et leur fournissent matière à autant d'abstractions : la vue abstrait la couleur; le goût appréhende la saveur sans mélange de qualités visuelles ou auditives; le toucher saisit l'étendue et la résistance, mais reste étranger aux perceptions de l'odorat et de l'ouïe.

Ce n'est pas qu'il se produise deux opérations distinctes : la perception d'abord, l'abstraction ensuite. Il n'y a qu'une seule opération avec double résultat, la perception externe, qui est, de sa nature, abstractive, à raison même de ses conditions organiques. « Chacun de nos sens, dit M. Rabier, est un instrument naturel d'abstraction; chacun d'eux ne perçoit, en effet, que certaines propriétés de la matière : la vue est sensible à la couleur, non à la résistance, etc. On pourrait soutenir que nous n'avons d'autres idées que des idées abstraites, parce que notre expérience n'atteint jamais le fond et l'infini détail des choses; nous ne connaissons le tout de rien[1]. »

Parmi les phénomènes internes, le psychologue peut aussi détacher idéalement, afin de les examiner à part, la pensée du sentiment ou de la volition, bien que la nature les ait unis et ne les laisse pas aller l'un sans l'autre. Qu'il s'agisse de données individuelles et concrètes ou d'éléments rationnels, le procédé est le même, proportion gardée, en tenant compte de la différence des deux ordres. Vous avez le concept général de l'humanité : ne vous est-il pas loisible de le fractionner, de concevoir à part la vie végétative, par exemple, ou la liberté, indépendamment des autres énergies propres à l'être humain?

---

1. *Psychologie*, p. 300, en note.

Comme spécimen des divers degrés d'abstraction, M. Rabier propose plusieurs exemples, dont le premier est, il est vrai, sujet à caution. « Considérer un corps à part des autres objets qui l'entourent, comme s'il était seul dans l'univers, c'est déjà un premier degré d'abstraction : dans ce corps, considérer exclusivement la forme, ou l'étendue, ou la couleur, second degré; dans la forme, considérer à part une surface, troisième degré; dans la surface, considérer une ligne, quatrième degré; si enfin on ne considère que l'endroit où la ligne commence et l'endroit où elle finit, on a l'idée du point, abstraction du cinquième degré. De même, en moi, je puis considérer l'intelligence; dans l'intelligence, la mémoire; dans la mémoire, la remémoration, indépendamment des autres éléments du souvenir[1]. »

A côté de ce procédé, dont la validité est unanimement reconnue, il en existe un second particulièrement en faveur près des scolastiques, qui a pour effet de dépouiller une chose de ses déterminations.

II. Saint Thomas. L'abstraction produit l'indéterminé. — L'idée de l'être en général est la plus pauvre de l'entendement, et toutes les autres la complètent; car chaque chose, réelle ou possible, est un certain être. Les compléments dont elle est susceptible, disposés en ordre progressif, correspondent à la série aussi croissante des attributions génériques, spécifiques ou individuelles.

L'être est substance ou accident. Or, la substance est conçue comme vivante ou non vivante; vivante sensible, sensible raisonnable, c'est-à-dire humaine, réalisée en tel individu, Pierre par exemple.

De son côté, l'accident devient qualité ou quantité : qualité tangible ou visible, etc., qualité visible : blanche, bleue, verte, rouge, rouge pâle, rouge vif...

1. *Psychologie*, p. 300, en note.

Ce sont des revêtements successifs. Que fait l'abstraction au sens thomiste? Précisément elle *dévétit;* elle dégage chaque élément de l'une ou de plusieurs des complications qui l'enveloppent, menant de Pierre à l'homme, de l'animal raisonnable à l'animal, de la substance vivante à la substance, d'un certain être à l'être; ou bien encore du rouge vif au rouge, de la couleur rouge à la couleur, de la qualité visible à la qualité... Dépouillant les choses de leurs particularités pour les présenter sous une forme plus générale, elle élimine les déterminations, ou, ce qui revient au même, produit l'indéterminé. Grâce à ce procédé, l'essence spécifique, individualisée en nous, retrouve la pureté du type : « Una et eadem natura, quæ singularis, et individuata per materiam in singularibus hominibus efficitur, postea universalis per actionem intellectus *depurantis* ipsam a conditionibus quæ sunt hic et nunc[1]. »

« Par exemple, l'esprit, dépouillant les couleurs particulières perçues par les sens de ce qui les distingue, et ne retenant que ce qui est commun à toutes, se fait une idée de couleur abstraite ou indéterminée, qui n'est ni le rouge, ni le bleu, ni le blanc, ni aucune couleur particulière. De la même manière, quand on porte la pensée sur le mouvement, abstraction faite du corps même, de la figure qu'il décrit, de toutes les directions et de toutes les vitesses particulières, l'idée générale de mouvement se forme[2]. »

Après avoir signalé cette manière de concevoir l'abstraction, M. Rabier se prononce contre sa légitimité; il y voit une contradiction formelle, celle que l'on commet en séparant une chose d'elle-même.

III. Objection contre sa légitimité. — « La chose à

---

1. Opusc. LV, *De Univers.,* art. 1.
2. Rabier, *Psychologie,* p. 306. A vrai dire, dans ces exemples, l'abstraction va jusqu'à l'élément générique, au lieu de s'arrêter à l'élément spécifique.

séparer fait partie intégrante de la chose dont il faudrait la séparer. Elle est de son essence même : la séparation est donc ici rendue impossible, non par une association plus ou moins tenace, mais par la loi même des contradictions; l'effort pour l'accomplir entraînerait la suppression même de l'idée. Concevoir un homme avec un corps, des bras, des jambes, mais sans lui attribuer aucune attitude et aucune grandeur, est impossible et contradictoire, parce que des parties étendues qui n'ont pas de grandeur ou de position ne sont pas des parties étendues... Concevoir une couleur qui n'est ni bleue, ni rouge, etc., c'est concevoir une couleur qui n'est pas colorée, un néant de couleur. Prétendre opérer des abstractions de ce genre, c'est donc prétendre penser une chose en s'interdisant de la penser[1]. »

IV. Réponse. — Nous éprouvons quelque surprise en voyant un psychologue si pénétrant, taxer de contradictoire une opération élémentaire qui se mêle à presque tous nos jugements, même aux plus simples, sans en infirmer la valeur.

A. Soit la proposition : « L'empereur de Chine a un corps. » Apparemment cette affirmation est exacte; cependant elle ne porte que sur un concept indéterminé, car elle laisse de côté les particularités de grandeur, d'attitude ou de couleur. Quelles sont les dimensions de ce corps? Est-il vigoureux ou débile, sain ou malade, et, au moment où j'écris ces mots, en mouvement ou en repos? Je l'ignore, et n'ai pas l'intention de le dire dans mon affirmation. — On ne peut concevoir une couleur qui ne soit bleue, rouge ou verte, etc. D'accord. Mais on peut aussi faire abstraction de ces différences spécifiques, et s'en tenir au genre. Sans commettre la plus légère inexactitude, vous pouvez dire que les habits de

1. M. Rabier, *Psychologie*, p. 308.

l'empereur de Chine sont colorés, tout en ignorant leur couleur particulière.

Sans doute, nous dira-t-on, vous ne pouvez songer à l'empereur de Chine sans que l'imagination ne lui prête les couleurs, la physionomie, l'allure d'un individu plus ou moins déterminé. L'idée ne va pas sans image. Mais ces traits imaginaires sont purement fictifs, sans aucune garantie de vérité; et je n'ai garde *de les inclure dans le jugement proprement dit*. En concevant ces particularités fantaisistes que l'association y mêle, la raison n'en est pas dupe, et elle les tient pour non avenues. Que je me représente ce souverain avec une haute stature, la figure virile, le ton de la voix impérieux, ou bien autrement sous des traits moins flatteurs, le tableau ne m'impose pas, car il émane de la « folle du logis », et sans le moindre effort de réflexion je lui dénie toute réalité. S'il en était différemment, si l'image qui doit rester en dehors de l'idée, et *flotter pour ainsi dire au-dessus,* en devenait partie intégrante, et qu'elle s'introduisît dans le prédicat, l'addition rendrait le jugement erroné. Nous pouvons même ajouter que la plupart de nos jugements deviendraient de ce chef inexacts.

Il y a donc une distinction à faire entre l'indéterminé et ce qui le détermine, entre l'universel et ce qui l'individualise, puisque ces choses donnent lieu à deux affirmations distinctes : Pierre a un[1] corps; Pierre a un corps de haute taille.

B. Mais serrons de plus près la difficulté; dissipons l'équivoque qui se cache dans le raisonnement que l'on nous oppose.

Abstraire, c'est isoler mentalement l'essence de ses déterminations, pour l'envisager à part; c'est considérer

---

1. Sans doute, en disant que Pierre a *un* corps, nous entendons bien un *certain* corps individuel, car tout ce qui est réel est individuel; mais nous ne disons rien du mode de détermination.

en Pierre ce qui le fait homme, séparément des particularités qui le font Pierre.

Ce n'est pas dire que le premier élément existe sans le second, que l'essence est réalisée sans telle ou telle condition individuelle. Qui ne voit la différence? La vue perçoit la couleur d'une orange, et ne perçoit pas la saveur; mais elle ne dit pas *que cet objet coloré est dépourvu de saveur*. Ainsi, lorsque j'attribue à Pierre l'humanité, sans lui attribuer des qualités particulières précises, je n'affirme pas que l'humanité existe en lui en dehors de ces qualités.

Or, précisément c'est cette affirmation fautive et erronée que l'on nous prête gratuitement. On nous accuse de « concevoir une couleur *qui n'est ni bleue, ni rouge*, etc., c'est-à-dire une couleur qui n'est pas colorée. » Nous en convenons volontiers, ce serait un étrange procédé; mais il n'a rien de commun, grâce à Dieu, avec l'abstraction prise au sens thomiste. Nous en trouvons la preuve manifeste dans les paroles suivantes du saint docteur : « Ea quæ sunt in sensibilibus abstrahit intellectus, *non quidem intelligens ea esse separata, sed separatim vel seorsim ea intelligens*[1]. » Concevoir une chose séparément d'une autre, c'est-à-dire sans songer momentanément à une autre, ce n'est pas admettre leur séparation effective et extérieure. Quand je dis : les habits de l'empereur de Chine sont colorés, je me borne à affirmer le genre sans prononcer sur le choix de l'espèce; mais je n'entends pas déclarer que le genre peut exister en dehors de ses espèces, qu'il peut y avoir une couleur réelle n'étant pas le bleu, ni le rouge, ni le violet, ni le vert. Je fais une précision, non une négation.

Au reste, le grief dirigé contre le procédé dont nous esquissons la théorie pourrait être retourné contre les

1. Lib. III, *De Anima*, lect. 12. « Si Socrates sit musicus et albus, possumus intelligere albedinem, nihil de musica intelligendo. » (*Ibid.*)

autres formes de l'abstraction même les plus légitimes, celles dont personne ne conteste la valeur. Paul est à la fois père de famille et magistrat. En isolant par abstraction le premier titre du second, je ne dis pas qu'il est père *sans être magistrat* ; je dis seulement qu'il est père, m'interdisant toute autre considération, m'abstenant soit d'affirmer, soit de nier autre chose. Aussi devons-nous conclure avec Bossuet qu'en « cette opération il ne peut y avoir aucune erreur, parce que ni on ne nie, ni on n'affirme ; de sorte qu'il n'y a rien de plus clair que cet axiome de l'École : *qui fait une précision, ne fait pas un mensonge : abstrahentium non est mendacium*[1]. »

L'indéterminé, fruit de l'abstraction intellectuelle, devient l'universel, objet de l'idée générale, à l'aide d'une nouvelle opération que nous avons à décrire.

§ 2. — *Généralisation.*

I. — Dans la doctrine **thomiste**, ce nouveau procédé tient d'une façon si étroite au précédent, qu'il doit en être regardé comme la suite nécessaire.

En effet, toute idée se caractérise par sa compréhension et son extension.

A. Or, la compréhension de l'idée générale est déjà connue : c'est celle que lui laisse l'abstraction intellectuelle, après élimination des conditions individuelles. A ce qui le fait homme, Pierre joint ce qui le fait tel homme : écartons les manières d'être qui lui sont propres, il restera les attributs spécifiques de l'humanité, c'est-à-dire l'*indéterminé,* que l'on appelle aussi universel direct.

B. La généralisation — le mot l'indique — n'a d'autre

---

1. Bossuet, *Logique*, livre Ier, chap. XXIII.

effet que de donner à l'universel direct, une fois obtenu par l'abstraction, son extension, ce qui le rend universel réflexe[1].

Deux cas peuvent se présenter : ou bien nous connaissons plusieurs individus de la catégorie à former, et la comparaison est possible; — ou bien nous n'avons en main qu'un seul échantillon, et la comparaison devient impossible, faute de matière.

Le premier cas est le plus fréquent. Prenons-le sous sa forme la plus simple. Deux boules d'ivoire sont devant mes yeux ; de l'une et de l'autre je dégage aisément l'idée abstraite de blancheur. Je conçois donc un même type, une même forme idéale, réalisée en deux objets. Mais au lieu de deux corps blancs, je puis en considérer trois, quatre, dix, cent... Ce n'est pas encore l'universalité. Voyant la propriété abstraite de blancheur réalisée en cent objets blancs, je fais réflexion qu'aucun d'eux n'épuise sa puissance de multiplication, *sa reproductibilité*. L'indéterminé ne se livre pas à telle ou telle individualité ; aucune ne l'absorbe et ne l'empêche de se répéter ailleurs. La blancheur n'est pas limitée de sa nature à un mur de vingt mètres carrés, plutôt qu'à un second de trente mètres, pas plus à la chaux qu'à la neige, à la neige qu'au lait ou à l'ivoire; elle ne demande ni dimensions ni figures spéciales, et se prête à un nombre indéfini d'applications.

La deuxième hypothèse offre plus de difficulté.

1. Voici, d'après le cardinal Zigliara, la différence qui le sépare du direct. « L'universel direct nous présente exclusivement la nature ou la quiddité d'un objet, abstraction faite de tout autre concept s'y rapportant : par exemple, nous aurons l'homme, c'est-à-dire le concept de la nature que ce mot exprime, mais sans considérer sa manière d'être *dans les individus* ou en dehors d'eux, et ses *relations de participabilité dans ces mêmes individus*, etc. L'univers logique, au contraire, est la même nature, considérée non plus en elle-même, comme dans l'universel métaphysique, mais prise dans son état d'abstraction, et par conséquent comme unité de relation entre les individus auxquels cette nature est communiquée ou communicable. » (*De la Lumière intellectuelle et de l'Ontologisme*, livre Ier, n° 30, trad. par l'abbé Murgue, p. 48, 49.)

Nous voyons pour la première fois un animal sauvage, un éléphant : ce représentant unique de l'espèce nous permettra-t-il de la concevoir? Est-il possible de généraliser les données recueillies dans un seul individu?

Certains philosophes le nient, puisqu'ils font de la comparaison la condition essentielle de la généralisation.

II. — Selon M. Paul Janet, deux opérations sont nécessaires pour l'élaboration de l'idée générale : la comparaison qui « remarque les ressemblances » et l'abstraction qui « supprime les différences[1] ».

M. H. Joly, dans son traité classique, exprime la même pensée : « Pour trouver en quoi un certain nombre d'individus se ressemblent, il a fallu éliminer par abstraction tout ce qu'ils avaient de distinct et de différent[2]. »

D'après M. Rabier « la généralisation implique quatre opérations successives : 1° perception ou remémoration d'une pluralité d'objets; 2° comparaison de ces objets entre eux, *d'où résulte l'aperception de points de ressemblance et de points de différence;* 3° abstraction des points de ressemblance; 4° dénomination : à ces caractères généraux détachés par l'abstraction on donne un certain nom[3]. »

La nécessité de la comparaison est même tellement accréditée, qu' « il n'est pas rare, dit le P. Liberatore, de rencontrer des auteurs qui, croyant exposer la doctrine du saint docteur sur le point qui nous occupe, expliquent la formation de l'universel par la simple comparaison que l'on fait entre plusieurs individus de nature semblable, en laissant de côté les caractères qui les diversifient, pour ne voir que l'élément commun de leur ressemblance[4]. »

Interprétation inexacte de sa pensée : nous n'en vou-

---

1. *Traité de philosophie,* 2º édit., p. 161.
2. *Nouveau Cours de philosophie, Psychologie,* p. 83.
3. Rabier, *Psychologie,* p. 299, 300.
4. *Théorie de la connaissance intellectuelle,* nº 69.

lons d'autre preuve que la priorité attribuée à l'intellect agent, dont le vrai nom est celui de faculté d'abstraire, sur l'intellect patient, principe des autres opérations mentales. A l'issue de ce chapitre, en traitant de l'origine des idées, nous exposerons plus au long la raison de cette priorité. Qu'il nous suffise en cet endroit de l'alléguer comme gage de notre thèse, que l'abstraction intellective, dans la doctrine de saint Thomas, marque l'éveil de la pensée et précède ses autres manifestations.

III. — Examinons la question en elle-même.

A. Nous admettons volontiers que la comparaison est requise pour savoir si un attribut donné fait partie d'un type spécifique. Si je n'avais vu qu'un cheval, et que ce cheval fût blanc, j'ignorerais si la couleur blanche n'est pas essentielle à l'espèce. Je conclus le contraire de ce qu'il existe des chevaux noirs ou bais... C'est la comparaison qui me fait discerner les propriétés essentielles des accidentelles.

B. Mais il ne faut pas confondre accidentel et individuel. Je puis me former une idée générale d'un mode éphémère et fugitif, qui n'a dans l'être où je le perçois aucune consistance, surtout aucune nécessité. Et pour cela un seul échantillon suffit. Il est accidentel à un cheval de perdre la vue, de boiter, de se casser une jambe... Et cependant, après une seule observation, je me fais un concept vague sans doute, mais général, de la défectuosité constatée.

Exiger la comparaison comme opération préliminaire en vue de dégager l'universel, ce serait, dit encore le P. Liberatore, « reconnaître qu'on ne pourrait avoir d'idée universelle des êtres dont il n'existe qu'un seul individu dans la nature. Le soleil et la lune, par exemple, sont des solitaires dans le monde sidéral; pourtant nous concevons fort bien la raison abstraite de l'un et de l'autre, et, par voie de conséquence, la possibilité d'un nombre infini

de soleils et de lunes semblables[2]. A l'appui de cette assertion, nous pouvons alléguer d'autres faits, par exemple
la première vue d'une éclipse de soleil, la constatation
expérimentale d'un miracle, qui suffisent à la formation
de concepts généraux... Pour l'enfant, qui naît ignorant,
et dont les sens s'ouvrent peu à peu aux objets qui l'entourent, on remarque fréquemment que la perception d'un
seul échantillon lui laisse une idée du genre. Vous lui
montrez un cheval en prononçant le mot. Il s'en forme
aussitôt une idée abstraite; et si le lendemain vous lui
en présentez un autre, malgré les différences de taille,
de forme, d'allure, comparant ce nouvel objet au type
imprimé dans sa mémoire, il dira : « C'est un cheval. »

B. Nos contradicteurs demandent la comparaison pour
frayer la voie à la conception de l'universel. Or, c'est précisément le rapport inverse qui seul est légitime : c'est
l'existence préalable de l'universel qui fonde la possibilité de la comparaison. En effet, comparer deux choses,
c'est les rapprocher afin de vérifier leur *conformité,* afin
de voir, selon l'étymologie du mot, si elles participent à
une même *forme* idéale : « Similia dicuntur quæ partici-
pant eamdem formam. » Or, nul n'aurait l'idée de cette
vérification, si auparavant il n'avait conçu cette forme,
prise comme unité de mesure et terme de comparaison.
Pour chercher une similitude, il faut en soupçonner la
possibilité : « Ignoti nulla cupido. » La similitude, c'est
l'unité du modèle reflété par les copies. Comment songer à
examiner le reflet, pour s'assurer de la fidélité de l'image,
si je ne suis déjà en possession du modèle? Pour unir
mentalement deux réalités, il est nécessaire de disposer
de quelque lien logique.

Suivons les opérations au concret. Je porte le regard
sur l'un des murs de ma chambre : par hypothèse, si nous

---

1. Liberatore, *Théorie de la connaissance intellectuelle,* n° 69.

nous plaçons au point de vue de nos adversaires, il ne
me donne pas l'idée indéterminée de blancheur. Je dirige
ma vue vers un second mur : à ce moment, tout terme de
comparaison me manquant, n'ayant pas l'idée d'un type
susceptible de reproduction ou d'imitation, la similitude
m'échappe. Je n'essaye pas même de la saisir, car tout
essai volontaire suppose une connaissance initiale dont je
suis dépourvu; l'ignorance invincible supprime par anticipation tout désir. Sans doute, l'idée d'un premier rapport provoque un rapprochement qui à son tour révèle
de plus complètes analogies. Mais si, à l'origine, cette condition élémentaire fait défaut, rien ne saurait y suppléer.

Les idées une fois formées, reste à les combiner entre
elles. La combinaison sera l'œuvre du jugement.

§ 3. — *Le jugement.*

Le jugement est l'affirmation d'un rapport de convenance entre deux idées.

Or, cette convenance est interprétée de deux manières :
en *compréhension,* lorsque l'attribut est rapporté au sujet,
sous la forme d'une propriété y contenue; en *extension,*
quand il est conçu comme une catégorie, dans laquelle
on range ce sujet.

La proposition suivante : l'homme est libre, peut se
traduire de l'une et de l'autre façon. En compréhension,
elle signifie que la liberté est une qualité de l'homme; en
extension, que l'homme est compris dans le genre des
êtres libres.

Au premier sens, juger, c'est qualifier; au second, c'est
classer.

Nous retrouvons ces idées dans des auteurs soit anciens,
soit récents; seules les formules varient. Il y aura intérêt
et profit à les rapprocher.

I. — « Quels sont dans un jugement, dit M. **Rabier,** que
nous citions tout à l'heure, les rapports des termes au
point de vue de l'extension et de la compréhension? Soit
ce jugement : l'homme est mortel. Au point de vue de
l'extension, il signifie que parmi les mortels se trouvent
les hommes, que homme est une espèce du genre mortel;
en d'autres termes, que le concept mortel enferme le concept homme dans son extension. — Au point de vue de
la compréhension, il signifie que la mortalité est un attribut de l'humanité, c'est-à-dire fait partie des caractères
inclus dans l'idée d'homme; en d'autres termes, que le
concept homme enferme le concept mortel dans sa compréhension. Tout sujet est dans l'extension de l'attribut,
tout attribut est dans la compréhension du sujet. — Envisagé au point de vue de l'extension, le jugement est
donc une classification... Au point de vue de la compréhension, le jugement est une analyse... Il n'est pas de
jugement qui ne puisse recevoir cette interprétation[1]. »

II. — M. de Margerie, dans l'étude qu'il a consacrée à
Taine, donne aussi les deux interprétations du jugement.
« L'attribut d'une proposition peut être considéré comme
un des *caractères* du sujet. C'est le point de vue de la
compréhension. Quand je dis : *Pierre est bon,* mon point
de vue est certainement celui-là, mon intention principale est certainement d'énoncer la qualité de bon qui
appartient à Pierre.

« L'attribut peut être considéré comme un genre dans
lequel le sujet est contenu comme espèce. Ce point de vue
est celui de l'extension. Quand je dis : *Les nègres sont des
hommes,* mon point de vue est certainement celui-là;
mon intention est de ranger les nègres dans le genre
humain.

« Les deux points de vue sont distincts, mais ils s'impli-

1. Rabier, *Logique,* p. 26 et 27.

quent mutuellement et sont, en quelque façon, complé-
mentaires l'un de l'autre. Quand je dis : *Pierre est bon,*
sans doute j'entends surtout énoncer une qualité qui
appartient à Pierre, qui fait partie de sa nature telle
qu'elle est en ce moment, qui lui appartiendrait quand
même il serait seul à la posséder ; mon jugement *veut*
être un jugement de compréhension. Mais, du même
coup, je range Pierre dans la catégorie des êtres bons, je
fais implicitement deux parts des êtres ; ceux qui sont
bons et ceux qui ne le sont pas, et je range Pierre dans
le premier groupe ; le jugement d'extension n'est pas
exempt de mon jugement de compréhension. Inverse-
ment, quand je dis : *Les nègres sont des hommes,* mon
intention principale et directe est d'affirmer, contre certains esclavagistes, que les nègres, malgré la différence
et de couleur et de culture, font, eux aussi, partie du
genre humain, de la grande famille humaine ; mon jugement *veut* être un jugement d'extension. Mais, du même
coup, j'attribue aux nègres les caractères ou qualités
essentiels de l'humanité, la raison, la liberté ; le jugement
de compréhension n'est pas absent de mon jugement
d'extension[1]. »

III. — Ouvrons maintenant la *Somme théologique* ;
nous y lisons en termes plus métaphysiques l'énoncé de
la même doctrine.

Juger, c'est qualifier ; et de ce chef, **saint Thomas**
définit le jugement : « Compositio intellectus secundum
quam prædicatur accidens de subjecto, ut cum dicitur :
homo est albus[2]. » La blancheur est assignée à l'homme
comme l'une de ses propriétés.

Juger, c'est aussi classer, ainsi qu'il résulte de la notion
suivante : « Compositio intellectus, qua totum universale

---

1. *Taine,* par M. de Margerie, p. 167.
2. I, q. LXXXV, art 5, *ad 3um.*

de sua parte prædicatur[1]. » Le saint docteur regarde l'individu comme une partie de l'espèce, et l'espèce comme une partie du genre.

Non content d'indiquer les lois de la pensée, il signale le lien qui rattache ces lois logiques à celles de la constitution de l'être[2].

Les deux interprétations, compréhensive et extensive, conviennent au raisonnement, tout aussi bien qu'au jugement.

§ 4. — *Le raisonnement.*

Étant donné le raisonnement suivant : *L'homme est sensible; or l'être sensible est vivant; donc l'homme est vivant;* je puis rattacher les trois termes l'un à l'autre, d'abord par le lien d'inhérence qui unit l'attribut au sujet. Il en résulte un syllogisme qui affecte la forme compréhensive : la vie est un caractère de la sensibilité, et la sensibilité un caractère de l'être humain. Donc la vie est un caractère de l'homme.

Je puis aussi me représenter les trois termes comme exprimant trois catégories, contenues l'une dans l'autre : l'espèce humaine est contenue dans le genre des êtres sensibles, et le genre des êtres sensibles dans celui des êtres vivants.

Tour à tour j'ai donc caractérisé et classé.

« Ce que nous avons dit des jugements, observe M. de Margerie, il faut le redire des raisonnements et des

---

1. *Ibid.*

2. « Invenitur duplex compositio in re materiali. Prima quidem formæ ad materiam, et hinc respondet compositio intellectus, qua totum universale de sua parte prædicatur... Secunda compositio est accidentis ad subjectum; et huic reali compositioni respondet compositio intellectus, secundum quam prædicatur accidens de subjecto, ut cum dicitur: homo est albus. » (I, q. LXXXV, art. 5, *ad 3um*.) Non content d'analyser l'acte mental en lui-même, saint Thomas le considère dans ses rapports avec l'objet, et signale entre les deux termes une harmonie intime.

démonstrations, qui sont des jugements enchaînés par un lien logique. Là aussi, on peut se placer à l'un ou à l'autre des deux points de vue.

Au point de vue de la compréhension, le moyen terme est considéré comme un des éléments compris dans le sujet de la proposition à démontrer, et comme comprenant lui-même parmi ses éléments l'attribut de cette proposition, de telle sorte que le sujet, par cela même qu'il a le moyen parmi ses éléments, a aussi pour élément l'attribut, élément de cet élément. Et la formule générale de la démonstration ainsi entendue est : Si B fait partie de A, et C de B, C fait partie de A.

« Au point de vue de l'extension, le moyen est considéré comme étant d'une généralité intermédiaire entre celle du sujet de la proposition à démontrer et celle de l'attribut : comme genre par rapport au premier, et espèce par rapport au second. Et la formule générale de la démonstration ainsi entendue est : Si A est en B, et B en C, A est en C[1]. »

La dernière phase de l'élaboration intellectuelle, c'est l'idéalisation. Après avoir indiqué le procédé suivi pour la formation des idées générales et la manière de les combiner dans le jugement et le raisonnement, nous devons nous élever à un ordre supérieur, figuré par l'idéal.

---

1. *Taine*, p. 169. « On a beaucoup disputé sur la question de savoir lequel de ces deux points de vue est le *vrai*. Et M. Taine a pris parti dans le débat. « C'est d'après la compréhension, dit-il, et non d'après l'extension, qu'il faut « ranger les termes. De cette façon le raisonnement devient une analyse, et non « un jeu de logique, » comme il l'est à ses yeux quand on se place au point de vue de l'extension. Et je vois que ceux de nos contemporains qui pensent de même se réclament de l'autorité d'Aristote, plus imposante ici qu'ailleurs, puisque c'est lui qui a créé de toutes pièces la grande théorie dont la présente *questioncule* est un détail. »

§ 5. — *Idéalisation.*

Le seul énoncé de ce titre causera quelque surprise au lecteur. C'est que la conception de l'idéal n'est guère mentionnée dans les écrits philosophiques du moyen âge, et qu'elle n'a pas une place nettement délimitée dans le cadre des opérations intellectuelles dressé par les psychologues contemporains. Il est vrai que les esthéticiens en traitent d'une manière assez étendue, mais le plus souvent peu scientifique.

I. — M. **Charles Lévesque,** par exemple, dans le deuxième volume de son ouvrage sur la *Science du beau,* p. 262-267, emploie fréquemment ce mot, sans en indiquer bien clairement la signification : « L'art a désormais trouvé sa véritable voie : la manifestation de plus en plus complète de l'*idéal...* La vie spirituelle, élément de la beauté *idéale...* On retrouve (dans les œuvres de l'art chrétien aux premiers siècles) des traces de l'art grec, en même temps qu'on y aperçoit un rayon plus vif de cet *idéal* complet, qui embrasse à la fois le monde des idées et celui des sentiments... Raphaël nous découvre l'*idéal* dans toute sa profondeur et dans toute sa beauté... Les idées d'infini, de vertu et d'humanité, puisées dans l'*idéal* chrétien... L'*idéal,* c'est-à-dire le vrai, le juste, le *beau moral,* la perfection, devait s'introduire dans la vie réelle pour la transformer par les grandes voies de la science, de la religion et de l'art. »

Cousin avait souvent prôné l'idéal, qu'il mettait au-dessus du réel. « Au-dessus de la beauté réelle, l'esprit conçoit une beauté d'un autre ordre, qu'il appelle la beauté idéale. L'idéal ne réside ni dans un individu ni dans une collection d'individus. La nature ou l'expérience nous fournit l'occasion de le concevoir, mais il en est essentiellement distinct. Pour qui l'a conçu une fois, toutes les figures naturelles, si belles qu'elles puissent être, ne sont que comme des simulacres d'une beauté supérieure qu'elles ne réalisent point. Donnez-moi une belle action, j'en imaginerai une plus belle[1]. »

II. — Si nous passons de l'étude du beau à celle du bien, nous trouvons des systèmes reposant sur le concept de l'homme idéal. M. Ferraz nous dit, dans sa *Morale du devoir :* « L'homme de bien est un artiste à sa manière...; la matière, c'est lui-même considéré dans les divers éléments de sa nature sensible...; l'*idéal*, le type d'après lequel il façonne la matière, c'est lui-même encore envisagé dans sa faculté régulatrice, dans sa raison. Voilà comment l'honnête homme est, dans la plus haute acception du mot, artiste et œuvre d'art tout ensemble : un philosophe romain l'a dit, c'est un travail essentiellement artistique de devenir un homme de bien.

« L'*idéal* semble déjà présider dans le végétal, dans l'animal, dans l'homme physique, en un mot dans les natures inférieures, au travail mystérieux de la vie. La plante sort de son germe, elle pousse et se développe... en se conformant au type de son espèce... Il en est de même de l'homme physique. Il façonne et déploie ses organes naissants d'après un certain *idéal* dont il s'écarte rarement... C'est ce qui a fait dire à Claude Bernard qu'il y a, en quelque sorte, *une idée directrice de l'évolution vitale*. Eh bien, cette idée, qu'on peut à peine appeler de ce nom quand il s'agit des êtres inférieurs,... existe positivement dans l'homme et préside incontestablement à son évolution morale, et notre destinée est de la réaliser sciemment et volontairement. C'est notre *idéal* en tant qu'hommes, c'est l'idée du bien[2]. »

III. — Or, c'est au psychologue que l'esthéticien et le moraliste empruntent les notions dont ils font usage.

1. *Cours de l'histoire de la philosophie moderne*, t. II, p. 265.
2. *Philosophie du devoir, Du Bien*, p. 290, 291.

Effectivement, c'est à lui seul qu'il appartient d'en vérifier au préalable la légitimité, en examinant d'un côté
leur contenu, de l'autre les opérations mentales dont elles
sont le résultat. Car, lorsqu'il est démontré qu'une représentation est sans objet, ou que l'esprit humain n'a pu
l'élaborer, par le fait même sa valeur est récusée, et sa
présence dans une combinaison d'idées suffit à frapper
de suspicion tout le système.

Peu de psychologues posent la question préjudicielle,
relative à l'idéal, et ceux qui la posent se bornent à des
indications sommaires, lorsqu'ils ne vont pas, comme
M. Rabier, jusqu'à des conclusions négatives. « Quel est
cet *idéal* qui paraît dominer les œuvres d'art? On considère assez souvent l'*idéal* comme la représentation d'une
beauté absolue (l'idée du beau de Platon) qui, résidant
dans l'idée de l'homme, lui permet d'apprécier par comparaison toutes les beautés de l'art et de la nature. —
Cette théorie ne soutient pas l'examen[1]. »

C'est bien s'avancer. Il nous semble, au contraire, que,
dans ses grandes lignes, elle est très acceptable. Nous
n'en chercherons pas la preuve en des vues systémati-
ques, présentant un alliage d'hypothèse toujours suspect,
mais dans une notion classique fort simple, celle qui
différencie les deux formes de l'être, l'être en général
et l'être par excellence.

Bien des auteurs pourraient nous fournir un texte
approprié à cette démonstration.

IV. — Nous prendrons comme thème quelques lignes
d'un article de la *Somme théologique*.

Les voici dans leur entier : « Invenitur in rebus aliquid magis et minus bonum, et verum, et nobile; et sic
de aliis hujusmodi. Sed magis et minus dicuntur de di-
versis, secundum quod appropinquant diverso modo ad

---

1. *Psychologie*, p. 242.

aliquid quod maxime est; sicut magis calidum est, quod magis appropinquat maxime calido. Est igitur aliquid, quod est *verissimum*, et *optimum*, et *nobilissimum*, et per consequens *maxime ens.* Nam quæ sunt maxime vera, sunt maxime entia, ut dicitur (*Metaph.*, lib. II, c. 1). Quod autem dicitur *maxime tale in aliquo genere*, est causa omnium quæ sunt illius generis[1]. »

Saint Thomas, dans cet article, désigne l'infini absolu par ces mots : *quod maxime est...*, quod est *maxime ens.* L'être admet donc, en quelque sorte, un superlatif. Mais il admet aussi un positif. Lorsque je dis : Le vermisseau est un être, ce jugement interprété en compréhension signifie que l'idée de vermisseau, sujet de la proposition, contient celle de l'attribut, l'idée d'être. La petitesse du contenant permet d'apprécier la pauvreté du contenu. L'être en général est donc la notion la plus réduite de l'entendement, la plus voisine du zéro, le terme que l'abstraction, dans son dépouillement gradué, ne peut dépasser, celui où l'analyse expire. Au pôle opposé, nous trouvons la notion de l'être par excellence, qui est la plus riche, car elle inclut toutes les perfections et tous les degrés de l'être. Lui refuser un seul degré, c'est la supprimer, car toute limite introduite au sein de l'infini le met en contradiction avec lui-même.

Cette doctrine est acceptée par la plupart des philosophes, à la réserve sans doute des panthéistes et des empiristes; elle n'offre rien que d'élémentaire.

Or, nous avons le droit d'appliquer aux autres concepts les deux formes de l'idée précédente, et *cette parité suffit à résoudre le problème.*

V. Solution : l'idéal, infini relatif. — Une notion quelconque étant proposée, par exemple celle de la faculté d'aimer, nous y trouvons : d'abord un concept

---

1. I, q. 11, art. 3.

abstrait, la faculté d'aimer en général, corrélative à l'être en général; en second lieu, l'idéal de la faculté d'aimer, infini relatif, corrélatif à l'être par excellence. Les deux modes extrêmes enferment les mêmes éléments, savoir, un sujet capable de ressentir des affections, de vouloir du bien à l'objet aimé. Mais ils sont réduits au minimum de compréhension dans le premier, tandis que, dans le deuxième, ils atteignent le summum : c'est la différence du genre à la perfection du genre.

L'idée abstraite réduit au strict nécessaire les données enveloppées dans la compréhension, de manière que l'esprit puisse les assigner aux individus les plus déshérités. Il n'y a pas d'homme au monde, si mal doué soit-il, qui n'éprouve quelque sentiment de bienveillance envers les personnes qui lui font du bien, qui n'aime au moins sa mère. De l'homme le plus froid et le plus insensible, je puis dire : il a (dans ses éléments essentiels) la faculté d'aimer. Je lui attribue cette faculté de la même façon que j'attribue l'être à l'atome, la lumière à l'étincelle, la sensibilité au mollusque ou bien au rayonné.

Cet homme possède la faculté d'aimer, mais à un degré modique, ou même infime : en ce point, il est bien inférieur à nombre de ses semblables. Et ceux-ci mêmes, loin d'épuiser l'idéal, n'en sont que les pâles imitations et les infidèles copies.

Dans l'article déjà cité, saint Thomas trace une formule assez heureuse pour une définition au moins approchée de l'idéal : « *Quod est maxime tale in aliquo genere.* » Aux termes de cet énoncé, l'idéal suppose une catégorie déterminée, ce qui le sépare de l'infini, placé dans un ordre transcendant en dehors et au-dessus des catégories. Le cadre des propriétés qui lui sert de base est limité; mais sur ce fond restreint il s'élève à une hauteur qui échappe à toute mesure humaine.

Cette doctrine n'est pas exclusivement propre à saint

Thomas; elle est reproduite par nombre de spiritualistes. Nous aurions pu en emprunter l'exposé à M. Ferraz ou à M. Janet. Le premier s'exprime ainsi : « L'idéal d'une espèce est le *plus grand développement possible* de ce qui la constitue comme espèce et l'élève au-dessus des groupes inférieurs; l'idéal de l'homme est la *plus grande expansion possible* donnée aux éléments humains de sa nature[1]. » M. Janet dit de son côté : « L'idéal est la *perfection de chaque chose en son genre...* (Il) ne doit pas être confondu avec l'abstrait. La généralité abstraite est, en effet, le propre de la science, et non de l'art. Lorsque, par crainte du réel, l'artiste va jusqu'au nu, au vide, au décharné, c'est encore un défaut grave[2]. »

« Il n'y a pas d'ouvrage, si beau qu'il soit, qu'on ne puisse se figurer encore quelque chose de plus beau. Ce plus beau, c'est ce *type intellectuel de perfection* que nous portons au fond de notre âme et qui est le principe de nos inventions. C'est là *le modèle* que consultaient les grands hommes dans les ouvrages que nous admirons[3]. »

Nous conclurons en disant que l'idéal représente une conception légitime, produit de nos facultés intellectuelles, et que son étude doit occuper une place régulière dans l'organisation d'un traité psychologique. Et cela pour les deux raisons qui d'elles-mêmes ressortent de cet exposé :

A. D'abord parce que, si la notion d'être est susceptible d'être idéalisée, c'est-à-dire portée à sa forme la plus

---

1. *Philosophie du devoir*, p. 297. Il y a cependant une réserve à faire pour cet énoncé. Dans un concept, M. Ferraz semble n'idéaliser que l'élément spécifique, la différence propre, et non l'élément générique.

2. *Traité de philosophie*, p. 766.

3. Quatremère de Quincy, *De l'Idéal dans les arts du dessin*, p. 14. — Cousin a dit de son côté : « L'idéal recule sans cesse à mesure qu'on en approche davantage. Son dernier terme est dans l'infini, c'est-à-dire en Dieu; ou, pour mieux parler, le vrai et absolu idéal n'est autre chose que Dieu lui-même. » (*Cours de l'histoire de la philosophie moderne*, t. II, p. 205.)

compréhensive, figurant l'infini proprement dit, les autres notions doivent l'être pareillement. Leur condition
est la même; il y a donc entre elles la plus étroite solidarité, et l'on ne peut accepter celle-là sans faire à celles-ci
une part analogue.

B. Les lois du langage sont le reflet des lois de la pensée, et toute théorie grammaticale doit être l'interprétation d'une théorie idéologique. Or, si l'on y regarde de
près, l'on reconnaîtra que le *superlatif,* entendu à la
rigueur, est la traduction directe et formelle de l'idéal.
Nous disons : entendu à la rigueur, parce que dans le langage usuel le superlatif est souvent réduit à la valeur
d'un simple comparatif. Par ces mots : les soldats les plus
courageux, les magistrats les plus éclairés, on désignera
souvent des soldats plus courageux, des magistrats plus
éclairés que la plupart des guerriers, ou des magistrats
connus par la renommée ou par l'histoire. Mais on peut
aussi prendre la particule à la lettre, et entendre le soldat
le plus courageux, le magistrat le plus éclairé que l'on
puisse concevoir.

En ce sens, les esprits les plus exacts ne craignent pas
d'employer le superlatif pour désigner l'infini proprement dit : l'être *très parfait, très haut, Deus optimus,
maximus, ens quod maxime est.* Or, s'il convient à l'infini
absolu, il devra s'appliquer aussi à l'infini relatif, et porter à la plus haute puissance les données contenues dans
la forme positive.

Il en résulte que éliminer l'étude de l'idéal d'un cours
de psychologie, c'est en retrancher un élément essentiel,
supprimer une conception mentale, que suppose et requiert sans cesse le langage humain.

Nous avons parcouru les diverses phases de l'élaboration. La première est figurée par l'abstraction intellectuelle, qui, s'exerçant sur les données concrètes de

l'expérience, dégage l'universel des particularités qui l'empêchent de se communiquer à d'autres individualités : elle mène la pensée de certains êtres à l'être, de Socrate à l'homme, de l'étendue de cette table à l'étendue, de la blancheur de ce papier à la blancheur. L'indéterminé une fois obtenu par simplification ou retranchement des complications, l'esprit peut opérer sur le concept de deux manières : par voie de généralisation, en lui conférant toute son extension, sans toucher à la compréhension ; ou bien par idéalisation, en lui assignant la plus haute compréhension dont il soit susceptible, sans développer l'extension. Ajoutons que ces notions, une fois formées, sont combinées entre elles, ou dissociées à l'aide du jugement et du raisonnement.

Avant de clore cet article, nous devons parler d'une faculté qui sert d'auxiliaire à l'entendement, dans l'élaboration de la pensée, savoir, l'imagination. Elle a son rôle marqué soit dans la science, soit dans l'art, où elle prend le nom de constructive, et plus souvent celui de créatrice.

§ 6. — *L'imagination créatrice.*

C'est une faculté mixte ; c'est l'imagination inspirée et dirigée par la raison.

Traitant des rapports qui existent entre les deux puissances, saint Thomas s'attache à montrer que la première est la source immédiate des données sensibles avec lesquelles sont faites nos idées. Nous le savons déjà, l'intellect actif, opérant sur ces représentations, en dégage l'élément invariable qui, imprimé dans l'entendement, devient l'espèce intelligible. Bref, l'imagination livre la matière de nos conceptions.

Mais, si elle donne, elle reçoit aussi. Il y a réciprocité d'influence. Les deux facultés ont tour à tour l'initiative : souvent l'image provoque l'idée ; mais parfois aussi l'idée appelle l'image. La raison, dit le saint docteur, peut combiner des images, « potest formare imaginativæ virtutis phantasmata[1] ». Et ces représentations se coordonnent selon les exigences de la pensée, « secundum imperium rationis disponuntur phantasmata in ordine ad id quod est intelligendum[2] ». L'influence assignée à l'entendement par ces paroles est à peu près celle que lui attribuent la plupart des psychologues contemporains.

Nous citerons en particulier Maine de Biran, parce qu'il distingue soigneusement l'imagination passive, qui nous est commune avec les animaux, de l'imagination active, propre à l'homme, et qu'il appelle faculté de combiner. La première est automatique, et n'a d'autre loi que l'association. « Dans le sommeil de la pensée, lorsque toute faculté active de combinaison est suspendue, diverses images ou fantômes viennent assiéger le sens intérieur, s'y succèdent, s'y remplacent et s'y agrègent de toutes les manières, et forment des tableaux mobiles, irréguliers, disparates dans toutes leurs parties, sans plan, sans liaison, sans unité de sujet ni d'objet. (Ces images) dépendent toujours d'un certain ton, sur lequel se trouve montée actuellement la sensibilité intérieure, par la prédominance de tels organes intérieurs disposés de telle manière[3]. »

L'imagination active, au contraire, suppose l'intervention immédiate des puissances intellectives. « Elle ne dépend pas absolument de la volonté; elle n'est pas non plus subordonnée à la sensibilité passive, mais elle se forme d'un juste mélange de l'une et de l'autre, et participe en même temps de ce qu'il y a de plus actif et de plus passif dans notre nature[4]. » Elle dispose de nos

---

1. 1ᵃ, q. LXXXI, art. 3, ad 3ᵘᵐ.
2. 2ᵃ 2ᵃᵉ, q. CLXXIII, art. 2, c.
3. Œuvres publiées par Naville, Fondements de la psychologie, t. II, p. 180.
4. Ibid., p. 178, note.

représentations, dissocie, réduit, élimine, ou bien au contraire étend, développe et combine, selon les exigences d'une idée directrice. C'est à la lumière de cette idée que « l'esprit fait un choix d'images analogues entre elles et au plan proposé, écarte toutes celles qui sont disparates ou hors de son but, et parvient ainsi à former un tableau plus ou moins composé, dont toutes les parties s'harmonisent entre elles, et concourent dans une véritable unité de dessein, de plan ou d'action[1]. »

C'est l'influence de la raison qui élève à ces effets supérieurs les facultés sensibles.

Mais autre est la raison du savant, autre celle de l'artiste. Il serait intéressant de rechercher le mode de coopération fourni par l'imagination à l'invention scientifique et à l'œuvre d'art. Bornons-nous à quelques indications sommaires.

I. — L'invention scientifique est généralement le résultat des deux opérations intellectuelles précédemment décrites : l'abstraction ou la simplification d'un rapport déjà connu, et l'application de ce rapport simplifié à des objets éloignés.

Les lois particulières ont un énoncé trop compréhensif pour s'appliquer exactement, telles quelles, à des séries différentes de phénomènes. Seules, les lois générales, dont le contenu est très réduit, se prêtent aux applications les plus diverses. Pour passer d'une loi spéciale, qui est donnée, à une autre loi spéciale, que l'on cherche, il faut donc simplifier la première, et lui ôter de ses complications.

Si je formulais ainsi la loi d'Archimède : «.Tout lingot d'or plongé dans l'eau perd une partie de son poids égale au poids du liquide déplacé, » je restreindrais sa portée à l'or et à l'eau. Mais en substituant à ces termes

1. *Ibid.,* p. 181.

ceux de solide et de liquide, je donne à la loi plus d'étendue : ainsi énoncée, elle se vérifiera dans tous les liquides. Enfin, si je dis : « Tout *corps* plongé dans un *fluide*
perd une partie de son poids égale au poids du fluide
déplacé, » je réduis le rapport à sa forme la plus abstraite,
la plus indéterminée, attendu que fluide désigne non seulement l'eau ou les liquides, mais encore les vapeurs et les
gaz... De là l'invention des ballons.

La loi de l'attraction universelle fut suggérée à Newton
par la chute d'une pomme. « Newton connaissait, comme
tout le monde, la chute des corps. Mais tant que la pesanteur n'était pour lui, comme pour tout le monde, qu'un
phénomène de poids sensible capable de blesser, de bri-
ser, etc., il ne pouvait y reconnaître une ressemblance
avec l'attraction des planètes par le soleil... Il fallait que
quelque effort de méditation *dégageât* le fait de la pesanteur des *accessoires qui le voilaient*, et le présentât sous
sa forme la plus pure, comme un mouvement général des
corps en liberté vers le centre de la terre[1]. »

Or, dégager le fait de la pesanteur des accessoires, c'est
abstraire; le présenter sous la forme la plus pure, c'est
encore simplifier et abstraire.

Autre exemple. Soient les deux rapports suivants :

La vapeur d'eau soulève le couvercle d'une bouilloire;

La vapeur d'eau meut le piston d'une machine.

Le premier servit, dit-on, de donnée initiale à Watt pour
sa découverte. Mais il lui fallut la réduire pour y trouver
l'indication du second. « Pour l'œil d'un observateur vulgaire, qu'était-ce que la vapeur? Un amas de nuages dans
le ciel, ou un sifflement au bout du bec d'une bouilloire,
à quelques pouces duquel se formait un petit nuage tour-
billonnant. Mais, pour que le phénomène éveillât dans
l'esprit l'idée d'un coup de vent, d'un jet d'eau ou d'un

---

1. Bain, *Sens et Intelligence,* p. 405, 407.

effort musculaire, la différence était trop grande, et la ressemblance trop insignifiante et trop lointaine. Pour que l'association pût avoir lieu, il fallait un esprit qui fût *indifférent aux effets superficiels* des choses[1]. »

Cette indifférence lui permettait d'en faire abstraction, de les écarter, pour garder l'idée essentielle, celle de force motrice qui provoqua la découverte.

Le même procédé fut nécessaire pour passer de l'étincelle électrique à la décharge de la foudre, et de la combustion, avec dégagement de flamme, telle qu'elle se produit en nos foyers, à la chaleur animale. Ce qui nous ramène aux opérations fondamentales tant prônées par les scolastiques : abstraire et généraliser[2]. Tous les hommes en usent, mais souvent d'une manière banale et stérile. Le génie les emploie aussi, — *car il n'a pas d'autres ressources,* — mais il les dirige d'une manière qui lui est propre, et qui constitue sa supériorité.

Il est secondé par une imagination docile à la direction de la raison, qui sait tour à tour appauvrir le schème d'une loi spéciale par l'élimination de certaines particularités qui frappent le vulgaire, et dont le savant n'a cure, pour mettre en relief l'élément presque inaperçu qui seul importe, et l'unir par association à des objets lointains.

II. — Le rôle de cette faculté dans l'œuvre artistique est encore plus attachant. « Le point de départ (de cette œuvre), c'est l'idée d'un sujet à traiter. Cette idée, provoquée souvent par une circonstance fortuite, est toujours

1. Bain, *Sens et Intelligence*, p. 452.
2. « Il faut toujours pour le résoudre (le problème de l'invention scientifique)... une intelligence douée d'une puissante faculté d'identification... En réalité, l'essence même de la *généralisation* étant de réunir par l'attraction de la ressemblance des choses éloignées, cette force attractive est la main droite du savant. » (BAIN, *les Sens et l'Intelligence*, p. 402.) « Une découverte, dit Cl. Bernard, est en général un *rapport imprévu*. » (*Introduction à l'étude de la médecine*, 1re partie, II, § 8, p. 67.) « L'hypothèse, ajoute Helmholtz, est la *divination d'une uniformité*. » (*Revue scientifique*, 5 juillet 1878, *la Pensée en médecine*.)

en harmonie avec l'aptitude spéciale de l'artiste et ses études antérieures. Au lieu de passer comme tant d'autres sans laisser de traces, elle y reste, elle y germe, elle s'y développe en vertu de sa mystérieuse et profonde concordance avec la tendance géniale de l'artiste et ses dispositions actuelles[1]. »

Telle est la première phase.

A la deuxième, « tout un ensemble d'images se groupe spontanément autour d'elle, et lui forme cortège... La conception abstraite s'est incarnée, elle est devenue imagée et sentie... L'élément intellectuel et l'élément affectif sont le centre d'attraction de tout le travail de l'imagination créatrice... C'est sous l'influence d'une idée mère et d'une émotion dominante que s'opère la concentration de l'esprit, condition de l'inspiration artistique. Cette attention, fortement concentrée sur un seul point, fait affluer les idées, images et sentiments qui ont quelque rapport avec le sujet à traiter... C'est ainsi que des profondeurs de sa mémoire, où il avait consigné le résultat de ses années d'apprentissage, de ses patientes études sur les modèles, de ses longues contemplations des chefs-d'œuvre, de ses laborieux essais, l'artiste voit sortir tout un essaim de souvenirs bourdonnants et mêlés. L'idéal a été entrevu comme une lueur diffuse à travers un chaos d'images : il s'agit... de transformer cette nébuleuse en soleil[2]. »

Ici intervient la réflexion, qui a un triple objet : dégager l'idée dominante du sujet; écarter les éléments nuisibles ou parasites; grouper les matériaux propres à lui donner du relief et de l'éclat. C'est l'imagination, inspirée par la raison, qui remplit ces offices.

D'abord elle évince « les éléments qui n'ont avec l'idée dominante qu'un rapport trop lointain », non moins que

---

1. *L'Art et la Science*, par Gaston Sortais, *Revue de philosophie,* 1er avril 1903.
2. *Ibid.*

« les éléments laids et insignifiants qui la masquent dans la nature ».

En même temps, elle rassemble les matériaux de choix, les mieux appropriés au sujet.

Enfin elle met du fini dans l'œuvre par une élaboration incessante, qui se poursuit « tantôt sous l'œil de la conscience, tantôt dans la pénombre de la sub-conscience ». Elle atténue ou avive, étend ou réduit, ennoblit et idéalise. (Phantasmata) « memoriæ mandare, ut accepta sunt, dit saint Augustin, vel partiri, vel multiplicare, vel contrahere, vel distendere, vel ordinare, vel perturbare, vel quolibet modo figurare cogitando facillimum est[1]. »

Idéaliser la réalité, c'est l'embellir, lui donner une expression plus parfaite de pureté, de délicatesse, de force... Vous avez recueilli sur des visages humains les formes expressives de la bonté; vous les reproduisez. Mais ce n'est pas une bonté commune qu'il s'agit de figurer; c'est une bonté supérieure. Puisque vous élevez le type, il faut parallèlement élever le symbole, afin de maintenir l'harmonie. La raison, précédant l'imagination, a conçu un *infini relatif;* l'imagination, qui la suit, épure ses représentations, les spiritualise, les affine, ou les grandit, pour les adapter à l'élément invisible. La nature les lui a livrées, mais à l'état ordinaire, lui laissant la tâche de les parfaire, afin de les approprier à l'idéal. En peignant un personnage, il arrive parfois à l'artiste de le flatter : or, dans le sujet qui nous occupe, flatter, c'est déjà idéaliser.

Ainsi procède l'imagination.

Une fois acquise, conservée et élaborée, la connaissance doit être exprimée.

---

1. *De Vera Religione*, cap. x.

Article V. — Du langage.

L'étude du langage a été en honneur dans l'antiquité.
Mais le point de vue auquel se plaçaient les anciens n'é-
tait pas le nôtre. « Dans les temps modernes, on ne se
demande pas si les mots imitent ou non la nature des
choses; en cherchant si le langage est naturel ou conven-
tionnel, on cherche surtout quels sont les rapports à la
pensée. On ne se demande plus comme les anciens :
peut-on connaître les choses par l'analyse des mots? On
se demande : peut-on penser sans le secours du langage,
et, par suite, le langage a-t-il pu être créé par la pensée[1]?

Avec les contemporains, nous considérerons le langage : dans l'influence qu'il exerce sur les opérations
intellectuelles; dans son origine.

§ 1er. — *Influence du langage sur la pensée.*

I. — L'importance exagérée attachée par le **nominalisme** aux termes généraux qui, d'après ses défenseurs,
constituent l'élément universel de nos pensées, a dû favoriser le développement de cette première étude. Déjà
Hobbes avait fait du raisonnement, l'art de combiner des
mots. Plus tard Locke déclarait que le langage a pour
les hommes un double usage : l'un d' « enregistrer leurs
propres pensées, afin de soulager leur mémoire »; l'autre, « de communiquer leurs pensées à autrui » par le
moyen de la parole. Leibnitz[2] reprit la même idée : « Les
paroles ne sont pas moins des marques pour nous, que
des signes pour les autres. » Affirmation bien modeste
pour un représentant de l'école nominaliste, qui réduit

---

1. Janet et Séailles, *Histoire de la philosophie : les Problèmes et les Écoles*,
p. 201.
2. *Essai sur l'entendement*, livre III, chap. II, § 2.

les idées générales à des mots, et voit dans le langage non pas seulement l'auxiliaire de la pensée, mais l'une de ses parties intégrantes.

En posant la thèse, Condillac tire plus clairement la conséquence : « Qu'est-ce, au fond, que la réalité qu'une idée abstraite et générale a dans notre esprit? Ce n'est qu'un nom... Les idées abstraites ne sont que des dénominations. Si nous voulions absolument y supposer autre chose, nous ressemblerions à un peintre qui s'obstinerait à peindre l'homme en général, et qui cependant ne peindrait que des individus. Cette observation sur les idées abstraites et générales démontre que leur clarté et leur précision dépendent uniquement de l'ordre dans lequel nous avons fait la dénomination de ces classes, et que, par conséquent, pour déterminer ces sortes d'idées, il n'y a qu'un moyen : c'est de bien faire la langue... L'art de raisonner se réduit à une langue bien faite[1]. »

Il dit aussi dans le même ouvrage : « Toute langue est une méthode analytique, et toute méthode analytique est une langue. » « On ne peut parler sans décomposer la pensée en ses divers éléments, pour les exprimer à leur tour, et la parole est le seul instrument qui permette cette analyse de la pensée. Les langues sont donc, au sens propre du mot, des méthodes..., et l'art de raisonner, réduit à sa plus grande simplicité, ne peut être qu'une langue bien faite[2]. »

II. — Au dix-neuvième siècle, **de Bonald** a de nouveau affirmé l'étroite dépendance de la pensée par rapport à la parole. « La solution du problème de l'intelligence peut être présentée sous cette formule : Il est nécessaire que l'homme pense sa parole avant de parler sa pensée. De même que l'homme ne peut penser à des objets matériels sans avoir en lui-même l'image de ces objets, ainsi

1. *Logique*, II° partie, chap. v.
2. *Logique*, II° partie, chap. vii.

il ne peut penser aux objets incorporels sans avoir en lui-même et mentalement les mots qui sont l'expression de ces pensées[1]. »

La théorie de Condillac et celle de Bonald contiennent un mélange d'exagération, que les psychologues récents ont eu à cœur de dégager.

III. — Il n'en reste pas moins une part de vérité, nettement fixée, du reste, dans leurs analyses.

D'après M. Janet, « on peut ramener à trois points les services que le langage rend à la pensée : 1° le langage, et plus particulièrement la parole, est un instrument d'analyse et d'abstraction; 2° le langage est un instrument de combinaison et de classification; 3° le langage est un instrument mnémotechnique.

« *Le langage, instrument d'analyse.* La nécessité où nous sommes de parler dans le temps, c'est-à-dire de n'énoncer les sons articulés que les uns après les autres, nous oblige à considérer l'une après l'autre les diverses parties de la pensée et à les exprimer séparément.

« *Le langage, instrument de combinaison et de classification.* Les mots, en effet, nous servent à réunir plusieurs idées sous un même signe et à les considérer toutes ensemble, comme si elles n'en formaient qu'une seule. Les mots généraux nous rendent les mêmes services que les signes de l'arithmétique et de l'algèbre. De même que le nombre dix et le chiffre dix qui le représente nous permettent de considérer les dix unités qui le composent comme si elles n'en faisaient qu'une seule, de même, lorsque nous disons : peintre, général, monument, vie, etc., notre attention est dispensée de considérer en détail chacune des idées élémentaires qui composent les idées de ces signes, pour ne penser qu'à leur ensemble...

« *Le langage, instrument mnémotechnique.* Le langage

1. *Législation primitive : Discours préliminaire.*

ne pourrait remplir le double office que nous venons d'exposer, à savoir, d'être un instrument d'analyse et de combinaison, s'il ne remplissait déjà en même temps un troisième office, implicitement contenu dans les deux autres, à savoir, d'être un instrument mnémotechnique, c'est-à-dire de conserver le souvenir et de faciliter le rappel des idées qui, sans ces signes, disparaîtraient ou se confondraient ainsi formées, en supposant même qu'elles pussent se former[1]. »

M. Rabier met le premier des trois rapports en pleine lumière. « Quand la pensée naît dans la conscience, dit-il, elle naît tout d'un coup ; tous ses éléments coexistent et se mêlent intimement. S'agit-il, par exemple, de la conception d'un rapport : dans la pensée, les idées des différents termes du rapport et la conception du rapport lui-même ne font qu'un. Voulons-nous exprimer cette pensée, nous sommes obligés d'énoncer successivement et séparément ce que nous avions conçu simultanément : il faut isoler le sujet de l'attribut, isoler de l'un et de l'autre le rapport conçu...

« C'est le besoin de rendre sa pensée claire pour autrui, qui fait que l'homme a dû naturellement expliquer, analyser, développer sa pensée. Si l'homme avait toujours gardé sa pensée pour soi, peut-être l'analyse ne serait pas née. On croit toujours voir assez clair dans sa propre pensée, on se comprend soi-même à demi-mot. Mais les autres ne nous comprennent pas à demi-mot ou nous comprennent mal ; il faut, pour être entendu, s'énoncer nettement, explicitement[2]. »

IV. — On chercherait en vain, dans les écrits de **saint Thomas**, une étude sur le rapport de la pensée et du langage. En revanche, les lois qui l'expriment s'harmonisent parfaitement avec ses principes. Elles ne sont guère

---

1. *Traité de philosophie*, p. 234, 235.
2. *Psychologie*, p. 612, 613.

que l'application d'une donnée élémentaire, étrangère
aux hypothèses des systèmes, savoir, l'union du sensible
et de l'intelligible, de l'imagination et de la raison, que
personne n'inculque avec plus d'insistance que le saint
docteur. « Impossibile est intellectum secundum præ-
sentis vitæ statum, quo passibili corpori conjungitur,
aliquid intelligere in actu, nisi se convertendo ad phantasmata[1]. »

La pensée ne se développe avec aisance et liberté
qu'autant qu'il y a parfait accord entre l'intelligible et le
sensible. Or, l'abstraction brise cet accord, en tirant plusieurs concepts distincts d'un seul terme concret. La vue
perçoit cette blancheur; et, par abstraction, l'intellect en
tire l'idée de blancheur indéterminée, celles de couleur
en général, de surface, d'accident, même la notion d'être.
A la perception visuelle unique correspondent cinq concepts. L'équilibre est donc rompu, puisque j'ai du côté
du sensible l'unité, et du côté de l'intelligible la multiplicité : il n'y a plus de parallélisme. C'est le langage qui le
rétablira, en me donnant quatre mots qui figurent autant
de termes sensibles : couleur, étendue, accident, être. Ces
termes étant faciles à fixer sous le regard de l'esprit, faciles à discerner entre eux, me permettent de fixer aussi et
de distinguer nettement les idées qui leur sont associées.

Dans la généralisation, l'équilibre est aussi rompu,
mais en sens inverse. Les individus d'une même espèce
sont distincts entre eux : je n'ai garde de les confondre.
Or, que fait l'idée générale? Elle ramène cette multiplicité sensible à l'unité logique ou intelligible. Mais cette
unité n'a pas de corrélatif parmi les réalités concrètes :
le langage y supplée en fournissant un nom commun, qui,
devenant le soutien extérieur de l'idée, lui prête un
corps et en facilite le maniement.

---

1. I, q. LXXXIV, art. 7.

Ajoutons que les réalités de l'ordre moral, Dieu, l'âme et leurs rapports, le vrai, le bien, immatériels de leur nature, ne laissent pas de prise à l'imagination, et que, sans le langage, ils n'auraient pas toujours de représentant sensible.

V. — Bien que ces indications semblent contenir un des éléments de la solution, et le meilleur, il sera avantageux de consulter les auteurs contemporains, pour s'approprier et adapter aux doctrines thomistes le résultat de leurs analyses.

Il en est de même pour le deuxième problème que nous avons à résoudre en cet article, touchant l'origine du langage.

§ 2. — *Possibilité de l'invention du langage.*

Comme le titre de ce paragraphe l'indique, nous réservons la question de fait, résolue, d'après un grand nombre d'exégètes et de théologiens catholiques, par les versets 19e et 20e du second chapitre de la *Genèse*[1], pour nous occuper de la simple possibilité.

Réduit à ses forces naturelles et sans une intervention spéciale de Dieu, l'homme aurait-il pu trouver le langage?

I. — Au dix-huitième siècle, **Condillac** a été l'un des premiers à se poser le problème et à le résoudre affirmativement.

Mais il y avait un point faible dans sa solution : partisan du nominalisme et ramenant nos concepts généraux à des mots, il ne voyait, dans l'art de raisonner, qu'une *langue bien faite*. Il en résulte, par la force des choses, une certaine simultanéité de l'idée et du mot, qui rend

---

1. « Formatis igitur Dominus Deus, de humo cunctis animantibus terræ, et universis volatilibus cœli, adduxit ea ad Adam, ut videret quid vocaret ea; omne enim quod vocavit Adam animæ viventis, ipsum est nomen ejus. Appellavitque Adam nominibus suis cuncta animantia... »

impossible la création humaine de la parole. Car, pour l'inventer, il faudrait au préalable la concevoir, en avoir la pensée. Or, qui pense, parle; qui conçoit le langage, en use déjà.

II. — Telle est la conclusion tirée par **de Bonald** de cette union étroite que Condillac[1] avait établie entre nos concepts et leurs signes extérieurs. Il y joint la *nécessité d'une révélation,* pour expliquer cette origine.

A. « L'idée suppose le mot, m'est donnée par lui; leur apparition est simultanée... Logiquement, l'idée est antérieure au mot, c'est vrai; mais, en fait, elle n'apparaît à la lumière de la conscience qu'avec le mot et par lui. Les idées vivent en nous latentes, inaperçues, hors du temps; les mots, par une merveilleuse correspondance, par une sorte d'association préétablie, ont la vertu de les faire passer à l'acte, de les amener à la lumière de la conscience[2]. »

Or, « si toute idée suppose le langage, comme de Bonald le soutient, l'idée d'inventer le langage suppose la possession du langage », fait observer M. Janet.

B. Il ajoute : « Puisqu'il existe, il n'a pu *nous être donné que par Dieu*[3]. » De là une conséquence fort importante pour l'apologétique chrétienne : comme Dieu n'a pu suggérer au premier homme des mots sans idées et des idées sans croyances, le don du langage doit envelopper un don plus excellent, la manifestation de vérités religieuses. De ce chef, la thèse fondamentale du traité de la vraie religion se trouve établie par une simple théo-

---

1. « Dans les derniers ouvrages de Condillac, le langage joue un rôle de plus en plus important; il est *antérieur* à l'idée, il *explique l'intelligence, ses procédés et ses progrès.* De Bonald part des mêmes principes, mais il en renverse l'interprétation. La question du langage n'est pas pour lui un problème spécial, c'est le problème philosophique tout entier. » (P. Janet et Séailles, *Histoire de la philosophie : les Problèmes et les Écoles,* p. 251.)

2. *Législation primitive : Discours préliminaire.*

3. *Ibid.,* p. 253.

vie psychologique. Déjà la liaison des deux faits avait été signalée par l'Anglais Warburton : « L'Écriture nous apprend que Dieu enseigna la religion au premier homme, ce qui ne permet pas de douter qu'il ne lui ait en même temps enseigné à parler[1]. » Ce qu'il y a d'original dans la conception du philosophe aveyronnais, c'est qu'au lieu de conclure de la révélation du dogme à celle du langage, comme le font les théologiens, il renverse l'ordre des termes, pour induire du langage aux croyances primitives.

C'était, à bien peu de frais, mettre le rationalisme en déroute. Par malheur, la donnée qui sert de base à ce raisonnement est fautive : il n'est pas exact que l'homme, sans le langage, ne puisse se former quelques concepts. Aussi la thèse psychologique que nous venons d'exposer n'a pu résister à des analyses plus pénétrantes. « Il n'existe pas, à notre avis, de réfutation plus solide et plus directe du système de de Bonald, que celle que Maine de Biran en a donnée, à la fin de sa vie, dans son *Essai sur le fondement de la psychologie.* » (*Dictionnaire philosophique,* art. SIGNE.)

III. Maine de Biran : possibilité de l'institution humaine. — A. La nature a étroitement lié dans l'homme le corps à l'âme, les phénomènes externes aux phénomènes internes. Qu'il se produise en nous une vive émotion, sans le vouloir et sans y penser, nous l'exprimons au dehors par nos gestes et par nos cris. Le nouveau-né, qui souffre, pleure et sanglote, bien que la volonté n'ait aucune part à ces sanglots et à ces pleurs, simple manifestation des rapports qui unissent le physique au moral. « Ces instincts de la nature sentante, dit Maine de Biran, ont leurs signes naturels, que l'homme n'a pu inventer[2]. » « La difficulté n'est pas d'avoir des signes, ajoute M. Cou-

---

1. Cité par Condillac dans l'*Essai sur l'origine des connaissances humaines,* 2e partie, sect. 1re.

2. *OEuvres* publiées par Naville, t. III, *Origine du langage,* p. 261.

sin, interprétant la pensée du maître : les sons, les gestes, notre visage, tout notre corps, expriment nos sentiments instinctivement, et souvent même à notre insu; voilà les données primitives du langage, les signes naturels que Dieu n'a faits que comme il a fait toutes choses[1]. »

Ces phénomènes extérieurs, associés à nos états de conscience, frappent l'ouïe ou la vue de nos semblables, qui les interprètent aussi d'instinct, sans tâtonnement ni hésitation, sans éducation préalable. La douleur a les mêmes accents chez tous les peuples : la nature les forme, la nature aussi en suggère la signification. Un inconnu, qui n'a ni notre langage ni nos idées, pousse un cri de détresse : ce cri émeut, et le premier sentiment que l'on éprouve est d'aller lui porter secours. La mère n'a pas besoin de réflexion pour comprendre les premiers vagissements de son enfant. Les animaux eux-mêmes saisissent avec une infaillible sûreté le langage propre à leur espèce.

Tel est le double bienfait de la nature. Indiquons maintenant la part de la réflexion, le rôle de l'esprit.

B. Voyant que ses mouvements et ses cris, manifestation spontanée des faits internes, ont été compris de ses semblables, l'homme les répète intentionnellement, quoiqu'il n'éprouve pas l'état psychique dont ils sont la traduction naturelle. Observant que sa mère accourt à ses vagissements, l'enfant les reproduit, alors même qu'il est sans souffrance, pour obtenir le renouvellement des tendresses dont il a expérimenté la douceur. « L'enfant, dit Maine de Biran, ne commence vraiment à avoir des signes que lorsqu'il transforme lui-même ses cris ou ses interjections en signes de réclame, ou qu'il s'en sert pour appeler à lui... Bientôt il aperçoit que cette volonté exprimée a une influence sur d'autres volontés qui lui obéis-

---

1. Introduction à Maine de Biran, p. 73.

sont ou concourent avec elle : tel est le premier sentiment d'une puissance morale, lié au premier acte de réflexion. C'est aussi de cette première association d'un signe volontaire et d'une idée, que part l'individu pour imposer les noms aux choses[1]. »

Le même auteur écrit dans un autre ouvrage : « L'homme, qui commence à apercevoir ces signes, les transforme en signes volontaires; il les institue ou les invente en quelque sorte au titre d'expressions significatives pour lui et pour ceux qui l'entourent. La transformation des signes naturels instinctifs en signes volontaires, loin d'être hors de la portée de l'homme, est précisément l'attribut caractéristique de sa nature intelligente et active[2]. »

Cette opération se rattache à une loi générale, d'après laquelle l'usage spontané d'une faculté ou d'un organe en précède l'usage réfléchi. « En tout homme, l'intelligence consiste à faire, à répéter ou commencer volontairement, avec intention et le sachant, ce que la nature sensible ou animale fait déjà à l'insu ou en l'absence de la personne intelligente[3]. » Avant d'acquérir la possession de nous-mêmes, d'arriver à la vie réflexe, nous avons exercé automatiquement nos membres et nos sens. L'enfant s'agite dans le sein maternel : à peine en est-il sorti, qu'il ouvre ses yeux et ses oreilles aux phénomènes qui le sollicitent, qu'il étend sa petite main pour saisir les objets placés à sa portée. Les représentations formées par ses sens sont recueillies par l'imagination et la mémoire, qui les reproduisent inconsciemment par association. Plus tard, à mesure que se développera sa personnalité, bien des mouvements inconscients deviendront réfléchis; des actes accomplis sans but par le libre jeu de nos facultés seront

1. *Œuvres* publiées par Naville, *Fondements de la psychologie*, t. II, p. 241.
2. *Ibid.*, *Origine du langage*, p. 261.
3. *Ibid.*, p. 262.

répétés en vue de fins nettement définies; la volonté prendra la direction des forces restées jusqu'alors autonomes.

Mais le langage naturel ne constitue pas la parole. Elle est formée de termes en partie conventionnels. Reste à montrer l'origine de ces termes, dans la théorie biranienne.

L'enfant est plus près de la nature que l'homme mûr; il est même dans la nécessité de se créer un rudiment de langue. Étudions son procédé.

Éprouvant un désir, voulant le satisfaire, il poussera les cris habituels dont il connaît déjà, par des expériences plusieurs fois renouvelées, l'influence sur sa mère. Celle-ci accourt, et, interprétant les signes de l'enfant, lui offre ce qu'elle croit être l'objet de ses désirs, de la nourriture, par exemple. Mais en ce moment, ce n'est pas de la nourriture qu'il souhaite; c'est un jouet. Ne sachant comment se faire comprendre, il reproduit d'abord les signes précédents, et sans succès. Alors, sous l'impulsion du désir, il continue à faire des gestes de sa petite main, et à pousser des cris un peu au hasard. Si la mère, après bien des tâtonnements, après lui avoir présenté plusieurs objets que le nourrisson a successivement refusés, lui offre le jouet désiré au moment même où il prononce un ou deux sons tant soit peu articulés, *dada* par exemple, il établira une association entre cet objet et le nom qu'il a formé lui-même; et désormais, chaque fois qu'il voudra le redemander, il répétera ce nom.

Le lendemain, il désire être promené, aller au grand air. Les mêmes efforts pour se faire comprendre le conduiront, après avoir épuisé les signes qui lui sont familiers, à en imaginer d'autres, à former de nouveaux sons articulés. Il trouvera de la même façon des noms pour les personnes et pour les choses avec lesquelles il est en rapport quotidien, à la condition qu'au moment où il les

prononce, il ait été compris et que son désir ait été satisfait. Ces termes seront conventionnels, mais non arbitrai-
res. Le choix de l'enfant est motivé, car le mot adopté
aura le plus souvent un caractère imitatif : c'est ainsi
qu'il désignera le chien et le chat en imitant l'aboiement,
le miaulement... La loi de l'onomatopée présidera à ces
choix.

Ainsi sera-t-il conduit par ses besoins, par ses désirs,
à se faire une langue rudimentaire.

Sous la pression de la nécessité, l'adulte procéderait à
peu près de même. Sachant qu'il dépend de lui d'être
assisté par autrui, il reproduit avec cette intention formelle un des signes du langage naturel. Mais voyant bientôt qu'il n'est pas suffisamment compris, comme l'enfant,
— toutefois avec plus d'intelligence et de sûreté, — il
multipliera et variera ses gestes et ses cris. Si la personne
présente lui donne satisfaction, au moment où il émet un
son, il fera de ce mot, à raison de la coïncidence, le premier mot de sa langue. La reproduction du même procédé fournira un petit nombre de termes qui rendront
plus fréquentes les relations d'homme à homme. Il en
résultera un état social très incomplet, intermittent. Mais
la langue, qui en a été le lien, en bénéficiera à son tour,
pour s'enrichir graduellement.

On objectera peut-être qu'il n'y a pas de parité entre
la situation de l'homme et celle de l'enfant, car celui-ci
trouve en sa mère un interprète déjà formé, tandis que
l'auditeur de notre adulte, privé de toute culture intellectuelle, serait, à cause de son ignorance et de sa grossiè-
reté, mal préparé à l'interprétation. Sans doute, mais il
y a une compensation à cette infériorité, qui permet de
rétablir la parité : c'est que, dans la deuxième hypothèse,
notre sujet précisément est adulte et, à ce titre, bien
supérieur à l'enfant du premier âge, réduit aux lueurs
confuses de sa raison naissante.

Aussi la possibilité de la création du langage, dans la conception de Maine de Biran, nous paraît ne pas faire trop de difficultés.

Parmi les solutions proposées, c'est, à notre sens, la plus solide.

IV. *Conclusion.* — Un philosophe chrétien peut l'accepter, en réservant la question de fait, qui relève de l'exégèse, et souscrire à la thèse formulée par le P. Liberatore :

« Licet ad factum quod pertinet, sermo infusus primo homini a Deo fuerit, tamen ad possibilitatem quod spectat, homo ratione utens et sermocinandi virtute donatus, *sermonem per se reperire potuisset* [1]. »

Les questions que nous avons traitées jusqu'ici, en ce chapitre, nous permettent d'aborder avec plus de succès le problème le plus ardu de cette série, celui qui concerne la nature et l'origine de nos idées.

ARTICLE VI. — Nature et origine des idées et des vérités premières.

Nous avons d'abord à nous demander si l'idée s'identifie avec l'objet même de la connaissance rationnelle, — au sens platonicien adopté par Malebranche, — ou bien si elle n'est qu'un milieu représentatif, une espèce intelligible faite pour mettre le sujet en rapport avec l'objet. Cette première question résolue, nous essayerons de déterminer l'origine de nos conceptions fondamentales.

Nous venons de le dire, l'idée a tour à tour été conçue comme le terme ou comme le milieu de la connaissance intellectuelle.

---

1. *Institutiones philosophicæ*, 6e édit., 2e vol., p. 337.

§ 1er. — *Nature de l'idée.*

I. — **Saint Thomas** a sanctionné de son autorité la théorie de l'*espèce intelligible*.

« Similitudo rei intellectæ, quæ est species intelligibilis, est forma secundum quam intellectus intelligit... Intellectum est in intelligente per suam similitudinem[1]. » Ces paroles signifient que l'intelligible se manifeste à nous par l'intermédiaire de représentations mentales qui en reproduisent les linéaments.

A. La *nécessité* d'un pareil milieu résulte d'abord du caractère *accidentel* de la connaissance intellectuelle. Nous naissons ignorants, et ce n'est que peu à peu, graduellement, que nous nous formons des idées. Au moment où l'enfant passe de la privation à la possession, de l'ignorance d'une chose à sa connaissance même initiale, il faut que son esprit reçoive une manière d'être nouvelle. Car s'il restait dans le *statu quo* absolu, s'il n'éprouvait aucun changement intérieur, il n'y aurait pas passage de l'ignorance à la connaissance, mais bien permanence du premier état, c'est-à-dire de l'ignorance. Il faut donc que *l'apparition d'une pensée dans une âme coïncide avec l'apparition d'une modalité nouvelle :* première conclusion à recueillir.

Mais cette modalité ne servirait de rien, si elle était dénuée de toute vertu représentative. J'ai l'idée générale de lis : cette idée ne se confond pas avec celle de cheval ou d'oiseau. La preuve en est qu'elle donne à l'intellect une direction particulière; elle fait que je conçois le lis, et non le cheval ou l'oiseau. Si elle ne recélait pas une affinité plus étroite avec l'objet conçu, comment pourrait-elle m'en révéler les propriétés, de préférence à celles de tous les autres objets? Or, une modalité psychique, assez

1. 1, q. LXXXV, art. 2.

intimement liée à une réalité objective pour tourner vers cette réalité le regard intérieur de l'entendement, ne peut en être que la représentation.

D'ailleurs la connaissance figure une opération vitale, c'est-à-dire immanente, qui procède du principe pensant. Sans sortir de moi, j'attribue à un objet certaines propriétés, au lis la blancheur, l'éclat, la régularité des formes, la symétrie, la beauté. Or ce don idéal que je lui fais suppose en moi-même une possession idéale. Il faut que je lise ces propriétés au plus intime de mon esprit, et par conséquent qu'elles y soient dessinées. « Assurément, dit le P. Peillaube[1], les choses extérieures ne sauraient passer dans nos facultés avec leur être physique et matériel. Le chien, par exemple, que je vois courir et aboyer, que je me représente en fermant les yeux, et dont je conçois quelques traits *génériques,* n'est pas physiquement dans ma conscience. Toutefois il est en moi de quelque façon, puisque je saisis au dedans de moi l'acte par lequel je le connais. »

B. Nous avons dit que l'espèce intelligible est un *milieu* représentatif, un milieu de connaissance. Elle n'est pas l'objet connu. Saint Thomas insiste sur cette différence dans l'article déjà cité[2] : « Species intelligibilis se habet ad intellectum, ut id quo intelligit intellectus, non autem ut id quod intelligitur. » La même observation a été faite au sujet de l'espèce sensible; nous pourrions renouveler ici les considérations exposées au § 3 de l'article des sens externes, car elles s'appliquent avec plus de vérité à l'espèce intelligible.

Il y a deux sortes de milieux, que saint Thomas appelle *medium quod, medium quo.* Une photographie, une toile peinte, sont des types du premier genre : vues d'abord en elles-mêmes, elles suggèrent l'idée du personnage

1. *Théorie des concepts,* p. 402.
2. 1, q. LXXXV, art. 2.

représenté. Au contraire, l'espèce fait voir sans être vue dans son caractère de modalité subjective; simple décalque de l'objet, « elle ne laisse transparaître que ses linéaments, et elle efface son être propre. » Aussi son existence au sein de l'entendement n'est-elle pas perçue par la conscience. A qui la nie, il ne suffit pas de dire : « Voyez ou sentez, » comme lorsqu'il s'agit d'un phénomène affectif. Je sens en moi-même la présence de la douleur; mais je ne *sens* pas la présence des espèces; et leur réalité ne peut être établie que par le raisonnement. Cela prouve qu'elle se solidarise de tout point avec son objet, dont elle n'est guère que la description graphique. *Ce qu'elle tient du sujet, restant pour ce sujet lui-même inconscient, il n'y a de visible que ce qu'elle tient de l'objet, la projection idéale de ses éléments constitutifs.*

Le système des espèces a eu pour adversaires principaux Thomas Reid et les partisans de la vision en Dieu, Malebranche à leur tête.

II. — Thomas Reid, il est vrai, n'a guère combattu que l'application de ce système à la perception extérieure, comme le dit M. Paul Janet, dans les lignes suivantes, qui visent l'école écossaise : « La théorie des idées représentatives n'a été niée que par rapport à la perception extérieure ; c'est seulement au moment même où je perçois un objet qu'il faut exclure tout intermédiaire, toute image entre l'objet et ma perception. Mais lorsqu'il s'agit des idées, c'est-à-dire des *conceptions* ou des souvenirs de l'objet, nul doute que ces idées ne soient très légitimement dites représentatives de l'objet, soit immédiatement, s'il s'agit d'images individuelles, soit médiatement, s'il s'agit de *concepts généraux*[1]. »

Cette restriction n'est pas absolument exacte.

III. — Malebranche, qui admet la vision en Dieu,

---

1. *Traité de philosophie*, p. 360.

rejette l'existence des espèces, même pour l'ordre intellectuel.

La plus élevée de nos idées est celle de l'infini. Or, l'infini ne peut être exprimé que par lui-même. Tout milieu représentatif se ressent des défectuosités du sujet qui l'a conçu : il est contingent et limité, à la différence de l'objet, qui est nécessaire et souverainement parfait, par conséquent inapte à le traduire fidèlement.

« On ne peut concevoir que quelque chose de créé puisse représenter l'infini ; que l'être sans restriction, l'être immense, l'être universel, puisse être aperçu par une idée, c'est-à-dire par un être particulier, par un être différent de l'être universel et infini[1]. » Nous connaissons donc l'être divin en lui-même, sans le secours d'une espèce.

Or, Dieu contient les archétypes des choses créées. Conséquemment, c'est dans ces éternels exemplaires que nous contemplons l'essence des êtres finis. « L'on connaît les choses corporelles par leurs idées, *c'est-à-dire en Dieu,* puisqu'il n'y a que Dieu qui renferme le monde intelligible, où se trouvent les idées de toutes choses[2]. » A l'égard de ces choses, Dieu nous sert, pour ainsi dire, de milieu. Et de la sorte, l'espèce intelligible devient de tout point superflue.

IV. **Critique.** — A. La meilleure réponse à Malebranche serait sans doute l'analyse du concept que notre esprit se forme de l'infini. Ce concept contient trois éléments : l'être, la limite, mais la limite écartée, supprimée, c'est-à-dire la négation de la limite. Leur combinaison fournit la notion du véritable infini, car un être sans limite, ne réalisant pas dans sa nature l'idée de limite, n'inclura aucune limite particulière, et sera illimité. Or, chacun de ces éléments, pris isolément, est susceptible d'être représenté par un milieu psychique, par une espèce

---

1. *De la Recherche de la vérité*, livre III, 2e partie, chap. VII, n° 2.
2. *Ibid.*

intelligible. Dans ces conditions, quelle difficulté y a-t-il à ce qu'une représentation mentale les unisse tous les trois, pour former le concept de l'infini ?

B. D'ailleurs, les raisons générales invoquées à l'appui de la théorie thomiste gardent toute valeur, même en ce qui concerne l'infini, raisons tirées du caractère soit *accidentel,* soit *immanent,* de la connaissance.

Avant l'éveil de sa raison, l'enfant ne connaît pas l'infini. Lorsqu'il le conçoit pour la première fois, il doit avoir dans l'esprit un mode nouveau, le tirant de l'état antérieur de nescience, pour diriger sa pensée vers Dieu. Or, cette détermination est très particulière; elle mène à l'être divin, et non à telle ou telle créature : il faut donc qu'elle ait un lien avec ce terme, qu'elle lui soit à quelques égards analogue, qu'elle le représente.

D'autre part, la pensée est tout entière en moi, elle m'est immanente; c'est un acte de l'âme, un accident psychique. Et cet accident qui m'appartient exclusivement, que je ne partage avec rien autre, possède une vertu merveilleuse, celle de me mettre en rapport avec un être distinct de moi, avec Dieu, de me le révéler. Or ce pouvoir révélateur est précisément le caractère propre de l'espèce intelligible. N'ayant conscience que de moi, en ce moi lui-même je saisis le non-moi. Si rien ne figurait ce non-moi au sein de l'intellect, cet intellect qui ne sent immédiatement que ses propres manières d'être, lui resterait fermé et à jamais inaccessible.

C. La même conclusion ressort avec plus de netteté encore de l'analyse du souvenir. Se rappeler une pensée, c'est la ressaisir et la reconnaître, d'après la trace qu'elle a laissée dans la mémoire. J'ai vu hier un paysage, entendu un chant d'oiseau : il suffit de me recueillir pour retrouver en moi ce paysage et ce chant. Le souvenir n'a de prise que sur les faits internes, ou mieux, que sur les traces de ces faits; et c'est en les faisant revivre qu'il suggère l'idée d'objets extérieurs. Il faut donc attribuer à ces modalités un pouvoir représentatif, puisqu'elles offrent à l'esprit autre chose qu'elles-mêmes.

Devons-nous excepter le concept de l'infini? Il ne le semble pas. J'ai démontré hier une thèse de théodicée. La mémoire intellective me rappelle mon raisonnement à titre de fait passé, et ce fait passé, je ne le vois pas en Dieu, mais seulement dans mon âme, comme les autres *phénomènes remémorés*. Or ce raisonnement, que je relis dans les plis de ma mémoire, enveloppe la notion de l'infini. Je possède donc au for intérieur, dans l'intime de mes facultés, le suffisant pour penser l'infini. Que l'on donne le nom que l'on voudra à cette manière d'être mentale, suggestive de l'infini, peu importe : en fait, elle réalise la condition essentielle de l'espèce intelligible.

La question de nature laisse presque intacte celle de provenance, l'une des plus ardues de la psychologie, que nous devons maintenant essayer d'élucider[1].

Les divers systèmes issus de l'empirisme invoquent ce postulat, que tous nos concepts sont formés avec des sensations ou des fragments de sensations. A ce compte, les apports de la raison ne comptant pour rien, il ne reste qu'à la biffer comme une faculté irréelle, purement imaginaire et toute nominale. Par suite de cette négation hardie, la sensation restant la ressource unique de l'empirisme, ses partisans sont amenés à l'exploiter avec un zèle indiscret, pour en tirer le trésor idéologique qu'elle promet. A cette fin, ils ont imaginé une série de transformations destinées à dissimuler son indigence native et l'absence des facultés supprimées. L'essai le plus compliqué est dû à Condillac. Vous éprouvez une sensation. Rendez-la plus intense; elle devient dominante, exclusive; elle efface

---

1. La question vient bien à point. Nous connaissons toutes les fonctions de l'intellect : percevoir, conserver, élaborer, exprimer. Il s'agit de savoir si ces ressources suffisent à expliquer l'acquisition de nos idées.

par le contraste les sensations faibles, et vous donne l'attention. Si vous la doublez, elle fournit les deux termes nécessaires pour la comparaison, la comparaison même, et le jugement; triplée, le raisonnement. Conservée, elle constitue le souvenir; revivant sous forme affaiblie, atténuée, avec quelque altération, elle devient l'image.

Stuart Mill a cru pouvoir ramener les lois de cette élaboration à une seule d'une fécondité inépuisable, l'association. M. Taine, qui l'accepte, insiste néanmoins sur un procédé spécial, l'abstraction, à laquelle il attribue de merveilleux résultats.

Quel que soit le mode de transformation adopté, que la sensation soit *fortifiée, élevée au maximum d'intensité, conservée, réviviscente et affaiblie, abstraite, totalisée, même associée,* elle ne change pas de nature, et ne peut donner naissance à des conceptions d'un ordre qui lui est transcendant. Elle n'explique ni les idées ni les vérités premières, dont nous avons à déterminer la provenance.

Pour fixer l'état de la question, il convient avant tout de savoir de quelles idées il s'agit. Faute de but précis, la recherche s'égare.

§ 2. — *Quelles sont les idées en cause?*

On ne peut nous demander d'éplucher un à un tous les concepts, même d'ordre expérimental, qui, de moment en moment, germent dans l'intelligence. Trop élargir le champ de l'investigation, ce serait multiplier les efforts en pure perte. D'un autre côté, l'amoindrir plus qu'il ne convient, serait amoindrir aussi la difficulté et n'obtenir, en la résolvant ainsi réduite, qu'un succès partiel, ou mieux, illusoire. Aussi les psychologues contemporains préludent à l'étude du problème par un dénombrement des idées jugées premières.

Si nous ouvrons l'histoire de la philosophie, nous n'y

trouvons guère que deux classifications célèbres. La première est celle d'Aristote, qui nous donne comme les
notions les plus simples et les plus générales de l'intellect, partant les plus fondamentales, d'abord les transcendantaux, savoir : l'être, l'un, le vrai, le bon, auxquels
nous devons ajouter l'infini (être par excellence opposé
à l'être en général); et en second lieu, les dix catégories :
substance, quantité, qualité, relation, action, passion,
lieu, temps, situation et avoir.

Or cette division des catégories manque de rigueur,
les termes n'étant pas opposés entre eux. On peut la simplifier en la réduisant à la série suivante : la substance
(que nous ne séparons pas de l'accident), la cause, l'espace et le temps.

Kant, de son côté, admet trois groupes de concepts à
priori, superposés, savoir : les deux concepts de la sensibilité soit externe, soit interne, l'espace et le temps; les douze
catégories de l'entendement ; et les trois idées de la raison.
Il serait hors de propos d'analyser en détail ces notions.
Qu'il nous suffise de faire observer que M. Paul Janet, dans
son *Traité de philosophie*, les ramène à celles que nous
venons d'énumérer dans la division scolastique. « Nous
admettrons avec Kant trois ordres d'idées premières : 1° au
premier degré, l'*espace* et le *temps*; 2° au second, la *substance* et la *cause* avec leurs deux caractères fondamentaux, l'unité et l'identité; 3° au troisième, l'infini, l'absolu, le parfait. Les premières constituent en quelque
sorte l'écorce et le moule des choses; les secondes, leur
être intérieur; les troisièmes, leur origine et leur fin[1]. »

Pour aller du plus connu au moins connu et graduer
les difficultés, nous distinguerons deux groupes : les idées
abstraites de cause, de substance, d'être, d'unité...; puis
l'*infini*, soit absolu, soit relatif.

---

1. *Traité de philosophie*, p. 102.

§ 3. — *La cause, la substance, l'être, l'un, le vrai, le bien..., conçus sous forme abstraite.*

I. — **Descartes** distribue les idées en trois catégories. « Les unes, dit-il, me semblent *nées* avec moi, les autres étrangères et venir du dehors (*adventitiæ*), et les autres être faites ou inventées par moi-même[1] (*fictitiæ*). »

« Quelle est la liste de ces idées nées avec nous, se demande Francisque Bouillier, dans son *Histoire de la philosophie cartésienne*[2], et comment faut-il les classer? Sur ce point, il n'y a rien de bien net et de bien précis dans Descartes, quoiqu'il ne mérite cependant peut-être pas le reproche que lui fait Ritter, de n'en admettre tantôt qu'un petit nombre, et tantôt de les multiplier à l'infini. » Celles qu'il signale le plus clairement ont pour objet le moi, l'infini et la durée.

II. — **Leibnitz** admet aussi des idées innées; et, pour en expliquer la nature, il use d'une comparaison bien connue. « Je me suis servi de la comparaison d'une pierre de marbre, qui a des veines... S'il y avait des veines dans la pierre qui marquassent la figure d'Hercule préférablement à d'autres figures, cette pierre y serait plus déterminée, et Hercule y serait comme inné en quelque façon, quoiqu'il fallût du travail pour découvrir ces veines et pour les nettoyer par la polissure, en retranchant ce qui les empêche de paraître. C'est ainsi que *les idées et les vérités nous sont innées*, comme des inclinations, des dispositions, des habitudes ou des virtualités naturelles, et non pas comme des actions[3]. »

---

1. *Méditations*, III, n° 7. Ce philosophe, rangé d'ordinaire parmi les innéistes, semble parfois admettre seulement l'innéité de la faculté.

2. 1er vol., p. 110.

3. Bien que Malebranche, partisan de la vision en Dieu, n'admette pas l'innéité, conçue au sens classique de représentations imprimées dans l'âme au moment de sa création, il s'en rapproche, en professant que l'âme humaine

Au dix-neuvième siècle, l'hypothèse de l'innéité compte aussi des défenseurs.

III. — Mais les analyses de **Maine de Biran** en ont restreint les applications[1].

B. « Tout le mystère des *notions à priori* disparaît devant le flambeau de l'expérience intérieure, qui nous apprend que l'idée de cause a son type primitif et unique dans le sentiment du moi identifié avec celui de l'effort... Nous trouvons profondément empreinte en nous la notion de cause ou de force; mais *avant la notion est le sentiment immédiat de la force,* et ce sentiment n'est autre que celui de notre existence même, dont celui de l'activité est inséparable[2]. »

Au moi, se révélant sous la forme de cause ou de force, nous devons joindre ses attributs, l'unité et l'identité. « Le type primordial fixe et unique de toute identité, comme de toute unité, se trouve dans le moi, » fait observer le même psychologue.

Cousin et Jouffroy reproduisent cette doctrine. Celui-ci remarque de plus que la conscience nous atteste l'existence d'un sujet, aussi bien que celle d'une cause. « Quant à la substance de l'âme, si par substance on entend ce qui est supposé par les modifications, l'âme se sent substance comme elle se sent cause. Mais si par substance on entend le substratum de la cause qui est en nous, l'âme ne sent point un tel substratum, et il est permis de douter qu'une force en suppose un[3]. »

C'est la conscience psychologique qui est la source de ces notions; nous devons donc les défalquer de la série

est mise dès son origine en possession des idées divines. De la sorte il s'éloigne plus encore que Descartes et Leibnitz de la théorie thomiste, qui attribue à l'intellect le pouvoir les idées premières. Nous en dirions autant de Fénelon.

1. *Nouveaux Essais sur l'entendement,* avant-propos, édit. P. Janet, t. Ier, p. 12, 13.

2. *Œuvres inédites,* t. Ier, p. 258 et 103. Texte déjà cité au sujet de la conscience intellective.

3. *Nouveaux Mélanges : distinction de la psychologie et de la physiologie.*

des idées réputées innées, afin de leur assigner une origine expérimentale. Ainsi nous leur donnons une plus ferme assiette. La solution biranienne satisfait du même coup les exigences soit psychologiques, soit métaphysiques de la question. Le procédé de formation est aussi simple que sûr, puisque c'est à la perception que nous empruntons ces concepts. Rien de plus intime à l'âme que l'âme elle-même : dans les intuitions du sens intime, il n'y a pas seulement union du sujet à l'objet, il y a une sorte d'identité. Pour la perception extérieure, l'espèce sensible qui se place entre le sens et son objet peut altérer la représentation de celui-ci : dans la perception interne, au contraire, il n'y a pas d'espèce s'interposant entre la conscience et la réalité perçue. La réalité est saisie en elle-même sur le vif, en flagrant exercice d'activité. Je ne puis donc admettre, avec Kant ou les positivistes, que l'idée que j'ai de cette activité soit illusoire, mensongère ; sa légitimité égale celle des faits eux-mêmes.

Grâce à cette méthode, la métaphysique prend, à certains égards, le caractère de science positive, ses données les plus précieuses devant l'objet de perception. De ce chef, elle s'assimile aux sciences naturelles, et affermit son crédit près des esprits chez lesquels domine la préoccupation des données expérimentales.

IV. — **Saint Thomas** recourt aussi à l'expérience, mais par une autre voie.

L'âme humaine, tenant le milieu entre l'animal, dont la vie est confinée au sensible, et les purs esprits, doit suivre, dans la direction de la pensée, une *voie moyenne* consistant à chercher l'intelligible dans le sensible. Car notre âme est tout à la fois forme du corps et substance spirituelle : forme du corps, elle saisit les données de la perception externe ; substance spirituelle, elle envisage ces données par le côté qui répond à sa nature, l'universel. Assigner à notre entendement comme opération caractéristique, la tâche de dégager l'intelligible du sensible, c'est exprimer les deux notes distinctives de l'esprit humain, le séparer du même coup de l'ange et de la brute. « *Potentia cognoscitiva proportionatur cognoscibili. Unde intellectus angeli, qui est totaliter a corpore separatus, objectum proprium est substantia intelligibilis a corpore separata; et per hujusmodi intelligibile materialia cognoscit. Intellectus autem humani, qui est conjunctus corpori, proprium objectum est quidditas sive natura in materià corporali existens; et per hujusmodi naturas visibilium rerum, etiam in invisibilium rerum aliqualem cognitionem ascendit[1].* »

Nous avons déjà vu, dans le paragraphe précédent, que l'espèce intelligible est la condition immédiate de la pensée, puisqu'elle figure et exprime l'objet conçu au sein même de l'entendement. Le problème que nous agitons en ce moment se réduit donc à expliquer le mode de formation. Trois facultés y concourent : les sens qui en offrent la matière; l'intellect dit patient, qui la reçoit une fois élaborée; enfin l'intellect agissant, ou agent, qui, jouant un rôle intermédiaire, l'extrait des représentations sensibles pour l'imprimer dans l'esprit.

A. Nos sens ne saisissent que l'individuel. En revanche, toute individualité enveloppe une essence, l'universel, objet propre de nos conceptions intellectuelles. Ce fruit est une orange : il tient de l'espèce dont il reproduit les propriétés, mais il allie à ses propriétés des conditions qui lui sont propres et le distinguent de toutes les autres oranges. Il faut donc dégager le type spécifique des particularités auxquelles il est mêlé, et qui l'obscurcissent.

Ce dégagement est dû à l'intellect agent. Présente à ma vue, l'orange le devient à l'âme tout entière, et sollicite mes autres sens, par exemple le toucher et l'odorat, qui

---

1. I, q. LXXXIV, art 7

peuvent s'y porter et la saisir à leur manière. Par une
influence analogue, elle stimule aussi l'intellect agent,
qui, une fois mis en éveil, le saisit par le côté qui lui est
accessible, les caractères spécifiques, l'universel. De même
que la vue néglige l'odeur, la résistance, ou le son, pour
s'attacher à son objet formel qui est la couleur, ainsi
l'intellect actif néglige les conditions individuelles pour
viser la formalité qui lui est propre, l'universel. « Abstrahit in tellectus agens species intelligibiles a phantasmatibus, in quantum per virtutem intellectus agentis
accipere possumus in nostra consideratione naturas specierum *sine individualibus conditionibus*... Intellectus
noster abstrahit species intelligibiles a phantasmatibus,
in quantum considerat naturas rerum in universali[1]. »

Bref, d'après saint Thomas, l'office de l'intellect agent
est d'isoler les éléments spécifiques d'une réalité individuelle, pour en imprimer l'espèce dans l'intellect
patient, où elle devient la condition immédiate de la
pensée[2].

B. Mais une difficulté assez grave se présente : quel
est bien l'universel dégagé par l'intellect actif? Serait-ce
seulement l'essence des propriétés sensibles, réunies par
l'imagination dans un même groupe, comprenant, par
exemple, la couleur de l'orange, son volume, sa forme,
son odeur, sa saveur? L'intellect va-t-il travailler uniquement sur des phénomènes, pour détacher de chacun
d'eux la note spécifique? Car il est vrai de dire que chaque propriété a son essence. L'essence de l'étendue consiste dans la triple dimension; or je puis trouver les trois

---

1. I, q. LXXXV, art. 1, *ad 4um et 5um*.
2. Pour exposer la théorie dans son entier, nous devrions distinguer l'espèce
intelligible de l'acte intellectuel ou apprehension, qui consiste à en user; distinguer aussi l'espèce impresse de l'espèce expresse, ou verbe mental. Mais ces
compléments auraient l'inconvénient de détourner l'attention du point délicat
que nous désirons, aux alinéas suivants, mettre en lumière, pour montrer l'insuffisance de l'emprunt fait aux sens *externes*.

dimensions dans le volume de l'orange. Pareillement, la couleur, l'odeur, la saveur, ont un mode d'être fixe et invariable, au défaut duquel elles cesseraient d'exister : c'est leur essence. Si l'intellect actif n'exerce sa faculté d'abstraire que sur ces accidents, il ne saurait y trouver la notion de cause, ou même celle de substance. Car la cause en elle-même n'est ni rouge, ni bleue, ni violette, pas plus que carrée ou oblongue. Nous aurions beau imposer à la sensation ou à l'image toutes les métamorphoses, elle se refusera toujours à nous en fournir le concept. Il faut donc renoncer à cette interprétation.

Serions-nous plus heureux en considérant non plus l'essence des propriétés, mais celle de l'être lui-même, de l'orange dans l'exemple proposé ?

Nullement; car cette interprétation soulève de graves objections. D'abord, le procédé de l'intellect agent, au lieu d'aller du même au même, de l'individualité à l'essence pour une seule donnée sensible, irait des accidents à l'essence, c'est-à-dire des propriétés au principe générateur qui est la substance; il *tiendrait moins de l'abstraction que de l'opération inductive*[1].

En outre, quelque limitée que soit la prise de l'intellect agent sur l'essence de l'orange, il devra en tirer au moins deux caractères généraux, la substance et l'activité, ou la causalité. Et lorsqu'un adhérent d'Auguste Comte nous affirmera qu'il n'y a en dehors de nous ni substance ni cause, nous n'aurons qu'à lui dire : « Voyez. » Un sophiste de l'antiquité niait le mouvement; son interlocuteur se mit à marcher devant lui. De même, dans l'hypothèse où nous nous plaçons, il suffirait de porter le regard de l'intelligence sur les objets matériels, pour y

---

1. A plus forte raison encourrait-on ce reproche, si l'on prétendait que l'idée de l'essence de l'objet (impliquant les concepts de substance et de cause) est suggérée à l'esprit par les accidents, en vertu des principes suivants : tout accident suppose une substance ; tout fait, une cause. — Le procédé serait un raisonnement, une véritable induction, non une simple abstraction.

percevoir les attributs métaphysiques, dont l'existence
est si vivement contestée.

Les psychologues hésiteront toujours à doter[1] l'intellect
de ce pouvoir divinateur.

C. Nous devons donc chercher ailleurs l'origine de ces
notions, aussi bien que celle des concepts d'unité et d'i-
dentité. Le plus simple est de les demander à la conscience.

Le cardinal Zigliara nous dit dans sa *Somme philosophique :* « Formatis per abstractionem a *sensibilibus* ideis
primitivis, intellectus vi sua nativa ad alia intelligenda
assurgit[2]. » D'après l'éminent auteur, les idées primitives
qui constituent les matériaux de la connaissance intellectuelle, les éléments de la pensée, viennent des sens.
Une fois acquises, elles formeraient la trame de toutes
nos autres conceptions; et l'entendement n'aurait qu'à
travailler sur ces idées, qu'à réduire, diviser, épurer, multiplier ou amplifier..., pour obtenir des notions applicables
à l'esprit humain et à Dieu.

Or, tous ces essais ne peuvent être que stériles, parce
qu'aucune combinaison de concepts empruntés au monde
matériel ne produira l'idée de liberté, celles de devoir,
de droit, de responsabilité et de mérite, en un mot les
catégories morales.

Nous devons ajouter que s'imposer ces efforts de transformation, c'est aller chercher au loin ce qu'on a sous la
main. La conscience psychologique est une mine pré-

---

1. Nous reconnaissons néanmoins que la plupart des thomistes adoptent l'interprétation que nous combattons en ce moment. Les sens externes et l'imagination, disent-ils, représentent les propriétés sensibles sous forme concrète :
ce résistant, ce *coloré, hoc coloratum.* Or, *coloré* signifie une essence revêtue
de couleur. L'intellect agent peut donc dégager de l'image, l'essence qui y est
contenue. — Nous répondons que représenter une couleur réelle individuelle,
n'est pas représenter un *coloré.* Il y a *deux éléments dans l'idée de coloré, un
seul dans l'idée de couleur.* Or l'imagination n'est pas *apte à figurer le premier de ces éléments, qui est suprasensible.*

2. *Summa philosophica, Psychologia,* lib. IV, cap. II, *De Ideis,* VI.

cieuse, que bien des scolastiques négligent, pour s'obstiner à fouiller dans le domaine plus appauvri des sens externes. Ils oublient aussi cette règle de sagesse qui prescrit de ne pas laisser un bon serviteur inactif, alors que son compagnon fléchit sous le poids de la charge.

Bref, c'est dans le monde intérieur que nous puisons le plus aisément les concepts de substance, de cause, d'unité et d'identité.

D. Quant à la notion abstraite de l'être, nous pouvons la tirer également des deux sources de la perception, externe et interne.

Cette notion est même la première qui apparaît dans l'esprit. En tout ordre de choses, les essais sont faibles et impuissants, et la connaissance intellectuelle ne fait pas exception à cette loi. Plus la pensée est faible, moins elle est compréhensive, plus elle est vague, flottante, indécise. C'est donc l'indécision ou l'indétermination qui caractérise les concepts du début. Déjà Platon avait observé que l'enfant connaît son père d'une manière vague et confuse, car il donne à tous les hommes le nom de père. Or, rien de moins défini que l'être abstrait. On a souvent comparé nos idées à des images : l'idée d'être est un tableau à peine ébauché, où l'on n'a tracé qu'un seul linéament, et qui doit graduellement être complété, coloré, enrichi. C'est en qualifiant l'être que nous le complétons : l'homme est un être; mais quel être? Un être substantiel, vivant, sensible, raisonnable. Observons que ces qualifications ne sont pas l'œuvre de la première heure, car l'être naît dans l'esprit dépouillé de toute attribution. Saint Thomas exprime cette idée avec la précision ordinaire de son langage. « Intellectus noster de potentia in actum procedit; omne autem quod procedit de potentia in actum, *prius pervenit ad actum incompletum,* qui est medius inter potentiam et actum, quam ad actum perfectum. Actus autem perfectus ad quem pervenit intellectus, est scientia completa, per quam distincte et determinate res noscuntur. Actus autem incompletus est scientia imperfecta, per quam res *sciuntur indistincte sub confusione quadam*[1]. »

V. — Cette discussion appelle une **conclusion**.

A. Toutes nos idées sont puisées à deux sources, les sens externes et la conscience[2], qui représentent la *perception* appliquée à son double domaine.

B. Élaborées par l'intellect, les données de la perception fournissent toutes les notions *abstraites*, concernant la *substance* ; — la *cause efficiente* ; — la *cause finale* ; — l'*être* ; — l'*unité* ; — l'*identité* ; — l'*étendue* ; — le *temps*[3] ; — la *vérité* soit logique, celle de la pensée qui se conforme à son objet, soit ontologique, celle de l'objet se conformant à la pensée, par exemple de la maison bâtie selon le plan de l'architecte ; — la *bonté*, conçue par la

1. I, q. LXXXV, art. 3.

2. Le recours à la conscience est sans doute une modification à la manière ordinaire d'interpréter la doctrine thomiste. Mais nous ne pensons pas que le respect dû au génie éminent du saint docteur nous condamne à la répétition stérile de ses formules, et nous interdise toutes les initiatives, même les plus heureuses, qui permettent de féconder ses principes et d'en tirer les applications les plus légitimes, les mieux en harmonie avec la pensée contemporaine.

Aussi bien, c'est moins une innovation qu'un retour plus complet aux traditions philosophiques de saint Augustin, qui ont compté des représentants même au moyen âge. « Surtout préoccupé du salut des âmes, le christianisme ne pouvait manquer de favoriser le retour de l'esprit sur lui-même. » (*Histoire de la philosophie*, par Janet et Séailles, p. 95.) « Cum se mens novit, suam substantiam novit, et cum de se certa est, de substantia sua certa est, » dit saint Augustin (*De Trinitate*, X, 19).

« Guillaume d'Auvergne reprend les idées de saint Augustin, les développe avec intelligence. Il établit qu'on ne peut nier l'âme sans contradiction, parce que nier l'âme, c'est encore penser... C'est anticiper, comme on le voit, en termes presque textuels sur la doctrine de Descartes... On voit que la philosophie du moyen âge, qu'on a crue trop exclusivement perdue dans les disputes verbales et scolastiques, à cause de la forme de sa méthode, a eu souvent les idées les plus nettes, plus nettes même que celles de l'antiquité, sur le caractère propre de l'esprit, qui est de se connaître soi-même. » (*Histoire de la philosophie*, par Janet et Séailles, p. 96.)

3. C'est la conscience, jointe à la mémoire, appelée conscience continuée, qui nous donne l'idée générale de temps.

comparaison d'êtres inégalement parfaits, par exemple, nous-mêmes et la matière...

Ce qui fait la solidité de cette solution, c'est que la perception reflète très exactement la réalité, et que l'abstraction opère par retranchement, et non par addition sur la réalité ainsi fidèlement reflétée, ce qui écarte tout danger d'altération. En d'autres termes, *l'abstrait, étant moins compréhensif que le concret dont il est tiré, ne peut contenir que des éléments objectifs.*

Nous devons maintenant passer à la seconde partie du problème, qui concerne l'infini tant absolu que relatif.

§ 4. — *Infini absolu, infini relatif.*

Tout concept peut être porté à la plus haute détermination, revêtir la forme de l'infini : d'abord l'*être,* qui devient l'être par excellence, infini absolu ; — en second lieu, les *qualités,* qui, élevées au plus haut degré de perfection dont elles sont capables, donnent la catégorie de l'idéal ; — enfin les diverses quantités, le nombre, l'étendue et la durée successive, qui ne sont pas susceptibles d'amélioration, mais seulement de multiplication et d'extension illimitée.

Cette idée de l'infini, applicable à tous les éléments de la connaissance intellectuelle, quelle peut en être la provenance? L'auteur de la nature l'a-t-il imprimée dans notre âme, en la créant, ou bien ne nous a-t-il donné que la faculté de l'acquérir?

I. — Nous savons déjà que **Descartes** adhère à la première hypothèse.

« Je n'aurais pas l'idée d'une substance infinie si elle n'avait été *mise* en moi par quelque substance qui fût véritablement infinie... Je ne l'ai pas reçue par les sens...; elle n'est pas aussi une pure production ou fiction de mon esprit,... et par conséquent il ne me reste plus autre chose

à dire, sinon que cette idée est née et produite avec moi,
dès lors que j'ai été créé... Et de vrai, on ne doit pas
trouver étrange que Dieu, en me créant, ait mis en moi
cette idée, pour être la marque de l'œuvre empreinte sur
l'ouvrage[1]. »

Malgré ses attaches aristotéliciennes et thomistes, *Bossuet* admet aussi l'innéité. « Dis-moi, mon âme, comment
entends-tu la privation, si ce n'est par la forme dont elle
prive? Comment l'imperfection, si ce n'est par la perfection dont elle déchoit? Comment entends-tu l'erreur, si
ce n'est comme privation de la vérité? le doute et l'obscurité, si ce n'est comme privation de l'intelligence et de
la lumière[2]? » « Le parfait, déclare-t-il ailleurs, est le premier en soi, et dans nos idées[3]. »

II. — Au dix-neuvième siècle, après la réduction opérée par Maine de Biran et son école, dont nous avons
bénéficié au paragraphe précédent, la part de l'innéité se
trouve restreinte, pour les spiritualistes plus récents, au
concept de l'infini.

« Méditez un instant, dit M. E. Saisset, sur la durée
qui s'écoule,... et dites-moi si la *notion de l'éternité ne se
forme pas en vous par un acte spontané de la raison.*

« Cette éternité, qui se révèle à votre pensée changeante
et successive, cette immensité que vous concevez comme
embrassant dans son unité tous les espaces réels et possibles, *ce ne sont pas de pures abstractions*[4]. »

« L'idée de l'absolu est donc innée en nous, écrit aussi
J. Simon; nous pensons le monde intérieur dans le premier fait de conscience, parce qu'il avertit et sollicite notre
pensée; nous nous pensons nous-mêmes parce que nous
éprouvons une action et en produisons une autre; et nous

1. *Méditations*, III, n°s 15-24.
2. *Élévations*, I.
3. 1re semaine; *Élévations sur les mystères*, II.
4. *Essai de philosophie religieuse*, t. II, p. 208.

pensons l'absolu parce qu'il est de l'essence de notre intelligence de ne point penser sans penser à lui. C'est donc
véritablement une *idée innée*, c'est-à-dire une idée qui ne
peut pas ne se produire pas en nous par cela seul que
nous pensons[1]. »

III. — Nous connaissons l'opinion de **saint Thomas**.
Nous avons vu qu'il fait de toutes nos idées, sans exception, le produit de nos facultés intellectuelles.

Nous constatons en nous et au dehors de nous bien des
limites particulières. La santé, l'usage normal de nos sens,
la science, sont des biens; par contre, la maladie, la surdité, la cécité, l'ignorance, sont des maux. L'idée de négation doit nous être bien familière, puisqu'elle se mêle
au sentiment de tous nos actes : j'avais tout à l'heure une
idée qui en ce moment m'échappe; je parlais, et maintenant je me tais; je marchais, et pour l'instant je suis
assis. Cesser de marcher, de parler, de penser à tel objet,
voilà autant de négations, de limites. Prenons l'une d'elles au hasard, par exemple la maladie; éliminons-en par
l'abstraction ce qu'elle a de propre, pour nous attacher
à l'élément le plus général, le plus indéterminé, le plus
réduit, savoir, le manque d'un degré d'être dans un sujet
apte à le posséder. Nous aurons le concept de limite.

Or maintenant écartons la limite d'un sujet déterminé;
nous l'élevons à l'infini. Il n'est pas nécessaire de passer
en revue toutes les imperfections physiques et morales,
d'en dresser la liste complète pour les bannir de ce sujet,
de le déclarer illimité dans la durée, l'espace, l'exercice
de la puissance... Nullement; nous pouvons même ne pas
songer un seul instant à ces défectuosités particulières. Il
suffit d'exclure la limite d'une substance pour exclure
toutes les imperfections. S'il en restait une seule, même
légère, cette imperfection maintiendrait en elle le concept

1. *Histoire de l'école d'Alexandrie*, t. Ier, p. 36.

abstrait que nous voulons en écarter, puisqu'elle est une application déterminée. Je ne dois pas dire d'un homme qu'il n'est pas malade, lorsqu'il a une maladie, même une seule[1].

IV. — Cette explication nous paraît, à tous égards, préférable :

D'abord, en ce qu'elle répond exactement aux données du problème;

En second lieu, parce qu'elle est la plus simple et conforme à la loi d'économie, qui est celle de la nature. Il est plus simple, en effet, d'admettre la faculté d'acquérir des idées que des idées toutes faites. C'est le principe de la moindre action. Les solutions les plus sobres, lorsque d'ailleurs elles suffisent, sont les meilleures.

L'étude des idées conduit à celle des principes.

§ 5. — *Origine des premiers principes.*

Un principe est plus qu'un concept; c'est l'affirmation d'un rapport *nécessaire* entre deux concepts, par exemple : tout phénomène suppose une cause. Leibnitz a mis en évidence ce caractère de nécessité. « Les sens, dit-il, ne nous donnent jamais que des exemples, c'est-à-dire des vérités

1. Les partisans de l'innéité objectent que nous renversons l'ordre des termes, et qu'au lieu de concevoir l'infini comme la négation de la limite, c'est la notion de la limite qui présuppose l'affirmation de l'infini. « Le parfait est le premier, et en soi est dans nos idées... L'homme ignorant croit connaître le changement avant l'immutabilité, parce qu'il exprime le changement par un terme positif, et l'immutabilité par la négation du changement même : et il ne veut pas songer qu'être immuable c'est être, et que changer c'est n'être pas; or l'être est, et il est connu devant la privation qui est le non-être. » (1re semaine, *Élévations sur les mystères*, II.) — Nous convenons que la notion de limite implique la négation d'une réalité ultérieure; mais il n'est pas nécessaire que cette *réalité* elle-même soit infinie. Pour me faire une idée de la maladie, de la cécité, de la surdité, de l'oubli,... ne suffit-il pas que j'aie préalablement celles de la santé, de l'exercice normal, de la vue et de l'ouïe, de la mémoire? J'ai deux francs; on me les vole. Pour me sentir dépouillé, n'est-ce pas assez que je me rappelle la possession de mes deux francs? Pourquoi exiger que j'aie le sentiment d'une possession, d'une richesse infinie?

individuelles. Or, tous les exemples qui confirment une vérité générale ne suffisent pas pour établir la *nécessité* universelle de cette même vérité, car il ne suit pas que ce qui est arrivé arrivera toujours de même. »

Non content de qualifier, ce philosophe a aussi classé les principes en les rattachant à deux lois fondamentales : d'une part, la loi d'identité : l'être est ; de l'autre, celle de raison suffisante : toute chose a sa raison d'être.

Au premier chef se rapportent les affirmations suivantes, auxquelles certains auteurs réservent le nom d'axiomes : le principe de contradiction, celui du tiers exclu, et les principes du raisonnement : deux choses identiques avec une même troisième sont identiques entre elles, dont les axiomes mathématiques sont une simple application : deux quantités égales... sont égales ; deux figures semblables, équivalentes...

Viennent ensuite les applications immédiates de la raison suffisante, que l'on appelle souvent vérités premières : le principe des causes, celui des substances, enfin la loi sur laquelle repose l'existence des lois de la nature : les mêmes causes dans les mêmes circonstances produisent les mêmes effets...

Or le caractère nécessaire des principes semble exclure toute solution expérimentale et requérir l'innéité.

I. — C'est encore la pensée de **Leibnitz**, car après avoir dit : « Il ne suit pas que ce qui est arrivé, arrivera toujours de même, » il continue : « D'où il paraît que les vérités nécessaires doivent avoir des principes dont les preuves ne *dépendent pas des exemples, ni par conséquent du témoignage des sens,* quoique sans les sens, on ne se serait jamais avisé d'y penser. » Le même auteur ajoute : « La preuve originaire des *vérités nécessaires vient du seul entendement,* et les autres vérités viennent des expériences ou des observations des sens. Notre esprit est capable de connaître les unes et les autres, mais il est *la source* *des premières*[1], et quelque nombre d'expériences particulières qu'on puisse avoir d'une vérité universelle, on ne saurait s'en assurer pour toujours par l'induction, sans en connaître la nécessité par la raison[2]. »

Cousin enseigne, de son côté, que le principe de causalité étant non seulement universel, mais nécessaire, ne peut provenir de l'expérience. « Essayez, un phénomène vous étant donné, de n'y pas supposer une cause, vous ne le pouvez : le principe n'est pas seulement universel, il est nécessaire, d'où je conclus qu'il ne peut dériver des sens. En effet, quand on accorderait que la sensation peut donner l'universel, il est évident qu'elle ne peut donner le nécessaire;... il répugne que les sens puissent donner ce qui doit être, la raison d'un phénomène, encore moins sa raison nécessaire[3]. »

II. — **Saint Thomas** reconnaît aussi dans l'intellect une disposition innée à la connaissance des premiers principes : Habitus synderesos « est *quodam modo innatus* menti nostræ ex ipso lumine intellectus agentis, sicut et

---

1. Nous avons vu que l'idée de l'infini est celle à laquelle les idéalistes appliquent avec le plus d'insistance la théorie de l'innéité. Ils lui associent les premiers principes, à raison d'une affinité que nous désirons signaler. « La raison, dit M. Émile Charles, a une double fonction : elle est la connaissance des *principes*, et celle de l'infini, du nécessaire, de l'absolu, du parfait, tous termes qui sont solidaires et inséparables... Non seulement la raison prononce que tout a une cause, mais elle ajoute que tout a une première cause... (*Éléments de philosophie*, 1er vol. p. 336.) En général la cause est plus parfaite que l'effet : d'où il suit que s'élever dans la hiérarchie des causes, c'est se diriger vers l'infini. Le principe « de substance, continue M. Charles, enveloppe l'affirmation d'une force absolument permanente; celui de raison suffisante, celle d'une raison primordiale et d'une intelligence infinie; celui des causes finales, celle d'une fin universelle dont les destinées particulières ne sont que des fragments; celui des lois, celle d'une loi fondamentale suivant laquelle la cause première réalise la fin absolue, et d'un bien suprême qui est la règle de nos actions. » (*Ibid.*) M. Saisset résume ces rapports dans la formule suivante : « L'être imparfait a sa raison d'être dans l'être parfait. » M. Paul Janet a dit dans le même sens : « La raison pure est la faculté des principes; et elle est la faculté des principes parce qu'elle est la faculté de l'absolu, car c'est dans l'absolu que les principes ont leur source. »

2. *Nouveaux Essais*, t. 1er, p. 45.

3. *Cours de l'histoire de la philosophie*, 2e série, t. III, p. 151.

habitus principiorum speculativorum, ut : omne totum est majus sua parte[1]. »

Il suffit de rapprocher la partie du tout, pour concevoir la nécessité, et par conséquent l'universalité du rapport. Mais ce rapport, c'est l'expérience qui en a livré la matière : c'est par les procédés ordinaires, l'intervention de l'imagination et de l'intellect agent, que nous nous formons l'idée de tout et de partie. Le saint docteur le remarque expressément : « Quid sit totum, et quid sit pars, *cognoscere non potest nisi per species intelligibiles a phantasmatibus acceptas[2].* »

Ces idées une fois acquises, le rapport en serait perçu grâce à la disposition innée, déjà mentionnée.

Dans son ouvrage *De la Lumière intellectuelle*[3] *et de l'Ontologisme,* le cardinal Zigliara atténue beaucoup cette innéité. Nous avouons ne pas bien comprendre la nécessité d'un habitus, exigé seulement pour lier les concepts, non pour les acquérir. Car la liaison tient essentiellement au contenu des termes, tout et partie : un tout étant, par définition, composé de parties, sera nécessairement plus grand qu'une seule de ses parties. Comme les aptitudes générales ou essentielles de l'entendement lui suffisent à penser le contenu de ces idées, elles suffiront pareillement à connaître le lien qui en découle et les unit.

Même observation pour les autres principes.

III. Essai de solution. — Au lieu de conceptions toutes faites, imprimées dans l'âme au moment de la création, mieux vaut admettre seulement le *pouvoir de les former.*

Vérifions d'abord cette solution dans les axiomes.

A. Pour acquérir la connaissance du principe d'identité,

---

1. *Dist.*, XXIV, q. II, art. 2.
2. 1ª 2ᵃᵉ, q. LI, art. 1.
3. 2ᵉ volume de ses *Œuvres*, p. 354.

il suffit de tirer des termes de la proposition le rapport qui les joint. Or, rien de plus aisé, puisqu'il y a parfaite coïncidence entre eux, et que l'attribut est la reproduction exacte du sujet, ou mieux le sujet lui-même, *répété tel quel*, sans une seule nuance en plus ou en moins.

B. Le principe de contradiction s'énonce ainsi : *La même chose ne peut pas à la fois être et ne pas être ;* ou bien : *L'être n'est pas le néant, le non-être.* Considérons l'attribut de la proposition, non-être. Par définition, le non-être n'est pas l'être. Or, encore ici, l'axiome ne dit pas autre chose; il n'exprime rien qui ne soit enfermé dans les termes; et l'esprit n'a, pour l'en dériver, qu'à mettre ces termes en regard l'un de l'autre.

Toutefois, il est juste de reconnaître que bien peu d'hommes acquièrent la notion abstraite de ces principes sous la forme explicite et réflexe; ils se bornent à les appliquer. « Toute donnée de l'expérience, dit M. Rabier, se présente comme étant ce qu'elle est, comme identique à soi-même : la conscience du blanc est la conscience du blanc; la conscience d'une douleur est la conscience d'une douleur... Quelque effort que nous fassions, nous ne pouvons réaliser dans notre conscience l'idée d'un blanc non blanc, l'idée d'un cercle carré... Tout fait de conscience, quel qu'il soit, nous offre donc un exemple de l'idée intrinsèque de l'être. Il suffit, par conséquent, après cela, que l'intelligence, intervenant, dégage cette idée des cas particuliers qui la réalisent[1]. » La plupart du temps, dans cette tentative, elle s'arrêtera à mi-chemin, car bien peu d'esprits sont assez familiers avec ces abstractions pour mener l'analyse à la limite où elle expire, faute d'objet ultérieur, savoir : la raison d'être et le principe d'identité.

Passons maintenant aux vérités premières.

1. Rabier, *Psychologie*, p. 304, 305.

C. Le principe le plus général de ces vérités est le principe de raison : *toute chose a une raison suffisante :* raison qui fonde la possibilité, si la chose est seulement possible; l'existence, si elle est de plus réelle.

Les philosophes agitent la question de savoir si le jugement qui exprime ce principe est analytique ou synthétique. Quelle que soit la solution adoptée, il est indubitable que l'esprit perçoit la connexion des termes : il voit que tout degré d'être est déterminé par un principe, qui le fait tel et pas autre; que toute naissance, toute mort, tout changement, toute durée, tout progrès, tout déclin, s'explique par une cause (soit efficiente, soit *déficiente,* au sens de Leibnitz), qui fait naître, mourir, changer, durer, progresser ou décliner. Tout ce qui est, provoque dans l'intelligence un pourquoi : or la nature a réponse à ce pourquoi, réponse satisfaisante en soi, bien que le plus souvent ignorée de nous.

On ne saurait contester ce principe sans ébranler tout le domaine de la certitude intellectuelle, attendu que penser c'est chercher la raison des choses, c'est opérer un mouvement progressif ou régressif dans les voies de la raison d'être. Nous l'avons déjà observé, le langage signale cette solidarité, en désignant par le même mot la *raison* faculté de l'homme et la *raison* des choses, et par un mot dérivé, l'un des principaux exercices accomplis par celle-là sur celle-ci, qui est le raisonnement.

Or, que fait l'esprit en affirmant la loi de raison? Simplement, il tire du premier terme l'exigence qu'il contient, l'exigence d'une raison suffisante. Encore ici la liaison est possible, car elle résulte des concepts.

Passons maintenant de cette vérité première à ses applications immédiates.

D. Le principe de substance est le suivant : *tout accident suppose une substance;* par exemple, le mouvement, pris au sens de déplacement dans l'espace, suppose un objet déplacé; la science exige un sujet intellectuel; la vertu, un sujet moral.

L'accident dépend de la substance, mais ne lui est pas absolument identique. L'homme ne naît pas savant, pas plus que vertueux : d'où il suit que la science et la vertu, privilège d'un petit nombre d'individus, ne sont point leur substance. Aussi, lorsque l'esprit induit de l'accident à la substance, il ne va pas du même au même, comme dans le principe d'identité, mais bien du conditionné à la condition, du conséquent à l'antécédent, de la dépendance à la raison d'être. Car l'accident implique relation à un support, dont il est la continuation et le prolongement, et dans lequel il existe.

Or, le principe de substance ne fait encore que répéter cette exigence de l'accident et la traduire par une proposition. Ici, comme dans les cas précédents, c'est le contenu du concept qui a révélé leur connexion.

Nous arrivons à la loi de causalité.

D. Voici sa formule exacte : *tout fait[1] suppose nécessairement une cause*. Et par fait, nous entendons une chose qui commence, qui passe du non-être à l'être, de la possibilité à l'existence.

A vrai dire, une chose qui commence ne contient pas précisément la cause, mais l'exigence d'une cause, ce qui est bien différent. C'est ainsi que l'existence du monde suppose celle de Dieu, et cependant Dieu ne fait pas partie du monde, il n'est pas inclus dans sa substance. De même, la fraction ne se conçoit pas sans l'entier, mais la fraction n'inclut pas l'entier.

Puisque je suis déjà en possession du principe de raison suffisante, je l'applique à ce qui commence, comme du reste à toute chose.

---

1. Nous disons fait, et non effet. Car effet signifie chose produite ou causée; ce qui donnerait la totaulogie suivante : toute chose causée exige une cause, est chose causée.

Tout commencement a une raison qui le détermine. Quelle sera la nature de cette raison?

Je réponds d'abord que ce principe déterminant est une réalité. En effet, la simple possibilité métaphysique ne suffit pas à produire un fait. Le nombre des hommes vivant actuellement sur la terre étant fini, un homme nouveau serait possible à cette heure. Qui prétendrait que la pure possibilité va le faire surgir? L'existence ne peut s'expliquer que par l'existence. S'il suffisait de la possibilité pour la fonder, tous les possibles seraient réalisés en ce moment, ils le seraient même dès l'origine de l'éternité, car c'est de là que date leur possibilité. Dès lors, rien ne pourrait commencer ultérieurement, dans toute l'étendue de la durée.

En second lieu, cette réalité est féconde, puisqu'elle détermine le passage de la possibilité à l'existence. Or la fécondité vient de l'action.

Ici, les données expérimentales de la conscience complètent celles de l'entendement et fournissent le type concret de l'action. Je me sens au dedans cause de certains effets, de mes volitions en particulier. Je sens que ces effets résultent d'une manière d'être spéciale, que j'appelle activité.

Toute raison déterminante d'un phénomène est donc une réalité active, une énergie productrice, une cause.

Nous avons considéré successivement les diverses fonctions intellectuelles, et montré leur emploi dans l'origine des éléments de la connaissance humaine. Pour compléter cette étude, nous sommes amenés à traiter de la condition requise pour l'usage de ses fonctions, qui est l'attention.

Article VII. — L'attention.

Nous en rechercherons d'abord la nature, puis les formes.

§ 1er. — *Nature*.

L'histoire de la philosophie signale deux conceptions de l'attention, inspirées par des principes bien différents : l'activité inhérente à l'effort intellectuel d'une part ; de l'autre, la passivité de la sensation. Quelque modeste que paraisse la question, elle met aux prises l'empirisme avec les défenseurs de la métaphysique.

I. — **Condillac, M. Taine** et les positivistes contemporains ne voient dans l'attention qu'une sensation rendue plus vive, et devenue ainsi prépondérante, exclusive. Qu'un objet aux couleurs éclatantes efface par le contraste ceux qui l'entourent, qu'un son plus perçant domine le bruit causé par la circulation des piétons et des voitures dans la rue, qu'un parfum délicieux sollicite l'odorat, ces impressions et autres semblables donnent lieu à des phénomènes d'attention, ou mieux les constituent. « L'attention que nous donnons à un objet, dit Condillac, n'est donc de la part de l'âme que la sensation que cet objet fait sur nous, sensation qui devient en quelque manière plus exclusive[1]. » — « L'impression primitive, ajoute Taine, a été accompagnée d'un degré d'attention extraordinaire, soit parce qu'elle était horrible et délicieuse, soit parce qu'elle était nouvelle et surprenante... C'est ce que nous exprimons en disant que nous avons été très

---

1. « Ne laissons subsister qu'une seule sensation, dit-il encore, ou même, sans retrancher entièrement les autres, diminuons-en seulement la force ; aussitôt l'esprit est occupé plus particulièrement de la sensation, qui conserve toute sa vivacité, et cette sensation devient attention, sans qu'il soit nécessaire de supposer rien de plus dans l'âme... *Une sensation est attention*, soit parce qu'elle est seule, soit parce qu'elle est plus vive que toutes les autres. »

fortement frappés; nous étions absorbés, nous ne pouvions penser à autre chose...; nous étions poursuivis par cette image, elle nous obsédait, nous ne pouvions la chasser[1]. »

Taine est, en ce point, fidèle disciple de Condillac.

II. — Un autre disciple plus ancien, à qui l'historien philosophe décerne beaucoup d'éloges, **Laromiguière**, après avoir quelque temps suivi la doctrine du maître, s'en écarta, pour rendre à l'attention son vrai caractère. « Toutes les langues du monde, dit Laromiguière, celles des peuples civilisés et celles des peuples barbares, attestent cette vérité (qu'il y a dans l'âme à la fois sensibilité et activité). Partout on *voit* et l'on *regarde,* on *entend* et l'on *écoute,* on *sent* et l'on *flaire,* on goûte et l'on savoure, on reçoit l'impression des corps et on les remue... Tout le genre humain sait donc... que nous sommes tantôt passifs, tantôt actifs[2]. »

III. — Cette distinction s'accuse d'une manière plus nette et plus ferme encore dans les écrits de **Maine de Biran.**

« J'appelle attention ce *degré de l'effort supérieur* à celui qui constitue l'état de veille des divers sens externes, et les rend simplement aptes à percevoir ou à représenter confusément les objets qui viennent les frapper. Le degré supérieur dont il s'agit est déterminé par une volonté positive et expresse qui s'applique à rendre plus distincte une perception d'abord -confuse, en l'isolant, pour ainsi dire, de toutes les impressions collatérales qui tendent à l'obscurcir.

« De ce commencement d'analyse de la faculté d'attention, découlent les conséquences suivantes :

1. *De l'Intelligence,* 3e édit., livre II, ch. II, p. 135, 136.
2. *Leçons de philosophie,* 1re partie, 4e leçon. « Il mit dans tout son jour cette grave méprise du père de la philosophie sensualiste. » (*Dictionnaire philosophique,* art. ATTENTION.)

« 1° Cette faculté active est tout à fait en dehors du système sensitif... En effet, toute impression affective portée au point d'occuper toute la sensibilité, ou de devenir, comme dit Condillac, exclusive de toute autre,... annule toute attention, bien loin de la constituer...

« 2°... L'influence de l'attention ne consiste point, comme on l'a dit souvent, à rendre l'impression plus vive,... mais (la représentation) plus claire, plus nette, par une véritable concentration de la faculté représentative[1]. »

Aussi bien, pour distinguer la sensation même dominante de l'attention, il suffit d'observer qu'elles se produisent isolément l'une de l'autre. Il nous arrive parfois de regarder sans voir, d'écouter sans entendre, de réfléchir sans comprendre. Le gourmet déguste un vin dans lequel il ne trouve pas le fumet désiré. Le chien flaire le sol sans y recueillir la trace du gibier. En sens contraire, au milieu d'une bataille, pour entendre le son du canon le soldat n'a pas besoin de l'écouter.

Deux phénomènes susceptibles d'être réalisés séparément ne sauraient être identiques. D'ailleurs, il y a entre eux opposition de nature, l'opposition de la passivité à l'activité, comme l'ont montré les auteurs que nous venons de citer.

IV. — **Saint Thomas,** dans un article de la *Somme théologique*[2], analyse aussi l'influence de la volonté sur l'attention.

Il se demande si les opérations intellectives peuvent être déterminées par l'action de la volonté, ou bien, selon l'expression usitée dans l'École, *impérées. Utrum actus rationis imperetur?*

Il répond par une distinction bien fondée. « Actus rationis potest considerari dupliciter. Uno modo, quan-

1. *Œuvres* publiées par Naville, *Fondements de la psychologie*, t. II, p. 83.
2. 1ᵃ 2ᵉ, q. XVII, art. 6.

tum ad exercitium actus : et sic actus rationis semper imperari potest : sicut cum indicitur alicui quod attendat, et ratione utatur. Alio modo quantum ad objectum... » Il dépend de nous de mettre nos facultés en mouvement, mais non de leur imposer telle ou telle représentation. Je puis ouvrir les yeux, ou les tenir fermés. Mais, si je les ouvre, je ne suis pas maître de voir dans le monde extérieur ce que je veux; je verrai ce qui y est, ce que la nature ou la main de l'homme y ont placé : à la campagne, des pâturages, des bois et des moissons; à la ville, des maisons, des rues, des monuments publics... La seule chose à notre disposition, c'est l'effort, la recherche, si l'on veut, l'exercice (quoad exercitium); la spécification vient de l'objet reflété par la connaissance.

Encore, au sujet de la spécification, saint Thomas fait-il une réserve; il distingue entre la perception et l'affirmation.

La perception se dérobe à l'empire de la volonté. « Hoc (apprehendere) non est in potestate nostra; hoc enim contingit per virtutem alicujus luminis, vel naturalis, vel supernaturalis[1]. » L'appréhension, en effet, résulte immédiatement de l'impression causée par l'intelligible sur l'esprit; elle ne dépend que des deux termes : l'objet et la capacité du sujet, comme l'image réfléchie par un miroir dépend de la chose représentée et du miroir. Qu'on les mette en présence, la perception se produira, tandis qu'elle devient impossible si on les éloigne. La volonté ne supplée pas la lumière.

Quand l'évidence est pleine et entière, l'affirmation revêt le caractère même de l'appréhension, qui est la nécessité. « Si fuerint talia apprehensa, quibus naturaliter intellectus assentiat (sicut prima principia), assensus talium vel dissensus non est in potestate nostra[2]. »

1. *Ibid.*
2. *Ibidem.*

C'est un corollaire de la loi fondamentale de l'évidence, qui s'impose avec une autorité absolue et ne souffre pas de résistance. Nous pouvons sans doute lui donner un démenti verbal, la désavouer de bouche, mais pour y acquiescer de cœur.

Un second cas se présente, celui de l'opinion ; ici la volonté reprend ses droits. « Sunt quædam apprehensa, quæ non adeo convincunt intellectum, quin possit assentire vel dissentire, vel saltem assensum vel dissensum suspendere, propter aliquam causam ; et in talibus assensus ipse vel dissensus in potestate nostra est et sub imperio cadit[1]. »

Je suis en face de deux affirmations, A et B, basées sur des raisons simplement probables : sollicité en sens contraires, j'hésite. Objectivement, les preuves alléguées de part et d'autre sont à peu près équivalentes. Que la volonté intervienne, elle rompra l'équilibre dans nos pensées, et fera pencher le jugement du côté où elle projette la lumière dont l'attention dispose. Car, maître de mon attention, je puis la porter principalement sur la proposition A, et la détourner un peu de la proposition B. De là une certaine inégalité de relief : les arguments de la première sont mis dans tout leur jour, même leur valeur est parfois grossie au détriment de ceux sur lesquels repose la deuxième, qui restent dans la région voilée du sens intime, s'effacent et perdent de leur importance. Exagération d'un côté, oblitération de l'autre : c'est assez de la disproportion, pour tirer l'esprit de sa réserve, et déterminer[2] son adhésion à l'opinion favorisée par l'attention.

V. **Observation.** — Les deux études que nous venons

1. *Ibid.*

2. De nos jours, M. Ollé-Laprune a repris, dans son bel ouvrage de la *Certitude morale*, cette étude de l'influence exercée par la volonté sur le jugement et la croyance, pour y jeter de vives lumières.

d'exposer se complètent l'une l'autre. Saint Thomas glisse sur la question préjudicielle, concernant le caractère actif de l'attention; il suppose la thèse, plus qu'il ne la démontre, pour s'attacher à circonscrire avec précision l'influence de la volonté, indiquer ce qu'elle atteint et ce qui lui échappe. Or, de nos jours et depuis Condillac, c'est la question préjudicielle qui fait difficulté : l'activité impliquée dans le phénomène de l'attention figure une position métaphysique, battue en brèche par le positivisme. Le problème d'ailleurs n'est pas spécial : il n'est qu'un aspect de la question générale de l'effort, dont l'attention exprime le type intellectuel[1].

Après le genre viennent les espèces.

§ 2. — *Formes de l'attention.*

L'attention pouvant suivre tous les modes de connaissance, nous n'avons qu'à rappeler les principales fonctions de l'intellect, pour dénombrer ses formes.

La perception considérée dans son double domaine donne lieu à l'*observation extérieure* et à l'*observation intérieure,* qui s'appelle aussi réflexion psychologique. Et lorsque celle-ci porte sur les actions que l'observateur est en train d'accomplir, elle devient l'*application.*

Dans la sphère de l'élaboration, elle prend le nom de *réflexion;* quand elle se prolonge, celui de *méditation.*

Quelle qu'en soit la matière, elle est dite *comparaison* si elle rapproche deux ou plusieurs objets, afin d'en démêler les analogies et les différences.

Après Locke, Condillac[2] et l'école écossaise, bien des

---

1. Nous devons ajouter que les auteurs envisagent surtout l'attention dans son exercice *réfléchi.* La thèse serait tout aussi exacte s'il était question de l'attention spontanée.

2. Condillac a étudié la comparaison, comme du reste l'image, le souvenir, le jugement et le raisonnement, dans un but systématique, afin de montrer que

psychologues contemporains étudient soigneusement ces
phénomènes.

Les philosophes scolastiques les ont un peu négligés. Il
y aurait avantage à consacrer dans nos manuels quelques
pages à ces analyses descriptives.

L'étude de l'attention clôt la série des articles consa-
crés à l'intellect. Nous avons maintenant à nous occuper
de l'appétit qui le suit, de la volonté, aussi appelée appétit intellectif.

CHAPITRE II

LA VOLONTÉ, APPÉTIT INTELLECTIF

L'idée de volonté suppose l'amour du bien conçu par
l'entendement. Or, il y a deux manières d'aimer le bien :
la première nécessaire et fatale, propre au désir et en
général à toutes les variétés du sentiment; la seconde
libre, qui est celle de nos déterminations. Faut-il assigner
l'une et l'autre à la volonté, ou bien les rapporter à deux
facultés distinctes, la sensibilité et la volonté?

C'est une question de classification, que nous avons à
résoudre au seuil même de ce chapitre.

ARTICLE PREMIER. — **Retour à la classification des facultés :
volonté, sentiment, liberté.**

I. — La plupart des psychologues contemporains, qui
admettent l'existence de la liberté, l'identifient avec la
volonté. C'est la conséquence logique du principe sur

ces phénomènes représentent les phases successives de la transformation de la
sensation.

lequel repose la division classique des facultés de l'âme :
que deux faits présentant des caractères essentiellement
différents ou opposés ne peuvent être classés sous une
même faculté. Or, précisément, tel est le cas du désir et
de la volition, qui, malgré leurs analogies, sont séparés
par une différence irréductible, celle de la nécessité à la
liberté.

« Je ne puis comprendre, dit M. **Cousin**, comment le
désir se transforme en volonté. Car je ne connais pas deux
faits qui diffèrent davantage. Le désir est fatal, la volonté
est libre; je subis un désir, je crée un acte de volonté; je
réponds de tous mes actes de volonté, je ne puis répondre
de mes désirs; je puis sans doute écarter jusqu'à un certain point les occasions de désir, je ne puis, dans une
circonstance donnée, fermer mon âme au désir qui la
surprend. Enfin, la volonté est si peu le désir qu'elle lui
résiste et le dompte quelquefois. Qu'est-ce que la vie morale, sinon la lutte de la volonté et du désir[1]? »

Adolphe Garnier n'est pas moins explicite : Des « philosophes, tels que Hobbes et Condillac, ont confondu la
volonté avec l'inclination. C'est ici le lieu de corriger
cette dernière confusion, qui est la plus ordinaire... Si les
mots *il a voulu* n'expriment pas un acte libre, ils font
double emploi avec ces mots : *il a désiré,* et il ne faut pas
dire deux fois la même chose. Quiconque distingue entre
désirer et vouloir, entend que le premier est fatal et que
le second est libre; autrement il n'emploierait pas ces
deux mots, ou ne les emploierait que comme syno-
nymes[2]. »

M. **Frank,** dans le *Dictionnaire philosophique,* signale —
aussi comme une confusion, l'attribution du désir et de
la volition à une même faculté. « Par ce mot d'appétit,

---

[1] *Cours de la philosophie morale au dix-huitième siècle,* 3ᵉ leç., *Condillac,*
p. 127.

2. *Traité des facultés de l'âme,* t. Iᵉʳ, livre V, ch. 1ᵉʳ, § 1, p. 320, 321.

la philosophie scolastique n'entendait pas uniquement le désir proprement dit, mais aussi la volonté... Cette *confusion* de la volonté et du désir remonte à Aristote, qui, lui aussi, comprenait ces deux faits de l'âme sous un titre commun, celui d'ὄρεξις ou d'ὀρεκτικόν, qu'on ne saurait traduire que par appétit. »

Aristote et les scolastiques ne sont pas les seuls à opérer ce rapprochement, traité par M. Frank de confusion regrettable. Descartes, Malebranche, et en général les psychologues qui ont vécu avant la seconde partie du dix-huitième siècle, assignent à la volonté tout à la fois des inclinations nécessaires et de libres déterminations.

II. — Nous nous occuperons seulement de **saint Thomas.**

Pour légitimer sa conception, il suffit de rappeler le principe qui la fonde, savoir, que nos puissances se spécifient, non plus par les opérations, mais d'après leurs objets. A ce titre, la volonté devient la faculté du bien rationnel, comme l'intellect est la faculté du vrai. Dans la théorie générale des puissances psychiques, nous avons rapporté à l'intelligence ses opérations, avec leurs préludes et leurs suites immédiates.

De la même manière, nous rattacherons à la volonté les états impliquant tendance au bien rationnel : l'inclination naturelle à aimer ce bien; l'amour spontané et nécessaire, figuré par le désir; l'amour libre, qui est la volition; le plaisir inhérent à l'exercice normal de la faculté en ces deux manières d'aimer; enfin les habitudes, effet permanent qui en résulte, même les habitudes morales, vertu et vice. L'avantage de ce groupement est d'utiliser des connexions de phénomènes établies au cours du traité et qui ne sont pas contenues dans la division moderne de nos facultés en connaissance, sensibilité et volonté.

Mais nous n'avons pas à revenir en cet endroit sur cette question déjà examinée. Il s'agit pour l'instant de mon-

trer que la volonté est capable à la fois d'amour nécessaire et d'amour libre.

La volonté est une énergie vitale, douée, comme tout ce
qui vit, d'activité spontanée, et par conséquent d'inclinations, qui sont la simple détermination de cette activité.
C'est en ce sens que saint Thomas l'appelle « quædam
natura ». « Ipsa voluntas quædam natura (est), quia omne
quod in rebus invenitur, natura quædam dicitur. Unde et
voluntati inest naturalis quidam appetitus sibi convenientis boni[1]. » Toute inclination mentale s'éveille fatalement à la simple apparition de son objet, pour réagir
de la même manière, c'est-à-dire aussi fatalement. Or, le
vrai nom de cette réaction de l'appétit, effet immédiat de
la nature, antérieur à toute délibération, c'est le désir. Je
conçois la richesse comme un bien : aussitôt la volonté
s'émeut et fait un premier pas vers ce bien, mouvement
prime-sautier, appelé dans l'École *primo primus,* parce
qu'il précède toute advertance.

Cette tendance nécessaire serait la *seule possible* s'il
s'agissait du bien parfait, qui réunit et réalise toutes les
formes et tous les degrés du bien. « Si proponatur aliquod
objectum voluntati quod sit universaliter bonum, et
secundum omnem considerationem, ex necessitate voluntas in illud tendit, si aliquid velit; non enim poterit velle
oppositum[2]. »

Quant aux autres objets finis, n'ayant pas de connexion
essentielle avec l'idée que se fait le sujet de la béatitude,
ils peuvent être le terme de deux mouvements, l'un nécessaire, l'autre libre.

Pour occuper un quart d'heure de loisir qui vous reste,
plusieurs exercices vous sont proposés : par exemple, lire
une page de philosophie, faire une prière... Vous optez

1. *De Veritate,* art. 5, c.
2. 1ª 2ᵉ, q. x, art. 2.

pour la prière, et laissez la lecture philosophique ; libre détermination.

Mais ce choix a pu être précédé d'attraits tout naturels, soit pour la prière, soit pour la lecture philosophique, qui constituent le désir ou lui donnent immédiatement naissance. De la sorte, un *bien particulier* quelconque serait tout d'abord *désiré par la volonté*, puis librement choisi.

Saint Thomas ne le dit pas expressément; mais telle nous paraît être l'interprétation exacte de sa doctrine.

Car, dans un article de la *Somme théologique*, il se pose la question suivante : « Utrum delectatio sit in appetitu intellectivo? » Et il répond par l'affirmative : « Cum delectatio sequatur apprehensionem rationis, non solum in appetitu sensitivo, sed in *intellectivo* necesse est esse... In nobis non solum est delectatio in qua communicamus cum brutis, sed etiam in qua communicamus cum angelis... Delectatio appetitus intellectivi nihil aliud est quam simplex motus voluntatis[1]. »

Non moins que l'appétit sensitif, la volonté est susceptible de joies et de tristesses. Or, la joie résulte d'un *désir* satisfait; la tristesse, d'un *désir* (intense) contrarié. Et ces désirs ne sont pas libres, car autrement il dépendrait de nous d'être, à notre gré, joyeux ou tristes.

Au reste, des considérations[2] de tout ordre, morales ou dogmatiques, confirment cette conclusion. Indiquons-les brièvement.

L'orgueil étant, par définition, le désir déréglé de notre

---

1. 1ª 2ᵉ, q. xxxi, art. 4.
2. Les anciens auteurs de philosophie scolastique ne faisaient dans l'étude de la volonté aucune part au sentiment. Les auteurs les plus récents le mentionnent. M. Vallet le définit ainsi : « *Emotio quæ afficit appetitum rationalem, in prosecutione sui boni... Appetitus rationalis sponte fertur in bonum apprehensum ratione.* » (*Prælectiones philosophicæ, De Voluntate*, § 6.) Voir aussi Dupeyrat, *Voluntatis natura et Actus;* Farges et Barbedette, *De Appetitu rationali*, nº 107.

propre excellence, la tentation d'orgueil ne pourra être que ce même désir sollicitant le consentement de la volonté. Or, bien que désordonné, ce sentiment, ayant pour objet l'excellence propre à l'être humain, doit émaner de l'appétit intellectif.

Les théologiens admettent des grâces prévenantes, qui comprennent des lumières pour l'esprit, des attraits pour la volonté : « movet excitando, *alliciendo* ». Or, l'attrait surnaturel ne saurait se greffer que sur un phénomène naturel analogue. Que sera ce phénomène, sinon l'attrait du bien manifesté par la raison : attrait pour la prière, pour l'obéissance filiale, pour la pratique de la chasteté, de la justice, de la bienfaisance; et, par une conséquence naturelle, répugnance pour le blasphème, l'ingratitude, l'impureté, l'injustice, le mensonge, etc.?

Notons en passant que le rôle du sentiment dans l'acte moral est de le préparer, de le favoriser, en ajoutant à l'autorité du motif son influence persuasive.

Nous nous trouvons donc en face de classifications tirées de points de vue différents, sur le principe desquelles nous nous sommes expliqués ailleurs.

III. — Contentons-nous de remarquer ici que les psychologues[1] contemporains opposés à la réduction reconnaissent, même pour l'ordre rationnel, deux facultés du bien, deux pouvoirs d'aimer : la sensibilité sous sa forme supérieure et la volonté, tandis que saint Thomas n'en accepte qu'un seul, auquel il rapporte toutes les phases de l'amour. Il y a plus d'économie dans cette conception, et plus de justesse, car il est naturel de penser que la connaissance, en progressant, provoque dans l'appétit des mouvements de plus en plus parfaits; qu'elle stimule à la deuxième phase, une énergie restée latente à la première.

---

1. Nous parlons des psychologues spiritualistes.

Quoi qu'il en soit, nous devons nous appliquer, aussi bien que nos contradicteurs, à faire de ces deux types bien caractérisés de phénomènes, le sentiment et la libre volition, une étude sérieuse.

Article II. — Le sentiment.

Aux pages qui précèdent, le sentiment a été distingué de l'acte libre. Nous devons le différencier aussi des affections propres à la vie animale[1], des sensations et des passions, avant de présenter au lecteur la division régulière des formes qu'il peut revêtir.

§ 1er. — *Existence d'états affectifs distincts des émotions de l'ordre sensitif.*

I. — « L'esprit de l'homme, dit **Malebranche**, dans la *Recherche de la vérité*[2], se trouve par sa nature comme situé *entre son créateur et les créatures corporelles...* (Aussi a-t-il) deux rapports essentiels ou nécessaires fort différents, l'un à Dieu, l'autre à son corps. La vérité est incréée, immuable, immense, éternelle, au-dessus de toutes choses... Donc la vérité est Dieu... Si nous ne voyions

---

1. Au début de cet article, nous reconnaissons volontiers que le sentiment est associé à des états nerveux, et à des passions. Mais l'union n'empêche pas la distinction des faits unis; la connexion n'entraîne pas l'identité.

2. Préface et livre V, ch. 1er; livre III, ch. vi; livre IV, ch. 1er. — Cette théorie de l'inclination pour le bien universel a beaucoup d'analogie avec celle de saint Thomas, que nous avons déjà exposée. C'est l'amour du bien en général qui est le principe de tous nos amours particuliers, nous dit Malebranche. « Certainement il ne faut pas s'imaginer que cette puissance que nous avons d'aimer vienne ou dépende de nous. Il n'y a que la puissance de mal aimer, ou plutôt de bien aimer ce que nous ne devons point aimer, qui dépend de nous; parce qu'étant libres, nous pouvons déterminer et déterminons en effet à des biens particuliers le bon amour que Dieu ne cesse point d'imprimer en nous. » (*Recherche de la vérité*, livre IV, ch. 1er.) Saint Thomas dit de son côté : « Si proponatur aliquod objectum voluntati, quod sit universaliter bonum et secundum omnem considerationem, ex necessitate voluntas in illud tendit, si aliquid velit. » (1ᵃ 2ᵃᵉ, q. x, art. 2.)

Dieu en quelque manière, nous ne verrions aucune chose; de même que si nous n'aimions Dieu, je veux dire si Dieu n'imprimait sans cesse en nous l'amour du bien en général, nous n'aimerions aucune chose. Nous avons donc premièrement une inclination pour le bien en général, laquelle est le principe de toutes nos inclinations naturelles, de toutes nos passions et même de tous les amours libres de notre âme. »

Pour Malebranche, c'est l'infini qui est en même temps le foyer de la lumière intellectuelle, éclairant notre esprit, et la source du bien qui attire invariablement notre volonté. On ne saurait assigner au sentiment un objet plus élevé.

II. — Nous retrouvons la distinction des deux types d'émotions dans l'**école écossaise,** mais sous une forme d'abord hésitante et mal définie, qui se précise ensuite graduellement.

Les allures timides de cette école s'expliquent en partie par les circonstances au milieu desquelles elle naquit. L'empirisme de Locke dominait alors les esprits. Sans en accepter les conclusions, les philosophes écossais lui empruntèrent tout à la fois la méthode expérimentale, base de la psychologie, et son vocabulaire pour la dénomination des facultés. Mais comme, sous les mêmes mots, ils cachaient des idées différentes, le vocabulaire devint bientôt insuffisant.

Locke n'avait admis que la sensibilité physique; il expliquait même par la sensation les idées de bien et de beau. « Hutcheson les rapporte à deux facultés auxquelles, par un reste de condescendance envers la philosophie dominante (celle de Locke), il donne encore le nom de sens; mais cette satisfaction accordée à l'école sensualiste n'est qu'apparente et nominale; elle couvre *un dissentiment profond qui tôt ou tard éclatera*. Puisque les idées du beau et du bien, et tant d'autres comme celles-là, ne viennent pas des sensations, les facultés qui nous les donnent ne sont pas les sens et n'ont rien de commun avec eux; ce sont donc des facultés intellectuelles et morales d'un ordre à part, s'exerçant avec des lois qui leur sont propres, et constituant une partie très réelle de la nature humaine[1]. »

Il ne s'agit jusqu'à présent que des idées; nous arrivons aux sentiments. Que sont, d'après Hutcheson, ces facultés morales d'un ordre à part qui nous révèlent le beau et le bien? Le beau et le bien en nous se traduisent tout d'abord par des *sentiments,* et non par des idées; par des *faits affectifs,* non par des faits intellectuels. « Il fait venir l'idée du beau du *sentiment du beau.* Les confondant ensemble, il les rapporte indistinctement à une seule et même faculté, à la sensibilité, considérée dans son degré le plus élevé... Aux sens physiques on ajoutait d'autres *sens doués de fonctions différentes*[2]. »

Ces sens, quel en est le rôle? « A côté d'eux (des sens physiques), dit encore M. Cousin, dans l'ample sein de la sensibilité, sont d'autres sens cachés, mais réels, qui n'entrent pas d'abord en exercice, qui ne prennent jamais l'initiative, mais qui mêlent leur action à celle des autres sens et apportent leur part distincte et effective à la connaissance humaine... Quand on fait sous nos yeux ou quand nous faisons nous-mêmes une certaine action, le sens externe ou le sens interne nous donnent directement la sensation et l'idée de cette action...; puis un *sens réfléchi,* intervenant au milieu de l'action *des sens externes et internes,* nous suggère indirectement une autre sensation, laquelle à son tour nous donne une idée qui n'est pas celle de la peine ou du plaisir, mais l'idée du bien ou du mal, du juste et de l'injuste, *caractères extraordinaires et mystérieux qui échappent à la prise directe du sens externe ou*

---

1. Cousin, *Philosophie écossaise,* 3º édit., Hutcheson; leç. III, p. 142.
2. *Ibid.,* leç. II, p. 82.

interne, et que nous révèle le sens réfléchi. Ce *sens nouveau,* Hutcheson l'appelle le sens du bien et du mal, de
l'honnête et du déshonnête, du juste et de l'injuste, et
il appelle sens du beau celui qui nous donne l'idée du
beau[1]. »

Adam Smith, continue Cousin, « a trouvé et il a laissé
la philosophie dans l'état indécis que nous avons essayé
de peindre, acceptant le système de Locke, mais n'en acceptant pas les conséquences, et lui échappant sans cesser d'en dépendre... Comme son devancier, il se tient à
une certaine distance de Locke, il part du sentiment[2]. »

Bientôt ces indécisions de pensée et de langage dispa-
rurent. Plus tard les philosophes français de l'école éclectique, accueillant avec faveur l'héritage des Écossais, don-
nèrent plus de fermeté à leurs conclusions, et la sensibilité
morale se détacha complètement de la sensibilité physique, dans laquelle l'empirisme tendait à l'absorber.

III. — Elle nous apparaît bien nettement dégagée dans
les écrits de **Cousin.**

« Il faut bien distinguer, dit-il, le sentiment de la sensation. Il y a en quelque sorte deux sensibilités : l'une
tournée vers le monde extérieur et chargée de transmettre à l'âme les impressions qu'il envoie; l'autre tout intérieure, qui correspond à l'âme comme la première à la
nature : sa fonction est de recevoir l'impression et comme
le contre-coup de ce qui se passe dans l'âme. Avons-nous
découvert quelque vérité, il y a quelque chose en nous
qui en éprouve de la joie. Avons-nous fait une bonne
action, nous en recueillons la récompense dans un sentiment de contentement moins vif, mais plus délicat et
plus durable que toutes les sensations agréables qui viennent du corps... Le sentiment n'est, il est vrai, qu'un écho
de la raison; mais cet écho se fait quelquefois mieux en-

1. *Ibid.,* leç. II, p. 61 et 62.
2. *Ibid.,* leç. IV, p. 141.

tendre que la raison elle-même, parce qu'il retentit dans les parties les plus intimes et les plus délicates de l'âme, et ébranle l'homme tout entier. Le sentiment suit la raison à laquelle il est attaché; il ne s'arrête, il ne se repose que dans l'amour de l'infini. C'est, en effet, l'infini que nous aimons en croyant aimer les choses finies, même en aimant la vérité, la beauté, la vertu... Le cœur est insatiable parce qu'il aspire à l'infini. Ce sentiment, le besoin de l'infini, est au fond des grandes passions comme des plus légers désirs[1]. »

Nous avons donné quelque étendue à ces citations, parce qu'elles nous montrent la genèse de cette faculté, moderne tout au moins de nom, qui est la sensibilité morale, et les circonstances de son introduction à titre spécial dans la psychologie expérimentale.

Après avoir séparé le sentiment des états sensitifs, resterait à indiquer leur différence essentielle.

Sous le nom d'états sensitifs, nous comprenons : la sensation soit affective, soit représentative, l'image et la passion. Or, la condition commune de ces phénomènes est leur dépendance immédiate à l'égard de l'organisme. C'est ainsi qu'un ébranlement de la matière nerveuse produit la sensation; que ce même ébranlement, renouvelé sous forme atténuée par une cause tout interne, détermine l'image; et que l'image elle-même incite la passion, laquelle dépend de la nervosité du sujet, de la qualité et de la quantité de son sang[2]...

Le sentiment, au contraire, provient d'une représentation extra ou suprasensible, d'une idée. « Les sentiments esthétiques, religieux, moraux, n'ont pour objet aucun être sensible déterminé, aucun être matériel... Le patrio-

---

1. *Du vrai, du beau et du bien*, 24e édit., p. 106, 107.
2. Il y a aussi réaction des faits sensitifs sur l'organisme : la colère, par exemple, active la circulation du sang, fait battre vivement le cœur, agite les membres.

tisme ne s'adresse qu'à une idée... Enfin, quand nous recherchons la grandeur, la puissance, la gloire, ce n'est pas précisément les avantages de notre corps que nous recherchons : c'est encore une idée, l'idée de notre propre excellence et de la supériorité de notre esprit, qui nous commande et nous subjugue[1]. »

Cette différence est acceptée par tous les philosophes, qui refusent de confondre le sentiment et la sensation.

IV. — **Saint Thomas** l'exprime par ces paroles :

« Hoc interest inter delectationes utriusque appetitus, quod delectatio appetitus sensibilis est cum aliqua *transmutatione corporali*[2]. »

Le lecteur sait déjà que, dans la théorie péripatéticienne, la dépendance matérielle des états sensitifs s'explique au sens de l'*organisme animé;* et que la passion, aussi bien que la sensation et l'image, a pour sujet immédiat les deux éléments du composé humain combinés en l'unité de principe.

V. — Nous n'avons pas à revenir sur cette question, déjà traitée ailleurs. Nous ne pourrions que répéter les idées déjà développées, p. 54-58. Qu'il nous suffise de faire remarquer, à l'issue de ce paragraphe, l'importance de l'étude relative au sentiment. C'est déjà affirmer le spiritualisme que d'établir, à l'encontre des visées positivistes, que la sensation n'est pas tout l'être humain, et qu'il existe en nous des faits affectifs plus délicats, plus élevés, étrangers à l'action immédiate de l'organisme. — En outre, le christianisme, ayant enrichi et ennobli le cœur de l'homme, plus encore, s'il est possible, qu'il n'a éclairé son esprit, et mis en honneur dans le monde les plus généreux sentiments, le philosophe chrétien se doit à lui-même de cultiver avec soin ce chapitre

---

1. P. Janet, *Traité de philosophie*, p. 244.
2. 1ª 2ᵃᵉ, q. XXXI, art. 4.

de psychologie expérimentale, dont il abandonne trop souvent l'analyse à des auteurs rationalistes.

Afin de fixer quelques points de repère, essayons de dresser une liste de nos principaux sentiments, en indiquant sommairement la notion que l'on peut s'en former, dans l'économie de la doctrine thomiste.

§ 2. — *Division des états affectifs de l'ordre spirituel.*

Sous le nom d'états affectifs, on peut désigner soit des inclinations de l'âme, caractérisées par leurs objets, soit les émotions par lesquelles passe le sujet sensible dans la poursuite d'un même objet. C'est le premier point de vue qui a prévalu dans les essais de classification que nous offrent les psychologues.

I. — **Malebranche** ramène les inclinations[1] de l'âme aux trois suivantes : l'amour du vrai, l'amour de soi-même et celui des hommes. « Nous avons premièrement une inclination pour le bien en général, laquelle est le principe de toutes nos autres inclinations naturelles[2]. » — « Tant que les hommes auront de l'inclination pour un bien qui surpasse leurs forces, et ne le posséderont pas, ils auront toujours une secrète inclination pour tout ce qui porte le caractère du nouveau et de l'extraordinaire... Les hommes ne doivent pas être *insensibles* à la vérité et à leur bonheur : le nouveau et l'extraordinaire doivent donc les réveiller[3]. » De là provient la curiosité, dont l'auteur traite au même livre.

« En second lieu, nous avons de l'inclination pour la conservation de notre être. — En troisième lieu, nous avons

---

1. Il y a dans la doctrine du philosophe oratorien, entre les inclinations et les passions, une différence analogue à celle que M. Cousin établit entre la sensibilité morale et la sensibilité physique (*Recherche de la vérité*, livre V, ch. 1er).

2. *Recherche de la vérité*, livre IV, chap. 1er, § 4.

3. Livre IV, chap. iii, § 1.

tous de l'inclination pour les autres créatures lesquelles sont utiles à nous-mêmes et à ceux que nous aimons[1]. »

La classification qui précède est reproduite par **Adolphe Garnier,** avec des modifications assez légères, somme toute, bien que l'auteur déclare s'en écarter. « Nous diviserons les observations suivant leurs objets. La première classe comprend les inclinations relatives à des objets qui nous sont personnels... Ce sont les inclinations égoïstes. — La seconde classe contiendra les inclinations qui nous portent vers des objets non personnels, comme le bien moral, le vrai, le beau, dont nous ne voulons pas nous faire une possession exclusive, et au partage desquels nous sommes heureux d'admettre les autres hommes. — Enfin, la troisième classe se composera des inclinations qui s'adressent à nos semblables, tels que le besoin de société, les affections de famille, etc.[2] »

M. Paul Janet adopte ce partage, mais il en transpose les termes et en détaille le contenu. C'est ainsi que la subdivision de la deuxième classe nous donne dans son groupement, quatre espèces d'inclinations, savoir : 1° inclinations envers les hommes en général, ou *philanthropiques;* 2° inclinations envers certains groupes particuliers, ou *corporatives;* 3° inclinations qui se rapportent au groupe le plus naturel de tous, la famille, ou *domestiques;* inclinations qui reposent sur le choix, ou *électives*[3] » (l'amitié, par exemple).

Il y aurait bien des observations à faire sur cette distribution; mais elles seraient étrangères à l'objet de ce travail, et nous obligeraient à sortir du cadre que nous nous sommes tracé. Aussi bien, nous aurons l'occasion d'en toucher les principaux points, dans l'ébauche qui

1. Livre IV, chap. 1er, § 4.
2. *Les Facultés de l'âme,* t. Ier, p. 115.
3. *Traité de philosophie,* p. 257.

va suivre, d'une classification basée sur les données de la psychologie thomiste.

II. — L'interprétation des principes posés par le saint docteur mène aux résultats suivants.

Toute faculté tend d'elle-même à son objet, l'autonomie du mouvement étant le caractère distinctif de la vie. Il y a entre l'intellect et le vrai, la volonté et le bien, une affinité qui est celle de l'œil pour la lumière et de l'ouïe pour les sons. Aussi l'homme est-il naturellement curieux. Et cette inclination, qui est de tous les âges, se manifeste naïvement chez l'enfant : il presse sa mère de questions, fait par lui-même ses petites recherches, ses observations, même ses expérimentations; et chaque découverte, si minime soit-elle, lui cause des jouissances.

Au vrai se joint le beau, qui, selon la remarque de saint Thomas, est d'essence intellectuelle : « Pulchrum respicit vim cognoscitivam; pulchra enim dicuntur quæ visa placent[1]. » Le beau, en effet, n'est que le rayonnement et la splendeur du vrai. Pour le constituer, nous n'avons qu'à recueillir ce qu'il y a de meilleur dans les divers modes de la pensée : la *vie*, révélée par le sens intime; ses *formes expressives*, fournies par la perception extérieure; enfin l'élaboration, qui, prise à sa plus haute puissance, idéalise à la fois la vie et ses symboles. Le beau est donc l'idéal rendu sensible. Il est facile de voir qu'il n'y a dans cette analyse aucun élément étranger au domaine de la connaissance.

De son côté, la volonté aspire au bien, qui se manifeste à elle sous la forme d'un perfectionnement à réaliser, ou d'un plaisir à goûter. Au regard de la raison, *bien* signifie en effet perfection; au regard de la sensibilité, jouissance. Nous désirons naturellement l'un et l'autre : d'abord acquérir ce qui nous manque, nous compléter, nous

---

1. I, q. v, art. 4, *ad 1ᵘᵐ*.

parfaire, devenir meilleurs, plus forts, plus instruits; et puis *jouir* de ces avantages. De là résulte :

A. Un premier groupe, comprenant l'amour du vrai, l'amour du beau et celui du bien.

B. Mais en dehors de l'attrait que nous offre la possession, il y a un charme spécial inhérent au travail de la recherche. Bien des esprits cultivés aiment à penser pour penser, abstraction faite du résultat, comme l'enfant joue pour jouer. Si on leur mettait la vérité dans la main, selon la parole bien connue attribuée à Lessing, ils la lâcheraient afin de la poursuivre encore. « Il y a plus de plaisir à poursuivre le lièvre qu'à le prendre. »

Même inclination dans la volonté. L'homme doué d'un caractère énergique aime à vouloir; il jouit du jeu de sa libre activité, comme le penseur jouit de l'agencement harmonique de ses idées. A cette tendance se rattachent *l'amour de l'indépendance, le sentiment de la responsabilité, l'instinct de la propriété et celui du pouvoir*, parce que la responsabilité d'un agent suppose comme condition préalable sa liberté, et que la possession de la propriété et du pouvoir élargissent son champ d'action.

Jusqu'ici, nous nous sommes contentés d'analyser une notion fort simple, la notion de faculté. Nous avons dit que la faculté va à son terme, qu'elle y va d'un mouvement propre, et qu'elle aime les deux choses, le *terme* et le *mouvement*.

Maintenant, détachons un membre de la deuxième série, l'affinité de la volonté pour le bien, pour en dériver, à titre de simples applications, l'amour de nous-même, le désir de notre propre excellence, l'amour de nos semblables et celui de Dieu.

C. L'être qui nous est le plus intime, c'est nous-même. Nous nous sentons vivre, penser, vouloir. Nous avons conscience de facultés que la nature a refusées aux plantes et aux animaux, et qui nous apparaissent avec un certain degré de noblesse. Il en résulte un sentiment de complaisance pour les prérogatives du moi, un désir de conserver son excellence, de la faire ressortir aux yeux de nos semblables. Ce qui fortifie cette inclination, c'est que la vue des prérogatives qui me distinguent des êtres inférieurs, m'est toujours présente. En effet, la veille est caractérisée par la conscience ininterrompue de ma vie intérieure. En dehors des heures données au sommeil, le moi est sans cesse sous mes yeux ; je puis distraire ma pensée des objets extérieurs, mais je ne puis la distraire du moi, et rendre intermittent le sentiment que j'en ai. Or, la continuité ajoute à la séduction. S'il m'est naturel d'estimer et d'aimer le bien, mon estime et mon amour iront d'eux-mêmes à l'être qui m'est le mieux connu, le plus constamment présent. « L'âme, se voyant belle, dit Bossuet, s'est délectée en elle-même, et s'est endormie dans la contemplation de son excellence. » « Inter alia quæ homo desiderat, ajoute saint Thomas dans une langue plus austère, unum est excellentia. Naturale est non solum homini, sed etiam unicuique rei, ut perfectionem in bono concupito desideret, quæ in quadam excellentia consistit[1]. »

Sans doute, l'amour de nous-même est une affection complexe, formée de facteurs divers, d'inégale dignité ; et notre but n'est pas ici d'en donner une analyse intégrale, mais seulement d'en signaler l'élément le plus élevé, celui qui vient de l'estime, qui est par conséquent d'inspiration rationnelle.

D. Or, tout homme est un autre moi-même. Si la nature humaine en moi m'inspire respect et amour, ayant en autrui la même excellence, elle m'inspirera les mêmes sentiments. Aussi j'aime l'homme par la raison seule qu'il est homme, « ob eam causam quod is homo sit ».

---

1. *De Malo*, q. VIII, art. 2.

(Cicéron.) Un passant, que je n'avais jamais vu, que je
ne reverrai jamais, est dans la détresse; il souffre de la
faim et du froid. Je me sens attendri à son aspect, et un
sentiment secret de sympathie me porte à le soulager. Ce
que je vois en lui, c'est ma propre nature, la dignité spéciale à l'être humain. Saint Thomas nous montre comment s'opère la transition. « Angelus et homo naturaliter
seipsum diligit. Illud autem, quod est unum cum aliquo,
est ipsummet : unde *unumquodque diligit quod est sibi
unum*[1]. » De quelle unité s'agit-il? De l'unité spécifique, la seule possible entre deux individus. Je projette au
dehors les facultés dont j'ai le sentiment au for intérieur,
pour en former un type reproductible et applicable à
autrui. C'est ce type, le type humain, que j'honore dans
les deux exemplaires. Simple traduction de l'article de
la *Somme* dont nous avons déjà cité un extrait : « Dilec-
tione naturali quælibet res diligit id quod est unum secundum speciem, in quantum diligit speciem suam[2]. » Mon
voisin et moi sommes *un* quant aux propriétés spécifiques : d'où il suit que, si j'estime en moi l'excellence de
ces propriétés, je dois faire part de cette estime à mon
voisin.

Toutefois, je me préférerai à lui, car la charité bien
ordonnée, même au regard de la loi naturelle, commence
par l'agent lui-même. Quand il s'agit de moi, il y a unité
numérique entre le sujet qui aime et l'objet aimé, *unum
numero*, tandis que l'unité se relâche et devient spécifique lorsqu'il s'agit du prochain, *unum specie*. C'est donc
l'unité qui, en *se resserrant*, donne les degrés d'intimité
de l'amour : « Illud quod est *minus unum cum eo, naturaliter minus diligit*, unde naturaliter plus diligit quod
est unum numero, quam quod est unum specie[3]. »

1. I, q. LX, art. 4, c.
2. *Ibid.*
3. *Ibid.*

Ce principe se prête à de belles applications, que les scolastiques n'ont guère utilisées. Puisque c'est l'unité qui gradue les affections humaines, nous sommes naturellement amenés à nous demander sous quelles formes concrètes se traduira cette graduation. Et nous obtenons les suivantes : communauté de langue, de religion, de traditions, solidarité d'intérêts, liens du sang, convenance des goûts, des mœurs,... qui donnent naissance aux inclinations que nous avons déjà nommées : *corporatives, domestiques, électives.*

Nous arrivons à l'amour de Dieu, qui est le sentiment le plus élevé du cœur humain et le couronnement de nos affections philanthropiques.

E. L'idée de Dieu n'est pas innée; son amour ne saurait l'être. Toutefois, s'il n'est pas inné, il est naturel, car notre âme, pour y atteindre, n'a qu'à suivre l'inclination de la nature et les lois les plus simples de son activité.

C'est par projection psychologique que je connais mes semblables, en leur assignant mes propres facultés. Ce procédé me permet aussi de m'élever à Dieu et de descendre à la conception de la vie animale, mais à la condition de le modifier sensiblement. Car, tandis que je prête à mes semblables mes facultés telles quelles, sans addition ni retranchement *essentiel,* je suis contraint de les amoindrir pour les abaisser au niveau de la brute, de les ennoblir et de les transfigurer pour en tirer l'indication d'un attribut divin.

Recueillant donc les perfections dont je trouve la trace en moi, je les purifie de toute défectuosité[1] et je les hausse jusqu'à l'infini, afin de me faire quelque idée de Dieu. Or, la pensée appelle l'amour. « Quidquid agnoscitur ut bonum, a voluntate diligi potest eo modo quo ut bonum cognoscitur, dit le P. Liberatore. Ergo Deus, hoc ipso

---

1. Per remotionem et eminentiam.

quod cognoscitur ut summe bonus, ut talis etiam dilec-
tione attingi potest[1]. »

Ce mouvement ascendant vers l'infini est l'allure naturelle de l'esprit humain. Nous avons vu que l'élaboration
de la pensée comprend trois fonctions principales : abstraire, généraliser, idéaliser. Or, qu'est-ce que l'idéalisation, sinon la détermination la plus haute d'un concept,
lui conférant la compréhension la plus riche dont il soit
susceptible ?

Le cœur suit l'esprit; il éprouve le même besoin. Le
fini ne peut le satisfaire : après avoir goûté quelques
manifestations du bien et du beau, il aspire au meilleur.
Infini dans ses vœux, l'homme dépasse toujours par l'espérance ce qu'il a, pour courir à ce qu'il n'a pas. Et, l'objet désiré une fois acquis, il l'abandonne pour un autre
but. Seule, la possession de l'infini apaise ces désirs
inquiets : « Fecisti nos ad te, Deus, et irrequietum est
cor nostrum, donec requiescat in te. »

Pour compléter[2] cet exposé théorique, montrons combien le procédé qui conduit à Dieu est facile et familier,
même à l'enfant.

Nous sommes des images du premier être, surtout
dans la partie supérieure de notre nature : aussi tous les
aspects sous lesquels l'homme se révèle à nous comme
digne de respect et d'amour, ne sont que le simple reflet
des perfections de Dieu. Nos titres de noblesse sont copiés
sur lui : toutes les formes de la grandeur et de la puis-

---

1. *Institutiones philosophicæ, Jus naturæ*, part. 1ᵃ, cap. 2ᵘᵐ, art. 1.
2. Autre complément à indiquer. L'amour de Dieu, non moins que celui de
l'homme, passent par bien des phases, ou mieux, donnent naissance à des émotions successives que nous devons mentionner. Déjà, en traitant de l'appétit
sensitif, nous avons distingué l'amour et la haine, le désir et l'aversion, la joie
et la tristesse; et d'autre part, dans la série irascible, l'espérance, le désespoir,
l'audace, la crainte et la colère. Si nous tenons compte des différences générales qui séparent la passion du sentiment proprement dit, rien n'empêche de
reproduire ces états en partie dans l'ordre supérieur. « Appetitus superior, dit
saint Thomas, habet aliquos actus similes inferioris appetitus, sed absque omni
passione. » (*De Veritate*, q. xxv, art. 3.)

sance ont leurs corrélatifs en Dieu et mènent par autant de voies à ses attributs. En voici quelques applications.

Le père a donné la vie à l'enfant. Dieu est son créateur.

Le père est le bienfaiteur de l'enfant, il l'aime, veille sur lui, le nourrit, le protège; il est sa providence terrestre. Dieu est sa providence céleste.

L'enfant ignore; son père a quelques connaissances. Dieu sait tout.

Le père commande; et l'enfant, à son plus bas âge, ne conçoit le devoir que comme l'expression de la volonté paternelle. Bientôt il ne concevra la loi morale qu'en la personnifiant dans la volonté de Dieu, en dehors de laquelle elle ne serait qu'une abstraction froide et morte, inintelligible pour lui.

Au foyer de la famille, l'enfant est environné de personnes ou de choses sur lesquelles s'étend l'autorité paternelle; et ses parents peuvent user du concours de ces personnes et de ces choses pour le récompenser ou le punir. Plus tard, l'univers lui apparaîtra comme l'empire de Dieu, qui tient dans sa main les forces de la nature et les volontés humaines pour exercer sur lui sa bienfaisance ou sa justice.

De même que l'enfant, au premier éveil de la raison, conçoit son père comme un autre lui-même agrandi, bientôt, sans effort et tout spontanément, il concevra Dieu comme un père plus parfait, un père céleste, *pater cœlestis.*

Au lieu de considérer l'adulte en général, nous avons pris le père, parce que, de tous les adultes, il est celui avec lequel l'enfant a les rapports les plus intimes. Mais nous pouvons généraliser, et reconnaître que l'amour de l'homme mène naturellement à l'amour de Dieu. Car, en nous attirant, les qualités humaines nous causent un mélange de plaisir et d'inquiétude, de satisfaction et de désenchantement : la part de satisfaction nous retient et nous empêche de sortir de la voie; d'un autre côté, le désenchantement aiguisé nos désirs et nous dit qu'il faut, en cette voie, aller plus avant et atteindre le sommet. Heureux l'homme qui facilite à ses semblables cette ascension de l'humain au divin, en leur offrant l'image du créateur sans chercher, dans un but égoïste, à absorber un cœur fait pour l'infini[1]!

Après avoir esquissé à grands traits les principales variétés du sentiment, nous arrivons au second mode d'action de la volonté, qui est la liberté. Aussi bien, l'amour nécessaire est-il le prélude de l'amour libre.

Article III. — La liberté.

Les arguments classiques allégués en faveur de l'existence du libre arbitre sont les suivants : le témoignage de la conscience psychologique, le devoir, la sanction. On ne peut y voir le privilège d'une école particulière. Déjà Aristote, dans l'antiquité, les avait signalés. Saint Thomas les mentionne aussi : « Hæc opinio (negans) subvertit omnia principia philosophiæ moralis. Si non sit liberum aliquid in nobis, sed ex necessitate movemur ad volendum, tollitur *deliberatio, exhortatio, præceptum et punitio,* et laus et vituperium[2]. »

Ce qui nous étonne, c'est que le saint docteur n'ait pas songé à développer ces preuves. Selon toute apparence, c'est parce qu'il les estimait plus propres à établir le fait

---

1. Ces considérations nous montrent l'importance et la beauté du rôle du père dans la famille. Le père doit apparaître à son enfant plus grand que lui, moins grand que Dieu : plus grand que l'enfant, pour lui commander avec autorité, lui inspirer des sentiments de modestie, d'abnégation, d'obéissance; moins grand que Dieu, effacé, anéanti au pied de la grandeur divine, afin de pénétrer sa jeune âme de respect et d'amour pour l'être souverain.

2. *De Malo,* q. vi, art. 1, c.

même de la liberté, qu'à en expliquer l'origine. Les philosophes du moyen âge ont toujours goûté les démonstrations génétiques ou causales, qui font naître graduellement l'affirmation sous les yeux du lecteur, de préférence aux simples constatations et aux preuves tirées de raisons éloignées. Leur argument de prédilection était celui qui est basé sur le rapport des biens partiels au bien universel.

§ 1er. — *La conscience psychologique.*

Tout acte libre est un choix, et la liberté a été justement définie le pouvoir de choisir, *potestas eligendi*. Mais le choix suppose la pluralité des termes : il suppose qu'au moment où j'opte pour l'un de ces termes, j'ai la faculté de le refuser; comme aussi, au moment où je le refuse, j'ai la faculté de l'accepter. C'est pourquoi le sentiment de la liberté se réduit à la *conscience d'un double pouvoir.* Non que j'exerce en même temps l'un et l'autre; mais je les possède simultanément; et, maître de l'alternative, je puis, à mon gré, user de l'un *ou* de l'autre.

La difficulté est de percevoir simultanément les deux pouvoirs. Pour simplifier le problème, nous supposerons que l'un est en exercice, tandis que l'autre reste disponible. Par exemple, libre de me taire ou de parler, je me détermine à me taire. Cette préférence étant un acte de volonté, un phénomène interne, la conscience le perçoit comme les autres phénomènes internes, car il est observable au même titre.

Mais il faut appréhender, en même temps, la présence du pouvoir disponible, la possibilité de la volition contraire, qui aurait pour objet le fait de parler. Où ma conscience verra-t-elle cette possibilité? Le pur possible, par définition, n'est pas réalisé; et, d'autre part, le sens intime ne saisit que des réalités. « La résolution prise peut bien, à la vérité, étant un fait réel et présent, être perçue par la conscience, dit excellemment M. Rabier[1]. Mais comment la conscience s'y prendra-t-elle pour savoir que d'autres résolutions étaient possibles? Le possible, c'est ce qui n'est pas : la conscience peut-elle percevoir ce qui n'est pas? Il est donc impossible que la conscience nous donne le témoignage de notre liberté. » Cette objection, déjà indiquée par Hobbes, est reprise en ces termes par Stuart Mill :

« Avoir conscience de son libre arbitre signifie avoir conscience avant d'avoir choisi, d'*avoir pu choisir autrement.* Cette prétendue conscience est impossible. La conscience me dit ce que je fais ou ce que je sens. Mais *ce dont je suis capable,* ne tombe pas sous la conscience. La conscience n'est pas prophétique. Nous avons conscience de ce qui est, non de ce qui sera ou peut être[2]. »

Il en résulte que, pour atteindre le but, il faut faire voir comment la conscience perçoit non pas seulement la force que j'exerce, mais aussi celle que je pourrais exercer, c'est-à-dire l'existence d'un pouvoir sans usage actuel.

I. — Plusieurs auteurs, même éminents, n'ont pas remarqué cette difficulté, ou du moins n'en ont pas fait mention spéciale dans leur essai de démonstration. « La liberté, dit **Descartes,** se connaît sans preuve, par la seule expérience que nous en avons[3]. » — « Tandis que tout en nous est limité, il n'y a que la volonté seule, ou la seule liberté du franc arbitre, que *j'expérimente être si grande* que je ne conçois pas l'idée d'une autre plus ample et plus étendue[4]. »

Bossuet ramène les preuves de la thèse à trois chefs. « Je dis que la liberté ou le libre arbitre, considéré en ce

1. *Psychologie,* p. 556.
2. *Examen de la philosophie d'Hamilton,* XXVI.
3. *Principes de philosophie,* I, 39.
4. *Méditations,* IV, 7.

sens, est certainement en nous, et que cette liberté nous est évidente : 1° par l'*évidence du sentiment interne et de l'expérience;* 2° par l'évidence du raisonnement; 3° par l'évidence de la révélation, c'est-à-dire parce que Dieu nous l'a clairement révélée par son Écriture[1]. » — « Un homme qui n'a pas l'esprit gâté n'a pas besoin qu'on lui prouve son franc arbitre, car il *le sent;* et il *ne sent pas plus clairement* qu'il voit, ou qu'il oit, ou qu'il raisonne, qu'il se *sent capable de délibérer* ou de choisir[2]. »

Il faut arriver jusqu'à Maine de Biran pour trouver une conception de l'argument répondant aux exigences du problème. Sa théorie a été reproduite par Cousin, Jouffroy, M. Rabier, et quelque peu complétée récemment par M. Noël, dans son ouvrage intitulé *la Conscience du libre arbitre.*

II. — D'après **Maine de Biran**, nous avons le sentiment immédiat de notre volonté. « L'idée de liberté, dit-il, prise dans sa source réelle, n'est autre chose que le sentiment même de notre activité, ou de ce pouvoir d'agir, de créer l'effort, constitutif du moi[3]. »

Jouffroy exprime la même idée : « Vous trouverez qu'*avant* la production du mouvement (du bras), vous aviez *conscience d'une cause que vous appeliez moi* et que vous saviez *capable de produire* le phénomène; vous trouverez qu'au moment où le phénomène s'est produit, vous avez eu conscience de l'action de cette cause et de l'énergie par laquelle elle l'a produit; vous trouverez enfin qu'*après* la production du phénomène, vous *continuez d'avoir conscience de cette cause et de sa capacité à*

---

1. Chap. II, au début.
2. *Connaissance de Dieu et de soi-même,* chap. Ier, n° 18.
3. *OEuvres* publiées par Naville, *Fondements de la psychologie,* t. Ier, p. 284. — « Il existe, dit aussi M. Piat, un *effort* électif qui est libre. Il existe également un effort attentionnel qui ne l'est pas moins. » (*La Liberté,* t. II; *le Problème,* p. 92.) Mais l'effort attentionnel est aussi électif, parce qu'il implique préférence de l'usage actif à l'usage passif des facultés.

le reproduire encore, s'il le fallait... *Avant* sa production
(du phénomène), je connaissais; *pendant* sa production,
j'ai connu; *après* sa production, je continue de connaître
la cause qui l'a mis au monde... Les deux termes m'apparaissent; je ne conclus pas la cause de l'effet; je saisis
l'un et l'autre, la cause d'abord, l'effet ensuite; et non
seulement l'un et l'autre, mais la production de l'un par
l'autre. L'effet est passager, il disparaît; la cause est permanente, elle reste; aussi je continue de sentir la cause
après que l'effet s'est évanoui, comme j'avais commencé
par la sentir avant que l'effet fût produit[1]. »

Que signifient les mots *avant la production, après la
production,* que nous avons plusieurs fois soulignés, si ce
n'est que la conscience saisit le pouvoir avant ou après
l'action qui l'applique, c'est-à-dire en lui-même, en dehors de son application?

« Sans sortir du fait même de l'effort musculaire, dit
Cousin, déjà on y puise de vives lumières. Le moi y étant
sous le type de la volonté, la liberté du moi est identique à son existence et immédiatement aperçue par la
conscience. La voilà donc placée au-dessus de tous
les sophismes, puisqu'elle est soustraite au raisonnement[2]. »

M. Rabier est plus précis encore : « Qu'est-ce qui
empêche la conscience de percevoir en nous, dans notre
volonté, un pouvoir réel et présent, une quantité de force
actuellement disponible, suffisante pour faire équilibre à
tous les motifs, et qui par là rend possibles les résolutions
opposées? Ainsi le général, qui a des réserves sous sa
main, ne sait-il pas qu'il lui est possible, à son gré, de
secourir ou de ne pas secourir tel de ses lieutenants en
péril?... Ne faut-il pas que nous ayons par quelque endroit

1. *Distinction de la psychologie et de la physiologie, Nouveaux Mélanges,*
4ᵉ édit., p. 175, 176.
2. Cousin, Introduction aux *OEuvres* de Maine de Biran, p. 69.

conscience de la force, de la puissance, du pouvoir, pour mettre un sens sous ces mots[1]? »

Jusqu'ici nous ne trouvons rien de plus que l'idée biranienne, exposée avec une plus parfaite clarté. Nous avons dit que cette idée avait été complétée par M. Noël. C'est qu'un examen plus réfléchi des données du problème lui a permis de constater que la volonté ne reste pas à l'état de pure puissance, même par rapport au parti qu'elle néglige de choisir. Ayant à opter entre deux occupations, mettre ma correspondance à jour et jouer du piano, je me décide pour la correspondance, mais tout en éprouvant une complaisance plus ou moins marquée pour le piano. Il y a, d'un côté, volition proprement dite, libre détermination; de l'autre, simple velléité. Or, la velléité est un exercice initial de la volonté, d'où il suit que, percevant le pouvoir que j'ai de préférer le piano à la correspondance, je le perçois avec un commencement d'application, dans un état de demi-activité.

III. — M. Noël confesse que « nous ne pouvons avoir conscience d'une pure puissance;... (et que) en tant que principe de ses opérations, l'âme échappe à ses propres prises : son existence est directement perçue lorsqu'elle agit.

« Ne puis-je, dès lors, avoir conscience d'être libre?

« Il peut sembler, à première vue, que nous soyons acculés à une impasse. De toutes façons, notre *pouvoir des contraires* est invérifiable. Dans la puissance où il existerait, il est inconnaissable.

« Il y a ici confusion. Ainsi que l'observait très justement M. Fouillée lui-même, nous ne percevons pas seulement en nous des décisions *achevées;* nous percevons encore des décisions *incomplètes,* des tendances à agir, des représentations de mouvements à moitié acceptées... (Or)

1. *Psychologie,* p. 556, 557.

les tendances sont déjà plus que la puissance; elles constituent des actes, mais des actes incomplets, des commencements d'actes, auxquels manque un dernier achèvement. Ces premiers actes constituent un intermédiaire
entre la pure puissance et l'acte déterminé. Ils permettent de saisir et d'expérimenter la faculté dont ils émanent, non pas sans doute dans sa nature intime, mais en
tant qu'elle agit et qu'elle opère...

« (Victime d'une odieuse injustice, je me sens porté à
me venger de l'auteur.) Au grand soleil, aux yeux de la
foule, si j'allais l'apostropher, lui crier publiquement sa
honte et mon mépris, l'humilier et me venger? Un instant, et c'est fait. Mais aussitôt surgit devant moi, très
nette, l'idée des conséquences que peut avoir un acte de
violence : des représailles possibles; mon avenir brisé.
J'hésite. Une délibération se fait, durant laquelle je me
sens également prêt aux deux partis : que je repousse les
conseils de la prudence, l'injure est sur mes lèvres, je
suis prêt à m'élancer; que j'accueille les pensées plus
calmes qui s'insinuent dans mon âme, mon trouble s'a-
paisera bientôt... J'ai les deux alternatives en main : à
moi de décider.

« Ma volonté n'est donc plus en puissance, elle est en
acte; elle peut être objet d'expérience[1]. »

Mais, à proprement parler, il y a plutôt un mélange
d'acte et de puissance; et la difficulté est atténuée, sans
être totalement supprimée.

Lorsque je perçois dans ma volonté ces tendances,
« ces actes incomplets, ces commencements d'acte, auxquels manque un dernier achèvement », je ne suis libre
qu'autant qu'il dépend de moi de les compléter, de changer les velléités en déterminations absolues. Avoir conscience de ma liberté, c'est donc avoir le sentiment d'une

---

1. *La Conscience du libre arbitre*, p. 185-188.

force en partie appliquée et en partie applicable, qui a commencé l'acte, mais ne l'a pas achevé. Or, précisément, cette faculté d'achever, qui n'a pas encore son emploi, qui se réserve, est, comme telle, pure puissance.

IV. — **Concluons** que, s'il ne nous est pas donné de percevoir au for intérieur une énergie volontaire qui serait de tout point inactive, nous pouvons, du moins, à l'occasion d'un exercice initial, percevoir une énergie potentielle excédant cet exercice.

Ce qui confirme cette assertion, c'est que, même quand nous formons un acte libre, par exemple lorsque nous nous prononçons pour le devoir contre la passion, nous avons conscience de pouvoir en augmenter ou bien en diminuer l'intensité; nous pouvons rejeter une tentation avec plus ou moins de vivacité, de résolution, de fermeté. Or, ce nouveau degré d'intensité qu'il nous est loisible d'ajouter à nos libres déterminations, représente encore une puissance sans emploi, une disponibilité.

Ainsi envisagée[1], la preuve nous paraît sérieuse et très acceptable.

§ 2. — *Le devoir.*

Le deuxième argument classique de l'existence du libre arbitre se tire du devoir.

I. — **Kant** se l'est approprié dans sa *Critique de la*

---

1. D'ailleurs on ne peut connaître que par l'appréhension directe de la conscience, le pouvoir disponible, la possibilité de la volition non réalisée. En effet, quelle autre faculté alléguer? La raison? Sans doute, la raison conçoit la possibilité métaphysique de cette volition, l'absence de contradiction. Mais elle affirme aussi l'absence de contradiction, pour un arrêt de la terre dans son mouvement diurne. Et cependant la terre n'est pas libre. — Elle dit de plus que cet arrêt est physiquement possible, qu'il existe une cause assez puissante pour le produire, la cause première. Or, la présence de cette cause ne suffit pas encore pour que la terre soit libre dans sa révolution diurne. De même l'existence d'un être assez puissant pour réaliser en moi les déterminations les plus diverses ne constitue pas ma liberté. Ce qui la constituerait, c'est que cette même puissance soit mienne, que j'en dispose. Or, je ne puis le savoir que par la conscience.

raison pratique. « Supposez, dit-il, que quelqu'un prétende ne pas pouvoir résister à sa passion : est-ce que, si l'on avait déjà un gibet pour l'y attacher immédiatement après qu'il aurait satisfait à son désir, il soutiendrait encore qu'il lui est impossible d'y résister? Il n'est pas difficile de deviner ce qu'il répondrait. Mais si son prince lui ordonnait, sous peine de mort, de porter un faux témoignage contre un honnête homme, qu'il voudrait perdre au moyen d'un prétexte spécieux, regarderait-il comme possible de vaincre, en pareil cas, son amour de la vie, si grand qu'il pût être?... Il juge donc qu'il *peut* faire quelque chose, parce qu'il a la conscience de le *devoir*, et il reconnaît ainsi en lui-même la liberté, qui, *sans la loi morale,* lui serait toujours demeurée inconnue[1]. »

Bien que la démonstration soit bonne, la conclusion ne se dégage pas avec la clarté désirable. Nous ne voyons pas apparaître assez nettement la possession simultanée des deux pouvoirs, qui constitue la liberté. Pour la mettre plus au jour, il serait expédient de prendre comme donnée initiale de l'argument, non pas seulement l'existence du devoir, mais plutôt le fait même de sa violation.

II. Forme plus décisive de l'argument. — Nous sommes tous capables de faillir. Or, une faute morale, grave ou légère, ne se conçoit que comme la transgression d'un devoir. Soit un crime énorme, le parricide. L'homme qui l'a commis avec préméditation a fait un acte libre, car il a eu la faculté de l'alternative, la double puissance : la puissance de tuer son père, puisqu'il l'a tué ; et celle de respecter sa vie, puisqu'il s'y sentait obligé.

Le deuxième pouvoir, le disponible, celui d'observer une obligation que de fait on viole, ne fait pas plus de difficulté que le premier.

Car, *qui doit peut ;* et le devoir suppose le pouvoir. En

---

1. *Critique de la raison pratique,* trad. Barni, p. 173, 174.

effet, obligation dit nécessité morale; et ce qui est nécessaire, est à fortiori possible. Au reste, l'expérience montre
que la suppression d'un pouvoir entraîne celle du devoir
corrélatif. Tout débiteur est tenu à payer sa dette; mais
il ne se sent tenu à rien lorsqu'il perd toutes ses ressources : où il n'y a rien, dit le proverbe, le roi perd ses droits.
De même pour l'obligation de faire l'aumône : à l'impossible nul n'est tenu.

En revanche, si l'aisance vient à reparaître, avec le
pouvoir renaît le devoir.

Mais il y a une faculté qui survit à la perte de tous
les moyens matériels d'exécution. Alors que, réduit à la
dernière pauvreté, je ne puis ni payer ma dette ni faire
l'aumône, me serait-il permis de me complaire intérieurement dans la pensée que l'indigent mourra de faim, et
que le créancier sera frustré dans ses droits les plus légitimes? Nullement, parce que je garde intacte au dedans
la liberté morale, et que sa persistance maintient le pré-
cepte qui défend de se réjouir du mal d'autrui. Le désir du
mal est *toujours interdit*, parce qu'il est *toujours possible*
de l'éviter.

Bref, qui est soumis au devoir, peut l'accomplir. S'il le
transgresse, c'est qu'il possède, au moment de la transgression, les deux pouvoirs : celui de pécher, puisqu'il
pèche; et celui de ne pas pécher, puisqu'il y est obligé.

§ 3. — *La sanction.*

Sur la terre, la sanction de nos actes moraux affecte
deux formes principales : l'une au dedans de nous, la joie
de la bonne conscience et le remords; l'autre au dehors,
la récompense et la *peine sociale*. La peine sociale est un
fait universel dont les déterministes les plus résolus sont
les premiers à demander le maintien. Défenseurs et adversaires du libre arbitre en reconnaissent également la

nécessité; tous aussi s'appliquent à étudier les conditions de sa légitimité.

Ces conditions sont la justice et l'utilité[1].

Chacun des deux caractères a été allégué à titre de moyen terme, dans la démonstration du libre arbitre.

La peine doit être *utile*.

Or, sans l'existence de la liberté, elle serait *inutile*.

Donc la liberté existe.

Ou bien :

La peine doit être *juste*.

Or, sans l'existence de la liberté, la peine ne serait pas *juste*.

Donc la liberté existe.

Examinons les deux arguments.

I. Le libre arbitre basé sur l'utilité de la peine.

— A. Les législateurs, dit *Aristote,* « *punissent et châtient* ceux qui commettent des actions coupables, toutes les fois que les actions ne sont pas le résultat d'une *contrainte ou d'une ignorance dont l'agent n'était pas cause.* Au contraire, ils *récompensent* et honorent les auteurs d'actions vertueuses. Évidemment, ils veulent, par cette double conduite, *encourager* les uns et détourner les autres. Mais, dans toutes les choses qui ne dépendent pas de nous, dans toutes les choses qui *ne sont pas volontaires,* personne ne *s'avise de nous pousser à le faire,* car on sait qu'il serait bien *inutile* de nous engager, par exemple, à ne point avoir chaud, à ne point souffrir du froid ou de la faim, et à ne pas éprouver telles ou telles sensations analogues, puisque en effet nous ne les souffririons pas moins malgré ces exhortations[2]. »

1. Pour être légitime, la peine sociale doit être d'abord *juste,* ensuite *utile.* Le législateur humain prend de la peine la mesure nécessaire pour défendre l'intérêt dont il a la garde, l'intérêt social. Il n'est pas tenu d'appliquer, comme le fera un jour le souverain juge, toute la pénalité requise par les exigences de l'ordre moral, mais seulement la portion nécessaire à la fin qu'il poursuit. C'est l'intérêt social qui rend la peine utile.

2. *Morale à Nicomaque,* livre III, ch. vi, trad. de Barthélemy Saint-Hilaire.

D'après Aristote, si l'homme était privé de liberté, la peine serait inefficace, partant inutile.

Mais il est permis de contester la justesse du moyen terme employé dans cette démonstration. Même dans l'hypothèse où le libre arbitre n'existerait pas, il serait inexact de prétendre que la peine n'aurait pas d'utilité : elle servirait de moyen de défense, d'intimidation et de correction.

B. « On parle vulgairement, dit **Leibnitz,** comme si la nécessité de l'action faisait cesser tout mérite et tout démérite, tout droit de louer et de blâmer, de récompenser et de punir ; mais il faut avouer que cette conséquence n'est pas absolument juste. 1° Il faut convenir qu'il est permis de tuer un furieux quand on ne peut s'en défendre autrement. On avouera aussi qu'il est permis, souvent même nécessaire, de détruire des animaux venimeux et nuisibles, quoiqu'ils ne soient pas tels par leur faute. 2° On inflige des peines à une bête, quoique destituée de raison et de liberté, quand on juge que cela peut servir à la corriger : c'est ainsi qu'on punit les chiens et les chevaux, et cela avec beaucoup de succès. 3° On infligerait encore aux bêtes la peine capitale si cette peine pouvait servir d'exemple. Rorarius dit qu'on crucifiait les lions en Afrique pour éloigner les autres lions, et qu'il avait remarqué, en passant par le pays de Tolède, qu'on y pendait les loups pour mieux assurer les bergeries. Et ces procédures seraient bien fondées si elles servaient. Donc, puisqu'il est sûr et expérimenté que la crainte des châtiments et l'espérance des récompenses sert à faire s'abstenir les hommes du mal et les oblige à tâcher de bien faire, on aurait raison et droit de s'en servir, quand même les hommes agiraient nécessairement[1]. »

« Les vraies raisons de la pénalité sociale, ajoute M. **Fouillée** au nom du *déterminisme*, sont des raisons :

---

1. *Théodicée,* part. I, §§ 67-71.

1° de psychologie et de logique; 2° de sociologie positive, de défense et de conservation sociale... Une chose contraire à la conservation de la société est accomplie par vous; vous en avez conscience, vous en connaissez les fâcheux résultats pour autrui, et cette connaissance ne suffit pas pour vous en détourner; devez-vous alors vous étonner que les autres suppléent à cette insuffisance par des moyens de défense, de contrainte et d'intimidation? C'est à vous qu'on s'en prendra, puisque le mal exécuté au dehors existe d'abord en vous, et dans l'intimité de votre vouloir. Quand vous êtes malade, n'est-ce pas à vous qu'on administre des remèdes souvent très douloureux? Et si votre maladie est dangereuse pour les autres, le législateur va-t-il la laisser suivre son cours, surtout quand il existe des remèdes? Il y a, même en ce sens, imputabilité à l'individu. En vous punissant, d'ailleurs, mon but n'est pas réellement de vous punir, mais de vous guérir, s'il est possible, ou au moins de me défendre et de vous mettre dans l'impossibilité de nuire aux autres. J'essaye de rétablir l'ordre dans votre intelligence, dans toutes vos facultés, en vous faisant comprendre votre erreur et la laideur de votre caractère : qu'avez-vous à dire? Que vous méritez l'indulgence et la pitié? Je vous l'accorde; mais, malgré cette pitié et à cause d'elle, je m'efforce de vous guérir par la souffrance; sans compter que ma pitié à l'égard de vos semblables m'entraîne également à vous châtier, si aucun autre moyen ne réussit[1]. »

Ces considérations sont fondées. L'acte volontaire serait-il le résultat nécessaire des antécédents, motifs et mobiles, la peine n'en aurait pas moins son efficacité, car la crainte qu'elle inspire fait partie de ces antécédents, et pèse avec eux et par eux sur nos déterminations futures. Apparemment le chien et le cheval ne sont pas

---

1. *Le Déterminisme*, p. 38, 39, 40.

libres ; cependant le souvenir des coups de verge qu'ils
ont reçus exerce sur eux une décisive influence. Ainsi, la
menace de la prison, des galères, de l'échafaud, font
équilibre, dans l'âme du malfaiteur, aux instincts les plus
pervers. D'après les lois de la mécanique, nous savons
qu'introduire une force nouvelle parmi les composantes,
c'est modifier la résultante. Or, par l'institution des
peines sociales, le législateur introduit une force nouvelle dans les facteurs de l'acte volontaire ; il fortifie les
motifs du bien, affaiblit les impulsions qui sollicitent au
mal, et favorise, au moins sous la forme extérieure et
matérielle, le triomphe de la moralité.

Il ne suffit donc plus de mettre en avant l'utilité de la
peine sociale pour établir l'existence du libre arbitre.

Serons-nous plus heureux en nous appuyant sur l'autre condition ?

II. **Le libre arbitre basé sur la justice de la
peine.** — A. La plupart des philosophes, qui font une
étude spéciale de cet argument, s'attachent à démontrer
la *majeure : la peine doit être juste.*

« La punition, comme telle, dit Kant, doit être *juste
par elle-même,* c'est-à-dire que celui qu'on punit *doit
avouer qu'il a mérité sa punition,* et que son sort est
parfaitement approprié à sa conduite. *La justice est la
première condition de toute punition comme telle, et l'essence même de cette notion...* Ainsi la punition est un mal
physique qui, lors même qu'il ne serait pas lié comme
conséquence naturelle avec le mal moral, devrait en être
considéré encore comme une conséquence, suivant les
principes de la législation morale[1]. »

M. Rabier fait ressorti avec netteté l'insuffisance des
considérations tirées de l'intérêt social, à expliquer le
caractère le plus essentiel de la peine, qui est la justice. « La

---

1. *Raison pratique,* chap. ier, § 8, scol. 2.

nécessité de la défense, voilà au fond (dans l'hypothèse déterministe) l'unique raison que la société puisse invoquer pour s'arroger le droit de punir. — Or cette raison fait bien, sans doute, de la peine, même si l'homme n'est pas libre, une chose *utile ;* mais si l'homme n'est pas libre, elle ne saurait en faire une chose *juste.* Les peines ne sont plus alors proprement des châtiments, mais des coups[1]. »

- En effet, si, abstraction faite de la liberté, l'utilité de la peine suffisait à elle seule pour en justifier l'application, chaque fois que cette utilité serait manifeste, le juge pourrait infliger un châtiment au prévenu même innocent. « Qu'arrivera-t-il si les lois de cette espèce (pénales) avaient pour unique fondement l'intérêt public? On pourra frapper indifféremment l'innocent ou le coupable, pourvu que la mort de l'un soit reconnue aussi utile que celle de l'autre... Voici un homme qu'une foule fanatique poursuit d'une accusation infâme; elle le déclare convaincu d'avoir tué son propre fils, elle demande à grands cris sa mort par le plus horrible supplice. Cet homme est innocent, il est vrai, mais la foule le croit coupable, et si vous refusez d'obéir à ses clameurs, vous la laisserez persuadée qu'un forfait inouï est resté sans châtiment. N'est-il pas plus utile de le faire mourir que de le laisser vivre?... C'est un mal, sans doute, c'est une chose nuisible pour la société, qu'un innocent puisse être menacé dans son honneur et même dans sa vie; mais c'est un plus grand mal, dans le sens où vous prenez ce mot, c'est une chose plus nuisible pour la société, que la foule puisse croire à un crime resté sans châtiment[2]. »

La peine doit être juste, soit. Mais ce n'est là qu'une des prémisses de l'argument.

B. La deuxième prémisse, souvent négligée, et presque passée sous silence, apparemment parce qu'elle n'a pas

---

1. *Psychologie,* chap. XI, § 3.
2. Frank, *Philosophie du droit pénal,* p. 24, 25.

besoin de preuve, pourrait s'énoncer ainsi : *la justice de la peine suppose la liberté du sujet.* Essayons de suppléer à cette lacune.

L'auteur du mal peut être maltraité, mais à la condition d'en être le véritable auteur, la cause complète et décisive. Or, il n'y a de causes complètes et décisives que les agents libres. Seul, en effet, l'agent libre est maître absolu de son acte : maître de le poser, maître de l'éviter. En fin de compte, l'acte ne dépend que de lui, car il peut annuler toutes les influences qui le portent à s'abstenir, telles que le tempérament, le préjugé, la passion..., et le produire en dépit de leur résistance ; comme aussi paralyser celles qui le sollicitent de le réaliser, et s'abstenir malgré leurs sollicitations. En d'autres termes, il frustre de leur effet les causes qui agissent sur lui, pour se réserver à lui seul l'initiative. S'il en était autrement, si, dépourvu de liberté, il était irrésistiblement entraîné par le motif et le mobile, il n'encourrait aucune responsabilité, pas plus que l'aliéné n'en assume pour les excentricités auxquelles le conduit sa démence. Loin de châtier celui-ci, on le plaint, et on lui donne les soins appropriés à son état. Sans libre arbitre, il n'y aurait plus de criminels, mais seulement des malades, c'est-à-dire des hommes non passibles de châtiment.

Complétons cette idée. Le principe le plus général de la morale est le suivant : il faut aimer le bien et haïr le mal. Or l'agent libre, en violant la loi morale, a rendu sa volonté mauvaise, attendu que la volonté communie à son objet, s'améliore si l'objet est bon, s'avilit s'il est mauvais. Le coupable s'est donc assimilé le mal ; il l'a introduit dans la plus intime et la plus haute de ses facultés. Donc il est digne de haine, car, d'après la loi énoncée tout à l'heure, le mal est *haïssable* partout où il est. D'autre part, être digne de haine ou de châtiment, c'est connexe.

Nous arrivons au quatrième chef de preuve, qui clôt la série.

§ 4. — *Rapport des biens partiels au bien universel.*

L'argument dont nous abordons l'étude — s'il aboutit — constituera une véritable démonstration causale :
il nous fera assister à la genèse de la liberté, et nous
donnera le secret de sa provenance, puisqu'il en déduit
l'existence du contenu dela pensée et de l'analyse générale des motifs qui déterminent le vouloir.

I. **Exposé.** — En ces motifs nous pouvons trouver
trois choses : le bien universel, les biens partiels et leur
rapport.

Or le premier terme, le bien universel, peut être interprété de deux manières : au point de vue de l'*extension*,
comme synonyme de *bien en général,* réalisé dans tous
les biens particuliers, de même que les propriétés carac-
téristiques d'une espèce se réalisent dans les individus ;
au sens *compréhensif,* comme le bien intégral, formé par
la réunion de tous les degrés de bonté épars dans le
monde, et portés à la forme la plus haute ; mieux encore,
comme le bien infini qui les contient tous éminemment.

C'est de la deuxième acception qu'il s'agit. Le bien
souverainement parfait s'impose à la volonté, et l'attire
invinciblement, parce que d'une part il répond à toutes
ses aspirations, épuise l'étendue de ses désirs, et que de
l'autre il ne lui laisse aucun motif, aucun point d'appui
pour se dérober à son action attractive. Les motifs de ce
genre ne pourraient être que les lacunes ou les défectuosités de l'objet ; car si la bonté est la raison pour laquelle
a aime, l'absence de bonté sera la cause pour laquelle
on n'aime pas. Or, le bien universel étant sans limites,
la volonté n'a pas de prise pour résister à ses séductions.
Que lui opposerait-elle en effet ? Les biens particuliers ?
Mais, possédant ce qu'il y a d'excellence en chacun d'eux,
il comprend tout ce qu'ils offrent d'être et de réalité.

Nous l'avons déjà fait observer, on ne saurait préférer la géométrie aux sciences exactes, l'or à la richesse dont elle forme un élément, la foi aux vertus théologales. Ce serait préférer la partie au tout et, à certains égards, le même au même.

« Si proponatur aliquod objectum voluntati, quod sit universaliter bonum, et secundum omnem considerationem, ex necessitate voluntas in illud tendit... Si proponatur sibi (voluntati) aliquod objectum, quod non secundum quamlibet considerationem sit bonum, non ex necessitate fertur in illud[1]. »

Pour avoir la puissance des contraires ou des contradictoires à l'égard d'un objet, il faut que cet objet présente un mélange de plein et de vide, de lumière et d'ombre. C'est le fait des biens particuliers, appelés aussi partiels, lorsqu'on les envisage sous le rapport de la compréhension[2]. J'ai en mains une somme modique, qui suffit à l'achat soit d'un livre, soit d'un habit. Les deux objets sollicitent ma volonté; je les mets en balance : l'avantage que je trouve dans le premier manque au second, et réciproquement. J'ai à choisir entre un instrument de travail intellectuel et la satisfaction d'une nécessité corporelle. Il y a du positif et du négatif en chacun des partis proposés; et c'est la présence simultanée de ces éléments contraires qui fonde la faculté de l'alternative.

Reste à montrer le rôle du bien universel dans cette explication assignée à l'origine de notre liberté. Il consiste à faire ressortir les lacunes des biens partiels.

A. En effet, nous concevons la limite comme l'absence d'une réalité ultérieure. Or, quoiqu'il ne soit pas nécessaire de chercher cette réalité jusque dans l'infini, pour

---

1. 1ᵃ 2ᵉ, q. X, art 2, c.
2. Particulier et universel correspondent à l'extension; parfait et partiel, à la compréhension.

borner chaque bien partiel, pris isolément, du moins l'on
reconnaîtra aisément que l'infini offre l'avantage de servir, à ces biens si disparates, de terme général de comparaison et de commune mesure. Dominé par la sensation,
privé de concepts rationnels, l'animal ne voit pas aussi
complètement les imperfections des biens qu'il poursuit :
n'en comprenant pas le vide, puisqu'il ne soupçonne rien
au delà, il est asservi au plaisir du moment, et suit la
loi du déterminisme. L'homme s'en affranchit, parce que
ses vues sont plus larges et plus hautes, et que, décou-
vrant deux faces dans les choses, l'une lumineuse et
l'autre obscure, il perçoit d'un même regard des raisons
d'aimer et des raisons de ne pas aimer.

B. A cette manière de concevoir le rapport des biens
particuliers au bien universel on peut en joindre une
deuxième, indiquée aussi par **saint Thomas**, dans le passage suivant : « Sunt quædam particularia bona, quæ non
habent necessariam connexionem ad beatitudinem, quia
sine his potest aliquis esse beatus, et hujusmodi voluntas
non de necessitate inhæret. Sunt autem quædam habentia
necessariam connexionem ad beatitudinem, quibus scilicet
homo Deo inhæret, in quo solo vera beatitudo consistit;
sed tamen, antequam per certitudinem divinæ visionis ne-
cessitas hujusmodi connexionis demonstretur, voluntas
non ex necessitate Deo inhæret, nec his quæ Dei sunt[1]. »

En fait, le plaisir de la promenade, celui de l'étude des
mathématiques, sont-ils essentiellement liés au bonheur?
Comme ils comportent bien des variétés, il y aurait encore
une part pour l'indéterminé : est-ce une promenade sur
le bord de la mer, au pied d'une montagne, dans une
forêt, à l'aurore ou vers le milieu du jour..., que l'on
demande? Est-ce l'étude de la géométrie, ou bien celle de
la mécanique, qui nous offre ces flatteuses promesses?

---

1. I, q. LXXXII, art. 2, c.

« On ne voit pas pourquoi, dit M. Élie Blanc, l'homme chercherait nécessairement son bonheur dans le plaisir, ou dans l'avarice, ou dans l'ambition, ou dans la vertu. Et en supposant qu'il fût attiré invinciblement à l'un ou à l'autre de ces biens, on ne voit pas pourquoi il chercherait son bonheur dans les plaisirs des sens plutôt que dans ceux de l'esprit, dans l'ambition de la science plutôt que dans l'ambition du pouvoir, dans les vertus militaires plutôt que dans les vertus civiles. Enfin, en supposant encore qu'il fût attiré invinciblement par quelques-uns de ces biens ou quelqu'une de ces satisfactions égoïstes, on ne voit pas pourquoi il choisirait nécessairement tels ou tels moyens précis, à l'exclusion des autres, parmi tous ceux qui peuvent lui paraître également propres à accomplir ses desseins. » (*Du Libre Arbitre.*)

Après l'exposé de l'argument thomiste, dit métaphysique, M. Blanc ajoute ces lignes : « Quelles que soient l'exactitude et même la profondeur de ces observations, nous devons déclarer que nous ne la regardons pas (l'argument tation précédente) comme une démonstration de la liberté, mais plutôt comme une explication de son exercice. »

II. Critique. — C'est aussi notre pensée.

A. Sans doute, la présence d'un objet fini, mélange d'être et de non-être, est la *condition* du double pouvoir, qui se traduit par l'acceptation ou le rejet.

B. Mais ce n'est qu'une condition préalable et partielle, insuffisante pour déterminer l'existence du libre arbitre.

Car il n'y a rien, à notre sens, de plus contestable que le postulat allégué : des objets inadéquats, n'épuisant pas la capacité d'une puissance psychologique, la laissent dans l'indifférence.

Je contemple un chef-d'œuvre artistique, par exemple le *Moïse* de Michel-Ange : beauté réelle, mais limitée, qui n'épuise pas l'idéal du beau ni la capacité de mes facultés esthétiques. Il y a dans tous les beaux-arts des œuvres dignes d'admiration : une cathédrale gothique, le tableau de la *Transfiguration*, l'*Énéide*... Le *Moïse* ne réalise donc pas toutes les formes de la beauté; il n'en est qu'une expression partielle, et toutefois je l'admire nécessairement, je ne suis pas maître de lui refuser mon admiration. Voilà un démenti infligé au principe général.

Pourquoi en serait-il autrement de la volonté, parrapport aux biens finis? Si je suis irrésistiblement porté à goûter une beauté limitée, pourquoi ne serais-je pas entraîné de même vers un bien imparfait?

On objectera qu'il ne convient pas d'assimiler la volonté à nos facultés esthétiques, et de lui assigner la même loi. Fort bien; mais alors, nous devons réduire la portée du principe allégué, l'appliquer seulement à la volonté, et non plus à nos facultés en général. Dans ces conditions, nous le formulerons ainsi : les biens inadéquats n'épuisent pas la capacité de la *volonté,* la laissent dans l'indifférence.

Est-il vrai que les biens partiels laissent notre volonté dans l'état d'indifférence, et ne déterminent pas en elle de mouvement nécessaire? Le prétendre serait méconnaître l'existence du sentiment. Nous avons déjà vu que les biens partiels de l'ordre suprasensible provoquent en nous des mouvements affectifs[1], prime-sautiers, précédant la libre détermination, qui commencent sous la forme de l'attrait et se transforment en désirs : attrait pour un acte de vertu à pratiquer; attraits pour une visite à faire à un ami, pour une lecture de philosophie...

Il est impossible de contester la réalité de ces sentiments. Et d'un autre côté, saint Thomas n'admettant que deux facultés supérieures, l'intellect et la volonté, *quel siège*

---

1. Non seulement nous éprouvons des désirs nécessaires de biens partiels suprasensibles, mais nous avons aussi *des préférences de sentiment.* La comparaison, qui met en parallèle les avantages respectifs de deux objets, peut déterminer les deux préférences : d'abord celle du sentiment, puis celle de la liberté. En d'autres termes, la *délibération* elle-même alimente la sensibilité.

leur assigner, dans cette division, autre que la seconde de ces facultés?

Si l'on nous répond qu'il y a deux mouvements bien distincts dans l'appétit intellectif, l'un fatal, l'autre libre, pour les biens partiels, nous demanderons sur quel fondement s'appuie la réserve faite en faveur du second. Comment savez-vous que tous les actes volontaires, sans distinction, ne sont pas nécessaires? Apparemment, c'est la conscience qui vous l'apprend. Soit. Mais s'appuyer sur son témoignage, c'est sortir de l'argument métaphysique pour verser dans celui du sens intime. Si vous désirez rester dans le domaine de l'argument causal, que nous examinons en ce moment, il faudrait déduire la thèse de la liberté du fait seul que nous pensons le bien universel et les biens partiels, s'en tenir d'une manière rigoureuse à cet antécédent, et ne pas le doubler d'un élément étranger propre à masquer son insuffisance. Il ne faudrait pas baser son raisonnement sur une perception de la conscience : *je me sens libre;* mais exclusivement sur le principe déjà cité : les biens inadéquats laissent la volonté dans l'indifférence.

Ce principe souffre au moins une exception, savoir, celle du sentiment. Or, s'il admet une exception, pourquoi pas deux? Il est impossible de se fonder sur une affirmation générale, démentie par des cas particuliers.

Néanmoins, les considérations qui précèdent peuvent être utilisées dans une étude sur la liberté; car, si elles ne vont pas jusqu'à en fournir la preuve apodictique, elles en expliquent partiellement l'origine, et en éclairent l'exercice.

Pour compléter ces données, nous sommes amenés à traiter une question qui fait suite à cet ordre d'idées, celle de la relation qui unit l'acte libre à ses conditions naturelles, les motifs.

§ 5. — *Relation de l'acte libre au motif.*

Le problème psychologique du libre arbitre, a dit
M. Fouillée, est tout entier dans la manière dont on se
représente le rapport de la volition au motif. Or ce rapport ne peut se concevoir que sous trois formes : d'abord
la nécessité (solution du déterminisme); l'indifférence
(solution des partisans de la liberté dite d'indifférence);
enfin, une conception intermédiaire à certains égards,
qui lie l'acte volontaire au motif, tout en faisant dépendre le motif de la liberté.

La première hypothèse étant écartée par la démonstration du libre arbitre, le débat ne portera que sur les deux
autres.

I. — Parmi les adhérents à la *liberté d'indifférence* dans
les temps modernes, on place **Descartes**, et surtout **Thomas Reid**.

« L'indifférence que je sens, dit Descartes, lorsque je ne
suis point emporté vers un côté plutôt que vers un autre
par le poids d'aucune raison, est le plus bas degré de la
liberté[1]. »

De son côté, le philosophe écossais s'exprime ainsi :
« Si par action délibérée on entend simplement, comme
il arrive tous les jours, une action précédée d'une détermination calme et froide de l'esprit et accomplie avec
prévoyance et volonté, je crois qu'une foule d'actions
semblables sont faites sans motifs. C'est ici le lieu d'en
appeler à la conscience individuelle de chaque homme.
Quant à moi, je fais chaque jour un grand nombre d'actions insignifiantes, sans avoir conscience d'aucun motif
qui me détermine. Que si l'on m'objecte que je puis être
influencé par un motif dont je n'ai pas conscience, non
seulement on met en avant une supposition dépourvue de

---

1. *Méditations*, IV, n° 7.

toute preuve, mais on admet que je puis être convaincu par une raison qui n'est jamais entrée dans mon esprit.

Souvent un but de quelque importance peut être également atteint par des moyens différents; en pareille circonstance, celui qui veut la fin ne trouve pas la moindre difficulté à s'arrêter à un de ces moyens, bien qu'il soit fermement convaincu que le moyen préféré n'avait aucun titre à cette préférence.

Prétendre que ce cas ne peut jamais se présenter, c'est contredire l'expérience du genre humain. Assurément un homme qui a une guinée à payer peut en posséder deux cents d'une égale valeur pour celui qui donne et pour celui qui reçoit, et toutes également propres à la fin qu'il s'agit d'atteindre. Dire qu'en pareil cas le créancier ne pourrait payer son débiteur, serait une prétention extravagante; et cependant elle aurait en sa faveur l'autorité de quelques scolastiques, qui ont soutenu qu'entre deux bottes de foin parfaitement égales, un âne resterait immobile et périrait d'inanition[1]. »

II. — M. **Émile Saisset**, dans le *Dictionnaire philosophique*[2], se prononce nettement contre le psychologue écossais : « Le docteur Reid nous demandera, par exemple, si, quand on choisit dans une bourse une guinée, entre autres, pour faire une aumône, acquitter une dette, on a quelque motif de faire ce choix... Au lieu d'insister sur ces arguments d'école et sur toutes ces puérilités surannées, cherchons dans la vie réelle ce que c'est qu'une action sans motif; il nous sera aisé de reconnaître qu'une action sans motif est une action sans but, je veux dire une action dépourvue d'intentionnalité, et qu'une action sans motif et sans but ne saurait être une action libre, puisqu'elle n'est pas même une action intelligente. » Tel est le principe de sa réfutation.

---

1. *OEuvres complètes,* trad. Jouffroy, t. VI, p. 214.
2. Article Liberté.

Il l'applique ensuite à l'argument de Reid : « Choisir une guinée entre plusieurs autres, porter la main à droite ou à gauche, ce sont là assurément des actions sans motif, mais ce sont aussi des actions sans intention et sans but, des actions qui relèvent de l'instinct ou de l'habitude, et non de la libre volonté. Quand un soldat marche à l'ennemi, ce qu'il veut, c'est obéir à son chef, défendre sa vie, servir son pays, et il a des motifs pour cela; mais remuer les muscles de son corps de telle manière plutôt que de telle autre, il ne le veut pas : c'est l'instinct, c'est la nature qui le veulent pour lui[1]. »

M. E. Blanc dit dans le même sens : « De deux pièces de monnaie qui s'offrent à moi et dont je choisis l'une, je prends sans réflexion celle qui se présente la première ou sur laquelle tombe ma main distraite; ce choix n'est libre d'aucune manière. Je suis responsable d'avoir une pièce de monnaie et d'en avoir disposé; mais je ne suis pas responsable d'avoir pris l'une plutôt que l'autre. » (*Théorie du libre arbitre.*)

En résumé, tout acte libre est motivé; mais le motif dépend de moi, et cette dépendance sauve la liberté. « De ce que la volonté dépend toujours des motifs qui la déterminent, faut-il conclure que la volonté n'est pas libre? Non, car les motifs qui me déterminent sont *mes* motifs. En leur obéissant, c'est *à moi* que j'obéis, et la liberté consiste précisément à ne dépendre que de soi[2]. »

M. Ravaisson, qui a inséré ce passage dans son ouvrage de la *Philosophie en France au dix-neuvième siècle*[3], y voit « résumé en un mot... ce qui a peut-être été dit *de plus juste* concernant les rapports des volontés et de leurs motifs ».

Sur un sujet si délicat, les docteurs du moyen âge sont partagés d'opinion, non moins que les auteurs modernes.

1. *Ibid.*
2. Charles Dolfus, *Méditations philosophiques,* chap. *Du Libre Arbitre.*
3. 2e édit., p. 257.

III. — Dans son *Cours complet de philosophie*, le P. Liberatore se demande quelle est au juste, sur ce point, la pensée de **saint Thomas;** et il déclare qu'il n'est pas aisé de la définir. Cependant, nous trouvons dans ses écrits, des passages qui paraissent exprimer la théorie mixte, si bien défendue par E. Saisset. Les lignes suivantes, en particulier, nous paraissent à peu près décisives. « Tota ratio libertatis ex modo cognitionis dependet. Appetitus enim cognitionem sequitur, cum appetitus non sit nisi boni, quod sibi per vim cognitivam proponitur. Et quod quandoque appetitus videatur cognitionem non sequi, hoc ideo est quia non circa idem accipitur appetitus et cognitionis judicium : est enim appetitus de particulari operabili, judicium vero rationis quandoque est de aliquo universali, quod est quandoque contrarium appetitui. Sed *judicium* hoc de particulari operabili, ut nunc, nunquam *potest esse contrarium appetitui*. Qui enim vult fornicari, quamvis sciat in universali fornicationem malum esse, tamen judicat sibi ut tunc bonum esse fornicationis actum, et sub specie boni ipsum eligit. Nullus enim intendens ad malum operatur[1]. » En d'autres termes, le bien est la cause des mouvements de la volonté, la raison pour laquelle on aime : « Cum appetitus non sit nisi boni. »

La conclusion à tirer, c'est que le meilleur devra être la raison pour laquelle on aime mieux, on préfère. Aussi, préférer le moins bon serait faire un choix sans raison d'être, concevoir un amour sans objet, violer le principe de la raison suffisante. Il faut donc que la préférence soit motivée, bien ou mal, car, selon l'indication philologique si simple, maisen même temps si juste, le *motif* doit être tenu pour le vrai *moteur* de l'appétit. La liberté d'indifférence ferait de la volonté une puissance irra-

---

1. *Q. Disp. De Veritate*, q. xxiv, art. 2, c.

tionnelle, procédant à l'élection par une sorte d'instinct aveugle.

Mais une difficulté se présente : où trouver ce motif décisif? Dans le dernier jugement pratique, le plus circonstancié, celui qui précède le plus immédiatement la volition. Saint Thomas, en effet, distingue plusieurs jugements inégalement déterminés, qui visent, avec une précision croissante, l'action à produire, « de particulari operabili ». Un homme tenté de voler une somme d'argent juge que le vol est un acte mauvais, et, d'autre part, que l'argent est chose utile. Mais ces appréciations, se rapportant à une classe entière de faits, groupés sous le nom spécifique de vol, ne concernent l'acte qu'il s'agit présentement d'accomplir, qu'autant qu'il est inclus dans la catégorie, par conséquent que d'une manière éloignée. Pour préciser le rapport, il faut définir les circonstances, considérer la valeur de la somme qui est l'objectif du vol, ses usages possibles, et, d'un autre côté, les dangers de l'exécution, les conséquences de nature à aggraver la faute... « Ce vol mettra dans ma main, se dit le malfaiteur, une somme assez rondelette qui atteindra dix mille francs; il me permettra l'achat de ce beau jardin, mais il réduira à l'indigence une nombreuse famille. » Après avoir quelque temps balancé dans son esprit inconvénients et avantages, l'agent libre les résume dans une dernière affirmation qui meut irrésistiblement la volonté : somme toute, cet acte est un plus grand bien pour moi, et je dois le faire.

Mais, si la volonté ne peut refuser son assentiment, où sera la part de la liberté? Elle sera dans les influences qui ont présidé à la formation de ce même jugement définitif. D'après le saint docteur, il y a des jugements libres qu'il dépend de nous de porter ou de réserver. « Sunt quædam apprehensa quæ non adeo convincunt intellectum quin possit assentire vel dissentire, vel saltem assensum vel

dissensum suspendere propter aliquam causam; *et in
talibus assensus vel dissensus in potestate nostra est et
in imperio cadit[1]*. »

Nous le savons déjà, cette dépendance s'explique par
la libre direction imprimée à l'attention, qui a pour effet
d'aviver l'idée sur laquelle elle se projette et d'obscurcir
celle dont elle se détourne : mode d'action possible en
tout ordre de connaissance, mais plus facile dans les données expérimentales et pratiques, à raison de leur complexité et de leur caractère contingent et variable. Dans
les sciences exactes, le lien des idées nous apparaît avec
une clarté et une rigueur que n'égaleront jamais les solutions des casuistes et les décisions des administrateurs.
Il s'ensuit que le jugement pratique se forme, plus que
tout autre, sous l'empire de libres influences. C'est ainsi
que l'homme tenté de vol peut, à son gré, porter le regard
intérieur de la réflexion sur le caractère dégradant de
l'action, son opposition à la loi divine, le remords et la
honte qui la suivront; ou bien considérer spécialement
les avantages matériels, en grossir l'importance, concevoir les espérances les plus séduisantes... Selon que l'attention va à l'intérêt ou au devoir, la décision, qui en est
le résultat, sera pour ou contre le vol.

Aussi n'y a-t-il aucun inconvénient pour la thèse du
libre arbitre, à reconnaître que la volonté est déterminée
par le motif prépondérant, puisque c'est elle qui, au préalable, a causé cette prépondérance.

IV. Observation. — Telle est, ce nous semble, l'opinion de saint Thomas. Elle n'a pas été suivie par tous les
docteurs de l'École. Suarez[2], notamment, se prononce

---

1. 1ᵃ 2ᵃᵉ, q. xxii, art. 6.

3. « Aliter sentit Suarez, nous dit le P. Liberatore. Is enim tuetur in primis
non esse necessarium ut judicium practicum quamlibet voluntatis electionem
antevertat, cum revera sufficiens sit judicium speculativum quo duntaxat præ-
lucente, sæpenumero electio peragitur. Deinde adjungit, etiamsi judicium
practicum electionem voluntatis quod plerumque obtingit, antecedat, ab ipso

pour la liberté d'indifférence. En matière si ardue, il sera toujours bien malaisé de formuler une solution qui fasse cesser les divergences et donne satisfaction à tous les esprits.

Nous avons, dans un autre ouvrage[1], exprimé notre manière de penser sur cette question. Il n'y a pas lieu, en cet endroit, de renouveler la discussion.

Nous voilà au terme de la partie expérimentale. A l'étude des opérations doit succéder maintenant celle du principe lui-même; les prémisses appellent une conclusion.

tamen voluntatem minime determinari, quippe quæ, eo etiam jubente, potest in oppositam partem flecti pro libito. »

1. *Manuel de philosophie*, t. Ier, p. 220, 221.

DEUXIÈME PARTIE

PSYCHOLOGIE RATIONNELLE

La psychologie rationnelle comprendra deux chapitres :
1° de l'âme considérée en elle-même ; 2° de l'âme considérée dans ses rapports avec le corps.

CHAPITRE PREMIER

DE L'AME CONSIDÉRÉE EN ELLE-MÊME

Sous ce chef, nous traiterons de la nature de l'âme et de sa destinée.

ARTICLE PREMIER. — **Nature de l'âme.**

Le contenu de la pensée spiritualiste sur ce sujet est résumé dans la ligne suivante : l'âme est une *substance active, simple et spirituelle*. On le sent, chacun de ces mots vaut une thèse.

§ 1er. — *L'âme substance active.*

Nous nous trouvons de nouveau en face de la négation positiviste, qui retranche la substance et la cause, autrement dit, la substance active, du domaine de la réalité. « Ce quelque chose d'intime, dont les facultés étaient les différents aspects, disparaît avec elles, dit M. **Taine**. On voit évanouir et rentrer dans la région des mots la substance une, permanente, distincte, des événements. Il ne reste de nous que nos événements, sensations, images, souvenirs, idées, révolutions : ce sont eux qui constituent notre être, et l'analyse de nos jugements les plus élémentaires montre, en effet, que notre moi n'a pas d'autres éléments[1]. »

S'il en était ainsi, le problème de la spiritualité de l'âme perdrait toute raison d'être, car on ne peut qualifier une substance de spirituelle qu'autant qu'au préalable on est assuré de son existence : *prius est esse quam esse tale*. Procédant de l'indéterminé au déterminé, selon les exigences de la méthode, nous nous demanderons si les phénomènes mentaux ont un principe; en second lieu, quel est le principe, quels sont les attributs dont nous devons le revêtir.

En réponse à la question préjudicielle, Descartes a conçu l'âme comme une substance; Leibnitz, comme une force, *vis*. Maine de Biran, distinguant deux modes de connaissance relatifs à ces concepts, déclare que l'âme se révèle à la conscience avec le caractère de force ou de cause, mais que cette force peut se relier à un principe plus intime, caché dans les profondeurs inaccessibles de l'inconscient, et qui serait la substance.

Reprenons ces indications.

I. — **Descartes** admet deux catégories de substances : les substances étendues, qui forment les règnes inférieurs de la nature, même le règne animal, et la partie matérielle de l'être humain; et les substances pensantes. « Je suis une chose qui pense, dit-il, ou une *substance,* dont toute l'essence ou la nature n'est que de penser[2]. » Si nous l'interrogeons pour savoir ce qu'il entend par substance, il répond : « Une chose qui existe en telle façon qu'elle n'a besoin que de soi-même pour exister[3]. »

Tout autre est la notion de la cause, principe producteur, énergie féconde. Sans doute, le philosophe français

1. *De l'Intelligence*, t. Ier, 3e édit., p. 343.
2. *Méditations*, VI, n° 8.
3. *Principes de philosophie*, p. I, n° 51.

n'ôte pas à l'âme tous ses modes actifs, puisqu'il n'a pas contesté l'existence de la liberté. Mais, ne faisant pas de l'activité le caractère essentiel de la substance, il ne place pas cette activité à la source de notre être. « Descartes et Leibnitz, dit Maine de Biran, partent tous deux de l'absolu, l'un de la substance, l'autre de la force inconditionnelle, mais l'un (Descartes) a construit la pensée avec des éléments empruntés d'une nature passive[1]... » — « Si, au lieu de dire vaguement : « Je pense, donc je suis, » Descartes eût dit : « Je veux, donc je suis, » il eût d'abord posé un moi cause de ses actes, au lieu d'une âme, substance de ses modes[2]. »

Au jugement du chef de l'école éclectique, la donnée initiale choisie par Descartes aurait fait dévier la pensée philosophique, et poussé ses disciples Malebranche et Spinoza dans une voie conduisant à déprécier, à défigurer même l'être fini. « Une fois la nature propre du moi et sa puissance causatrice méconnue, il était assez naturel que Malebranche appelât à son secours l'efficace divine, pour expliquer des opérations inexplicables par la seule pensée, et que Spinoza rapportât à une substance étrangère, ainsi que l'étendue, une pensée sans volonté, puissance sans individualité réelle[3]. »

Le vice était donc au point de départ de la conception cartésienne, qui, faisant de l'âme une substance passive, l'amoindrissait et l'exposait aux appauvrissements successifs, dont la formule spinoziste marque le terme : car, l'occasionalisme l'ayant dépouillée de son activité, le panthéisme acheva de la dénaturer en la réduisant à la condition de simple mode.

II. — **Leibnitz** vit la source du mal, et, modifiant l'antécédent par la substitution de l'idée de force à celle de

1. *OEuvres* publiées par Naville, t. II, p. 253.
2. Cousin, Introduction aux œuvres posthumes de Maine de Biran, p. 76.
3. *Ibid.*, p. 77.

substance passive, il rectifia la série entière des conséquences. « L'idée de la puissance, appelée par les Alle-
mands *Kraft* et par les Français *force*, et à laquelle je des-
tine la science spéciale de la dynamique, jette un grand
jour sur la vraie notion qu'on doit avoir de la substance[1]. »
Elle montre que l'on ne doit pas concevoir la substance
comme une puissance active, à l'état de repos absolu,
dépouillée de tout exercice, dans une sorte de nudité.
« En effet, la force active diffère de la puissance nue,
familière à l'École, en ce que la puissance active, ou la
faculté des scolastiques, n'est autre chose que la possibilité prochaine d'agir, qui a encore besoin, pour passer à
l'acte, d'une excitation, et comme d'une impulsion étrangère. Mais la force active comprend une sorte d'acte ou
ἐντελέχεια, qui tient le milieu entre la faculté d'agir et
l'action elle-même, suppose un effort, et par là entre en
opération par elle-même, sans avoir besoin d'autre auxiliaire que la suppression de l'obstacle[2]. »

III. — A peu de chose près, cette conception est celle
de **Maine de Biran**, que nous avons plusieurs fois reproduite, et qui est déjà bien connue du lecteur.

Nous la retrouvons sous une forme qui ne manque pas
d'intérêt, la forme du vouloir vivre, dans l'ouvrage de
M. l'abbé **Piat** sur la personne humaine.

« Parmi les états fondamentaux, il en est un qui est
plus tenace encore, parce qu'il constitue l'*essence même
de la vie* : je veux parler du *vouloir vivre*. « Le besoin
« d'espérer est le plus profond, le plus impérieux peut-être,
« de tous ceux qui dominent notre nature[3]. » C'est lui qui
nous inspire nos différents desseins; c'est lui qui attise
en notre cœur la flamme de la joie; c'est lui qui bande à
chaque instant les ressorts de notre activité; et, quand il

---

1. *Réforme de la philosophie première*, édit. Janet, t. II, p. 526.
2. *Ibid.*
3. Mgr d'Hulst, *Carême de 1892*, p. 174.

est arrêté tout do bon dans son essor, c'est lui qui nous laisse affaissé sur nous-même et comme brisé. Il se mêle à toutes les formes de notre vie morale : il en est le levier unique. Or qu'est-ce que le besoin d'espérer? Celui de se défendre ou de s'étendre même au delà de l'espérance satisfaite : c'est le vouloir vivre. « Tous les organes sur « lesquels la volonté peut agir ou qui font partie du sens « de l'effort commun, sont rendus aptes à percevoir leurs « objets propres, quoiqu'il n'y ait point de perceptions « actuelles... C'est ainsi que le sens de la vue veille dans « les ténèbres, *usque in spissis tenebris*, celui du toucher « hors de toute pression accidentelle; celui de l'ouïe, dans « le silence[1]. » Or, qu'est-ce que cet effort non intentionné, « qui s'étend à tous les muscles volontaires[2] », et veille en quelque sorte aux différentes portes de l'âme? Encore le vouloir vivre. *Le vouloir vivre est donc une force continue, qui meut à la fois le dedans et le dehors, qui prend naissance au fond de nous-même et s'irradie dans notre être pour en faire la tonicité. Cette force indéfectible, dont l'état de veille nous donne le sentiment,* que le sommeil nous dissimule au moins en partie, mais qui reparaît ensuite identique à elle-même : voilà, me semble-t-il, une garantie invincible que tout ne s'écoule pas dans notre être intérieur, qu'il y a *quelque chose qui demeure sous la succession des faits.* La vie mentale est un fleuve où l'on peut se baigner deux fois[3]. »

IV. — Bien que saint Thomas n'ait pas traité la question avec la même insistance que les philosophes contemporains, il a néanmoins professé la connaissance directe de la substance pensante.

Nous savons déjà qu'il distinguait deux degrés dans la connaissance de l'âme : « Uno quidem modo secundum

1. Maine de Biran, *Fondements de la psychologie*, sect. II, chap. III, p. 2.
2. *Ibid.*
3. *La Personne humaine*, p. 21, 22.

quod Socrates vel Plato *percipit se habere* animam intellectivam... Alio modo secundum quod naturam humanæ mentis ex actu intellectus consideramus[1]. » Le premier mode
est immédiat et intuitif : c'est une perception, le sentiment
de l'âme présente à elle-même. Le second est discursif;
nous avons besoin du raisonnement pour déterminer la
nature de l'âme et découvrir les caractères qui la séparent de la matière. « Ad primam cognitionem de mente
habendam, sufficit ipsa mentis præsentia, quæ est principium actus... Ad secundam requiritur diligens et subtilis
inquisitio[2]. »

N'ayant pas en face de lui des phénoménistes, le saint
docteur s'en est tenu à des indications sommaires. Mais
rien n'empêche de développer sa pensée et, par un sage
éclectisme, d'y ajouter les meilleurs résultats de l'observation interne appliquée au principe des phénomènes psychiques.

V. — Mais une question complémentaire se pose ici : la
force, qui est en nous, constitue-t-elle l'essence de l'âme,
son fond le plus intime, son principe originel; ou bien ne
représente-t-elle qu'une propriété essentielle?

Leibnitz soutient la première opinion, consacrée du
reste par sa théorie des monades. Et M. **Francisque
Bouillier** exprime fidèlement sa pensée lorsqu'il écrit :
« Certains philosophes, non contents de ce qu'atteste la
conscience, ont imaginé qu'il fallait aller plus avant et
chercher, pour ainsi dire, au delà de la force elle-même
la nature de l'âme. La force, suivant eux, réclamerait je ne
sais quel substratum sans lequel elle ne pourrait exister...
Attribuer à la force je ne sais quel support immobile, la
faire reposer sur une sorte de piédestal, c'est ressembler à
ces Indiens naïfs qui mettaient le monde sur un éléphant,
et l'éléphant sur une tortue. La force est son substratum

---

1. I, q. LXXXVII, art. 1.
2. *Ibid.*

à elle-même, et sert, à son tour, de substratum à tous les phénomènes de l'univers. Elle supporte tout, et n'est elle-même supportée par rien; elle se suffit à elle-même, ou rien ne se suffit; elle épuise la notion de sujet[1]. »

Ces paroles semblent viser Maine de Biran, qui fait l'hypothèse d'un support immobile, caché dans les obscures profondeurs de l'être humain.

« S'agit-il de ce que l'âme est absolument comme chose, ou plutôt ce qu'est l'homme comme *être en soi?* Il n'y a pas de lumière directe ni réfléchie qui puisse le lui apprendre. En supposant la pensée la plus profonde, la réflexion la plus concentrée sur les modes intimes, répétés et variés de toutes manières, dont se composerait une vie intellectuelle indéfiniment prolongée, cette pensée ne serait jamais le *fond même de la substance* de l'âme. Les progrès les plus élevés de la connaissance de l'âme substantielle sont dans le rapport incommensurable, ou infini, de l'asymptote à la courbe[2]. »

VI. — **Jouffroy,** comme nous l'avons déjà indiqué en traitant de la conscience, n'accepte pas cette réserve. « L'âme se sent comme cause dans chacun de ses actes, comme sujet dans chacune de ses modifications... Quant à la substance de l'âme, si par substance on entend ce qui est supposé par les modifications, l'âme se sent substance comme elle se sent cause. Mais si par substance on entend le substratum de la cause qui est en nous, l'âme ne sent point un tel substratum, et il est permis de douter qu'une force en suppose un[3]. »

VII. **Conclusion.** — En somme, nous avons posé trois questions.

A. Y a-t-il en nous une *cause efficiente?*

Oui, car la conscience psychologique, faculté légitime au

---

1. *Le Principe vital,* chap. II.
2. *Ibid.,* chap. XXV.
3. *Nouveaux Mélanges : Distinction de la psychologie et de la physiologie.*

premier chef, l'affirme d'une manière invincible. Afin d'éviter les redites, nous nous contenterons de mentionner les analyses desquelles se dégage cette affirmation : analyse de l'effort physique, de l'effort intellectuel qui est l'attention, de l'effort moral, du vouloir vivre; sentiment de notre liberté, qui se résout en la perception d'un double pouvoir; explication du plaisir, qui est la satisfaction d'une inclination active.

Le moi cause, l'activité du principe interne, telle est la *première thèse de la psychologie rationnelle*. Or, c'est précisément une conclusion déjà démontrée en psychologie expérimentale, ce qui confirme les considérations générales présentées au début de ce livre sur l'affinité et la solidarité des deux parties du traité.

Il en est de même de la solution relative au second point.

B. Cette cause interne est-elle aussi *substance ?*

Nouveau témoignage de la conscience, tout aussi autorisé que le précédent, le principe interne *se sent* cause de ses opérations et *support de ses états passifs;* le moi qui agit *est* le moi qui souffre. L'usage des verbes réfléchis confirme cette parité. Car les propositions : « Je m'excite, je me retiens, » sont l'équivalent des propositions suivantes, les unes actives, les autres passives : « Le moi excite, le moi retient; le moi est excité, le moi est retenu. » Généralisons la formule, et nous aurons la loi psychologique suivante : « Le moi produit une modification, et le moi la reçoit. » Si j'ai le sentiment immédiat de mon activité, pourquoi ne pourrai-je avoir celui de ma réceptivité?

C. Reste le problème plus particulier[1] posé par Maine de Biran : la force constitue-t-elle la réalité foncière de l'âme humaine, ou bien suppose-t-elle un principe antérieur, plus intime, dont elle serait la dépendance et la manifestation?

---

1. Quelle que soit la solution de ce problème, le phénoménisme ne saurait en tirer avantage.

Au point de vue qui nous occupe, les deux hypothèses diffèrent moins qu'on ne pourrait le penser : dans la première, c'est la force qui est à l'origine même de l'être; dans la seconde, c'est une substance qui est le support et la génératrice de la force. Or, nous prétendons que cette substance, source des énergies humaines, est active, bien qu'elle exerce son activité par les puissances issues de son propre fonds. Car, lorsque nous agissons, si la première impulsion ne venait pas de la substance, mais seulement de ses facultés, si l'initiative du mouvement, au lieu de partir du foyer même de l'être, se formait, pour ainsi dire, à sa surface, il s'ensuivrait que la substance n'est pas la racine de tout ce qui est en nous, *la source totale de l'être*, en d'autres termes, qu'elle ne remplit pas le rôle attaché à sa définition. Elle a donc une part essentielle dans la constitution de notre activité : elle en représente le principe primaire, à la différence de nos facultés, qui en forment le principe secondaire. Ce qui nous conduit à la pensée de saint Thomas que *les facultés se distinguent de la substance de l'âme, bien qu'elles agissent en sa vertu.*

Après avoir établi l'existence du principe, nous avons à rechercher ses caractères spécifiques.

En traitant de l'être, les métaphysiciens ne lui assignent qu'une seule propriété intrinsèque et absolue, l'unité[1] : tout être est un. Mais les degrés d'unité sont divers, en rapport étroit du reste avec la perfection des êtres. Comme il n'y a pas d'attribut ontologique plus essentiel, l'indication de ces degrés paraît le moyen le plus radical de les différencier. C'est le premier mode de distinction que nous appliquerons à l'âme et à la matière.

Unité est opposée à division : ce qui est un, est, par le

---

1. La vérité et la bonté lui sont aussi assignées. Mais ces propriétés sont en partie relatives; elles impliquent relation soit à la connaissance, soit à l'amour.

seul fait, indivis. Il y a donc, même dans chaque portion déterminée de matière, un certain état d'indivision qui n'exclut pas la multiplicité de parties. Seule, l'âme est indivisible, et n'admet dans sa formation aucune pluralité d'éléments. Ontologiquement, simplicité de substance et composition sont absolument incompatibles.

§ 2. — Simplicité de l'âme.

Déjà nous avons vu, au cours de la psychologie expérimentale, que l'unité du sujet pensant est perçue par la conscience. Nous savons donc, par constatation immédiate, que l'âme est une, c'est-à-dire indivise. Il s'agit maintenant de passer de l'indivision à l'indivisibilité; de l'unité prise sous un aspect général, à la simplicité qui en est une détermination plus stricte.

I. — La difficulté semble ne pas même exister pour **Maine de Biran** et son école.

« Le moi est un et *simple,* dit-il; mais il ne s'aperçoit tel qu'en qualité de sujet de l'effort, et relativement au terme *composé et multiple* sur lequel sa force se déploie[1]. »

« Au lieu de tant de raisonnements, la *spiritualité* du moi nous apparaît ici dans son unité et son identité, unité et identité qui sont encore des aperceptions immédiates de la conscience... Ce moi identique et un, distinct de ses effets variables, ne tombe ni sous les sens ni sous l'imagination; il existe donc incontestablement pour lui-même d'une existence qui échappe à l'imagination et aux sens : c'est là l'existence *spirituelle.* Nul raisonnement ne peut procurer cette certitude... *Voilà donc le spiritualisme rétabli dans la la philosophie sur la base de l'expérience*[2]. » Un

---

1. *OEuvres inédites* publiées par Naville, t. Ier, p. 236.
2. Introduction aux *œuvres posthumes* de Maine de Biran, p. 69, 79. « La force, a dit aussi Leibnitz, peut être conçue très distinctement (*distincte intelligi*); mais elle ne peut être expliquée par aucune image (*non explicari imagi-*

sujet qui échappe aux sens et à l'imagination ne peut être matériel, c'est-à-dire composé. Or, son existence est objet de perception interne. L'intuition nous la donne, et nous n'avons que faire du raisonnement pour la trouver.

C'est aussi la pensée de *Jouffroy*. « Thèse singulière à soutenir : que je ne saisis pas la cause qui est moi, que je ne me sens pas pensant, voulant, sentant... L'unité et la *simplicité* du principe des phénomènes psychologiques sont incontestables, et je ne fais aucune difficulté de les admettre; mais la preuve qu'on en donne renferme au moins deux erreurs. La première consiste à supposer que ce sont les phénomènes psychologiques qui nous révèlent l'unité du principe qui les produit... La *seconde erreur* consiste à supposer que *la simplicité du principe psychologique a, comme son unité, besoin d'être démontrée* [1]. »

Le procédé discursif étant écarté comme superflu et favorable à l'erreur, reste l'appréhension immédiate. « L'unité et la *simplicité* du principe des phénomènes psychologiques sont incontestables, et je ne fais aucune difficulté de les admettre... Si je crois que ces phénomènes ne dérivent pas de plusieurs causes, mais d'une seule, c'est que je les sens tous émaner de la cause qui est moi... *La simplicité d'aucune cause n'a besoin d'être démontrée, parce que pour nous l'idée de cause exclut l'idée de composition, et implique celle de simplicité...* Nous croyons que ce principe est un, parce que nous le sentons tel; nous croyons qu'il est simple, parce que toute cause l'est [2]. »

II. — De cette méthode, qui consacre la perception et bannit le raisonnement, se rapproche beaucoup la conception de **Descartes** lui-même. « Quand je considère l'esprit, dit-il, c'est-à-dire quand je me considère moi-

---

nabiliter. » (*Opera Leibn.*, t. II, 2e partie, p. 49, *De Ipsa Natura, seu de Vi insita*, § 7.)

1. *Nouveaux Mélanges*, p. 201, et 192, 193.
2. *Nouveaux Mélanges*, p. 192, 193.

même, je ne puis distinguer en moi *aucune partie;* mais je connais et conçois fort clairement que je suis une chose absolument une et entière. Et quoique tout l'esprit semble être uni à tout le corps, toutefois, lorsqu'un pied, ou un bras, ou quelque autre partie, vient à en être séparé, je connais fort bien que rien pour cela n'a été retranché de mon esprit... Et les facultés de vouloir, de sentir, de concevoir, etc., ne peuvent pas pouvoir être dites proprement *ses parties,* car c'est le même esprit qui s'emploie tout entier à vouloir, et tout entier à sentir et à concevoir, mais c'est tout le contraire dans les choses corporelles ou étendues, car je n'en puis imaginer aucune, si petite qu'elle soit, *que je ne mette aisément en pièces* par ma pensée, et par conséquent je ne reconnaisse être *divisible.* Ce qui suffirait pour m'enseigner que l'esprit ou l'âme de l'homme est entièrement différent du corps[1]. »

Ailleurs Descartes oppose la pensée à l'étendue et les déclare incompatibles : c'est dire que la pensée est inétendue, par conséquent simple et indivisible.

« Nous pouvons avoir deux notions ou idées claires et distinctes, l'une d'une substance créée qui pense, et l'autre d'une substance étendue, pourvu que nous séparions soigneusement tous les attributs de la pensée d'avec les attributs de l'étendue[2]. »

« Examinant avec soin ce que j'étais,... je connus que j'étais une substance dont toute l'essence ou la nature n'est que de penser, et qui, pour être, n'a besoin d'aucun lieu, ni ne dépend d'aucune chose matérielle; en sorte que ce moi, c'est-à-dire l'âme par laquelle je suis, est entièrement distincte du corps[3]. » Puisqu'il m'est loisible de me représenter clairement la pensée sans me représenter l'étendue, il s'ensuit que l'une n'est pas l'autre.

---

1. *Méditations,* II.
2. *Principes de philosophie,* 1re partie, no 54.
3. *Discours de la Méthode,* 4e partie.

S'il était encore besoin d'une nouvelle confirmation pour fixer plus clairement la pensée du maître, nous la trouverions dans les paroles suivantes de P. Buffier, disciple de Descartes : « Cette *indivisibilité* m'est évidente par le sentiment intime de ce que je suis... Je ne puis, sans folie, penser de mon être et de ce que j'appelle moi qu'il puisse être divisé; car ce moi, s'il *pouvait être divisé en deux*, serait moi et ne serait plus moi. Il le serait, puisqu'on le suppose ; et ne le serait pas, puisque chacune des deux parties devenant alors indépendante de l'autre, l'une pourrait penser sans que l'autre pensât; c'est-à-dire que je penserais et que je ne penserais pas en même temps, ce qui détruit toute idée du moi et du moi-même[1] ».

Que la pensée soit inétendue, rien de plus vrai. Mais suffit-il du simple regard de la conscience pour s'en convaincre? Un matérialiste vous répondra qu'il est désolé de ne pas voir ce qui vous semble si clair. Que lui direz-vous pour lui fermer la bouche? Qu'il résiste à l'évidence? Il y a, sans doute, des cas d'évidence pour le sens intime : d'abord l'existence des sensations ordinaires, particulièrement celle d'un plaisir intense ou d'une douleur violente; en outre, l'unité du moi, considérée d'une manière indéterminée; de même son identité... Mais cette unité ne se révèle pas à nous sous la forme stricte de l'indivisibilité, de la simplicité physique, celle qui convient aux substances, par exemple à une monade, conçue selon l'idée leibnizienne. Assurément personne n'aurait la hardiesse d'affirmer qu'il perçoit la réalité du principe pensant, avec le caractère d'une monade. Indivisible dit plus qu'indivis; et le raisonnement est indispensable pour mener de l'un à l'autre. C'est la doctrine de saint Thomas.

III. Saint Thomas. — Il distingue, en effet, deux connaissances de l'âme : l'une intuitive, ayant pour objet la

1. Buffier, *Vérités premières*, p. 131.

présence de l'âme; la seconde discursive, qui vise plus loin et tend à définir sa nature : « Ad secundam cognitionem de mente habendam requiritur diligens et subtilis inquisitio[1]. »

Cette recherche délicate et laborieuse, nécessaire pour obtenir une notion plus approfondie de l'âme, a donné lieu à plusieurs questions, distribuées dans les deux *Sommes*. Au chapitre XLIX du livre II de la *Somme contre les Gentils*, le saint docteur se demande si une substance intellectuelle peut être de nature corporelle. Il appuie la négative sur huit arguments succincts, qui offrent entre eux des liens assez étroits de parenté. On regrettera que les plus importants n'aient pas été développés davantage.

Attachons-nous à ceux qui semblent les plus suggestifs.

A. Le quatrième est ainsi énoncé : « Si intellectus sit corpus, actio ejus ordinem corporum non excederet. Non igitur intelliget nisi corpora : hoc autem patet esse falsum. Intelligimus enim multa quæ non sunt corpora. Intellectus igitur non est corpus. »

L'immatérialité est moins évidente dans le principe pensant que dans ses opérations, et en ces opérations qu'en leurs objets. Prenons donc les objets de nos conceptions intellectuelles comme point de départ. On ne contestera pas que le devoir, le droit, la justice, Dieu, ne soient choses simples et immatérielles. Mieux encore, si c'est possible, la simplicité de l'être abstrait échappe à toute discussion, puisqu'il est le terme des réductions successives obtenues par l'analyse. La complexité de nos concepts ne peut commencer qu'avec les complications ou les revêtements progressifs de l'être. Tenons-nous-en à cette idée, et voyons si elle peut être exprimée dans un être corporel. Comment un sujet composé serait-il en état

---

1. I, q. LXXXVII, art. 1.

de représenter le simple? De deux choses l'une : ou bien la conception de l'être serait divisée entre les éléments du composé, existant partie dans l'un, partie dans l'autre; ou bien elle serait complète en chacun d'eux, se répétant autant de fois qu'il y a d'éléments constitutifs. Mais les deux hypothèses répugnent : d'abord celle du partage, parce que la notion d'être, qui est absolument simple, ne souffre aucune division ; celle de la multiplication, parce qu'il n'y a en nous qu'une seule idée d'être, et qu'un seul sujet en possession de cette idée.

B. Au début du même chapitre nous lisons ces lignes : « Intellectus non comprehendit rem aliquam intellectam per aliquam quantitatis commensurationem, quum se toto intelligat et comprehendat *totum et partem*. »

L'âme conçoit des notions distinctes, par exemple les termes de la proposition suivante : l'*homme* n'est pas un *ange*. Or, c'est un seul et même sujet qui conçoit les deux extrêmes et l'affirmation qui les unit : *se toto intelligat totum et partem*. J'en infère qu'un tel sujet n'est pas composé.

En effet, s'il l'était, il comprendrait au moins deux éléments, A et B, atomes ou parties d'atome. Dès lors, ou bien chaque élément concevra les deux termes du jugement, homme et ange ; ou bien ils se les diviseront, A concevant l'homme, et B concevant l'ange.

Dans la première hypothèse, nous aurions plusieurs sujets pensants, savoir : A, qui possède les deux concepts; B qui les possède aussi. Mais la conscience m'affirme qu'il n'y a qu'un seul moi, qu'un seul sujet pensant.

Dans la seconde hypothèse, nous n'aurions pas de sujet pensant. Impossible de le constituer : car, si le premier élément A conçoit seulement l'idée d'homme, et B seulement l'idée d'ange, aucun d'eux ne pourra former le jugement qui suppose les deux termes réunis. Faute de centralisation, le jugement deviendra impossible ; car, pour le produire, il faut un principe qui recueille les deux concepts, homme et ange.

La négation de la simplicité de l'âme nous mène donc soit en deçà, soit au delà du but, au défaut ou à l'excès : *il n'y a pas de sujet pensant,* ou bien *il y a plusieurs sujets pensants.* Elle nous éloigne en deux sens contraires de la vérité affirmée par la conscience : il existe *un seul* sujet pensant. Le moyen de maintenir cette vérité, c'est de reconnaître que le moi exclut toute composition.

Cet argument peut être renouvelé pour toutes les formes de la pensée. M. l'abbé Ceillier l'a appliqué à la perception extérieure; il prend pour exemple la connaissance d'un tableau.

« Si un sujet exclusivement composé de parties pouvait connaître un *tableau,* ou bien il y aurait plusieurs parties qui participeraient à cette connaissance, ou bien il n'y en aurait qu'une seule. Dans le premier cas, ou bien chacune des parties connaissantes percevrait le tableau entier, ou bien chacune n'en percevrait qu'un fragment; et ainsi il n'y a sur ce point que trois hypothèses logiquement possibles, que nous formulons comme il suit :

« Ou bien chaque partie du sujet connaîtrait l'objet total;

« Ou bien chaque partie du sujet ne connaîtrait qu'un fragment de l'objet;

« Ou bien, sur les différentes parties du sujet, il n'y en aurait qu'une seule qui connût l'objet total.

« Voyons maintenant si ces trois hypothèses sont admissibles.

« (Dans la première)... il y aurait autant de connaissances totales et distinctes de l'objet qu'il y aurait de parties dans le sujet lui-même. Or, que me dit l'expérience? Quand je considère un tableau, en ai-je donc deux, dix, vingt images, ou bien n'en ai-je pas plutôt une perception unique? La réponse est évidente : j'ai conscience de n'avoir qu'une représentation du tableau. Alléguera-t-on les cas où, par suite d'une affection pathologique, soit d'une pression exercée sur le globe de l'œil, la vision se dédouble et donne lieu à deux images du même objet? Mais d'abord ce cas est tout à fait exceptionnel, tandis que, dans l'hypothèse que nous discutons, il devrait être l'état normal; ensuite il est directement en contradiction avec l'hypothèse elle-même. En effet, celle-ci admet plusieurs consciences distinctes, qui doivent demeurer sans communication mutuelle tant que les parties où elles se passent ne seront pas unifiées par un principe simple; au contraire, dans la diplopie, il n'y a qu'une seule conscience percevant les deux images; le désordre est dans l'appareil organique, mais il est en partie réparé par l'unité du sujet qui centralise ces données incohérentes; même ici le principe simple se révèle, et, par suite, la première hypothèse que nous discutons est absolument inadmissible.

« Que penser de la seconde? — Si chaque partie du sujet ne connaissait qu'un fragment de l'objet, il est évident qu'il n'y aurait aucun être réellement doué de la connaissance totale; les perceptions fragmentaires resteraient distinctes; leur fusion ne se ferait nulle part. Or, que me dit l'expérience? Quand je considère un tableau de dimensions moyennes, n'ai-je pas conscience de le voir tout entier? Est-ce là, oui ou non, un fait évident? Comment le concilier avec l'hypothèse qui nous occupe? Dira-t-on que le sujet voyant, dont les différentes parties sont douées de connaissances fragmentaires, peut être regardé comme ayant une connaissance totale de l'objet? Mais ce serait là une attribution purement verbale et fictive. Supposez quatre frères voyant chacun le quart d'un tableau; direz-vous que cette famille connaît le tableau entier? Pourra-t-elle en comparer le bas avec le haut, le côté droit avec le côté gauche? Or, c'est pourtant là ce que fait chacun de nous. — Dira-t-on que ces quatre hommes se communiquent mutuellement leur part de connaissance, et qu'ainsi

chacun arrive à connaître le tableau entier? Mais, dans ce
cas, il y aurait évidemment quatre consciences distinctes,
quatre perceptions totales, et nous retomberions ainsi dans
la première hypothèse précédemment réfutée. — Dira-t-on
enfin que, sur ces quatre hommes, trois communiquent
leurs données partielles au quatrième, qui parvient ainsi
à acquérir la connaissance de l'objet entier? Mais alors il
n'y aurait qu'un seul être qui possédât cette connaissance
totale, et cela nous amène à la troisième hypothèse, qu'il
nous reste à discuter.

« Pourrait-on admettre que, sur les différentes parties du
sujet, une seule connût l'objet entier? — Mais, de deux
choses l'une : ou bien cette partie privilégiée est encore
composée, ou elle est simple. Dans le premier cas, comment répartir entre ses éléments le phénomène de la connaissance? La question se pose donc à nouveau, précisément comme au début du problème. Et remarquez,
Messieurs, qu'ici il ne s'agit pas seulement d'une de ces
difficultés qui peuvent embarrasser l'esprit, mais qui ne
doivent pas l'arrêter. Nous sommes en face d'une impossibilité absolue. En effet, il n'y a que trois hypothèses possibles; or, les deux premières sont démenties par l'expérience, et la troisième, étant forcée de poser à nouveau le
problème initial, n'est pas une solution; toute solution est
donc impossible dans le cas d'une matière indéfiniment
divisible, dont chaque partie serait encore composée. Mais
si, avec les dynamistes, on admettait que la matière se
résout en éléments simples ou monades, ne pourrait-on
pas supposer que l'unique partie douée de connaissance
ne fût une de ces monades indivisibles? — Fort bien; mais
alors il serait avéré et avoué que le sujet connaissant serait
simple et sans parties, ce qui est le fond même de notre
thèse. Et ensuite d'où viendrait que, sur les différentes
monades, une seule pourrait connaître? Ne serait-ce pas
parce que cette monade serait d'une nature privilégiée,

supérieure aux autres, intelligente, tandis que celles-ci ne
le seraient pas? Ce serait donc cette monade seule qui
constituerait le sujet pensant, et nous serions ainsi rame-
nés à l'existence d'une âme simple, en ayant toutefois le
tort de la regarder comme une des parties composant le
corps humain, alors que, en réalité, le fait de la sensation
éprouvée dans tout l'organisme nous montre cette âme
comme un principe simple présent au corps entier.

« Donc la connaissance est impossible dans un être exclusivement matériel, et, par conséquent, elle exige dans
le sujet connaissant un principe simple[1]. »

Basée tout entière sur le fait de la perception sensible,
cette démonstration permet de[2] conclure à la simplicité[3]
de l'âme *animale*.

1. Ceillier, *l'Existence de l'âme*, p. 182-186.

2. Mgr Mercier écrit à ce sujet : « Nous ne tenons pas pour concluante la
preuve de la simplicité de l'âme, que beaucoup d'auteurs croient pouvoir tirer
de la sensation. Celle-ci, en effet, est une, mais n'est pas simple. » (*Psychologie*, p. 470, en note.) — M. Ceillier lui répond, dans son ouvrage sur *l'Existence
de l'âme :* « C'est à l'organe vivant que nous attribuons la sensation. Ce que
nous soutenons, c'est qu'il faut, même pour les faits de cette espèce, admettre
dans l'organisme matériel un *principe simple*, étroitement uni et fusionné avec
lui, de manière à constituer ce que la langue de l'École appelait le composé
humain. Que si la *sensation*, phénomène d'ordre inférieur, *réclame ce principe
simple*, à plus forte raison en ira-t-il ainsi de l'opération intellectuelle, bien
supérieure par nature, même complètement immatérielle. » (P. 178.) Nous ne
voyons pas les difficultés sérieuses que l'on pourrait opposer à l'argument
de M. Ceillier, que nous avons inséré dans cet article. Pour avoir le droit de
le rejeter, il faudrait en montrer le point vulnérable.

3. M. l'abbé Piat donne une preuve nouvelle de l'indivisibilité de l'âme, que
nous devons mentionner : « Ce n'est pas assez de dire qu'elle (l'âme) est indivise : il faut ajouter, pour exprimer toute la vérité, qu'elle est indivisible. Les
phénomènes du moi... ont un centre commun où l'on ne conçoit plus la possibilité de faire des parties.

« Dans les dédoublements successifs, l'état premier et l'état second enveloppent une seule et même conscience. En général, l'état somnambulique n'abolit
pas l'état de veille : il l'englobe. En passant à l'état de sommeil naturel ou de
sommeil provoqué, le sujet n'oublie pas les représentations qui constituent à
ce moment le champ de sa conscience morale...

« Dans les cas de dédoublements simultanés, l'on observe d'incessantes com-
munications entre le moi normal et le moi anormal. La première personne se
rappelle ce qu'a fait la seconde, souffre de ses souffrances, intervient à propos dans ses conversations, et les continue de son chef. Or, de tels faits indi-

Revêtant la forme de l'argument disjonctif, comme nous l'avons vu, elle aboutit, par ses diverses alternatives, à la négation du témoignage de la conscience sur l'unité et l'identité du moi. Pour la perception du tableau, dans l'exemple pris par M. Ceillier, la conscience me dit qu'il y a une seule vision et un seul voyant, tandis que les alternatives tendent à prouver qu'il n'y a pas de voyant, ou bien qu'il y en a plusieurs.

Il en est de même pour toutes les autres opérations psychologiques sans exception : ce qui pense en moi est identique à ce qui veut ; ce qui veut la fin, identique à ce qui veut le moyen. Or, les membres de la disjonctive que l'on établirait sur ces données tendraient à conclure qu'il n'y a pas de sujet voulant à la fois la fin et le moyen, ou, par une exagération contraire, qu'il y en a plus d'un.

L'opposition du simple au composé paraît constituer la différence la plus irréductible de l'âme et du corps. Mais, ce mode de distinction n'étant pas le seul, nous devons mentionner ceux qui ont été tour à tour proposés par les philosophes.

§ 3. — *Autres preuves de la distinction de l'âme et du corps.*

I. — Il y a d'abord des arguments indirects, tirés de l'immortalité de l'âme et de sa spiritualité[1].

quent plutôt une identité qu'une dualité de conscience. » (*Destinée de l'homme,* p. 27, 28.)

Cet argument n'a pas, ce semble, la même portée que les précédents. Il prouve que les faits somnambuliques ne font pas apparaître deux moi distincts ; mais ils n'établissent pas que ce moi unique n'est pas composé. Admettons momentanément, avec les matérialistes, que le sujet pensant est le cerveau : rien n'empêcherait que ce même sujet, qui apparemment serait composé, intervînt dans les cas de dédoublements, soit successifs, soit simultanés.

1. L'âme, dans ses opérations les plus élevées, est indépendante de l'organisme. On peut établir cette indépendance par l'analyse des conditions supérieures de la pensée, et conclure qu'elle est distincte du corps.

Nous avons ensuite des preuves directes, résultant de disparités bien tranchées : celle du moteur au mobile, ou, mieux, de la liberté à l'inertie ; et celle de l'identité du moi au « tourbillon vital », qui renouvelle l'organisme.

II. — « En considérant toutes les parties locomobiles du corps comme réunies en une seule masse, soumises à l'impulsion d'une même force vivante ou d'une *seule et même volonté*, le sujet de l'effort actuel se *distingue* de ce *composé*, qui *résiste* par son *inertie* et obéit à la puissance motrice[1]. »

M. **Jules Simon** a dit, dans un sens analogue : « La force que je suis, s'aperçoit donc elle-même pour la première fois, dans son opposition avec une force extérieure qui la *limite* et la modifie. En même temps que je me pose, je me limite... Dès le premier jour de ma vie, j'ai le sentiment de l'opposition et de la lutte, j'ai l'idée *du dedans et du dehors, de la force exercée et de la force subie.* Je conçois donc le moi et le non-moi tout ensemble, comme réciproquement limitables l'un par l'autre[2]. »

Voilà bien deux termes distincts : d'un côté, une force, une et identique, qui existe au dedans de moi, qui est moi-même ; de l'autre, une masse passive, inerte, résistant à l'effort du moi et le limitant.

Pour rendre bien formelle l'antinomie, il faudrait dégager nettement deux propriétés contraires, la *liberté* de l'effort moteur et l'*inertie* propre à la matière. En effet, liberté et inertie sont incompatibles ; car celle-là suppose l'initiative du mouvement, le pouvoir de le produire, de le modifier ou de le suspendre, tandis que celle-ci exclut toute initiative, toute puissance soit d'impulsion, soit d'inhibition.

Nous arrivons à la dernière opposition.

III. — Elle résulte de deux faits : l'un physiologique, que nous avons désigné par le nom de tourbillon vital,

---

1. Maine de Biran, *Œuvres inédites* publiées par E. Naville, t. Ier, p. 236.
2. *Histoire de l'école d'Alexandrie*, préface, p. 31.

consistant dans un renouvellement moléculaire incessant;
l'autre psychologique, qui est l'existence prolongée et permanente du moi.

« Dans les corps vivants, dit Cuvier, aucune molécule
ne reste en place; toutes entrent et sortent successivement.
La vie est un tourbillon continuel, dont la direction, toute
compliquée qu'elle est, demeure constante ainsi que l'espèce de molécules qui y sont entraînées, mais non les
molécules individuelles elles-mêmes. Au contraire, la
matière actuelle du corps vivant n'y sera bientôt plus, et
cependant elle est dépositaire de la force qui contraindra
la matière future à marcher dans le même sens qu'elle.
Ainsi la forme de ces corps leur est plus essentielle que
leur matière, puisque celle-ci change sans cesse, tandis
que l'autre se conserve. »

D'un autre côté, M. P. Janet pose clairement le fait psychologique. « Chacun de nous sait bien qu'il demeure
lui-même à chacun des instants de la durée qui composent
son existence, et c'est là ce qu'on appelle l'identité. Elle
se manifeste dans trois faits principaux : la pensée, la
mémoire, la responsabilité. Le fait le plus simple de la
pensée suppose que le sujet qui pense demeure le même
à deux moments différents. Toute pensée est successive;
si on le conteste du jugement, on ne le contestera pas du
raisonnement; si on le conteste du raisonnement sous sa
forme la plus simple, on ne le contestera pas de la démonstration, qui se compose de plusieurs raisonnements. Il
faut admettre évidemment que c'est le même esprit qui
passe par tous les moments d'une démonstration. Supposez trois personnes dont l'une pense une majeure, l'autre une mineure, l'autre une conclusion : aurez-vous une
pensée commune, une démonstration commune ? Non; il
faut que les trois éléments se réunissent en un tout dans
un même esprit. — La *mémoire* nous conduit à la même
conclusion. Je ne me souviens que de moi-même, à très

bien dit M. Royer-Collard : les choses extérieures, les autres
personnes, n'entrent dans ma mémoire qu'à la condition
d'avoir déjà passé par la connaissance; c'est de cette connaissance que je me souviens, et non de la chose elle-même.
Je ne pourrais donc pas me souvenir de ce qu'un autre
que moi a fait, dit ou pensé. La mémoire suppose un lien
continu entre le moi du passé et le moi du présent. —
Enfin nul n'est *responsable* que de lui-même; s'il l'est des
autres, c'est dans la mesure où il a pu agir sur eux et
par eux. Comment pourrai-je répondre de ce qu'un autre
a fait avant que je fusse né? Ainsi, pensée, mémoire, responsabilité, tels sont les témoignages éclatants de notre
identité[1]. »

Or deux choses, dont l'une reste ce qu'elle était, identique à elle-même pendant vingt, trente, cinquante ans, tandis que l'autre se renouvelle plusieurs fois dans le même
intervalle, ne sauraient se confondre, à moins que l'on ne
veuille identifier ce qui continue et ce qui a cessé d'exister,
l'être et le non-être.

Le matérialisme essaye d'effacer cette disparité, en ramenant la permanence du moi à la persistance de simples
manières d'être dans les cellules nerveuses. Les molécules
changent, mais leur disposition ne change pas; elle passe
de la molécule expulsée à la molécule introduite. « Les
matériaux se déplacent et se remplacent toujours dans le
même ordre[2]. » C'est ainsi que nous gardons de longues
années une cicatrice, bien que le membre qui en est le
siège ait plusieurs fois renouvelé sa matière.

A la conservation des formes, ajoutons celle des mouvements. Les parcelles qui entrent dans l'organisme « sont
entraînées dans le même tourbillon que celles qu'elles
remplacent. Si, par hypothèse, la pensée est une vibration
des fibres cérébrales, chaque molécule viendra à son tour

1. *Matérialisme contemporain*, p. 121, 122.
2. *Ibid.*

vibrer exactement comme la précédente; elle donnera le même son : ce sera donc la même pensée que tout à l'heure, quoique la molécule ait changé. Ayant les mêmes pensées, l'homme sera le même individu[1]. »

Ainsi, d'après la théorie que nous combattons, l'identité du moi se réduirait à celle de modalités éphémères transmises des substances éliminées aux substances assimilées.

La réduction n'a qu'un inconvénient : c'est de supprimer ce qu'elle prétend expliquer.

A. Elle supprime d'abord la responsabilité.

En effet, l'agent responsable est celui qui porte les conséquences de ses actes, reçoit récompense ou châtiment, selon leur caractère de bonté ou de malice. L'auteur du bien doit être bien traité; celui du mal, maltraité, mais à la condition, déjà énoncée ailleurs, qu'ils en sont le véritable auteur, la cause complète, c'est-à-dire libre. Car seule la cause libre est absolument maîtresse de son acte, ayant la faculté de le poser malgré toutes les influences contraires, et celle de s'abstenir en dépit des pressions exercées pour la porter à l'accomplir. Pierre a commis un assassinat, il y a quinze ans; il en est responsable encore aujourd'hui. Que signifie la permanence de cette responsabilité? Elle signifie que l'agent libre, coupable d'assassinat, est resté ce qu'il était, c'est-à-dire la *vraie cause* du mal. Et c'est parce qu'il est resté la véritable cause qu'il peut être traité comme tel, c'est-à-dire puni.

Or, ce qu'on déclare punir, dans l'hypothèse matérialiste, ce n'est pas un être, ce ne sont pas même les cellules nerveuses qui auraient conçu le crime, mais seulement des *vibrations* émanant de ces cellules et communiquées aux atomes qui prennent leur place dans l'organe cérébral. Ne suffit-il pas d'énoncer cette conséquence pour la juger?

1. *Ibid.*, p. 121.

B. En second lieu, la transmission des mouvements, même celle des états internes, ne constitue pas l'identité du moi, pas plus qu'elle ne constitue l'identité du coupable. Comme l'observe M. Janet, « deux hommes pensant la même chose à la fois, la série des nombres, par exemple, ne deviendront pas pour cela un seul et même homme; plusieurs cordes donnant la même note ne sont pas une même corde. Ainsi l'identité des vibrations n'explique pas la conscience de l'identité personnelle[1]. » En revanche, le moi qui répond à mon individualité, serait-il converti en un moi différent s'il avait mené un autre genre de vie? Vous êtes négociant; vous auriez pu être soldat. Aux deux carrières correspondent deux séries bien tranchées de phénomènes psychiques. Si, au lieu de la première série, la Providence vous eût ménagé la seconde, la pratique prolongée du régime militaire ferait-elle que vous ne soyez plus vous? Vous garderiez à coup sûr votre individualité, même avec un lot complètement différent de faits et d'habitudes morales[2].

Il va de soi que cet argument, basé sur des données scientifiques de découverte relativement récente, n'a pas même été soupçonné par les scolastiques.

La distinction que nous venons d'établir ne représente que la moitié du problème : nous devons ajouter que l'âme est indépendante de la matière, pour les formes les plus élevées de son activité.

---

1. *Ibid.*
2. La *reconnaissance*, condition essentielle du souvenir, ne se conçoit pas dans l'hypothèse matérialiste. Celui qui reconnaît est le même que celui qui a déjà connu une première fois. — Pour se convaincre de la faiblesse des explications proposées par nos adversaires, et voir les embarras inextricables dans lesquels ils s'engagent, le lecteur pourra consulter l'ouvrage de M. Piat intitulé *la Destinée de l'homme*, p. 24, 25... Il y a un aveu à peine déguisé d'impuissance, échappé aux empiristes.

§ 3. — *Spiritualité de l'âme.*

La bête a une âme, mais cette âme n'est pas spirituelle, tandis que Dieu et l'ange sont des esprits. Quant à l'homme, il tient tout à la fois de l'animal et de l'ange; aussi le principe de la vie humaine est-il d'abord une âme, parce qu'il vivifie le corps, et qu'il produit des opérations liées aux organes; puis un esprit, en ce qu'il exerce des fonctions dégagées des conditions matérielles.

I. — **Descartes** a rejeté cette distinction. Ne reconnaissant que deux substances, la pensée et l'étendue, il se voit contraint, par cette réduction étroite et systématique, à professer que ce qui n'est pas de l'étendue, est esprit; et que ce qui n'est pas esprit, est de l'étendue. Tout intermédiaire entre la substance corporelle et l'âme raisonnable étant aboli, l'animal devient pure matière; les éléments même infimes de la vie psychique lui sont refusés, par exemple la sensation, soit représentative, soit affective. Car la sensation ne va pas sans quelque degré de connaissance; et la connaissance, exigeant un sujet simple, ne convient qu'aux esprits. C'est une question de tout ou rien : qui n'a pas toutes les facultés mentales, n'en a aucune. Comme la brute ne peut prétendre aux plus hautes opérations de l'entendement, Descartes ne lui laisse que la matière. De peur qu'elle ne se confonde avec l'homme, il en fait une machine.

Dans cette conception, la question de la simplicité de l'âme étant une fois résolue, le *problème spécial de la spiritualité* n'a pas de raison d'être, et ne doit pas être posé.

II. — **Leibnitz,** au contraire, admet une âme inférieure, qu'il dote de perceptions sensibles et de « consécutions », pour réserver à l'esprit humain les *liaisons* ou connexions rationnelles, basées sur les idées premières et les vérités nécessaires.

M. **Francisque Bouillier,** dans son ouvrage du *Prin-*

cipe vital[1], fait écho à Leibnitz. « Il faut, dit-il, distinguer l'immatérialité[2] de la spiritualité. De cela seul que l'être de l'âme est cause et force, sans aucun rapport de ressemblance avec l'étendue et la figure, avec rien qui puisse se représenter aux sens et à l'imagination, de cela seul qu'il est essentiellement actif, un et identique, il suit que l'âme est immatérielle. Partant, où il y a l'activité essentielle avec l'unité, il y a l'immatérialité; toutes les âmes sans exception, celles des animaux et celles des plantes, toutes les forces de la nature sont immatérielles[3]. Mais cette immatérialité n'est que la base de la spiritualité, et non la spiritualité elle-même. La spiritualité, c'est l'immatérialité accompagnée de certains attributs[4], de la liberté et de l'intelligence. « Vis sui motrix, » telle est la formule de l'immatérialité, tandis que « vis sui conscia » est celle de la spiritualité.

« Qu'est-ce donc que l'âme et qu'est-ce que la spiritualité? L'âme est une force, une force motrice, une force intelligente et libre. La spiritualité commence où commence l'intelligence : elle a pour base l'activité essentielle et l'unité, elle a pour couronnement l'intelligence et la liberté. Unité et identité, activité essentielle et originale, conscience et intelligence, volonté et liberté, toutes choses directement attestées, et avec une clarté irrésistible, par la conscience, voilà la spiritualité. »

III. — **Saint Thomas,** nous le savons déjà, complète cette différence en disant que l'âme sensitive pénètre l'organisme de sa vertu, l'imprègne de son être, tandis que l'esprit, considéré comme tel, possède des facultés incom-

1. Chap. ii.
2. Saint Thomas réserve le nom d'immatériels aux principes spirituels. L'âme de la brute et celle de la plante sont simples, il est vrai; mais, leur activité ne s'élevant pas au-dessus des conditions de l'organisme, elles sont dites de ce chef matérielles.
3. Même observation que dans la note précédente.
4. Saint Thomas qualifierait ces attributs en disant qu'ils impliquent le pouvoir d'agir en dehors des conditions organiques.

municables. La vie des sens est organique; celle de l'intellect et de la volonté, *hyperorganique*. Selon l'expression du saint docteur, nos puissances inférieures « immergent[1] » dans le corps; pour continuer la figure, nous dirons que les supérieures émergent : « Cum operatio non possit esse nisi rei per se existentis, oportet illud quod per *se habet operationem absolutam* etiam *esse absolutum* per se habere. Operatio autem intellectus est ipsius absolute[2]. »

Nous avons maintenant à vérifier ce caractère d'indépendance.

A. Montrons d'abord que l'*entendement* opère sans organe.

Lorsqu'il s'agit de la perception extérieure, nous comprenons fort bien que l'organe soit nécessaire au sens pour lui transmettre l'impression venant de l'objet. Mais il ne saurait en être ainsi dans la connaissance intellectuelle, qui a pour terme le suprasensible. Ici le concours d'un organe serait inutile et même impossible. En effet, pour ce genre de conceptions, que demander à l'organe? Serait-ce de produire dans l'intellect la représentation de l'immatériel? Loin de la produire, il ne peut que l'altérer. Car l'impression causée par un organe, étant celle du coloré, de l'odorant, du chaud, du résistant..., ne saurait fournir la notion exacte de ce qui est sans résistance, sans couleur ni odeur... Aussi bien, la sensation ne présente que les formes matérielles du multiple, de l'individuel et du fini, alors que l'idée intellectuelle nous offre le simple, l'universel et l'infini.

Pour donner à ce raisonnement toute sa valeur, il faudrait, dans un même tableau, mettre en parallèle la série intelligible et la série sensible. Les voici résumés en quel-

---

1. « Formam vel virtutem permixtam corpori... penitus immersa... » — « Intellectus habet operationem per se, cui non communicat corpus. Nihil autem potest per se operari, nisi quod per se subsistit. » (I, q. LXXV, art. 2.)

2. Lib. II *Sent.*, dist. XIX, q. 1, art. 1.

ques traits. Les sens ne perçoivent que la matière; dans la matière, que l'individualité; dans l'individualité, que les apparences ou phénomènes. L'entendement, au contraire, a pour domaine : d'abord les réalités suprasensibles, Dieu, les esprits créés et leurs rapports, le devoir, la loi, les formes du bien; bien plus, dans la réalité matérielle, toute la partie intérieure et invisible, les éléments constitutifs des corps, le principe de la vie; enfin, dans les phénomènes eux-mêmes, l'universel. Autant de concepts pour la genèse desquels l'intellect n'a que faire des organes; l'intervention ne pourrait être que perturbatrice, car elle aurait pour effet de maculer l'intelligible par des représentations d'un autre ordre[1].

Après le domaine, considérons le mode d'exercice. *Les sens,* dit Bossuet, *ne supportent pas les extrêmes,* ou, plus exactement, toute faculté sensible a des limites, l'une minima, l'autre maxima, en dehors desquelles elle ne peut s'exercer. C'est ainsi qu'une impression organique trop légère ne produit pas de sensation : des sons trop faibles ne sont pas entendus, un poids d'un dixième de milligramme n'est pas perçu par le toucher. D'un autre côté, une action trop forte exercée sur l'organe le trouble et rend la sensation confuse, parfois même l'empêche : une lumière très vive fatigue la vue; un son très intense émousse l'ouïe; une pression très lourde ôte à la perception tactile sa délicatesse.

L'intellect suit d'autres lois. Rien ne s'oppose à ce qu'il conçoive l'infiniment petit, plus exactement, les premiers éléments des choses : l'atome, la monade, la matière première, le moment présent, le point mathématique, l'être et les transcendantaux, etc. — D'autre part, plus l'objet est élevé, plus il exerce et développe l'entendement, loin

---

1. Nous ne nions pas, certes, le concours du phantasma à la formation de l'espèce intelligible. Mais cette espèce est produite directement par l'intellect agent, faculté spirituelle, et non par une puissance sensitive ou organique.

de l'émousser et de l'affaiblir. En s'appliquant aux problèmes les plus épineux des mathématiques ou de la
métaphysique, il acquiert une force nouvelle; il gagne de
la pénétration, de la précision, de l'étendue. Éblouis par
la lumière du soleil, nos yeux, en se portant vers les objets
qui nous entourent, ont de la peine à les discerner. Au
contraire, l'entendement, après s'être livré aux travaux
les plus ardus, résout comme en se jouant les questions
de difficulté moindre.

· C'est l'observation déjà faite par saint Thomas dans son
Traité de l'âme[1] : « Sensus efficitur impotens ad sentiendum ex valde sensibili, sicut auditus non potest audire ex
hoc quod motus est ex magnis sonis, neque visus potest
videre, neque olfactus odorare ex eo quod hi sensus moti
sunt ex fortibus odoribus et coloribus corrumpentibus
organum. Sed intellectus, quia non habet organum corpo-
reum quod corrumpi potest ab excellentia proprii objecti,
cum intelligit aliquid valde intelligibile, non minus postea
intelligit infima, sed magis; et idem accideret de sensu, si
non haberet organum corporale. »

B. — Si nous considérons la volonté, nous pouvons en
tirer des arguments aussi décisifs.

Son domaine est suprasensible comme celui de l'intellect : il embrasse des biens tout spirituels, la perfection
souveraine, la dignité inhérente à la personne humaine,
et les devoirs de justice et de charité qui en découlent...
Lorsqu'elle se porte vers les objets matériels, c'est sous
l'influence d'un motif immatériel, le bien universel. — Au
rebours, l'appétit sensitif, dominé par des conditions organiques, ne poursuit que le plaisir, et, parmi les plaisirs,
que la jouissance physique.   ·

----

1. Lib. III, lect. III. Aristote dit de même : « Chacun des excès, soit l'aigu, soit
le grave, détruit l'ouïe. L'excès de saveur détruit le goût; ce qui est brillant ou
sombre à l'excès détruit la vue; et il en va de même pour les odeurs fortes,
soit douces, soit amères, à l'égard de l'odorat. » (Cité par Clodius Piat, *Aris-*
tote, p. 176, 177.)

On ne conçoit pas quel pourrait être le rôle d'un organe s'interposant entre les biens suprasensibles et l'appétit rationnel, afin de transmettre à la faculté leur action attractive. Au lieu de la transmettre, il ne pourrait que la fausser et la dénaturer.

Mais il y a un autre aspect à dégager de l'idée qui nous occupe : la volonté est libre. Déjà le libre vouloir du moi, en contradiction formelle avec l'inertie de la matière, nous a fourni un argument en faveur de la distinction des deux principes. Il nous permet aussi d'induire à la spiritualité. Pour mettre la preuve dans tout son jour, il faut prendre une volonté libre luttant contre toutes les séductions de la nature, sous l'empire d'un amour tout spiritualisé, par exemple celle du martyr renonçant aux plaisirs de la vie, aux joies de la famille, bravant les tourments les plus affreux, pour rester fidèle à Dieu; il faut montrer la sensibilité animale mettant en œuvre toutes ses répugnances et toutes ses attractions, pour triompher d'un sentiment supérieur, et se déclarant vaincu par la volonté du martyr[1], qui est la plus haute affirmation de la thèse spiritualiste.

Notons, en terminant cet article, que nous n'avons envisagé que deux choses : l'opération proprement dite de l'intellect et celle de la volonté. Mais nous savons que, d'après la conception thomiste des puissances psychiques, on doit rapporter à chaque faculté la série entière des états par lesquels elle passe dans la poursuite de son objet : savoir, s'il s'agit de l'intelligence, non seulement l'acte de la connaissance, mais aussi l'*inclination* à connaître, les *plaisirs* de la pensée et les *habitudes* intellectuelles; s'il s'agit de la volonté, l'inclination au bien, les jouissances inhérentes à l'exercice du vouloir, notamment les joies dites de la bonne conscience et les habitudes, en particu-

---

1. Sans doute, il n'est possible qu'à l'aide de la grâce. Mais la grâce a son siège dans la partie spirituelle de l'âme.

lier la vertu. *Autant de thèmes nouveaux pour le développement de l'idée qui nous occupe.*

Sans doute, les opérations spirituelles se mêlent intimement aux faits sensitifs, et l'union est si étroite qu'il est impossible de les isoler. Mais le mélange n'entraîne pas l'identification.

L'étude de la spiritualité de l'âme est d'une importance souveraine. Elle éclaire d'un grand jour la question de l'immortalité, puisque l'esprit, avant même de quitter le corps, exerçait sans son concours immédiat les fonctions supérieures, et que la vie de l'âme, après la mort, n'est, sous certains rapports, que *la suite de la vie présente.* La nature, a dit Leibnitz, n'admet pas d'hiatus dans son œuvre. C'est le fonctionnement des facultés spirituelles qui fait la continuité de l'état actuel à l'état futur; l'indépendance de l'âme à l'égard du corps, rend possible l'existence séparée.

Article II. — Immortalité de l'âme.

Saint Thomas a étudié le grave problème de notre destinée sous ses divers aspects : la réalité de la vie future, la durée du bonheur des justes, celle de l'état malheureux des méchants, la résurrection des corps... Bien que, pour les deux dernières questions, la raison humaine en soit réduite à des convenances, il est juste de reconnaître que ces convenances ont leur prix, à cause de leur analogie avec le dogme catholique.

De ce programme, nous ne toucherons que le premier point, savoir, la survie de l'âme. Sur cette partie du sujet aussi bien que sur les autres, les philosophes chrétiens ont laissé bien peu à faire aux dissidents. « Il ne peut guère être question aujourd'hui, dit M. Jules Simon, d'ajouter quelque chose aux preuves de l'immortalité de l'âme... Il ne nous reste qu'à marcher pieusement sur les traces de nos devanciers, en nous félicitant de trouver la route toute tracée et toute battue[1]. » « Il faut avouer, ajoute M. Thomas-Henri Martin, que, sur la vie future, cette philosophie n'a ajouté aucune considération essentielle ni aucune preuve de quelque importance, à celles qui avaient été données par la philosophie catholique du moyen âge[2]. »

« Toutes les raisons alléguées jusqu'à aujourd'hui, et qu'on puisse alléguer en faveur du dogme que nous discutons en ce moment, se réduisent à quatre : 1° celle qui est tirée du caractère métaphysique de l'âme, c'est-à-dire de son unité et de son identité; 2° celle qui est tirée de ses devoirs, de ses droits et de la sanction qu'ils supposent au-dessus des châtiments et des récompenses de l'ordre social; 3° celle qui résulte de l'ensemble de ses facultés, de tous les besoins réunis de sa nature et de l'impuissance où est cette vie de les satisfaire; enfin la quatrième est puisée dans la justice et la bonté divines[3]. » Mais il est bon d'observer que la quatrième de ces preuves, basée sur la justice, coïncide avec la seconde, qui s'appuie sur la sanction. Nous ramènerons donc nos arguments à trois chefs, en les qualifiant de métaphysique, psychologique et moral, selon l'élément qui prédomine.

Comme on le verra chemin faisant dans cet article, chacun d'eux comprend invariablement une prémisse tirée de la nature de l'âme, ou des lois qui régissent son activité, et une prémisse théologique.

§ 1er. — *Argument métaphysique.*

Cette première preuve est purement négative : elle consiste à établir l'aptitude de l'âme humaine à la survie, à montrer qu'il n'existe pour elle aucune cause de ruine.

1. *De la Religion naturelle*, partie III, chap. 1er.
2. *La Vie future*, 2e édition, p. 286.
3. *Dictionnaire philosophique*, art. IMMORTALITÉ.

I. *Pas de cause de ruine provenant de l'âme elle-même.* — Tout composé périt par le fait seul de la séparation des parties : c'est ainsi qu'un agrégat de matière cesse d'être lorsque les atomes qui le constituent se dissocient; qu'une société s'éteint quand ses membres se désunissent...

Étant simple par essence, l'âme, de ce chef, ne comporte pas le mode de destruction qui résulte de la décomposition.

A. **Leibnitz et Descartes** en concluent qu'elle est immortelle de sa nature, car, à leur sentiment, la *décomposition* est, pour un être fini, la seule voie du retour au néant, en dehors de l'action directe de Dieu. La pensée du premier est formelle : un principe simple ne peut être supprimé que par l'intervention même du Créateur, par annihilation. « Ainsi, on peut dire que les *monades ne sauraient commencer ou finir que tout d'un coup,* c'est-à-dire elles ne sauraient commencer que *par création,* et finir que *par annihilation;* au lieu *que ce qui est composé, commence et finit par parties* [1]. »

Descartes exprime la même idée. « Nous ne concevons aucun corps que comme divisible, au lieu que l'esprit ou l'âme de l'homme ne se peut concevoir que comme indivisible. Cela suffit pour montrer assez clairement que de la corruption du corps la mort de l'âme ne s'ensuit pas, et ainsi pour donner aux hommes l'espérance d'une seconde vie après la mort [2]. »

Bref, la dissociation des parties est, pour un être, le seul mode naturel d'extinction, sauf le droit inaliénable et imprescriptible de Dieu, qui a toujours le pouvoir de ramener au néant ce qu'il en a tiré. Et comme une substance indivisible, par suite de ce caractère, échappe à cette loi, dans la même mesure, et réserve faite de la puissance divine, elle échappe au néant. De la sorte, la possibilité

1. *Monadologie,* n° 6.
2. *Abrégé des six Méditations.*

de l'existence, en dehors du corps est un corollaire de l'immatérialité.

B. Or, on sait que la plupart des auteurs spiritualistes réduisent l'immatérialité à la simplicité du sujet pensant. **Saint Thomas** et les partisans du système de la matière et de la forme font, à peu près seuls, exception. Ils reconnaissent deux degrés dans l'immatérialité : la simplicité et la spiritualité. De là, pour eux, la nécessité d'un complément à la preuve de l'incorruptibilité du principe mental.

« Dupliciter aliquid corrumpitur, dit le saint docteur. Uno modo per se, alio modo per accidens[1]. » Le premier mode est celui que nous avons expliqué avec Descartes et Leibnitz; il est appelé *per se* dans la langue abstraite de l'École, parce qu'il procède d'une cause intrinsèque, qui est la complexité même de l'être corruptible.

Nous devons au lecteur des éclaircissements sur le deuxième mode, qualifié de *per accidens*.

L'âme de l'animal, comme du reste les formes inférieures, figure, dans la théorie thomiste, une moitié de substance; l'autre moitié, c'est la matière première qui la complète. De l'union étroite des deux résulte une véritable substance, réalisant la notion attachée à ce mot, quant au genre d'existence. Car la substance animale, composée de matière et de forme, non moins que la substance végétale ou inorganique, existe en elle-même, à la différence de l'accident, qui requiert un support. Or, cette manière d'exister en soi, qui est le privilège de la substance proprement dite, n'appartient pas à chacun de ses éléments constitutifs, pris isolément. Il s'ensuit que l'âme de la brute doit s'évanouir lorsque le principe auquel elle est unie, et qui lui est nécessaire pour subsister, est rendu inapte à la recevoir.

1. I, q. LXXV, art. 6.

On induit à bon droit de l'opération à l'être. Or, nous avons vu que la sensation est un acte à deux, une œuvre mixte, produite par le concours de la matière qui en explique le caractère étendu, et de l'âme qui lui donne l'unité. Chacun des conjoints, considéré séparément, ne suffirait pas pour la réaliser. C'est l'organisme animé qui sent; de même, dans la plante, c'est la matière animée qui vit, se nourrit et engendre; et pour le minéral, c'est la matière pénétrée par la forme qui agit. Si bien que, sans la fusion des deux principes, il n'y aurait pas d'opération sensitive, végétale, ou simplement physique. En vertu de la solidarité qui lie l'accident à la substance, nous sommes fondés à conclure qu'il n'y aurait pas, sans cette même union, de substance sensitive, vivante, ou même corporelle; et, ce qui revient au même, que les formes inférieures disparaissent lorsque leur soutien naturel cesse de suppléer à leur insuffisance.

Or, à raison de sa spiritualité, l'âme humaine s'élève au-dessus de cet état précaire. Nous savons, en effet, que, sans la coopération directe des organes, elle exerce ses plus hautes facultés, l'entendement et la volonté, qu'elle a des opérations réservées, un degré de vie incommunicable à la matière ; et que, tout en répandant dans le corps des vertus qui le vivifient, elle garde le meilleur de son activité pour le déployer au-dessus de la substance corporelle. Aussi la mort, quand elle survient, ne produit que des effets limités; elle retire de l'organisme la partie inférieure de l'âme, qui le pénétrait, sans porter une atteinte directe aux puissances intellectives, qui, déjà indépendantes, restent, après la séparation du corps, à bien des égards ce qu'elles étaient pendant la vie. Bref, un être qui opère sans organe peut aussi exister sans organe, et nous pouvons inférer des conditions de l'activité à celles de l'existence[1].

1. *Contra Gentiles*, lib. II, cap. LXXIX.

Cette idée est pour le saint docteur le point de départ de belles considérations. Ce qui fait là perfection de l'homme, c'est le développement de ses facultés intellectives, qui de leur nature sont affranchies du sensorium : c'est son émancipation de plus en plus complète de la vie organique et des inclinations charnelles. Or, ce qui perfectionne une chose ne saurait causer sa ruine ; ce qui ajoute à son être, ne peut la rapprocher du néant, qui est le non-être. « Perfectio animæ humanæ consistit in abstractione quadam a corpore ; perficitur enim anima et virtute. Secundum scientiam autem, tanto magis perficitur, quanto magis immaterialia considerat. Virtutis autem perfectio consistit in hoc quod homo corporis passiones non sequatur, sed eas secundum rationem temperet et refrenet[1]. »

Abstraire son âme du corps, dit saint Thomas, *c'est la parfaire*. Or, l'esprit s'abstrait du corps par la culture des sciences morales, et en particulier de la métaphysique, qui, par définition, dépasse les choses sensibles et atteint l'immatériel ; il s'abstrait du corps lorsqu'il s'applique à l'étude des plus hautes questions de la religion naturelle. De son côté, la volonté s'abstrait du corps en luttant contre la loi des membres, en domptant la plus violente des passions ; ou bien encore quand elle modère l'usage du boire et du manger, qu'elle brave la douleur et méprise le plaisir. Ainsi, l'exercice élevé de la pensée, la chasteté, la tempérance, la mortification, et, d'une manière plus générale, la science et la vertu avec leurs variétés, représentent les formes de cette indépendance, que nous devons rendre de jour en jour plus grande à l'égard du corps. Ce faisant, l'âme devient plus lumineuse, plus active, plus semblable à Dieu et aux purs esprits. Or cet état d'affranchissement initial est consommé par la mort. Notre esprit ne doit donc pas redou-

1. *Ibid.*

ter pour lui-même ses atteintes, puisqu'elle a pour effet d'achever ce qui l'ennoblit et le grandit[1].

Il résulte de ces aperçus que l'âme est incorruptible de sa nature, mais elle reste contingente, et Dieu garde le pouvoir de l'anéantir. Sans sortir des données propres à l'argument métaphysique, est-il possible de trouver en Dieu une garantie qu'il n'usera pas, à l'égard de l'âme, du pouvoir destructeur dont rien ne saurait le dépouiller?

II. — *Dieu n'anéantit pas les substances qui sont incorruptibles de leur nature.*

A. « Deus, qui est institutor naturæ, dit **saint Thomas**, non substrahit rebus id quod est proprium naturis earum. Ostensum est autem quod proprium naturis intel-

---

1. Pour l'âme, continuer d'exister, c'est continuer de vivre. Après avoir montré que l'âme peut vivre sans le corps, complétons cette idée en recherchant comment elle peut vivre. Perdant les formes de la vie auxquelles le corps est associé, elle exerce toujours celles qui sont le propre de l'esprit, la pensée et l'amour. La connaissance intellective est alimentée en elle par des sources, soit intrinsèques, soit extrinsèques.

On peut distinguer deux sources intrinsèques de connaissance intellectuelle : les idées acquises pendant la durée de l'épreuve et la conscience.

Or ces idées sont conservées par l'âme au moment où elle quitte le corps. C'est leur disparition qu'il serait malaisé d'expliquer, car elles ont la substance spirituelle seule pour sujet et pour siège. La mort n'altère du principe pensant que ce qu'il possède en commun avec le corps, les affections du composé, mais non les états qui lui sont propres. « Scientia, quæ est in intellectu humano, corrumpi non potest, cum intellectus sit incorruptibilis. » (I, q. LXXXIX, art. 5, c.) « Intellectus immobiliter et inamissibiliter recipit species intelligibiles. » (*Ibid.*, art. 6, c.) Ces idées étant dans l'âme à l'état latent, rien ne s'oppose à leur réviviscence.

En second lieu, les perceptions internes peuvent aussi alimenter la pensée. Dans l'état présent, la conscience appréhende les phénomènes psychiques et l'âme qui les produit, bien que *l'unité de cette âme soit obscurcie et voilée par la multiplicité et la variété des organes auxquels elle est unie.* Une fois séparé du corps, ses caractères distinctifs se révéleront à la conscience d'une manière *plus nette et plus pure.*

La source extrinsèque est Dieu, qui, d'après saint Thomas, par une action directe exercée sur l'entendement, lui imprimera la représentation des objets particuliers qu'elle a intérêt à connaître. « Alius modus intelligendi est per influentiam specierum a Deo, et per istum modum, intellectus potest singularia cognoscere. » (Même question, art. 4, c.) Les âmes connaîtront de préférence les faits : « Singularia illa, ad quæ quodammodo determinantur vel per præcedentem cognitionem, vel per aliquam affectionem, vel per naturalem habitudinem, vel per divinam ordinationem. » (*Ibid.*)

lectualibus est quod sint perpetuæ, unde hoc eis a Deo non subtrahitur[1]. » Il est rationnel de penser que Dieu, dans son action sur les créatures, suit les lois qu'il a lui-même posées, c'est-à-dire qu'il laisse périr les choses qu'il a faites caduques et périssables, dans la formation desquelles il a laissé s'introduire un germe de mort; et que, d'autre part, il conserve les substances exemptes de tout vice de constitution. Concevrait-on la Cause universelle poussant au néant l'être qu'elle organisé pour durer?

Un peu vague dans sa généralité, ce principe reçoit de la conservation de la matière une confirmation significative.

B. « Généralement, dit Descartes, toutes les substances, c'est-à-dire toutes les choses qui ne peuvent exister sans être créées de Dieu, sont de leur nature incorruptibles... Le corps, pris en général, est une substance; c'est pourquoi il ne périt point... Le corps humain peut bien facilement périr[2]; » mais les éléments dont il est formé, pris chacun en particulier, ne périssent pas.

« Les parties qui le composent, fait observer **Malebranche,** se dissipent en vapeurs et se résolvent en poussière; on ne les voit plus, on ne les reconnaît plus, il est vrai ; mais on n'en doit pas conclure qu'elles ne sont plus, car l'esprit les aperçoit toujours. Si l'on sépare un grain de moutarde en deux, en quatre, en vingt parties, on l'anéantit à nos yeux, car on ne le voit plus; on ne l'anéantit pas à l'esprit, car l'esprit le voit, quand même on le diviserait en mille ou cent mille parties... Ce qui est rond peut devenir carré, ce qui est chair peut devenir terre, vapeur, et tout ce qu'il vous plaira... Les corps peuvent donc changer, mais ils ne peuvent pas périr[3]. »

Mais quand il s'agit de la matière et de l'âme, nous

1. *Contra Gentiles,* lib. II, cap. LV.
2. *Sommaire des six Méditations.*
3. *Recherche de la vérité,* livre IV, chap. II.

devons conclure du moins au plus. « Pourquoi craindrions-nous pour nos âmes, qui sont infiniment plus nobles que les corps, l'anéantissement que nous ne craignons pour aucun de nos corps[1]? »

Fénelon exprime la même pensée. « Le corps est sans doute moins parfait que l'âme, puisqu'il est plus parfait de penser que de ne penser pas ; nous voyons néanmoins que l'existence des corps n'est point bornée à la durée de sa société avec l'âme : après que la mort a rompu cette société, le *corps existe encore jusque dans les moindres parcelles...* Il nous suffit de supposer que l'âme de l'homme, qui est le plus parfait des êtres que nous connaissons après Dieu, doit sans doute beaucoup moins perdre son existence que les autres vils êtres qui nous environnent : or *l'anéantissement du moindre atome est sans exemple dans tout l'univers depuis la création;* donc il nous suffit de supposer que l'âme de l'homme est, comme le moindre atome, hors de tout danger d'être anéantie. Voilà le préjugé le plus raisonnable, le plus constant, le plus décisif. C'est à nos adversaires à venir nous en déposséder par des preuves claires et décisives[2]. »

Nous trouvons dans la *Somme contre les Gentils* un argument analogue, avec cette différence que la matière y est conçue à la manière péripatéticienne[3], qui suppose deux principes consubstantiels.

---

1. Nicole, *De l'Existence de Dieu* (*OEuvres philosophiques*), p. 4.

2. *Lettres sur la religion*, lettre II. Le même écrivain dit ailleurs : « Ce qu'on appelle la mort n'étant qu'un simple dérangement des corpuscules qui composent les organes, on ne peut pas dire que ce dérangement arrive dans l'âme comme dans le corps. L'âme, étant un être pensant, n'a aucune des propriétés corporelles : elle n'a *ni parties, ni figure, ni situation des parties entre elles,* ni mouvement ou changement de situation. Ainsi nul dérangement ne peut lui arriver. L'âme, qui est le moi pensant et voulant, est un être *simple,* un en soi et *indivisible...* Pour le corps, qui a des organes, il peut perdre cet arrangement de parties, changer de figure, et être déconcerté; mais pour l'âme, elle ne saurait jamais perdre cet arrangement qu'elle n'a pas, et qui ne convient point à sa nature. »

3. « Id quod habet esse in rebus sensibilibus per modum proprium primi

III. — De ce premier argument nous tirons deux conclusions.

A. L'immortalité de l'âme est *possible*, car il n'existe pour elle aucun danger de destruction provenant soit de sa nature, qui est simple et spirituelle, — soit des causes secondes, qui n'ont aucune prise sur les substances, et dont l'action produit ou supprime des modes, non des substances, — soit enfin de Dieu, qui, pouvant conserver l'être même corruptible, ne ramène pas violemment au néant un principe capable de durer.

B. En outre, elle est au moins *probable,* parce que, si la puissance suprême maintient la matière, qui est inférieure à l'esprit humain en consistance et en dignité, à plus forte raison devra-t-elle perpétuer l'existence de l'esprit.

La première indication nous est venue de la métaphysique. Nous en puiserons une seconde dans les lois de la psychologie expérimentale.

§ 2. — *Argument psychologique.*

I. — Tous les observateurs de l'âme humaine ont été frappés *de la vivacité et de la profondeur de ses aspirations à une vie sans fin.*

« Omne habens intellectum naturaliter desiderat esse semper[1]. » Ce n'est pas assez pour l'individu de la perpétuité de l'espèce ; il lui faut l'immortalité personnelle. « Quodlibet intelligens desiderat esse perpetuum, non

---

recipientis, est incorruptibile secundum suam substantiam, sicut materia prima. Multo igitur fortius intellectus possibilis. » (*Contra Gentiles,* lib. II, cap. lxxix.) Il est vrai que la matière première n'est qu'une moitié de substance ; et si, lorsqu'elle perd une forme substantielle, elle n'en acquérait pas une autre, elle ne pourrait subsister. Comme substance incomplète, elle a donc une tendance au néant ; et cependant Dieu la conserve. A plus forte raison conserverait-il l'âme, qui est capable d'exister, séparée du corps.

1. I, q. lxxxv, art. 6.

solum ut perpetuetur secundum speciem, sed etiam secundum individuum. »

Rien de plus facile à constater. Lorsque notre pensée se porte vers l'avenir, elle écarte comme d'instinct les dates rapprochées qui en limiteraient la jouissance. Et si quelque indiscret vient à rappeler que nos plus beaux rêves auront un terme, l'âme se ferme et le cœur s'assombrit. Bien que le retour au néant soit prôné par le matérialisme, et que nos passions s'accommodent de cette solution, la plupart des hommes, même les plus vicieux, ceux qui ont le plus à redouter de la justice divine, se font mal à cette perspective. Dans l'ivresse de la volupté, ils diront peut-être : « Tout finit avec le corps. » Mais, l'ivresse passée, le désir de l'immortalité se ranime et reprend son cours.

Ce qui explique la vitalité de ce désir, c'est que la tendance qui l'alimente se mêle à toutes les formes de notre activité.

D'abord à l'exercice de la pensée, et cela de deux manières. Tout concept intellectuel est universel de sa nature ; il fait abstraction des différences de temps. L'essence du cercle est la même aujourd'hui que hier, et qu'au siècle d'Euclide ; et le dernier géomètre du genre humain, à la fin des âges, ne la concevra pas autrement. Il en résulte que l'esprit, par la pensée, prend possession de l'éternité[1]. Lorsque je dis : « Tout fait exige une cause efficiente, » j'affirme un rapport qui était vrai à l'origine de la durée aussi bien qu'en ce moment, et qui le sera après des millions d'années. C'est pour l'éternité que légifère le métaphysicien, lorsqu'il énonce cette loi. « Tout ce que je conçois, dit excellemment M. Piat, est éternellement concevable ; et il resterait tel quand même il n'y aurait plus

1. « Nous nous disons mortels, et nous ne voulons chercher que des lois, penser que des universaux. Notre intelligence ne se nourrit que de l'éternité, et il faudra que l'éternité lui échappe ! » (JULES SIMON.)

dans l'univers aucune intelligence pour le penser. Tout ce qui se réalise a pu se réaliser dans le passé, et pourra se réaliser dans l'avenir; tout ce qui se réalise est réalisable à l'indéfini dans tous les temps et dans tous les lieux. Au fond de chaque fait il y a une idée, et au fond de chaque idée une aptitude inaliénable à l'existence, une indéfectible supposabilité[1]. »

A raison de son objet, ma pensée est donc éternelle. Bien plus, elle aspire à l'infini que je ne puis posséder dans le temps. Je suis dominé par un désir de savoir qui laisse l'esprit dans une irrémédiable inquiétude. « Qu'est-ce que mon intelligence? Une ignorance qui tend à la science, à la lumière sans ombre, à la vérité sans mélange, et qui, si haut qu'elle s'élève, et si avant qu'elle pénètre, veut toujours monter et creuser davantage, parce que ce qu'elle sait est toujours infiniment distant de ce qui lui reste à apprendre[2]. »

Il en est de même pour notre volonté. « Qu'est-ce que ma volonté, sinon une force qui, partant de l'extrême faiblesse, se sent appelée à un perfectionnement continu?... Qu'est-ce que mon cœur, sinon un amour borné dans sa puissance, infini dans ses vœux, cherchant partout cet infini, cet inépuisable aliment de sa faim insatiable, le rêvant dans les choses créées, par une illusion qui dure autant que leur poursuite, et s'évanouit avec leur conquête[3]? »

M. Cousin exprime une pensée analogue. « Quoi qu'il fasse, quoi qu'il sente, quoi qu'il pense, il pense à l'infini, il aime l'infini, il tend à l'infini. Ce besoin de l'infini est le grand mobile de la curiosité scientifique, le principe de toutes les découvertes. L'amour aussi ne s'arrête que là. En dehors de l'infini, il peut éprouver de vives jouissances, mais l'amertume secrète qui s'y mêle lui en fait bientôt

---

1. *Destinée de l'homme*, p. 151.
2. De Margerie, *Théodicée*, t. Ier, p. 218.
3. *Ibid.*

sentir l'insuffisance et le vide. Souvent, dans l'ignorance
où il est de son objet véritable, il se demande d'où vient
ce désenchantement fatal dont successivement tous ses
succès, tous ses bonheurs, sont atteints. S'il savait lire en
lui-même, il reconnaîtrait que si rien ici-bas ne le satisfait,
c'est parce que son objet est plus élevé, et que le vrai
terme où il aspire est la perfection infinie. Enfin, comme sa
pensée et son amour, son activité est sans limites. Qui
peut dire où elle s'arrêtera? Voilà cette terre à peu près
connue. Bientôt il nous faudra un autre monde. L'homme
est en marche vers l'infini, qui lui échappe toujours et que
toujours il poursuit[1]. »

Au fait mental se joint le principe destiné à en développer la portée. La prémisse psychologique appelle la
prémisse théologique, propre à la compléter.

II. — « Que manque-t-il à cette psychologie, demande
M. E. Charles,... pour être un indice sûr de l'immortalité? Il y manque cette idée que l'univers est œuvre de
la sagesse[2] » suprême, adaptant les moyens à la fin,
adaptation que le métaphysicien traduit par le principe de
finalité.

« Impossibile est naturale desiderium esse inane, dit
saint Thomas; natura enim nihil facit frustra. Esset autem
inane desiderium naturæ, si nunquam posset impleri. Est
igitur implebile desiderium naturale hominis; non autem
in hac vita (ut ostensum est); oportet igitur quod implea-
tur post hanc vitam[3]. »

Comme commentaire du principe scolastique : *Natura
nihil facit frustra,* nous ne saurions mieux faire que de
citer une page de Mgr Mercier, appliquant à l'immortalité
de l'âme la *loi téléologique.* « Les progrès de la biologie
ont mis en pleine lumière l'existence d'une loi univer-

---

1. *Cours de l'histoire de la philosophie moderne,* II, p. 359.
2. *Éléments de philosophie : Immortalité,* § 3.
3. *Contra Gentiles,* lib. II, cap. XLVIII.

selle et invariable de corrélation entre l'organe et sa fonction, c'est-à-dire entre l'existence d'un organe ou d'un
être vivant et l'existence d'un milieu corrélatif, approprié
au fonctionnement de l'organe ou de l'être organisé.
Lorsqu'un organe est découvert, à n'importe quel degré
de l'échelle de la vie, le naturaliste ne doute pas si cet
organe a sa fonction, et si les conditions nécessaires à sa
fonction sont réellement données, il n'y a plus qu'une
chose qui peut demeurer pour lui indécise, c'est de savoir
quel est l'objet de la fonction, quelles sont les conditions
de son accomplissement. Découvre-t-il des organes *rudi-
mentaires*, dont il ne connaît pas le rôle dans l'économie
présente du vivant, il n'hésite pas à conclure que ces
organes ont servi ou qu'ils serviront à quelque chose,
qu'ils s'harmonisaient autrefois avec un milieu disparu, ou
bien qu'ils tendent à s'harmoniser avec un milieu nouveau; et c'est là une des considérations sur lesquelles on
essaye d'édifier la théorie évolutionniste.

« Dès lors, la question de notre destinée se présente sous
un jour nouveau : elle se réduit à savoir s'il existe en
nous-mêmes *des formes de la vie qui exigent un au delà;*
qui n'auraient aucune signification, qui donneraient dans
le vide, si elles ne trouvaient l'immortalité pour support.
Or, telle est en fait la nature de notre activité supérieure... Pensée, amour, effort moral, *demeurent foncière-
ment inachevés et mutilés,* de plus en plus vains à mesure
qu'ils se purifient davantage, si tout se termine pour nous
avec la dernière pelletée de terre[1]. »

Dans la vie présente, nos facultés ne peuvent atteindre
l'infini, auquel cependant elles aspirent. Si elles s'étei-
gnent avec le corps, leur existence éphémère met en
échec la loi téléologique : alors que la science ne peut
signaler dans le domaine entier de la biologie un organe

---

1. *Psychologie,* p. 559.

sans fonction, il y aurait en l'homme des facultés sans raison d'être, des outils formés avec le soin le plus délicat, bien que sans destination. Et cette violation de la finalité ne resterait pas un fait isolé : elle se renouvellerait, pour chaque puissance supérieure, autant de fois que l'espèce humaine compte d'individus. La nature, qui procède avec tant de suite à l'organisation de l'animal et de la plante, multiplierait comme à plaisir les incohérences dans l'homme.

Tous les êtres atteignent leur fin, fait observer M. Cousin; « l'homme seul n'atteindrait pas la sienne! la plus grande des créatures serait la plus maltraitée! Mais un être qui demeurerait incomplet et inachevé, qui n'atteindrait pas la fin que tous les instincts proclament, serait un monstre dans l'ordre éternel, problème mille fois plus difficile à résoudre que les difficultés qu'on élève contre l'immortalité de l'âme[1]. »

« Dieu ne fait rien en vain, ajoute M. Jules Simon... Non seulement c'est un défaut d'intelligence que de dépenser de la force en pure perte, mais c'est le plus sûr moyen de mal faire. L'habile ouvrier se reconnaît à l'exacte proportion de la force employée et de la force vaincue. Si nous appliquons ces principes à l'auteur de l'univers, nous devons reconnaître que sa volonté a dû régler d'avance les facultés de chaque être sur la destinée qu'il leur assignait... Il est impossible de n'en pas tirer cette conclusion, que l'étude des facultés humaines doit nous éclairer sur l'avenir de l'homme. Un être destiné à vivre éternellement dans le ciel, ou un être destiné à végéter quarante ans sur la terre, ne peuvent pas avoir été taillés sur le même patron, si Dieu est grand[2]. »

On le sent, pour donner à cet argument toute la valeur

1. *Cours de l'histoire de la philosophie moderne*, t. II, p. 359.
2. *Religion naturelle.*

dont il est susceptible, il faut insister sur deux choses : d'abord recueillir toutes les indications qui appuient la loi de finalité, et conclure par analogie ; puis montrer quel *grave* échec infligerait à cette loi la théorie matérialiste du retour au néant.

Ce n'est pas assez pour l'homme d'aspirer à la possession de l'infini. Il peut aussi mériter cette possession par l'usage louable de sa liberté.

§ 3. — *Argument moral.*

C'est l'argument classique par excellence, l'argument décisif. Comme il est exposé d'une manière uniforme par les divers auteurs, il y aurait peu d'intérêt à reproduire des textes dont le rapprochement serait peu instructif. Nous nous bornerons à bien détacher les éléments de la preuve, en indiquant le point délicat sur lequel il convient d'insister davantage.

I. — Un principe incessamment appliqué par la conscience humaine, et accepté par toutes les écoles philosophiques sans exception, — sauf à être interprété d'une manière inexacte par quelques-unes, — c'est que l'acte moral exige une sanction, le bien méritant[1] récompense, et le mal châtiment.

C'est la loi même de la justice. C'est pourquoi Dieu, qui est la sainteté par essence, se doit à lui-même de la consacrer par son autorité. Disons mieux, en dehors de la volonté du souverain juge, qui lui donne vie et réalité,

---

1. « Actus humani, ut boni vel mali, meriti vel demeriti rationem habent, secundum retributionem justitiæ ad alterum... Cum Deus sit gubernator et totius universi rector, actus humani, vel boni vel mali, non tantum apud homines, sed apud Deum meritorii vel demeritorii esse dicuntur. » (1ª 2ᵃᵉ, q. xxi, art. 3 et 4, c.)

elle ne serait qu'une abstraction froide et morte, inintelligible pour le commun des esprits.

Jusqu'ici nous n'avons énoncé qu'une vérité de sens commun, sans le moindre alliage systématique. Il en sera de même de l'analyse qui va suivre.

Étant associée à la moralité par un lien nécessaire et invariable, la sanction revêtira deux caractères : elle devra être universelle et proportionnée. Universelle, parce que s'il y avait une exception, même une seule, si l'on pouvait trouver un acte moral n'exigeant pas récompense ou châtiment, le principe, mis en défaut, perdrait de sa nécessité. Qu'il y ait une exception à la loi de causalité, qu'une chose puisse commencer sans cause, il ne sera plus exact de dire que tout fait suppose une cause. De même pour le mérite et la sanction.

En second lieu, il doit y avoir proportion; il faut que la récompense soit en rapport avec le degré de valeur morale, la peine avec le degré de malice. Les deux termes croissant dans la même mesure, on ne peut ajouter au premier sans être contraint d'augmenter le second. Si deux actions inégalement désordonnées, par exemple un léger mensonge officieux et un affreux sacrilège, recevaient la même mesure de châtiment, la mesure due au mensonge, l'excédent de malice inhérent à la seconde resterait impuni, et démentirait le principe.

Telles sont les exigences de la justice suprême, qui se personnifie en Dieu. Satisfaction leur est-elle donnée dans la vie présente?

II. — Pour le savoir, nous avons à examiner le fait en regard du principe, à rechercher si, dans notre existence, selon l'expression de Kant, l'état sensible est toujours en accord avec l'état moral, le bonheur suivant infailliblement la vertu, le malheur s'attachant au vice, selon une progression régulière et constante.

L'examen donne une conclusion négative, car toutes

les sanctions de la vie présente manquent d'*universalité* et de *proportion*.

On ramène généralement ces sanctions à quatre systèmes de biens et de maux : d'abord, le sentiment moral, joie de la bonne conscience, et remords. C'est le premier effet de l'acte méritoire et le plus intime;

En second lieu, les avantages étrangers à la moralité qui en résultent aussi, par exemple la santé, fruit de la tempérance, une nombreuse clientèle, fruit de la probité commerciale;

Les témoignages d'estime ou les blâmes provenant de l'opinion publique;

Enfin la pénalité instituée par la loi.

Or, aucun de ces systèmes[1] ne réalise les deux caractères désirés.

A. Ces caractères font défaut à la sanction la plus délicate et la plus intime de toutes, celle de la *conscience*.

Il y a des actions mauvaises qui semblent impunies. Le voluptueux qui s'endort du sommeil de la mort après une nuit passée dans la débauche, le meurtrier qui succombe frappé par un vengeur aux pieds de la victime qu'il vient d'immoler, n'ont pas senti les tortures du remords.

Ce n'est pas toujours au moment même de l'action criminelle que le remords se fait sentir : la violence de la tentation, l'ivresse des sens, et, s'il s'agit d'une action dangereuse, vol ou meurtre, par exemple, les difficultés de l'exécution matérielle, absorbent le malheureux. C'est après l'action, lorsque la passion s'apaise, et qu'à l'exaltation succède le dégoût, c'est alors, le plus souvent, que la conscience fait entendre sa voix vengeresse.

Si le mal est sans châtiment, le bien est souvent aussi sans récompense. Certaines âmes timorées agissent avec

1. Pour la démonstration de cette proposition, nous reproduisons le développement donné ailleurs (*Manuel de philosophie*, Ier volume, p. 264-266).

les intentions les plus pures, mais au milieu de perplexi-
tés et de douloureuses incertitudes; inquiètes ou troublées,
elles ne savent si elles ont fait le bien et ne peuvent en
ressentir les joies. La mort suspend quelquefois le cours
d'une bonne action. Un soldat qui fait vaillamment son
devoir en face de l'ennemi, et tombe foudroyé, n'a pu
goûter les douceurs du sentiment moral. Bien des martyrs,
au milieu des supplices, ont éprouvé des consolations
intérieures; mais est-il bien sûr qu'il n'y ait jamais eu
de sacrifice héroïque sans ces consolations? D'ailleurs la
lutte soutenue, au moment de la mort, contre des douleurs physiques et des douleurs morales permet-elle de
jouir en paix du témoignage si pur de la conscience?

Le défaut de proportion est encore moins contestable
que le défaut d'universalité. Ne sait-on pas que l'habitude
du crime émousse le remords? Les premiers pas dans la
voie du mal troublent l'âme : mais à mesure qu'elle s'engage plus avant, la voix de la conscience s'affaiblit graduellement, ses reproches perdent de leur vivacité. A la
longue survient une certaine insensibilité, sorte de léthar-
gie morale : le remords est presque éteint. La sanction est
donc en raison inverse de la culpabilité. — De même, à
mesure que l'âme vertueuse se purifie, les fautes les plus
légères deviennent pour elle un tourment. Une vertu vulgaire découvre peu de taches, et ces taches la touchent
faiblement. Or, ce qui paraît sans importance à ses yeux,
est grave pour une âme généreuse, qui se reproche bien
des fautes, paraissant à d'autres presque matière à louange.
Ici, les accusations de la conscience sont encore en rapport inverse de la culpabilité.

B. *La sanction naturelle* se compose des biens et des
maux physiques qui sont le résultat naturel de nos actes :
c'est ainsi que la prudence nous fait éviter bien des accidents, la sobriété conserve la santé, le travail et l'économie sont la condition de la richesse. Dans les biens et les

maux de cet ordre, nous ne trouvons pas d'universalité. Un grand nombre d'actes moraux ne produisent pas des effets de ce genre, des effets matériels; tels sont les actes purement internes. Un acte intérieur d'amour de Dieu, de bienveillance à l'égard du prochain, le projet arrêté dans l'esprit, mais non exécuté et non manifesté, d'un vol, d'un assassinat, d'un incendie, n'ont pas de résultat extérieur. Que la mort surprenne l'auteur avant l'exécution, la sanction naturelle sera nulle.

Ajoutons que bien des actes extérieurs ne sont pas pour nous suivis d'avantages matériels, tels que les actes d'abnégation, les sacrifices qui ont Dieu seul pour témoin. Un homme donne tous ses biens aux pauvres pour vivre lui-même dans un milieu inconnu, le reste de ses jours; tel autre cache ses libéralités sous le voile de l'anonyme; un troisième expose son existence et la perd pour une noble cause : où sont, pour la vie présente, les avantages physiques de ces sacrifices?

Quand ils existent, ils sont sans proportion avec le mérite. Est-il vrai que la richesse se mesure toujours sur le travail et l'économie? Les héritages, les donations, des événements imprévus heureux ou malheureux, suffiraient à renverser le rapport. De même, on voit des hommes tempérants avec une santé détestable; par contre, il y en a d'autres qui, se livrant à tous les excès, conservent longtemps une excellente santé.

C. *Sanction sociale et sanction légale.* — Nous les groupons sous un même chef, à raison de l'analogie des raisons que l'on invoque pour montrer leur insuffisance.

Que d'actes bons ou mauvais échappent à l'opinion publique! De ce nombre sont les actes purement intérieurs et les actes extérieurs, et maintenus secrets, sous l'inspiration soit de la modestie, soit de la honte. Ces mêmes faits intérieurs ou secrets se dérobent à la vindicte des lois.

Ajoutons beaucoup d'actions connues du public, et que

le législateur ne punit pas : les mensonges, les parjures, certains actes immoraux... Enfin, l'opinion et les tribunaux sont faillibles; ils peuvent absoudre le criminel et condamner l'innocent.

Dans les actes auxquels s'applique la sanction de l'opinion ou celle de la loi[1], la mesure est-elle toujours juste? Il paraît superflu de démontrer le contraire. Que d'entreprises glorifiées par l'opinion, et dont le mérite, au point de vue de la moralité, est plus que douteux! Telles sont, bien souvent, les victoires des grands conquérants.

Pour apprécier avec une parfaite justesse la moralité d'un accusé, les juges devraient se faire une idée adéquate de ses intentions, des mobiles qui l'inspirent, de ses dispositions d'esprit, résultat du tempérament, de l'éducation, du milieu, des antécédents... Or, ces lumières, Dieu seul les a. — En outre, les tribunaux humains, en mesurant la peine, ne se proposent pas de l'égaler de tout point au crime, de façon à donner satisfaction complète et définitive à l'ordre moral. Ils appliquent seulement du châtiment la partie nécessaire pour la défense des intérêts sociaux, réservant au souverain juge le règlement définitif du compte.

Il résulte de ces considérations, que les sanctions possibles dans la vie présente manquent de deux conditions essentielles : l'universalité, la proportion, et qu'à raison de leur insuffisance, la justice divine exige une vie ultérieure où l'ordre soit rétabli.

---

1. « L'histoire est pleine d'exemples qu'on ne saurait comment expliquer, si toute injustice consommée et irréparable n'était la preuve d'une vie future. Encore ne connaissons-nous que les grands drames; car il faut, pour qu'une cause devienne historique, qu'elle intéresse la multitude ou les hommes puissants. Une injustice obscure se consomme sans laisser de traces. Une hache tombe, un valet de bourreau efface les gouttes de sang, et la foule bruyante et affairée passe sur la place encore tiède, sans songer ni à l'échafaud ni à la victime, sans demander si celui qui vient de mourir s'appelle Malesherbes ou Carrier. » (JULES SIMON.)

CHAPITRE II

RAPPORTS DE L'AME ET DU CORPS

L'homme pense, sent et végète. Or c'est par les formes inférieures de la vie que la substance spirituelle s'unit à la matière. Il convient donc d'examiner le rapport de chaque extrême aux intermédiaires, de nous demander si le principe de la pensée est identique au principe de la vie sensitive, et à celui de la vie végétative; et si nous concluons à l'identité, de rechercher comment cette âme, source d'une triple vie, s'unit à l'organisme.

Article premier. — **Unité du principe de la vie humaine.**

Nous avons déjà dit que la question d'identité se subdivise en deux parties.

§ 1er. — *Identité de l'âme sensitive et de l'âme intellective.*

Directement attestée par la conscience psychologique, cette identité a trouvé peu de contradicteurs.

Parmi ces derniers se placent d'abord les défenseurs de la *raison impersonnelle.*

I. — A les entendre, il n'existe qu'une seule et même raison, la *raison divine*, éclairant notre esprit de sa propre lumière; inspirant nos jugements les plus élevés : c'est Dieu pensant en nous-mêmes.

« Si la raison de l'homme, dit M. **Cousin**, est purement individuelle parce qu'elle est dans un individu, elle ne peut rien comprendre qui ne soit individuel et qui excède les limites où elle est enfermée. Non seulement elle ne peut s'élever à aucune vérité universelle et nécessaire, non seulement elle ne peut avoir aucune idée, aucun soupçon même, comme un aveugle de naissance ne peut soupçonner qu'il y a un soleil; mais il n'y a point de puissance, même celle de Dieu, qui, par aucun moyen, y puisse faire pénétrer aucune vérité de cet ordre absolument répugnant à sa nature... (La raison) est personnelle par son rapport à la personne où elle réside, et il faut bien qu'elle possède je ne sais quel caractère d'*universalité, de nécessité* même, pour être capable de concevoir les vérités universelles et nécessaires[1]. »

M. F. Bouillier a consacré un livre entier à cette question. « La raison est-elle une faculté personnelle, se demande-t-il, une faculté qui nous appartienne en propre, qui, semblable à toutes nos autres facultés, fasse partie intégrante de notre nature imparfaite et bornée? Ou bien la raison n'est-elle pas impersonnelle, n'est-elle pas en nous, sans nous appartenir, sans faire partie de nous-mêmes? N'est-elle pas Dieu en nous?

Si la raison est une faculté spéciale, un œil, un organe de notre esprit fini et limité, elle ne peut avoir aucun caractère d'infinité, elle est nécessairement finie et limitée. Mais si la raison n'est pas infinie dans son essence, si elle a des bornes, elle est par là même condamnée à ne jamais s'élever au-dessus de la connaissance de ce qui est fini. En effet, comment quelque chose de fini pourra-t-il saisir, embrasser, connaître quelque chose d'infini et d'absolu? Comment à un sujet fini un objet fini pourra-t-il correspondre[2]? »

II. — De son côté, *Maine de Biran* place hors de l'âme pensante « la sensibilité prise dans toute son étendue, avec les facultés qui sont sous sa dépendance, la locomotion spontanée, l'imagination, les reproductions ou asso-

---

1. *Du Vrai, du Beau et du Bien*, 5ᵉ leçon.
2. *Théorie de la raison impersonnelle*, p. 222, 224.

ciations fortuites d'images ou de signes, enfin tout ce qui se fait passivement ou nécessairement en nous [1] ».

Il dit ailleurs : « Le moral réside tout entier dans la partie active et libre de l'homme. Tout ce qui est passif en lui, tout ce qui tient immédiatement à l'organisme, tout ce qui s'y rapporte comme à son siège local, ou vient de sa force aveugle, fatale, nécessaire, appartient au physique de l'homme. Des affections immédiates de plaisir ou de douleur; des attraits sympathiques ou des répugnances inhérentes au tempérament primitif, ou confondues avec lui et devenus irrésistibles par l'habitude ; des images qui se produisent spontanément dans l'organisme cérébral, et qui tantôt persistent opiniâtrément, tantôt se réveillent avec les paroxysmes de telles maladies ou désordres nerveux ; les mouvements violents, brusques et précipités que ces passions entraînent, soit que le moi de l'homme étant absorbé n'y prenne aucune part, soit qu'il y assiste comme témoin ; les appétits, les penchants, ces déterminations, ces idées qui suivent nécessairement la direction du physique : tout cela est hors du domaine moral. Il ne faut pas même dire que ce prétendu moral n'est que le physique retourné; c'est tout simplement du pur physique ou physiologique : le moral est ailleurs [2]. »

III. — **Gunther** professe une doctrine un peu différente de la précédente, mais qui implique aussi la distinction des deux principes. Nous en empruntons l'exposé au P. Gonzalez, l'historien de la philosophie : « Dans l'homme... il y a trois éléments, qui sont : le corps, l'âme naturelle et l'esprit; les deux premiers appartiennent au

1. *Rapports du physique et du moral.*

2. Introduction à l'*Anthropologie*. Les dernières paroles de ce texte assignent à l'organisme le principe de la sensibilité. « Il semble parfois, dit M. Naville, admettre un principe distinct, sous le nom d'âme sensitive. Le plus souvent, il attribue les modes vitaux au corps et considère les affections comme contemporaines de la vie, comme appartenant à la molécule organique. » (Introduction aux *Œuvres inédites*.)

monde de la nature. L'âme naturelle, qui joue le rôle de principe vital, communique au corps une vie naturelle, distincte de la vie spirituelle, inhérente à l'esprit. — C'est cet esprit qui constitue le *moi*, le seul qui soit doté d'une véritable personnalité dans l'homme.

« L'âme naturelle, principe vital inférieur et intermédiaire entre le corps et l'esprit, s'unit à celui-ci hypostatiquement, et de là résulte une certaine communication entre les facultés propres de l'esprit (la raison consciente et la volonté libre) et les *facultés appartenant à l'âme naturelle, qui sont les sens, l'imagination, la mémoire et l'entendement.* La fonction propre de ce dernier est la formation du concept, comme la fonction propre de la raison est la formation de l'idée; ou, en d'autres termes, à l'âme naturelle et sensitive appartient la pensée générale et confuse des phénomènes, sans atteindre ce qui leur sert de fondement; mais à l'esprit appartient la pensée concrète et compréhensive des phénomènes et de leur fondement.

« En vertu de l'union hypostatique entre l'âme naturelle ou Psyché, comme l'appelle Gunther, et l'esprit, non seulement il y a ce que les théologiens appellent communication des idiomes entre les deux principes et sujets de la pensée, mais encore les fonctions de l'âme naturelle deviennent rationnelles et libres par participation, et acquièrent une certaine supériorité qu'elles n'auraient pas en dehors de cette union hypostatique[1]. »

Réduire à un rapport simplement hypostatique l'unité affirmée avec tant de clarté par le sens intime, c'est se contenter de bien peu.

Nous préférons, avec saint Thomas et la plupart des philosophes, accepter le témoignage si précis de cette faculté.

IV. — Le saint docteur formule ainsi sa thèse : « Eadem numero est anima in homine, sensitiva et intellectiva[2]. »

1. Gonzalez, *Histoire de la philosophie*, vol. IV, p. 358, 359.
2. I, q. LXXVI, art. 3.

A. Une discussion prolongée est superflue dans les questions où l'on peut faire un appel direct au sens intime pour résoudre la difficulté. Nous l'avons déjà dit, tel est le cas ici : « Ipse idem homo est, qui percipit se intelligere et sentire[1]. » J'ai conscience qu'un seul et même principe en moi pense et sent. Le moi qui raisonne et s'élève aux conceptions métaphysiques les plus ardues, est le même qui perçoit les corps et éprouve des souffrances matérielles. S'il y avait deux âmes, chacune aurait le sentiment des phénomènes afférents à sa nature : à l'une les opérations intellectives, à l'autre les sensations.

Et si l'on supposait que, par suite du lien étroit qui les unit, l'âme supérieure reçoit l'écho des affections propres à sa subordonnée, elle le recevra sous la forme qui lui est propre, celle de pensée seulement, et non de l'impression sensible. Paul souffre des douleurs violentes ; son affection est une sensation proprement dite, résultant d'une altération organique, que Pierre, son ami, n'éprouve pas. Ce que celui-ci éprouve, c'est de la sympathie, une émotion provenant d'une idée plutôt que d'impressions physiques. Il *ressent* la souffrance de Paul ; mais, en prenant le terme dans sa rigueur, il ne la *sent* pas. Telle serait aussi la sympathie du principe intellectif pour l'âme sensitive, s'ils étaient distincts.

Mais il n'en est pas ainsi. C'est la sensation au sens propre que s'attribue le sujet pensant, en ce qu'elle a de plus authentique et de plus essentiel : « Percipit se intelligere et sentire. » Conséquemment, l'hypothèse d'une simple alliance, même d'une union hypostatique, n'est pas recevable. Il nous faut l'identité.

B. Dans le même article, saint Thomas énonce un deuxième argument : « ... Diversæ actiones animæ impediunt se. Cum enim una (actio) est intensa, altera rémit-

titur. » C'est ainsi qu'un homme fortement absorbé pourra
ne pas remarquer les personnes qui l'entourent, ne pas
entendre les paroles qu'elles lui adressent. En se portant
sur l'idée dominante, l'attention se retire des organes des
sens. S'il y avait deux agents réellement distincts, chacun
d'eux pourrait mettre en acte les ressources dont il dispose, sans épuiser celles de son émule, qui, par hypothèse,
lui seraient étrangères. Mais, comme il n'y en a qu'un seul,
pourvu d'une mesure limitée d'énergie, lorsqu'il l'applique
avec intensité sur un point particulier de son domaine,
la réserve s'épuise, et il ne reste plus d'activité disponible pour la porter ailleurs.

A la même loi se rapporte le fait de la distraction,
l'objet qui distrait faisant oublier ce qui n'est pas lui.

C. Un fait plus significatif encore, celui de la tentation,
appuie notre thèse, car il met la liberté morale aux prises
avec la passion. Dans cet état, nous éprouvons une sorte
de déchirement intérieur, nous nous sentons tiraillés en
sens opposés, l'amour du devoir et sa violation. S'il y avait
deux forces en nous, la plus noble irait au devoir, la moins
noble à l'objet défendu. Mais aucune n'aurait le sentiment
des deux tendances; aucune ne pourrait dire d'elle-même :
« Je suis tout à la fois raison et passion, concupiscence et
liberté, esprit et chair, accessible aux plus hautes inspirations du bien, et troublée par les plus bas instincts. » Le
bien et le mal se disputent en nous l'indivisible.

V. — A tous égards, la distinction des deux principes
est insoutenable, et les arguments qui précèdent nous semblent péremptoires en faveur de la thèse du sens commun.

Ajoutons deux choses pour la théorie de la *raison impersonnelle*. D'abord, qu'elle ne laisse pas d'offrir quelque
danger de panthéisme. Car si l'esprit qui conçoit en moi
l'absolu, le nécessaire, l'infini, est Dieu, comme, d'autre
part, cet esprit est moi-même, — la conscience me le dit,
— il sera difficile de séparer mon être de celui de Dieu.

— En outre, cette hypothèse n'atteint pas son but. Car, si la raison divine éclaire notre esprit, cet esprit, qui, lui, est vraiment humain, qui fait partie de moi, et n'est pas Dieu, est rendu de la sorte *capable de concevoir l'infini*. Or, *cette capacité* qui m'est donnée, à moi créature, et qui m'appartient en propre, est déjà une raison, raison infirme, si l'on veut, mais réelle, puisqu'elle possède la notion de l'infini. Ainsi nous retombons, bon gré, malgré, dans la thèse de la *raison personnelle*.

Cette première réduction à l'unité prépare la voie à l'étude d'un problème analogue à celui que nous venons de résoudre.

§ 2. — *L'âme intellective et sensitive est-elle aussi végétative?*

A priori, trois hypothèses sont possibles au sujet du principe de la vie physiologique : on peut l'identifier avec l'âme pensante ; en second lieu, avec l'organisme ; ou bien en faire un principe spécial, distinct de l'une et de l'autre. A ces conceptions répondent les noms, bien connus dans l'histoire de la philosophie, d'animisme, de vitalisme, d'organicisme.

Du reste, ces systèmes eux-mêmes ont affecté des formes variées. Mais il y a cela de singulier, que tous les trois, dans telle ou telle de leurs variétés, se réclament de Descartes, ou du moins qu'à certains égards ils trahissent l'influence cartésienne.

I. — **Descartes** lui-même professait la théorie mécanique, qui a été le point de départ de l'organicisme.

« Donnez-moi de l'étendue et du mouvement, disait l'audacieux auteur du système des tourbillons, et je me charge de faire le monde. Il se mit à l'œuvre en effet, et

quand il crut avoir expliqué mécaniquement tous les grands
phénomènes du ciel et de la terre, il fit subir enfin à son
système l'épreuve la plus redoutable : il entreprit de ramener la vie à un mécanisme, et composa ses traités de
l'*Homme* et de la *Formation du fœtus.* Pour lui, l'homme est
un petit tourbillon, et tout s'y passe comme dans les tourbillons célestes. Les corps qui ont vie, dit-il, ne sont que
des petits ruisseaux qui coulent toujours. On dira que l'explication de la vie n'a plus, à l'heure où nous sommes, un
seul partisan. Il n'en est rien; le mécanisme de Descartes
et de Boerhaave subsiste encore, sinon à l'état de doctrine,
du moins à l'état de tendance. Il y a aujourd'hui, et il y aura
longtemps encore des physiciens, convaincus qu'on peut
ramener tous les phénomènes de la nature, même ces
phénomènes si délicats et si compliqués de l'organisation,
aux lois générales du mouvement.

II. — Mais, à côté de la physique, il y a une science
plus jeune, qui a fait depuis Lavoisier de merveilleux progrès : c'est la chimie. Cette science a devant elle un nombre immense de phénomènes qu'il paraît difficile de réduire
au pur mécanisme. Voilà deux corps qui peuvent exister
à part, l'hydrogène et l'oxygène; chacun a ses propriétés
physiques, sa densité, son élasticité, etc. ; ce sont deux gaz.
Rapprochez-les dans certaines conditions, ils se combinent
et produisent de l'eau. Il y a là autre chose, à ce qu'il
semble, qu'un simple changement dans la disposition des
molécules. Il y avait *affinité* entre les deux gaz; il y a eu
combinaison. L'affinité, la combinaison, ce sont là des
phénomènes parfaitement originaux. Or, il est certain que
ce genre de phénomènes joue un grand rôle dans les fonctions organiques. Qu'est-ce que la respiration? Mécaniquement, on peut comparer les fonctions des hommes à celles
d'un soufflet de forge; mais ce n'est pas là tout le phénomène. Il y a de plus un rapprochement qui s'établit par
endosmose entre l'air atmosphérique et le sang qui se

répand dans les poumons à travers les mille ramifications de l'artère pulmonaire; par suite, une combinaison entre l'oxygène de l'air et le carbone du sang; par suite, une combustion toute semblable à celle qui a lieu dans nos foyers, et de là formation d'acide carbonique, production de chaleur, transformation du sang veineux en sang artériel. La respiration, à ce point de vue, paraît un phénomène tout chimique. On en peut dire autant de la digestion; elle consiste en une certaine combinaison qui se forme entre les aliments préparés par la mastication et la salivation; et certains sucs que sécrète l'estomac. Généralisez ces faits, et vous aurez une nouvelle manière d'envisager et d'expliquer la vie, une nouvelle doctrine, ou du moins une nouvelle tendance; elle peut s'exprimer ainsi : « La vie est un *système de réactions chimiques.* »

Voilà déjà deux systèmes; mais l'expérience survient, qui leur oppose deux grandes difficultés. Pour n'en citer qu'une, si la vie n'est qu'un phénomène ou une combinaison chimique, d'où vient l'impuissance absolue de la physique et de la chimie à produire le plus petit être organisé? Nos chimistes modernes font de l'urée, ils font de la stéarine, de la butyrine... Que ne font-ils pas? On assure que plus d'un se flatte d'arriver à quelque chose d'infiniment plus surprenant. Qu'est-ce à dire? En reviendrons-nous aux illusions de l'alchimie? En attendant qu'on nous fasse l'androïde tant espéré des sorciers du moyen âge, je demande qu'on me montre, je ne dis pas un insecte, mais le plus petit végétal, le moindre mycoderme, sorti des cornues de la chimie.

III. — Il faut donc, paraît-il, admettre l'organisation comme un acte *sui generis;* mais les physiologistes se divisent: les uns font de la vie une propriété de certains corps, de certains tissus; ils la supposent répandue dans les corps. Il y a certains corps, disent-ils, qui, outre leurs propriétés physiques et chimiques, manifestent une propriété d'un nouveau genre : ils sont susceptibles de se contracter, de s'irriter, de sentir. Contractilité, irritabilité, sensibilité, ce sont là les formes, les manifestations de la vie, comme la chute des corps est une manifestation de la pesanteur. Tel est le système un peu indécis auquel se rallient, à des titres divers, Haller, Bichat, et généralement l'école médicale de Paris. On l'appelle l'*organicisme*, parce que la vie, à ce point de vue, est inséparable des organes vivants.

IV. — Mais contre l'école de Paris, voici l'école de Montpellier qui proteste. Barthez et ses disciples, Dumas, Fouquet et le plus illustre survivant de cette école, le professeur Lordat, opposent à l'organicisme un grand fait, l'unité de la vie. Si la vie n'est autre chose qu'une force diffuse, semblable à la pesanteur, comment comprendre l'harmonie des fonctions organiques? Et quand on considère surtout les animaux les plus élevés de la série, la différence des tissus dont ils sont formés, la multiplicité prodigieuse de leurs organes, comment expliquer l'unité qui s'y fait sentir? Il faut donc admettre quelque chose de plus que des propriétés vitales; il faut reconnaître une force propre, une, identique, qui a formé les organes, qui les conserve, qui les répare. C'est là le principe vital, qui a donné son nom au *vitalisme*.

Qu'est-ce pourtant que ce principe vital? est-il matière ou esprit? est-il distinct du corps et distinct aussi de l'âme pensante, de l'âme proprement dite? Barthez ne s'expliquait pas très nettement là-dessus. Fils d'un siècle où la peur de la métaphysique était à l'ordre du jour, et craignant qu'on ne traitât le principe vital d'entité à la Duns Scot, il hésita, il capitula et réduisit son principe à une sorte d'inconnue, *x*, cause indéterminée de phénomènes vitaux. Ses disciples ont eu plus de bravoure, et ils soutiennent aujourd'hui qu'il y a dans l'homme, outre la matière toujours changeante, deux forces qui persistent, un double dynamisme, comme ils disent : d'abord la force vitale qui préside à la vie organique, et puis, au-dessus, le sens intime ou l'âme pensante, principe de la vie intellectuelle[1].

Le vitalisme de Barthez n'était donc, au fond, qu'une réaction contre l'idée de Descartes, faisant de la substance corporelle le principe de la vie.

V. — Mais il y a une autre manière de concevoir le *vitalisme*, qui le rattache à la doctrine cartésienne. Car, si l'on admet que la matière ne suffit pas à l'explication de la vie, comme, d'après Descartes, il ne reste dans l'homme, en dehors de la matière, que la pensée, ou, si l'on veut, que l'âme dont l'essence est de penser, et qui n'a pas conscience des phénomènes organiques, on se voit conduit à reconnaître une autre cause, que l'on qualifie de principe vital.

Jouffroy notamment suit l'idée cartésienne : ce qui est hors de la pensée est en dehors de l'âme. « Le moi interrogé sur cette question répond qu'il se sent distinctement la cause de plusieurs phénomènes de la vie, de la pensée, de la volition, du souvenir, par exemple, mais qu'il en est d'autres, comme la circulation du sang, la sécrétion de la bile, la digestion, à la production desquels il se sent totalement étranger, et qui arrivent non seulement sans qu'il ait conscience de les engendrer, mais sans qu'il en ait la moindre connaissance et soit même averti qu'ils se produisent... Si donc il y a dans ce qu'on appelle l'homme une autre cause, il y a dans l'homme autre chose que moi, *un principe vivant distinct du principe vivant que je suis*. Or, l'existence de cet autre principe y est démontrée par cette foule de *phénomènes que je ne sens pas émaner de moi, sur la production desquels je n'ai aucune influence, qui arrivent même sans que je le sache, dont je puis*

1. Saisset, *Revue des Deux Mondes*, 13 août 1862.

mourir sans avoir la moindre notion, et que je ne parviens à connaître qu'à l'aide du scalpel et de la loupe, comme ceux qui se produisent dans le corps des chiens et des poissons. Nous sommes donc deux dans l'homme : moi et ce principe inconnu, associés, dépendants peut-être, mais différents. »

Peut-être y aurait-il lieu de discerner deux modes dans la pensée, l'un conscient, l'autre inconscient, pour réserver à celui-ci la production des phénomènes vitaux.

VI. — D'après **Stahl**, c'est l'âme intellective qui seule fait office, comme telle, de principe vital : témoins, les faits nombreux où s'accuse l'influence du moral sur le physique, et la finalité qui se manifeste à chaque instant dans les fonctions biologiques.

« L'âme joue le plus grand rôle dans l'affaire même de la nutrition[1]. »

« La faim et la soif, ce n'est pas le besoin, c'est la volonté de manger et de boire, une volonté tellement manifeste que, si elle n'est pas satisfaite, l'esprit est incapable et inhabile aux autres choses. La preuve, c'est que l'attention à un autre objet, le jeu, le spectacle, la nausée, font oublier l'appétit, et qu'au contraire, quand on ne fait rien, on a faim, on veut manger, pour ne pas ne rien faire[2]. »

« Donc l'appétit est un acte de ce principe qui, comme il a besoin non seulement de son corps organique, mais que ce corps dure, doit être aussi nécessairement attentif à sa conservation et à sa restauration, et doit, puisqu'il veut la fin, vouloir aussi les moyens qui répondent à cette fin[3]. »

Il est manifeste que les mouvements de l'estomac et des intestins sont si bien accommodés aux conditions de la

---

1. *Theoria medica vera*, p. 349.
2. *Ibid.*, p. 350.
3. *Ibid.*, p. 351, 353.

matière à mouvoir, que le commencement de ce travail ne dépend pas tant d'une excitation corporelle quelconque, que d'une estimation de la maturité requise pour les usages ultérieurs ; il en est de même de sa marche et de ses progrès, toujours gouvernés de telle sorte que rien ne se fasse plus promptement qu'il ne faut, et que toutes choses se passent dans leur ordre naturel, sans trouble et sans empêchement[1]. »

L'assimilation est aussi un résultat de l'intelligence, car elle en révèle le caractère distinctif, l'ordre. « Cette ordonnance parfaite, qui se conserve d'une façon si exquise depuis les premiers commencements jusqu'à la grandeur dernière d'un corps animal, est un acte vraiment électif, qui doit être si bien réglé point par point, que, dans tout âge, sous toute grandeur, il atteigne et conserve toujours sa figure et sa proportion[2]. »

L'âme est l'architecte de son propre corps. Ce qui le montre, « c'est la déformation et la réformation du corps selon ses idées, intentions et volontés imaginaires;... c'est l'efficacité des impressions de la mère sur l'âme de l'enfant, d'où naissent des désirs immodérés, d'insurmontables terreurs, craintes, anxiétés de l'imagination de la mère qui, d'autres fois ou dans ces circonstances mêmes, imprime au corps une conformation hétéroclite[3]. »

Mais comment admettre des actes d'intelligence et de volonté si fréquents et si puissants, dont nous n'avons ni conscience ni souvenir? Stahl répond en distinguant deux modes de connaissances, λόγος et λογισμός. » Par λογισμός il entend la connaissance discursive, une connaissance réfléchie, raisonnée, ayant pour unique domaine, à ce qu'il semble croire, « les choses susceptibles d'être figurées, dépeintes et recueillies dans la mémoire, ou, en d'autres

1. *Ibid.*, p. 363.
2. *Ibid.*, p. 365.
3. *Ibid.*, p. 373, 375.

termes, les choses composées, sensibles et matérielles ».
La connaissance appelée λογὸς a pour objet « les choses
simples, de toute nature, qui, en raison de leur simplicité,
sont en dehors des conditions du mouvement et de l'espace et qui, quoique parfaitement conçues, ne donnent
prise ni à la réflexion ni à la mémoire[1] ».

Mais l'hypothèse de Stahl est si factice et si artificielle,
qu'elle paraît créée tout exprès pour le besoin de la cause.
L'existence de cette connaissance discursive, qualifiée de
λογισμός, est trop problématique pour donner créance sérieuse à cet animisme intellectualiste. Aussi le système,
considéré sous la forme paradoxale que nous venons d'exposer, a rallié peu de suffrages.

Il en est autrement de l'animisme tempéré, qui a su
garder la continuité de la plante à l'animal et à l'homme,
et ne pas faire des fonctions vitales le produit direct de
la pensée réfléchie.

VII. — Nous trouvons une atténuation de ce genre dans
la théorie de M. F. **Bouillier**, qui rompt avec le pseudo-
principe de l'*âme pure pensée*, pour reconnaître des puissances d'un ordre inférieur.

Il admet que les phénomènes biologiques ne procèdent
pas de la connaissance, bien que néanmoins ils aient une
répercussion dans le sens intime. « Loin que la vie organique soit étrangère à la conscience, c'est une source conti-
nuelle de perceptions, d'émotions, de désirs de toute sorte
et des dispositions morales les plus diverses. L'attention
de l'âme, éveillée par la surexcitation ou le trouble de
quelque fonction, éclaire soudainement l'existence d'une
foule de phénomènes organiques auxquels, le moment
d'avant, nous ne prenions pas garde... Que de changements
d'état, que de nuances du mieux et du pire, le malade découvre dans l'organe affecté, sur lequel se concentre toute

---

1. F. Bouillier, *le Principe vital*, p. 238.

son attention! Quelquefois même cette préoccupation exclusive et profonde, cette vigilance inquiète, avec l'interprétation pessimiste qu'il donne aux phénomènes, sont
pour lui un véritable tourment et la plus grande partie de
son mal. C'est un spectacle, dit le docteur Foissac, curieux
et pénible à la fois, d'entendre l'hypochondriaque faire le
récit de ses mille sensations et de ses souffrances sans nom.
On dirait que, armé d'un verre grossissant, il suit toutes
les opérations de la vie, crée un mécanisme spécial des
fonctions et dissèque chaque fibre de son organisme. »

Notons soigneusement que, dans cette conception, les
perceptions et autres faits cognitifs signalés, au lieu de
précéder l'accomplissement des fonctions vitales, comme
dans l'hypothèse de Stahl, les suivent : elles en découlent, comme l'effet de sa cause[1], au lieu de les produire.

VIII. — Nous trouvons des mitigations de ce genre dans
la solution proposée par **saint Thomas**, avec cet avantage en plus, qu'elles se relient scientifiquement aux données générales de sa doctrine.

Voici les points principaux de cette solution.

Tandis que l'âme est indivisible dans sa substance, les
puissances qui en émanent sont multiples et réellement
distinctes entre elles[2]. Or, cette distinction admise, rien
n'empêche que chacune d'elles garde son caractère particulier et suive ses propres lois. A ce compte, les puissances dépourvues de connaissance dans la plante sont
transférées chez l'homme avec un état analogue : elles
obéissent aux mêmes stimulants, réagissent sous l'influence des mêmes agents, chaleur, électricité...

---

1. Il est juste cependant de tenir compte de la loi générale des rapports du
physique et du moral, qui admet des réactions.

2. Le saint docteur explique cette multiplicité par une comparaison assez
claire, mais dans laquelle il ne faut pas chercher une portée doctrinale. « Pen-
tagonum continet tetragonum et quidquid habet anima sensitiva brutorum et
nutritiva plantarum. » Cette comparaison bien interprétée ne matérialise pas
l'âme, elle ne multiplie pas son être, mais seulement sa vertu.

Un seul point est délicat. Nous avons dit *état analogue*, et non identique, parce que l'expérience montre que toute puissance inférieure gagne au contact des facultés plus parfaites. En traitant des énergies végétatives, nous en avons rappelé plusieurs exemples. Les lois chimiques se modifient profondément et se compliquent en passant du règne inorganique à la matière vivante. Dans l'ordre mental, l'imagination s'ennoblit au commerce de la raison et devient créatrice. Sous l'influence du même principe, le langage, réduit dans le perroquet à quelques sons inarticulés, devient la parole humaine... Pourquoi les effets de l'alliance ne se réaliseraient-ils pas en faveur des forces vitales, alors qu'ils se vérifient dans les domaines limitrophes de la biologie?

Sans doute ces inductions n'ont rien que de sage et de rationnel. Mais, pour rester dans le vrai, il faut user de discrétion et se garder de formules trop précises, en matière aussi confuse que les impressions du sens fondamental.

Ainsi conçue, la solution thomiste semble répondre aux exigences du problème.

IX. *Conclusion.* — Pour la démontrer, il faudrait établir trois points :

Le principe de la vie végétative est distinct de la matière ;

Ce principe n'est autre que l'âme rationnelle ;

Et cette âme vivifie le corps par des énergies analogues à celles de la plante elle-même.

1° La première de ces thèses est du ressort de la cosmologie. Nous avons exposé ailleurs[1] les preuves sur lesquelles elle s'appuie.

2° Les arguments qui militent en faveur de la seconde sont tirés des liens étroits qui unissent la vie physiologique à la vie sensitive et mentale.

---

1. *Manuel de philosophie*, t. II, p. 312-316.

On sait combien la puissance et la vivacité de l'imagination dépendent de la nervosité du sujet, de la quantité
ou de la qualité du sang... On connaît l'influence qu'exercent sur cette faculté les affections cérébrales, l'absorption
de certaines substances telles que l'opium, le haschisch...
Les divers cas d'amnésie, d'aphasie, d'aboulie, les anoma-
lies de la motricité, résultent aussi de troubles organiques.
Or, en ces groupes de faits, l'antécédent est biologique,
tandis que le conséquent est un acte de connaissance; et
le moyen le plus simple d'expliquer l'intime connexion
qu'ils présentent, est de les rapporter à un seul et même
principe.

Ajoutons une observation spéciale, qui a sa portée.
L'exagération d'une fonction vitale amène la dépression de
l'activité intellectuelle. « Una operatio animæ, cum fuerit
intensa, impedit aliam; quod nullo modo contingeret, nisi
principium actionis esset per essentiam unum[1]. » C'est
ainsi que, pendant les heures qui suivent les repas, l'esprit
est moins dispos; il se sent comme engourdi et hors d'é-
tat de fournir une application soutenue. De même, une
vie sensuelle ou débauchée ôte à la pensée de sa limpi-
dité. Des passions ardentes altèrent le tempérament, une
tristesse profonde paralyse l'action du cœur et peut amener la mort. Il s'ensuit que le principe de la vie humaine,
prise dans son ensemble, n'ayant qu'une somme d'énergie limitée, ne peut la déployer avec grande intensité,
dans l'une de ses manifestations, sans que le défaut s'accuse ailleurs. S'il y avait deux âmes, chacune d'elles
pourrait faire l'emploi intégral de ses forces sans appauvrir sa voisine. Chacune, possédant sa vertu propre et la
conservant intacte, pourrait l'appliquer tout entière.

Comme il n'en est pas ainsi, nous avons le droit de
conclure que c'est l'âme intellective qui vivifie l'organisme.

1. I., q. LXXVI, art. 3.

3° De quelle manière le vivifie-t-elle?

Par une activité tout automatique, analogue à celle de la plante, étrangère à la pensée réfléchie.

L'hypothèse de Stahl, outre qu'elle est fantaisiste, sans points d'appui dans la conscience, et gratuite à tous égards, mène aux plus étranges conséquences.

D'abord elle gratifie toute âme humaine, même la plus inculte, celle de l'ignorant, de l'idiot, de l'enfant qui n'a pas encore vu le jour, de connaissances anatomiques et physiologiques auxquelles les plus grands initiateurs des sciences médicales ne sont pas encore arrivés.

Ce n'est pas assez de l'homme. Elle doit aussi en gratifier l'animal et la plante. Car la vie physiologique est soumise, dans tous les règnes, à des lois à peu près identiques. L'analogie le requiert impérieusement; si les faits qui, chez l'homme, émanent d'un principe intelligent, sont dus, pour la brute et le végétal, à des forces aveugles, l'œuvre de la nature devient incohérente et discontinue. A vrai dire, les trois problèmes n'en font qu'un : ou bien la pensée préside aux phénomènes organiques, dans toute l'étendue du domaine biologique, ou bien elle ne les régit pas, même dans l'être humain. Or, qui oserait prêter la raison aux plantes?

Pas besoin n'est d'insister sur cet ordre d'idées : la conclusion s'impose.

De la sorte, toutes les sources de la vie humaine se ramènent à une seule, qui est l'âme intellective. Cette unification simplifie le problème que nous avons maintenant à poser, celui de l'union, car il ne reste que deux termes en présence : l'unique principe de vie dont nous venons de parler, et la matière.

Article II. — L'union de l'âme et du corps.

L'âme et le corps sont unis, c'est un fait. Il s'agit de définir le comment de ce fait. Pour qualifier la nature de cette union, nous devons donner quelques notions préliminaires.

I. — A. On appelle *union hypostatique* celle qui fait des choses unies une seule et même personne;

B. Et *union naturelle,* celle qui fait des choses unies une seule et même nature.

D'un autre côté, par *nature* on entend une *essence active,* c'est-à-dire le principe spécificateur d'un être, considéré avec les énergies qui en émanent; par exemple, l'âme humaine ;

Et par *personne,* un être intelligent qui s'appartient, et rapporte à lui-même ses propres actions, autrement dit, un *centre d'attribution.*

Expliquons-nous.

Un être intelligent ne peut s'appartenir qu'autant qu'il est complet et ne se trouve pas impliqué dans une combinaison, réduit à la condition subordonnée de partie, existant pour un tout, qui l'enveloppe et le domine.

S'inspirant de cette idée, Legrand, dans son *Traité de l'Incarnation,* définit la personne : *natura rationalis ultimo completa*[1].

A ce titre, l'accident, qui est greffé sur la substance, supporté et régi par elle, se trouve, par le fait seul, placé sous sa dépendance. L'intelligence et les sens sont à moi; de la substance seule je puis dire qu'elle est moi.

Cette substance sera individuelle, car l'essence spécifique, prise à l'état abstrait, en dehors de l'individualité qui

---

1. Le suppôt réunit toutes les conditions de la personnalité, sauf les facultés intellectives.

l'applique, n'est pas même une réalité, à plus forte raison un être complet.

D'autre part, bien qu'individuelle, la substance ne peut constituer une personne, si elle ne représente pas un ensemble bien défini, un système clos, pourvu de tous ses éléments constitutifs. Ma main, par exemple, ne peut être ni une personne ni un suppôt, puisqu'elle fait partie d'un composé, à l'avantage duquel elle est parfois sacrifiée. Que la gangrène prenne à cette main, qu'elle menace de gagner l'avant-bras, et de proche en proche les autres membres, je devrai en souffrir l'amputation, afin de préserver le reste du corps.

Pour savoir si le corps humain est uni à l'âme hypostatiquement, il faut donc se demander si l'âme, envisagée isolément, est une substance complète, *ultimo completa*.

C. Reste une dernière espèce d'union, l'union accidentelle, celle qui existe entre deux substances rapprochées par une relation.

Ces notions paraissent exactes, mais elles sont superficielles et quelque peu vagues. Pour les éclaircir, il faut s'attacher au genre, analyser le concept de l'union, et démêler les éléments qu'il contient.

II. — Ces éléments sont au nombre de trois, savoir : des extrêmes à rapprocher ; puis le lien qui effectue le rapprochement ; enfin la manière d'être qui en résulte. Si j'attache ensemble deux prisonniers avec une chaîne, les prisonniers figureront les extrêmes ; la chaîne sera le lien qui les met côte à côte et les y maintient ; le résultat sera cette juxtaposition, sorte d'union forcée.

C'est le mouvement imprimé par le moteur au mobile qui fait leur union. Il existe dans les deux termes de la relation, mais sous des formes opposées, l'une active, l'autre passive, puisqu'il sort du premier pour se communiquer au second. De même, c'est la lumière émise par le foyer, réfléchie par le miroir, qui fait leur union : le foyer et le miroir sont *chose une* quant à la lumière qui rayonne de celui-là à celui-ci, comme le moteur et le mobile sont *chose une* quant au mouvement, tour à tour donné et reçu.

Nous concevons de la même manière, avec des particularités variables, le rapport de la puissance active à la puissance passive, celui de la cause efficiente à la cause matérielle, de l'artiste à la matière qu'il ouvrage et façonne, du père au fils qu'il engendre.

Rien n'empêche qu'entre les extrêmes à rapprocher il existe de multiples attaches : les membres d'une même famille, par exemple, sont unis non seulement par le sang, mais aussi par la communauté du nom, des biens, des traditions, de l'honneur. Autant d'unités qui, en se communiquant, en se propageant, concourent à former l'union des enfants : un sang puisé à la même source coule dans leurs veines; un même nom les qualifie; un même patrimoine les nourrit; parfois un même héritage moral de croyances, de services rendus ou de prérogatives exercées, les honore... De là l'emploi du préfixe *cum*, exprimant ces affinités : consanguinité, copropriété; et celui du possessif *notre* : notre nom, nos biens, notre honneur...

Au fond, le lien qui rapproche n'est autre que l'unité (l'unité d'une chose quelconque, idéale ou réelle, substance ou accident), qui, mise en relation avec les extrêmes, les colore d'un même reflet, qui est le sien. C'est donc *l'unité qui fait l'union*, qui unifie.

Par une conséquence facile à comprendre, c'est elle aussi *qui qualifiera l'union, la rendant accidentelle, naturelle ou personnelle, selon son propre caractère originel.*

De la sorte, l'union du moteur au mobile, de l'*agent au patient*, doit être accidentelle, parce que *l'action* est un accident pour l'un et pour l'autre.

III. — D'après certains philosophes, notamment **Euler**, c'est sur ce type que doivent être conçus les rapports de l'âme et du corps.

« Les philosophes, dit-il, ont imaginé trois systèmes pour expliquer l'union de l'âme avec le corps.

« Le premier de ces systèmes est celui de l'*influx*, par lequel on établit une influence réelle du corps sur l'âme et de l'âme sur le corps, de sorte que le corps, par le moyen des sens, fournit à l'âme la première connaissance des choses externes, et que l'âme, en agissant immédiatement sur les nerfs dans leur origine, excite dans le corps les mouvements de ses membres... Dieu a donné à chaque âme un pouvoir sur une certaine portion de matière, que renferment les extrémités des nerfs du corps, de sorte que le pouvoir de chaque âme est restreint à une petite partie du corps, pendant que le pouvoir de Dieu s'étend à tous les corps du monde.

« Ce système paraît le plus conforme à la vérité, quoi-qu'il s'en faille beaucoup que nous en ayons une connaissance détaillée[1]. »

Dans cette conception, *l'unité, condition de l'union*, est l'action, tour à tour produite et subie.

Mais à l'action humaine on peut substituer celle de Dieu, prenant occasion des états de l'âme pour modifier le corps, ou des phénomènes du corps afin de produire une impression sur l'âme.

IV. — Érigée en théorie, cette idée nous a donné l'*occasionalisme*, auquel **Malebranche** a attaché son nom.

« Il n'y a qu'une vraie cause, parce qu'il n'y a qu'un vrai Dieu; la nature ou la force de chaque chose n'est que la volonté de Dieu; toutes les causes naturelles ne sont point de *véritables* causes, mais seulement des causes *occasionnelles*, qui déterminent l'auteur de la nature à agir de telle et telle manière en telle et telle rencontre[2]. »

Cette loi a une portée universelle et s'étend à tout le domaine de la réalité : l'action exercée par Dieu sur les

1. *Lettres à une princesse d'Allemagne*, partie II, lettre 14e.
2. *Recherche de la vérité*, livre VI, 2e p., chap. III.

éléments du composé en représente seulement un cas particulier.

« Ainsi il est clair que, dans l'union de l'âme et du
corps, il n'y a point d'autre lien que l'efficace des décrets
divins, décrets immuables, efficace qui n'est jamais privée
de son effet[1]. » « Dieu seul peut remuer les esprits animaux, lui seul peut et sait les faire couler du cerveau
dans les nerfs, des nerfs dans les muscles : toutes choses
nécessaires au mouvement des membres... Dieu a voulu
que j'eusse certains sentiments, certaines émotions, quand
il y aurait dans mon cerveau certaines traces, certains
ébranlements d'esprits. Il a voulu, en un mot, et il veut
sans cesse, que les modalités de l'esprit et du corps fus-
sent réciproques. Voilà l'union et la dépendance mutuelle
des deux parties dont nous sommes composés[2]. »

Dans l'hypothèse occasionaliste, *l'unité point de départ
de l'union*, c'est l'opération divine, considérée avec ses
deux points d'attache, savoir : les modifications qui lui
offrent l'occasion de s'exercer, et celles qu'elle produit.

Leibnitz avait été choqué de voir Dieu intervenir à
chaque instant entre l'âme et le corps pour les maintenir
en harmonie. Les comparant à deux horloges qui mar-
chent en parfait accord, il s'exprime ainsi : « La seconde
manière de faire toujours accorder deux horloges, bien
que mauvaise, pourra être *d'y faire toujours prendre
garde* par un habile ouvrier, qui les mette d'accord à
tous moments, et c'est ce que j'appelle la *voie d'assistance*...

« La voie d'assistance est celle du système des causes
occasionnelles; mais je tiens que c'est faire venir *Deum
ex machina* dans une chose naturelle et ordinaire, où,
selon la raison, il ne doit intervenir que de la manière

---

1. *Entretiens métaphysiques*, IVe entretien, § 11.
2. *Entretiens métaphysiques*, VIIe entretien, § 13.

dont il concourt à toutes les autres choses de la nature[1]. »

V. — A cette voie d'assistance qui impose à la puissance
divine une besogne minutieuse et compliquée, **Leibnitz**
préfère l'*harmonie préétablie,* ainsi caractérisée par l'auteur lui-même : « Il ne reste que mon hypothèse, c'est-à-
dire que la voie de l'harmonie préétablie par un artifice
divin prévenant, lequel, dès le commencement, a formé
chacune de ces substances d'une manière si parfaite, si
réglée, avec tant d'exactitude, qu'en ne suivant que ses
propres lois, qu'elle a reçues avec son être, elle s'accorde
pourtant avec l'autre[2]. »

Ces paroles ont besoin d'être éclaircies. On sait que
Leibnitz rejette l'activité extérieure des monades, pour
admettre seulement l'activité interne, laquelle, à son sens,
suffit à résoudre le problème.

En sortant des mains du Créateur, chaque monade reçoit
une impulsion initiale qui détermine, pour toute la suite
de son existence, une suite de perceptions. Représentons
par A, B, C, D, E... la série des phénomènes dont notre
âme a été lotie, et qu'elle est en train de dérouler. Que
faut-il pour que le corps soit constamment en harmonie
avec elle? Il faut que Dieu, prévoyant la série psychique,
prépare dans les éléments constitutifs du corps des états
concordants, formant la série *a, b, c, d, e...* Comment les
préparera-t-il? Encore par l'impulsion donnée à chaque
monade dès l'origine. Ainsi deux horloges, bien réglées par
l'ouvrier, marquent toujours la même heure, sans que celui-
ci ait besoin d'intervenir de nouveau pour les accorder.

Ici, *l'unité, génératrice de l'union,* c'est le décret d'a-
daptation, qui touche aux deux parties du composé, main-
tenues constamment en parallélisme.

1. Troisième éclaircissement du nouveau système, p. 544.
2. *Ibid.*

Comme il est facile de le voir, ces divers systèmes sont figurés sur le type de l'*union accidentelle*.

A vrai dire, seule la théorie thomiste consacre l'union de nature.

VI. — En effet, dans cette doctrine, quelle est l'unité constitutive de l'union? C'est l'âme, principe de toutes les opérations qui s'accomplissent dans l'homme, depuis les phénomènes les plus humbles de la vie physiologique, jusqu'aux manifestations les plus hautes de la raison et du sentiment.

Les extrêmes à joindre sont l'esprit et la matière; c'est l'âme qui servira de lien et devra les pénétrer.

Or, pour le premier terme, le problème de pénétration ne présente pas de difficulté ou, mieux, ne se pose même pas, attendu que de ce côté, au lieu de l'union, nous avons l'*identité*.

De l'autre côté, il n'y a pas identité, mais seulement communication de la forme à la matière. Car l'âme informe le corps, lui devient immanente, l'anime de son être propre et des vertus qui en sont le développement, lui donne sa vie dans la mesure où il en est susceptible. Si bien que de cette fusion résulte une seule substance complète, tout à la fois étendue et active : étendue à raison de l'élément matériel, active à raison du principe formel. A ce titre, l'âme fait partie du corps vivant, puisqu'elle constitue le foyer secret et latent de sa vie. Dans cette combinaison les deux termes s'unifient, ils deviennent chose une quant à la nature.

D'après saint Thomas, l'être humain comprend seulement deux éléments, l'âme et la matière première, qui reçoit de celle-ci l'activité organique à tous ses degrés, sensitive, végétative, même physique, « la corporéité ». On sait que Duns Scot niait cette troisième communication. Mais nous n'entrerons pas dans la controverse qui a surgi à cette occasion.

VII. — Et nous nous en tiendrons aux deux points suivants, qui expriment notre **conclusion.**

Il y a entre l'âme et le corps *union de nature*, conçue à
la manière scolastique de la matière et de la forme, abstraction faite de la question concernant la « corporéité »;

A plus forte raison y a-t-il aussi union personnelle.

Reprenons ces idées.

1° Il n'est plus question de savoir si l'âme pensante est
aussi le principe de la sensation et des phénomènes vitaux.
L'examen poursuivi dans l'article précédent nous a conduit à l'identification. Il s'agit simplement de décider comment ce principe aux vertus multiples s'unit à l'organisme.

Nous soutenons qu'il en est la forme.

A. En effet, au cours de la partie expérimentale du
traité, nous avons vu que c'est l'*organisme animé* qui est
le sujet immédiat de la sensation :

C'est la matière nerveuse, animée, qui sent;

C'est le cerveau animé qui imagine;

*Ce sont les nerfs moteurs et les muscles animés qui pro-
duisent le mouvement.*

Pour nous en tenir à la première assertion, elle contient
déjà notre thèse. La raison en est fort simple, et deux
mots suffiront à le montrer. Si la matière animée sent,
comme la sensation est une opération psychique au premier chef, que les puissances sensitives résident dans
l'âme, il faut, de toute rigueur, que l'âme ait pénétré la
matière de son être et de son activité propre, qu'elle l'ait
imprégnée d'elle-même.

Étant donné l'antécédent, la conséquence s'impose; elle
est même si manifeste, que toute insistance paraît superflue.

Il est vrai que la preuve ne s'applique pas directement
aux énergies vitales. Mais, si déjà il est établi que l'âme
informe le corps (à un degré quelconque), qu'elle lui *in-
fuse* la vie sensible, *à plus forte raison* lui communiquera-

t-elle les puissances végétatives, qui sont d'un ordre moins élevé et ont plus d'affinité avec la matière. Il serait étrange, en effet, de soutenir que l'organisme ne reçoit pas les vertus dont il est le plus susceptible, et qu'il en reçoit d'autres d'un genre supérieur, à l'égard desquelles il offre des dispositions moins favorables.

Tel est notre premier argument.

B. Le second sera tiré de la nécessité d'écarter l'union accidentelle.

Si les deux parties de notre être ne sont mises en rapport que par l'intermédiaire d'une action, ou d'un décret divin, préétablissant l'harmonie, en fait ils sont plus séparés qu'ils ne sont unis. Sans doute, Dieu peut prendre occasion de mes états mentaux pour agir sur mon voisin, il peut mettre ma vie en accord avec celle d'un homme connu de lui seul. Mais s'ensuivra-t-il, pour ces êtres mis en accord par la puissance divine, un genre d'union ayant quelque ressemblance à celle du composé humain?

De même la relation du moteur au mobile, du musicien à la lyre, est d'un ordre bien inférieur à la liaison des éléments qui me constituent. Aussi bien elle est inintelligible. Comment une substance étendue a-t-elle prise sur un principe simple? Comment pourra-t-elle produire des impressions à forme extensive, en dépit du caractère propre du patient, qui, par essence, est inétendu? Au lieu d'être ménagée et favorisée par la nature des extrêmes, dans la conception cartésienne d'Euler, l'union semble plutôt la contredire et présenter quelque chose de violent et de contraint, comme une sanction pénale. Pourquoi asservir l'*âme pure pensée* à une matière dont elle n'a que faire, et qui paralyse l'essor de ses plus belles facultés?

Rejetons donc ces rapports accidents, cet état de pénalité, pour reconnaître avec Bossuet que l'homme est un « tout naturel », et souscrire à l'union de nature.

Or cette union, vue dans son résultat, doit aboutir à ce

que le corps et l'âme ne forment qu'un seul et même principe d'activité. Comment ce but sera-t-il atteint autrement qu'en dotant l'organisme de l'activité propre à l'âme, si bien que, donnée par celle-ci, reçue par celui-là, elle leur devienne commune? En d'autres termes, l'explication la plus plausible, la plus acceptable de l'union naturelle, paraît celle du système aristotélicien.

C. Un nouveau gage de légitimité, c'est que ce système donne satisfaction, dans une bonne mesure, soit aux organicistes, soit aux vitalistes.

Les vitalistes allèguent l'unité des phénomènes biologiques et la supériorité des forces qui les régissent, aux propriétés de la matière inorganique.

Or cette unité et cette supériorité s'expliquent à merveille par l'existence de la forme substantielle, qui est tout à la fois simple et plus élevée dans la hiérarchie des forces, que les principes constitutifs de la substance minérale.

De leur côté, les organicistes déclarent que les choses se passent, au regard de l'observateur scientifique, dans l'être organisé, comme si la matière elle-même *vivait,* et que les cellules végétales ou animales paraissent douées de qualités actives, produisant les divers phénomènes d'assimilation, de sécrétion, dont elles sont le siège.

La matière *vivante...* Mais nous ne disons pas autre chose, en parlant de la matière *animée.* Les deux termes sont équivalents... Les cellules animales douées de qualités *actives...* C'est précisément notre thèse, celle de l'organisme qui sent et qui végète, qui, vivifié par la forme, en possède la vertu.

La part de vérité que recèle chacune des hypothèses adverses se trouve donc merveilleusement sauvegardée par la conception thomiste.

Passons maintenant au deuxième point de notre conclusion.

2° *L'union hypostatique* se déduit d'abord de l'union de nature, en guise de simple corollaire.

A. Comme l'âme humaine, considérée en dehors du corps, serait impuissante à exercer ses sens, et en général ses facultés organiques, que l'isolement paralyserait la moitié de ses facultés, annulerait le tiers de sa vie, nous en tirons l'indice qu'elle est destinée à faire partie d'un être complexe, au développement duquel elle ordonne ses opérations, et dont elle subit la loi. Cet être complexe auquel elle appartient, c'est le composé humain.

B. A cette preuve indirecte, ajoutons un argument plus immédiat basé sur la conscience. Nous l'empruntons au P. Liberatore. « Chacun, sans pouvoir en douter, expérimente en soi une sorte de dualité, a la conscience d'un principe actif et intelligent, et sent que ce principe est en lui intimement revêtu et entouré d'une enveloppe étendue, inerte, divisible; en un mot, chacun découvre en soi comme deux êtres, l'un intérieur et simple, l'autre extérieur et corporel. Pourtant il remarque avec non moins d'évidence que cette dualité est en lui contenue dans l'unité; il éprouve que ces opérations et ces tendances opposées appartiennent à un même sujet agissant et passif... Chacun se dit avec vérité : Je comprends, je veux, je délibère, je raisonne; chacun dit avec une égale vérité : Je me promène, je m'assieds, je me nourris, je souffre, je me fatigue. En parlant ainsi, on entend exprimer que tous les actes et toutes les affections de l'âme, que les mouvements et les modifications du corps se rapportent à un être un et identique, tour à tour agissant et passif. Ce qui, en d'autres termes, signifie que le moi humain est un, que ce moi ne résulte ni de l'âme seule ni du corps seul, mais du composé de l'un et de l'autre[1]. »

1. *Le Composé humain*, p. 2.

FIN

TABLE DES MATIÈRES

SOCIÉTÉ ANONYME D'IMPRIMERIE DE VILLEFRANCHE-DE-ROUERGUE
Jules Bardoux, Directeur.

27

Documents manquants (pages, cahiers...)
NF Z 43-120-13